都立両国高等学校附属中学校

〈収録内容〉

2024 年度 ………………………………… 適性検査 Ⅰ・Ⅱ・Ⅲ

2023 年度 ………………………………… 適性検査 Ⅰ・Ⅱ・Ⅲ

2022 年度 ………………………………… 適性検査 Ⅰ・Ⅱ・Ⅲ

2021 年度 ………………………………… 適性検査 Ⅰ・Ⅱ・Ⅲ

2020 年度 ………………………………… 適性検査 Ⅰ・Ⅱ・Ⅲ

2019 年度 ………………………………… 適性検査 Ⅰ・Ⅱ・Ⅲ

平成 30 年度 ………………………………… 適性検査 Ⅰ・Ⅱ・Ⅲ

平成 29 年度 ………………………………… 適性検査 Ⅰ・Ⅱ・Ⅲ

DL 平成 28 年度 ………………………………… 適性検査 Ⅰ・Ⅱ・Ⅲ

※適性検査 Ⅰ の大問一は、問題に使用された作品の著作権者が二次使用の許可を出していないため、問題の一部を掲載しておりません。

DL 平成 27 年度 ………………………………… 適性検査 Ⅰ・Ⅱ・Ⅲ

DL 平成 26 年度 ………………………………… 適性検査 Ⅰ・Ⅱ

DL 平成 25 年度 ………………………………… 適性検査 Ⅰ・Ⅱ

DL 平成 24 年度 ………………………………… 適性検査 Ⅰ・Ⅱ

※適性検査Ⅱは、問題に使用された作品の著作権者が二次使用の許可を出していないため、問題の一部を掲載しておりません。

便利な DL コンテンツは右の QR コードから

解答用紙　過去年度　問題は紙面に掲載　⇒

※データのダウンロードは 2025 年 3 月末日まで。
※データへのアクセスには、右記のパスワードの入力が必要となります。 ⇒ 630831

本書の特長

実戦力がつく入試過去問題集

- ▶ 問題 ……………… 実際の入試問題を見やすく再編集。
- ▶ 解答用紙 …… 実戦対応仕様で収録。
- ▶ 解答解説 …… 解答例は全問掲載。詳しくわかりやすい解説には、難易度の目安がわかる「基本・重要・やや難」の分類マークつき（下記参照）。各科末尾には合格へと導く「ワンポイントアドバイス」を配置。

入試に役立つ分類マーク

基本 確実な得点源！
受験生の 90%以上が正解できるような基礎的、かつ平易な問題。
何度もくり返して学習し、ケアレスミスも防げるようにしておこう。

重要 受験生なら何としても正解したい！
入試では典型的な問題で、長年にわたり、多くの学校でよく出題される問題。
各単元の内容理解を深めるのにも役立てよう。

やや難 これが解ければ合格に近づく！
受験生にとっては、かなり手ごたえのある問題。
合格者の正解率が低い場合もあるので、あきらめずにじっくりと取り組んでみよう。

合格への対策、実力錬成のための内容が充実

- ▶ 各科目の出題傾向の分析、最新年度の出題状況の確認で、入試対策を強化！
- ▶ その他、学校紹介、過去問の効果的な使い方など、学習意欲を高める要素が満載！

解答用紙ダウンロード 解答用紙はプリントアウトしてご利用いただけます。弊社ＨＰの商品詳細ページよりダウンロードしてください。トビラのＱＲコードからアクセス可。

UD FONT 見やすく読みまちがえにくいユニバーサルデザインフォントを採用しています。

公立中高一貫校の入学者選抜

ここでは，全国の公立中高一貫校で実施されている入学者選抜の内容について，その概要を紹介いたします。

公立中高一貫校の入学者選抜の試験には，適性検査や作文の問題が出題されます。

多くの学校では，「適性検査Ｉ」として教科横断型の総合的な問題が，「適性検査Ⅱ」として作文が出題されます。しかし，その他にも「適性検査」と「作文」に分かれている場合など，さまざまな形式が存在します。

出題形式が異なっていても，ほとんどの場合，教科横断的な総合問題(ここでは，これを「適性検査」と呼びます)と，作文の両方が出題されています。

それぞれに45分ほどの時間をかけていますが，そのほかに，適性検査がもう45分ある場合や，リスニング問題やグループ活動などが行われる場合もあります。

例として，東京都立小石川中等教育学校を挙げてみます。

① 文章の内容を的確に読み取ったり，自分の考えを論理的かつ適切に表現したりする力をみる。

② 資料から情報を読み取り，課題に対して思考・判断する力，論理的に考察・処理する力，的確に表現する力などをみる。

③ 身近な事象を通して，分析力や思考力，判断力などを生かして，課題を総合的に解決できる力をみる。

この例からも「国語」や「算数」といった教科ごとの出題ではなく，「適性検査」は，私立中学の入試問題とは大きく異なることがわかります。

東京都立小石川中等教育学校の募集要項には「適性検査により思考力や判断力，表現力等，小学校での教育で身に付けた総合的な力をみる。」と書かれています。

教科知識だけではない総合的な力をはかるための検査をするということです。

実際に行われている検査では，会話文が多く登場します。このことからもわかるように，身近な生活の場面で起こるような設定で問題が出されます。

これらの課題を，これまで学んできたさまざまな教科の力を，知識としてだけではなく活用して，自分で考え，文章で表現することが求められます。

実際の生活で，考えて，問題を解決していくことができるかどうかを学校側は知りたいということです。

問題にはグラフや図，新聞なども多く用いられているので，情報を的確につかむ力も必要となります。

算数や国語・理科・社会の学力を問うことを中心にした問題もありますが，出題の形式が教科のテストとはかなり違っています。一問のなかに社会と算数の問題が混在しているような場合もあります。

少数ではありますが，家庭科や図画工作・音楽の知識が必要な問題も出題されることがあります。

作文は，文章を読んで自分の考えを述べるものが多く出題されています。

文章の長さや種類もさまざまです。筆者の意見が述べられた意見文がもっとも多く採用されていますが，物語文，詩などもあります。作文を書く力だけでなく，文章の内容を読み取る力も必要です。

調査結果などの資料から自分の意見をまとめるものもあります。

問題がいくつかに分かれているものも多く，最終の１問は400字程度，それ以外は短文でまとめるものが主流です。

ただし，こちらも，さまざまに工夫された出題形式がとられています。

それぞれの検査の結果は合否にどのように反映するのでしょうか。

東京都立小石川中等教育学校の場合は，適性検査Ⅰ・Ⅱ・Ⅲと報告書（調査書）で判定されます。

報告書は，400点満点のものを200点満点に換算します。

適性検査は，それぞれが100点満点の合計300点満点を，600点満点に換算します。

それらを合計した800点満点の総合成績を比べます。

このように，形式がさまざまな公立中高一貫校の試験ですが，文部科学省の方針に基づいて行われるため，方向性として求められている力は共通しています。

これまでに出題された各学校の問題を解いて傾向をつかみ，自分に足りない力を補う学習を進めるとよいでしょう。

また，環境問題や国際感覚のような出題されやすい話題も存在するので，多くの過去問を解くことで基礎的な知識を蓄えておくこともできるでしょう。

適性検査に特有の出題方法や解答方法に慣れておくことも重要です。

また，各学校間で異なる形式で出題される適性検査ですが，それぞれの学校では，例年，同じような形式がとられることがほとんどです。

目指す学校の過去問に取り組んで，形式をつかんでおくことも重要です。

時間をはかって，過去問を解いてみて，それぞれの問題にどのくらいの時間をかけることができるか，シミュレーションをしておきましょう。

検査項目や時間に大きな変更のある場合は，事前に発表がありますので，各自治体の教育委員会が発表する情報にも注意しましょう。

都立 両国《りょう》高等《こくこうとう》学校《がっこう》附属《ふぞく》 中学校

https://www.metro.ed.jp/ryogoku-h/

〒130-0022　墨田区江東橋1-7-14
☎03-3631-1878
交通　ＪＲ総武線・東京メトロ錦糸町駅
徒歩5分
東京メトロ住吉駅・菊川駅
徒歩10分

[カリキュラム]

・**三学期制**。

・**６年間一貫教育**であり高校進学時に入試がないため、学習や中学生活に集中できる環境にある。

・英語によるコミュニケーション能力やプレゼンテーション能力の育成を重視。そのために外国人講師（ALT、JET）から生きた英語を学ぶ。２年次には**English Summer School**を行い、英語漬けの数日を過ごす。また**英語ディベート**には全員が挑戦する。

・すべての教科でスピーチやプレゼンテーション、論文の作成などを用いて言語能力を育成し、論理的思考力や表現力の向上を図る。また、俳句や短歌、小説などの創作活動を行なう。これらを通して、豊かな言語能力を養成する。

・理科では自然科学の基礎である実験・観察を多く行い、生徒の興味・関心を高める。数学では数学的な考え方を重視した授業を行い、数学的活動の楽しさを実感させる。

[部活動]

・ほぼ全員が参加。

・可能な部活動に関しては、高校生と一緒に行う。また、３年次の夏休みからは、高校の部活動に参加も可能。

★運動部

サッカー、水泳、硬式テニス、卓球、バスケットボール、バドミントン、バレーボール（女）、軟式野球

★文化部

演劇、家庭科、管弦楽、コンピュータ、茶華道、美術、理科

[行　事]

体育祭・文化部・合唱コンクールは高校と合同で開催。両国祭で中学生有志が英語劇を上演する。その実力は過去に東京都中学校英語学芸大会で連覇を達成したほど。

４月　校外学習
６月　体育祭
７月　林間学校（１年）、English Summer School（２年）、海外語学研修（３年、アメリカ）
９月　文化祭
１月　百人一首大会
２月　合唱コンクール
３月　球技大会、校外学習

[進　路]

・総合的な学習の時間を利用して「志（こころざし）学」を実施。職場体験や第一線で活躍する社会人の講義などを通じて、社会に対する貢献の志や使命感、望ましい職業観を育てる。

★卒業生の主な合格実績（両国高校）

東京大、京都大、北海道大、東北大（医）、お茶の水女子大、千葉大、東京外国語大、東京医科歯科大（医）、東京工業大、一橋大、筑波大（医）、横浜国立大、東京都立大、早稲田大、慶應義塾大、上智大

[トピックス]

・平成18年４月に開校した**併設型中高一貫教育校**。伝統ある進学校として知られる都立両国高校の全日制課程を改め、同じ校舎の中に併置されて生まれた中学校である。

・令和４年度より、高校段階での生徒の募集を停止。附属中学校の募集規模を拡大した。

・中学生には**給食**があり、集団生活の規律を学ぶ機会となっている。

・合否に関しては、報告書（720点満点）を200点に、適性検査Ⅰ（100点満点）を300点満点に、適性検査Ⅱ（100点満点）を200点満点に、適性検査Ⅲ（100点満点）を300点満点に換算して算出した総合成績を使用する。

[学校見学]（令和５年度実施内容）

★学校見学会・説明会　６・９・10月各１回
★授業公開　６・９・10月各１回
★体験授業　８月２回
★個別相談会　10・11月各１回
★出願手続等説明会　11月１回
★文化祭　９月　限定公開

入試！インフォメーション

※本欄の内容はすべて令和６年度入試のものです。

受検状況
（数字は男／女／計。）

	募集人員			応募人員			受検人員			受検倍率			合格人員		
一般枠	80	80	160	369	331	700	351	311	662	4.39	3.89	4.14	79	79	158

入学者選抜実施方法

	報告書の満点	面接の満点	適性検査の満点	総合成績（得点合計の満点）	備　考
一般枠	200*	—	800*	1000	＊換算後の点数

都立両国高等学校附属中学校

出題傾向の分析と合格への対策

●出題傾向と内容

検査は適性検査Ⅰ，検査Ⅱ，検査Ⅲの3つで行われる。検査時間は検査Ⅰ，検査Ⅱ，検査Ⅲすべて各45分での実施となった。

【検査Ⅰ】2つの文章が与えられ，それぞれの文章について内容把握が求められる。文中の例から内容を読み取る問題，文中から該当する文を抜き出す問題，400～440字以内の作文で構成される。今年度は昨年度同様，2つの別の文章が与えられ，それらを関連させる形式であった。

【検査Ⅱ】検査Ⅱはすべて共同作成問題であり，例年通り，[1]は算数的な問題，[2]は社会的な問題，[3]は理科・実験に関する出題であった。[1]は得点板を題材とした「時間」や「規則」に関する出題で，記述式の説明問題と記号を使ってパターンを書き出し，答えを導く問題だった。[2]のテーマは「交通手段の選び方」で，与えられた資料から変化や特徴を読み取り，交通手段の変化とその影響を分析する問題が出題された。[3]は物質の特性とすべりやすさを題材とした問題で，複数の条件による実験を行い，比較する問いが出された。実験結果を整理し，法則性を説明する問題や，すべり下りる時間を求める問題などで構成されていた。どの問題も会話文や資料を整理し，重要な情報を見分けることが大切である。

【検査Ⅲ】例年通り，算数の問題が2題出題された。[1]はそば屋を舞台とした会話文を整理し，条件に合う時間や数量を求める問題であった。1問目は平均滞在時間からそばが完売するまでの時間を求める問題，2問目はそばの残量から適切な組み合わせを導き出す問題，3問目は売り上げからレジに残ったお金を求める問題であった。

[2]は誕生日をテーマに，与えられたルールから数字の規則性を求め数値を導き出す問題であった。1問目は会話文を参考に数値を導き出す問題，2問目はルールからゲームの過程を求める問題，3問目はルールに従って適切な解答を答える問題であった。

[1]については，何が問われているかをしっかりと把握し，規則性を発見することが必要だ。[2]に関しては，計算や考え方に特別難しいものはない。会話文の中から与えられたルールを冷静に分析し，具体的なパターンを考え出すことが重要である。

● 2025年度の予想と対策

【検査Ⅰ】与えられた文章それぞれをしっかり対比・関連させながら読むトレーニングが有効である。作文対策としては，「何を聞かれているか」をしっかりと把握し，対応する文章の内容を見定めたうえで，それを踏まえて自分の意見を記述することが大切だ。書き方は作文のルールに則り評価されるため事前に作文のルールは理解しておきたい。

【検査Ⅱ】算数的問題は，昨年度以上に会話文から情報を読み取り整理する力を必要とするものであった。単に会話文の中から必要な情報を選び取るだけでなく，その情報を正しく理解し，抽象的なイメージもしっかりと落とし込む力が必要となってくるだろう。また，昨年度に引き続き記述問題にも気を付けたい。ただ答えを求めるだけでなく，その過程をしっかりと理解し，わかりやすく文章にまとめられるようにしよう。

[2]の資料分析に関しては，社会的な問題ではあるものの，従来よりも数値の読み取りの要素が強い問題になっている。グラフや表の読み取りだけでなく，複数の資料から必要な情報を選び取り，問いにつなげる力が必要になる。複数の資料の特徴を短い時間で整理し，その繋がりについても考えを深められるようにしよう。[3]の理科分野の実験・観察は「知っている」だけではなく，「比較の仕方・考え方」を理解し，初めて見る実験にも対応できるようにしよう。実験の意図を考える問題に数多くあたっておくのも有効である。

【検査Ⅲ】検査Ⅲ[1]の設問は複雑な計算を必要とするものではなかった。しかし，条件を把握して論理的に考える力や思考・判断力が問われており，考えるのに時間がかかる問題である。答えに必要な要素は何かを考え，会話文から抽出する練習をしておこう。[2]の数字の規則性についての問題に関しても，とにかく規則などをしっかり「思考」することである。また，複数ある組み合わせのうち一つを答えるような問題もあるため，落ち着いて，具体的な例を一つ挙げてみることも大切である。

同じ都立中のうち検査Ⅲまである学校や，他の都道府県の中でも，難しいといわれる学校を取り上げての演習，私立難関校の問題を使い，考え方を記述しながら演習するのが効果的である。

✔ 学習のポイント

「複数資料の読解・比較」と「理数的論理力」が合格のために必要な力だ!!

年度別出題内容分析表

（最新5年分※平成28年度から共同作成開始）

	検査Ⅰ	検査Ⅱ	検査Ⅲ
令和2年度	[1]【読解・作文】(共同) 文章1小説，文章2解説文 ・読解－理由 ・読解－言い換え ・作文(400～440字)	[1]【ポスター展示・ゲーム】(共同) 条件／条件→説明／場合の数 [2]【バス】(共同) 資料分析－変化と理由／工夫と対象／資料分析－問題点と解決策 [3]【帆の性質・実験】(共同) 計算／実験分析／実験結果→結論説明	[1]【光の速さ，長さの単位，商店街】(独自) 光の速さ／長さの単位換算／情報整理 [2]【移動のルール】(独自) 移動の仕方(線対称・点対称)／移動の仕方(いろいろな得点)
令和3年度	[1]【読解・作文】(共同) 文章1解説文，文章2随筆文 ・読解－言い換え ・読解－理由 ・作文(400～440字)	[1]【九九の表，展開図】(共同) 規則→説明／場合の数／条件と場合の数 [2]【人工林，間ばつ材】(共同) 資料分析→課題予想／取り組みの関連付け／解決策 [3]【磁石の性質・実験】(共同) 場合の数→説明／実験分析／実験結果→結論説明	[1]【平面図形，組み合わせの数】(独自) 比較→計算／条件と平面図形／組み合わせ [2]【液体の性質，比例】(独自) 比例／実験分析
令和4年度	[1]【読解・作文】(共同) 文章1解説文，文章2随筆文 ・読解－言い換え ・読解－共通点 ・条件作文(400～440字)	[1]【図形作成，条件整理】(共同) 組み合わせ／経路／条件と場合の数／展開図 [2]【日本各地の気候と郷土料理】(共同) 資料分析→理由予想 [3]【実験結果の整理】(共同) 実験分析→理由説明／結果予測	[1]【角度，長さと整数の性質】(独自) 比較→計算／規則性→計算／組み合わせ [2]【数字の規則性】(独自) 条件把握→計算／組み合わせ→計算
令和5年度	[1]【読解・作文】(共同) 文章1随筆文，文章2説明文 ・読解－抜き出し ・読解－説明 ・条件作文(400～440字)	[1]【規則，時間と速さ】(共同) 経路／条件と場合の数／ [2]【日本の就業者数・産業】(共同) 資料分析→理由予想 [3]【植物のつくり，人の生活】(共同) 実験分析→理由説明／結果予測	[1]【割合，整数，立体】(独自) 計算／計算／組み合わせ／展開図 [2]【規則，速度】(独自) 条件把握→計算／説明／条件把握→組み合わせ
令和6年度	[1]【読解・作文】(共同) 文章1随筆文，文章2説明文 ・読解－説明 ・読解－抜き出し ・条件作文(400～440字)	[1]【規則】(共同) 条件整理と最短時間／条件整理 [2]【資料分析】(共同) 資料分析／理由予想 [3]【実験，観察】(共同) 実験分析→理由説明／結果予測	[1]【時間，規則】(独自) 計算／組み合わせ／条件整理 [2]【場合の数，平面図形】(独自) 場合の数／条件整理／平面図形

東京都立中等教育学校・東京都立中学校

入学者決定における

適性検査の問題作成について

平成27年度入学者決定から、適性検査を共同作成問題と各校独自問題との組合せにより実施しております。

共同作成問題は検査問題共同作成委員会が作成、各校独自問題は各都立中学校が設置する検査問題作成委員会が作成します。

※参考（入学者決定に関する実施要綱より）

＜出題の基本方針＞

ア 小学校の教育課程に基づく日常の学習活動の成果や中高一貫教育校において学ぶ意欲、適性を検査することを基本とする。

イ 出題の内容は、教科横断的な力や課題発見・解決能力などをみるものとする。

ウ 出題に当たっては、各校の特色や育てたい生徒の姿に照らし、6年間の学習活動への適応力や創造力等をみることができるようにする。

＜検査等の方法（一般枠募集）＞

入学者決定に際して、小学校長から提出された報告書と面接、作文、適性検査（各校独自問題及び共同作成問題）、実技検査のいずれかとを適切に組み合わせて実施する。

2024年度

入　試　問　題

2024年度

都立両国高等学校附属中学校入試問題

【適性検査Ⅰ】（20ページから始まります。）
【適性検査Ⅱ】（45分）　＜満点：100点＞

1　運動会の得点係の**花子**さんと**太郎**《たろう》さんは，係活動の時間に得点板の準備をしています。

花　子：今年は新しい得点板を作ろうよ。

太　郎：私《わたし》もそう思っていたので用意してきたよ。ボード（**図１**）に棒状《ぼうじょう》のマグネット（**図２**）をつけて，数字を表すんだ。

花　子：ボードが３枚《まい》あれば，３けたまでの得点を表すことができるんだね。赤組と白組があるから，６枚のボードが必要だね。

図１　ボード

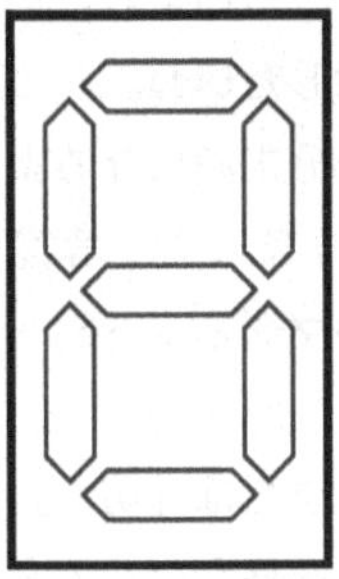

図２　棒状《ぼうじょう》のマグネット

太　郎：６枚のとう明でないボードは用意してあるから，ボードにつける棒状のマグネットを作ろうよ。

花　子：どのような作業が必要かな。

太　郎：マグネットシートに棒状のマグネットの型を「かく」作業と，かいたものを型どおりに「切る」作業の，２種類の作業が必要だよ。

花　子：先に「かく」作業から始めないといけないね。マグネットシート１枚から，棒状のマグネットは何個作れるのかな。

太　郎：１枚のマグネットシートからは，６個の棒状のマグネットが作れるんだよ。だから，マグネットシートを７枚用意したよ。

花　子：作業には，それぞれどのくらいの時間がかかるのかな。

太　郎：以前に試《ため》してみたことがあるけれど，私はマグネットシート１枚当たり「かく」作業に10分，「切る」作業に５分かかったよ。

花　子：私は「かく」作業と「切る」作業に，それぞれどのくらいの時間がかかるかな。

太　郎：試してみようよ。どのくらいの時間がかかるのか，計ってあげるよ。

花子さんは１枚のマグネットシートから，６個の棒状のマグネットを作りました。

太　郎：**花子**さんは，「かく」作業も「切る」作業も，マグネットシート１枚当たりそれぞれ７分かかったよ。これで，二人の作業にかかる時間が分かったね。

花　子：二人で力を合わせて，棒状のマグネットを作ろうよ。作業をするときに注意することはあるかな。

太　郎：作業中のシートが混ざらないようにしたいね。

花　子：では，「かく」作業をするときも，「切る」作業をするときも，マグネットシート１枚分の作業を終わらせてから，次の作業をするようにしよう。

太　郎：それがいいね。でも，どちらかの人が「かく」作業を終えた１枚分のマグネットシートを，もう一方の人が「切る」作業をすることはいいことにしよう。

花　子：マグネットシートが残っている間は，休まずにやろう。

太　郎：マグネットシートは，あと６枚残っているよ。

花　子：６枚のマグネットシートを全て切り終えると，私の試した分と合わせて棒状のマグネットが42個になるね。

太　郎：それだけあれば，十分だよね。次の係活動の時間に，６枚のマグネットシートを全て切り終えよう。

花　子：それまでに，作業の順番を考えておこうか。

太　郎：分担《ぶんたん》の仕方を工夫《くふう》して，できるだけ早く作業を終わらせたいよね。

花　子：係活動の時間が45分間なので，時間内に終わるようにしたいね。

〔問題１〕　二人で６枚のマグネットシートを切り終えるのが45分未満になるような作業の分担《ぶんたん》の仕方を考え，答え方の例のように，「かく」，「切る」，「→」を使って，解答らんに**太郎**《たろう》さんと**花子**さんの作業の順番をそれぞれ書きなさい。また，６枚のマグネットシートを切り終えるのにかかる時間を答えなさい。

　ただし，最初の作業は同時に始め，二人が行う「かく」または「切る」作業は連続して行うものとし，間は空けないものとします。二人が同時に作業を終えなくてもよく，それぞれが作業にかかる時間は常に一定であるものとします。

行った作業	答え方の例
１枚のマグネットシートに「かく」作業をした後に、型がかかれているマグネットシートを「切る」作業をする場合。	かく　→　切る
１枚のマグネットシートに「かく」作業をした後に、他の１枚のマグネットシートを「かく」作業をする場合。	かく　→　かく

太郎さんと**花子**さんは，次の係活動の時間で棒状のマグネットを作りました。そして，運動会の前日に，得点係の打ち合わせをしています。

太　郎：このマグネットで，０から９の数字を表すことができるよ。（図３）

図３　マグネットをつけて表す数字

花　子：マグネットは，つけたり取ったりすることができるから便利だね。１枚のボードを180度回して，別の数字を表すこともできそうだね。

太　郎：そうだよ。6のボードを180度回すと9になるんだ。ただし，マグネットをつけるボードはとう明ではないから，ボードを裏返《うらがえ》すと数字は見えなくなるよ。

花　子：そうなんだ。

太　郎：２枚のボードを入れかえて，違《ちが》う数字を表すこともできるよ。例えば，1 2 3の1と3のボードを入れかえて，3 2 1にすることだよ。（図４）

図４　ボードを入れかえる前と後

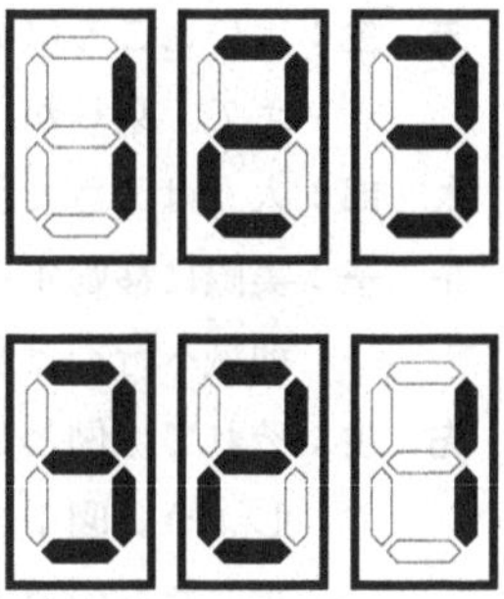

花　子：工夫をすると，短い時間で変えられそうだね。

太　郎：操作《そうさ》にかかる時間を計ってみようか。全部で操作は４種類あるから，操作に番号をつけるよ。

得点板の操作を一人で行ったときにかかる時間
　操作１：１個のマグネットをつける　　　　２秒
　操作２：１個のマグネットを取る　　　　　２秒
　操作３：１枚のボードを１８０度回す　　　３秒
　操作４：２枚のボードを入れかえる　　　　３秒

花　子：得点は，３けたまで必要だよね。短い時間で変えられるような，工夫の仕方を考えよう。

太　郎：では，私一人で得点板の数字を4 5 6から9 8 7にしてみるよ。何秒で，できるかな。

〔問題２〕 得点板の数字を4 5 6から9 8 7にする場合，最短で何秒かかるのか答えなさい。また，答え方の例を参考にして，解答らんに元の数字と変えた数字をそれぞれ一つずつ書き，文章で説明しなさい。ただし，解答らんの全ての段《だん》を使用しなくても構いません。

操作《そうさ》 （かかる時間）	答え方の例
0 0 1を0 0 8にする場合 （１０秒）	〔　１　〕→〔　８　〕　１にマグネットを５個つける。
0 0 8を0 0 9にする場合 （２秒）	〔　８　〕→〔　９　〕　８からマグネットを１個取る。
0 0 4を0 0 5にする場合 （６秒）	〔　４　〕→〔　５　〕　４にマグネットを２個つけて１個取る。
0 1 6を0 1 9にする場合 （３秒）	〔　６　〕→〔　９　〕　６のボードを１８０度回す。
1 2 3を3 2 1にする場合 （３秒）	〔　１　〕→〔　３　〕　一の位と百の位のボードを入れかえる。 〔　３　〕→〔　１　〕 ※どちらの書き方でもよい。

2 花子さんと太郎《たろう》さんは，休み時間に先生と交通手段《しゅだん》の選び方について話をしています。

花　子：家族と祖父母の家に行く計画を立てているときに，いくつか交通手段があることに気がつきました。

太　郎：主な交通手段といえば，鉄道やバス，航空機などがありますね。私《わたし》たちは，目的地までのきょりに応じて交通手段を選んでいると思います。

花　子：交通手段を選ぶ判断材料は，目的地までのきょりだけなのでしょうか。ほかにも，交通手段には，さまざまな選び方があるかもしれません。

先　生：よいところに気がつきましたね。実は，太郎さんが言ってくれた目的地までのきょりに加えて，乗りかえのしやすさなども，交通手段を選ぶときに参考にされています。

太　郎：人々《ひとびと》は，さまざまな要素から判断して交通手段を選んでいるのですね。

花　子：実際に移動するときに，人々がどのような交通手段を選んでいるのか気になります。同じ地域《ちいき》へ行くときに，異《こと》なる交通手段が選ばれている例はあるのでしょうか。

先　生：それでは例として，都道府県庁《とどうふけんちょう》のあるＡ，Ｂ，Ｃ，Ｄという地域について取り上げてみましょう。図１を見てください。これは，ＡからＢ，Ｃ，Ｄへの公共交通機関の利用割合《わりあい》を示したものです。

図１　ＡからＢ、Ｃ、Ｄへの公共交通機関の利用割合《わりあい》

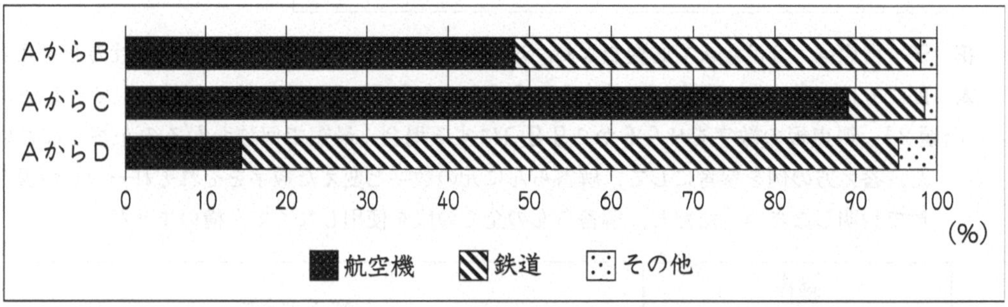

（第６回（２０１５年度）全国幹線旅客純流動調査《ぜんこくかんせんりょかくじゅんりゅうどうちょうさ》より作成）

太　郎：図１を見ると，ＡからＢ，ＡからＣ，ＡからＤのいずれも，公共交通機関の利用割合は，ほとんどが航空機と鉄道で占《し》められていますね。目的地によって，航空機と鉄道の利用割合が異なることは分かりますが，なぜこれほどはっきりとしたちがいが出るのでしょうか。

先　生：それには，交通手段ごとの所要時間が関係するかもしれませんね。航空機は，出発前に荷物の検査など，さまざまな手続きが必要なため，待ち時間が必要です。鉄道は，主に新幹線を使うと考えられます。新幹線は，荷物の検査など，さまざまな手続きが必要ないため，出発前の待ち時間がほとんど必要ありません。

花　子：そうなのですね。ほかにも，移動のために支はらう料金も交通手段を選ぶ際の判断材料になると思います。

太　郎：図１のＡからＢ，Ｃ，Ｄへの移動について，具体的に調べてみたいですね。

花　子：それでは，出発地と到着地《とうちゃくち》をそれぞれの都道府県庁に設定して，Ａにある都道府県庁からＢ，Ｃ，Ｄにある都道府県庁まで，主に航空機と鉄道をそれぞれ使って移動した場合の所要時間と料金を調べてみましょう。

先　生：空港や鉄道の駅は，都道府県庁から最も近い空港や鉄道の駅を調べるとよいですよ。

花子さんと**太郎**さんは，インターネットを用いて，Ａにある都道府県庁からＢ，Ｃ，Ｄにある都道府県庁まで，主に航空機と鉄道をそれぞれ使って移動した場合の所要時間と料金を調べ，**表１**にまとめました。

表１　Ａにある都道府県庁《とどうふけんちょう》からＢ、Ｃ、Ｄにある都道府県庁まで、主に航空機と鉄道をそれぞれ使って移動した場合の所要時間と料金

	主な交通手段《こうつうしゅだん》	*所要時間	料金
Ａにある都道府県庁からＢにある都道府県庁	航空機	２時間５８分 （１時間１５分）	２８６００円
	鉄道	４時間２６分 （３時間１２分）	１８７４０円
Ａにある都道府県庁からＣにある都道府県庁	航空機	３時間７分 （１時間３５分）	２４０７０円
	鉄道	６時間１分 （４時間２８分）	２２９００円
Ａにある都道府県庁からＤにある都道府県庁	航空機	３時間１分 （１時間５分）	２４４６０円
	鉄道	３時間４４分 （２時間２１分）	１５７００円

*待ち時間をふくめたそれぞれの都道府県庁《とどうふけんちょう》間の移動にかかる所要時間。かっこ内は、「主な交通手段《こうつうしゅだん》」を利用している時間。

（第６回（２０１５年度）全国幹線旅客純流動調査《ぜんこくかんせんりょかくじゅんりゅうどうちょうさ》などより作成）

花　子：私たちは，交通手段の所要時間や料金といった判断材料を用いて，利用する交通手段を選んでいるのですね。

〔問題１〕　**花子**さんは「私たちは，交通手段の所要時間や料金といった判断材料を用いて，利用する交通手段を選んでいるのですね。」と言っています。**図１**中のＡからＣ，またはＡからＤのどちらかを選び，その選んだ公共交通機関の利用割合とＡからＢの公共交通機関の利用割合を比べ，選んだ公共交通機関の利用割合がなぜ**図１**のようになると考えられるかを**表１**と会話文を参考にして答えなさい。なお，解答用紙の決められた場所にどちらを選んだか分かるように○で囲みなさい。

太　郎：目的地までの所要時間や料金などから交通手段を選んでいることが分かりました。

花　子：そうですね。しかし，地域によっては，自由に交通手段を選ぶことが難《むずか》しい場合もあるのではないでしょうか。

先　生：どうしてそのように考えたのですか。

花　子：私の祖父母が暮《く》らしているＥ町では，路線バスの運行本数が減少しているという話を聞きました。

太　郎：なぜ生活に必要な路線バスの運行本数が減少してしまうのでしょうか。Ｅ町に関係がありそうな資料について調べてみましょう。

太郎さんと**花子**さんは，**先生**といっしょにインターネットを用いて，E町の路線バスの運行本数や人口推移《すいい》について調べ，**表2**，**図2**にまとめました。

表2　E町における路線バスの平日一日あたりの運行本数の推移《すいい》

年度	2011	2012	2013	2014	2015	2016	2017	2018	2019	2020	2021
運行本数	48	48	48	48	48	48	34	34	32	32	32

（令和２年地域《ちいき》公共《こうきょう》交通網《こうつうもう》形成《けいせい》計画《けいかく》などより作成）

図2　E町の人口推移《すいい》

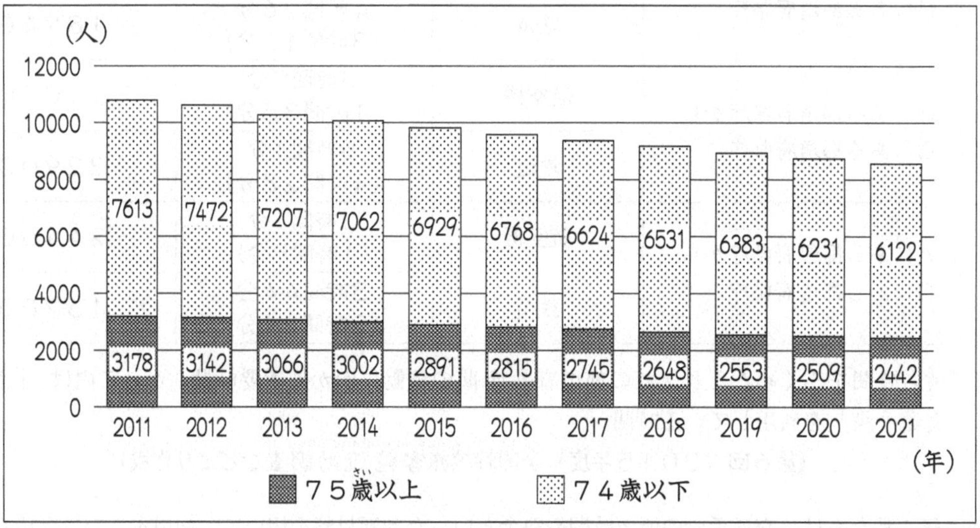

（住民基本台帳より作成）

花　子：**表2**，**図2**を読み取ると，E町の路線バスの運行本数や人口に変化があることが分かりますね。調べる中で，E町は「ふれあいタクシー」の取り組みを行っていることが分かりました。この取り組みについて，さらにくわしく調べてみましょう。

花子さんと**太郎**さんは，インターネットを用いて，E町の「ふれあいタクシー」の取り組みについて調べ，**図3**，**表3**（次のページ）にまとめました。

図3　E町の「ふれあいタクシー」の取り組みについてまとめた情報

補助《ほじょ》対象者・利用者	① ７５歳《さい》以上の人 ② ７５歳未満で運転免許証《うんてんめんきょしょう》を自主的に返納《へんのう》した人 ③ 妊婦《にんぷ》などの特別に町長が認《みと》めた人　　　など
「ふれあいタクシー」の説明	自宅《じたく》から町内の目的地まで運んでくれる交通手段《しゅだん》であり、E町では２０１７年から導入された。利用するためには、利用者証の申請《しんせい》が必要である。２０２３年現在、町民一人あたり１か月に２０回以内の利用が可能で、一定額をこえたタクシー運賃《うんちん》を町が負担《ふたん》する。

（令和２年地域《ちいき》公共《こうきょう》交通網《こうつうもう》形成《けいせい》計画《けいかく》などより作成）

表3　E町の「ふれあいタクシー」利用者証新規交付数・*累計《るいけい》交付数の推移《すいい》

年度	2017	2018	2019	2020	2021
利用者証新規交付数	872	863	210	285	95
利用者証累計交付数	872	1735	1945	2230	2325

*累計《るいけい》：一つ一つ積み重ねた数の合計。

（令和2年地域《ちいき》公共《こうきょう》交通網《こうつうもう》形成《けいせい》計画《けいかく》などより作成）

先　生：興味深いですね。調べてみて，ほかに分かったことはありますか。

太　郎：はい。2021年においては，「ふれあいタクシー」の利用者証を持っている人のうち，90%近くが75歳《さい》以上の人で，全体の利用者も，90%近くが75歳以上です。利用者の主な目的は，病院や買い物に行くことです。また，利用者の90%近くが「ふれあいタクシー」に満足しているという調査結果が公表されています。

花　子：「ふれあいタクシー」は，E町にとって重要な交通手段の一つになったのですね。

太　郎：そうですね。E町の「ふれあいタクシー」導入の効果について考えてみたいですね。

〔問題2〕　**太郎**さんは「E町の「ふれあいタクシー」導入の効果について考えてみたいですね。」と言っています。E町で「ふれあいタクシー」の取り組みが必要になった理由と，「ふれあいタクシー」導入の効果について，**表2**，**図2**，**図3**，**表3**，会話文から考えられることを説明しなさい。

3　**花子**さんと**太郎《たろう》**さんがまさつについて話をしています。

花　子：生活のなかで，すべりにくくする工夫《くふう》がされているものがあるね。

太　郎：**図1**のように，ペットボトルのキャップの表面に縦《たて》にみぞがついているものがあるよ。手でキャップを回すときにすべりにくくするためなのかな。

花　子：プラスチックの板を使って調べてみよう。

図1　ペットボトル

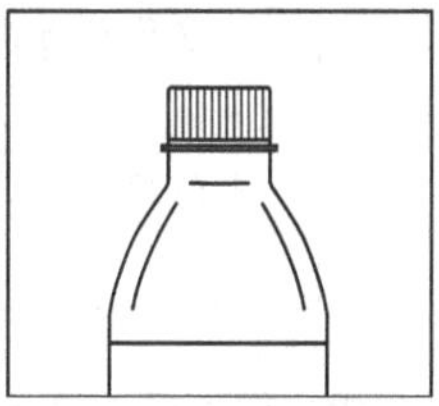

二人は，次のような**実験1**を行いました。

実験1

手順1　1辺が7cmの正方形の平らなプラスチックの板を何枚《まい》か用意し，**図2**のようにそれぞれ糸をつける。

図2　手順1の板

手順2　机《つくえ》の上にフェルトの布を固定し，その上に正方形のプラスチックの板を置く。

手順3　プラスチックの板の上に750gの金属をのせる。

手順4　同じ重さのおもりをいくつか用意する。次のページの**図3**のように，糸の引く方向を変えるために机に表面がなめらかな金属の丸い棒《ぼう》を固定し，プラスチックの板につけた糸を棒の上に通して，糸のはしにおもりをぶら下げる。おもりの数を増やしていき，初めてプラスチックの板が動いたときのおもりの数を記録する。

手順５　手順３の金属を1000ｇの金属にかえて，手順４を行う。

図３　手順４の様子

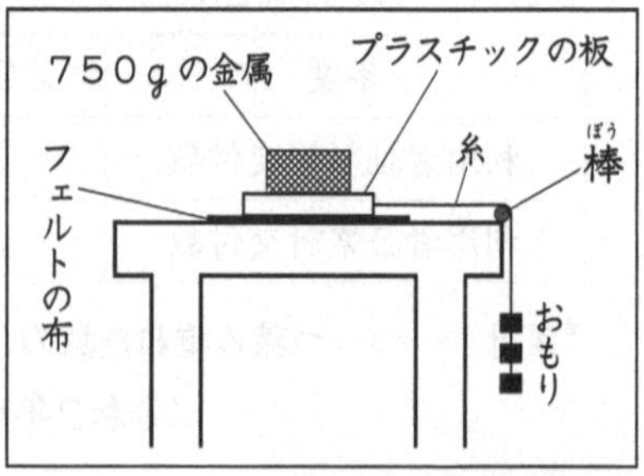

手順６　**図４**のように，手順１で用意したプラスチックの板に，みぞをつける。みぞは，糸に対して垂直《すいちょく》な方向に0.5㎝ごとにつけることとする。

手順７　手順６で作ったプラスチックの板を，みぞをつけた面を下にして手順２～手順５を行い，記録する。

手順８　**図５**のように，手順１で用意したプラスチックの板に，みぞをつける。みぞは，糸に対して平行な方向に0.5㎝ごとにつけることとする。

手順９　手順８で作ったプラスチックの板を，みぞをつけた面を下にして手順２～手順５を行い，記録する。

図４　手順６の板

図５　手順８の板

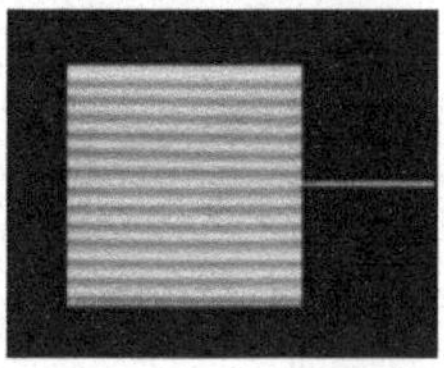

実験１の結果は，**表１**のようになりました。

表１　**実験１**の結果

	手順１の板	手順６の板	手順８の板
７５０ｇの金属をのせて調べたときのおもりの数（個）	１４	１９	１３
１０００ｇの金属をのせて調べたときのおもりの数（個）	１８	２５	１７

太　郎：手でペットボトルのキャップを回すときの様子を調べるために，机の上にフェルトの布を固定して実験したのだね。

花　子：ペットボトルのキャップを回すとき，手はキャップをつかみながら回しているよ。

〔問題１〕　手でつかむ力が大きいときでも小さいときでも，**図１**のように，表面のみぞの方向が回す方向に対して垂直《すいちょく》であるペットボトルのキャップは，すべりにくくなると考えられます。そう考えられる理由を，**実験１**の結果を使って説明しなさい。

太　郎：そりで同じ角度のしゃ面をすべり下りるとき，どのようなそりだと速くすべり下りることができるのかな。

花　子：しゃ面に接する面積が広いそりの方が速くすべり下りると思うよ。

太　郎：そうなのかな。重いそりの方が速くすべり下りると思うよ。

花　子：しゃ面に接する素材によっても速さがちがうと思うよ。

太　郎：ここにプラスチックの板と金属の板と工作用紙の板があるから，まず面積を同じにして調べてみよう。

二人は，次のような**実験２**を行いました。

実験２

手順１　**図６**のような長さが約100cmで上側が平らなアルミニウムでできたしゃ面を用意し，水平な机《つくえ》の上でしゃ面の最も高いところが机から約40cmの高さとなるように置く。

図６　しゃ面

手順２　**図７**のような１辺が10cmの正方形のア～ウを用意し，重さをはかる。そして，それぞれしゃ面の最も高いところに置いてから静かに手をはなし，しゃ面の最も低いところまですべり下りる時間をはかる。ただし，工作用紙の板は，ますがかかれている面を上にする。

図７　ア～ウ

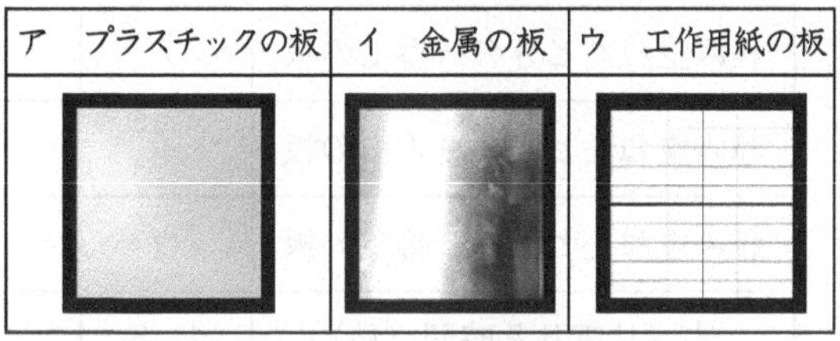

実験２の結果は，**表２**のようになりました。

表２　実験２の結果

	ア　プラスチックの板	イ　金属の板	ウ　工作用紙の板
面積（cm^2）	１００	１００	１００
重さ（g）	５.２	２６.７	３.７
すべり下りる時間（秒）	１.４	０.９	１.８

太　郎：速くすべり下りるには，重ければ重いほどよいね。

花　子：本当にそうなのかな。プラスチックの板と金属の板と工作用紙の板をそれぞれ１枚《まい》ずつ積み重ねて調べてみよう。

二人は，次のような**実験３**を行いました。

実験３

手順１　**実験２**の手順１と同じしゃ面を用意する。

手順２　**実験２**の手順２で用いたプラスチックの板と金属の板と工作用紙の板を，それぞれ６枚ずつ用意する。それらの中からちがう種類の板，合計３枚を**図８**のように積み重ねて，板の間を接着ざいで接着したものを作り，１号と名前をつける。さらに，３種類の板を１枚ずつ順番をかえて積み重ねて，１号

図８　板を積み重ねた様子

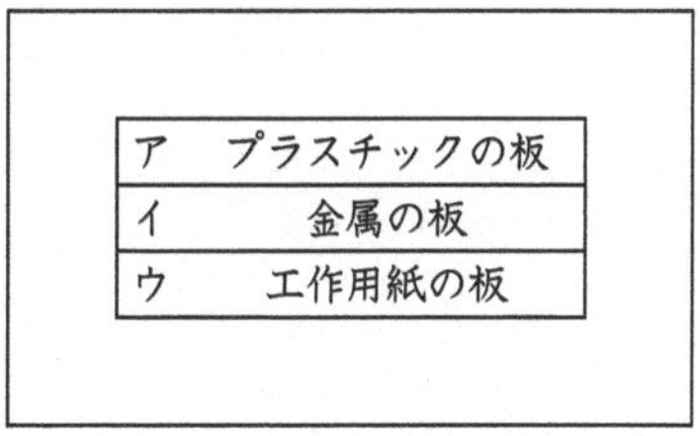

を作ったときに使用した接着ざいと同じ重さの接着ざいで接着したものを五つ作り，それぞれ２号～６号と名前をつける。ただし，積み重ねるとき，工作用紙の板は，ますがかかれている面が上になるようにする。

手順３　１号～６号を，積み重ねた順番のまま，それぞれしゃ面の最も高いところに置いてから静かに手をはなし，しゃ面の最も低いところまですべり下りる時間をはかる。

実験３の結果は，**表３**のようになりました。ただし，アはプラスチックの板，イは金属の板，ウは工作用紙の板を表します。また，A，B，Cには，すべり下りる時間（秒）の値《あたい》が入ります。

表３　実験３の結果

	１号	２号	３号	４号	５号	６号
積み重ねたときの一番上の板	ア	ア	イ	イ	ウ	ウ
積み重ねたときのまん中の板	イ	ウ	ア	ウ	ア	イ
積み重ねたときの一番下の板	ウ	イ	ウ	ア	イ	ア
すべり下りる時間（秒）	１．８	A	１．８	B	C	１．４

〔問題２〕　**実験３**において，１号～６号の中で，すべり下りる時間が同じになると考えられる組み合わせがいくつかあります。１号と３号の組み合わせ以外に，すべり下りる時間が同じになると考えられる組み合わせを一つ書きなさい。また，すべり下りる時間が同じになると考えた理由を，**実験２**では同じでなかった条件のうち**実験３**では同じにした条件は何であるかを示して，説明しなさい。

【適性検査Ⅲ】　(45分)　　＜満点：100点＞

問題を解くときに，問題用紙や解答用紙，ティッシュペーパーなどを実際に折ったり切ったりしてはいけません。

1　みさきさんとりょうさんは，大晦日《おおみそか》におじいさんのそば屋に手伝いに来《き》ています。

みさき：おじいさん，今日はよろしくお願いします。

りょう：もうお店の外に行列ができていますね。

おじいさん：今日は大晦日なので年こしそばを100食限定で売ります。

みさき：100人もお客さんが来るのですね。

おじいさん：去年も一昨年《おととし》も100食売り切れるまで行列がとぎれることがなかったのですよ。

りょう：このお店は，席は９席ありますね。100人のお客さんをお店に入れようとするとかなり時間がかかりそうですね。

おじいさん：一人のお客さんがお店に入ってからそばを食べて出るまでの平均時間は13分48秒です。

みさき：どれくらいの時間がかかるかな。

〔問題１〕　どれくらいの時間がかかるかな。とありますが，お店が開店してから100食のそばが完売し，全てのお客さんがお店を出るまでにかかる時間はおよそ何時間何分何秒と考えられるか答えなさい。ただし，一人のお客さんがお店を出たら次のお客さんがお店に入るものとし，お客さんがお店に入ってからそばを食べて出るまでの時間は一人あたり13分48秒とする。

おじいさん：今日のメニューはそばだけです。そばは１食380円で，小盛《もり》か並《なみ》盛か大盛を選ぶことができます。

みさき：小盛か並盛か大盛のどれにするかを聞いてそばを運べばよいですね。

りょう：小盛，並盛，大盛は何がちがいますか。

おじいさん：はじめに，打ったそばはそれぞれ小分けにし，冷とう庫で保管しています。その小分けにしたものを２個使うのが小盛，３個使うのが並盛，５個使うのが大盛です。ちなみに，今日は小分けにしたものを400個用意しています。

みさき：全てのお客さんが大盛を注文したら足りなくなってしまいますよ。

おじいさん：今までの経験から全てのお客さんが大盛を注文したことはないので足りると思いますよ。でも，とちゅうでそばが足りるか確認《かくにん》しないといけませんね。

そば屋が開店してしばらくたち，40人のお客さんが来ました。

おじいさん：りょうさん，追加でそばを打つ必要があるか知りたいので，冷とうしてあるそばがどれくらい残っているかを数えてもらえますか。

りょう：今，冷とう庫に273個の小分けにされたそばが残っています。

おじいさん：ありがとうございます。このままのペースであれば用意したそばで足りそうですね。

みさき：私《わたし》は40人のお客さんのうち，小盛《もり》，並《なみ》盛，大盛をそれぞれ何人注文したのかが気になります。

〔問題２〕 私《わたし》は40人のお客さんのうち，小盛《もり》，並《なみ》盛，大盛をそれぞれ何人注文したのかが気になります。とありますが，40人のお客さんのうち，小盛，並盛，大盛をたのんだのはそれぞれ何人ですか。考えられる組み合わせを一組答えなさい。

みさきさんと**りょう**さんはそば屋の手伝いが終わりました。

おじいさん：二人ともありがとうございました。

り ょ う：今日はたくさんのお客さんが来ましたね。

おじいさん：そうですね。最後に，レジのお金を確認《かくにん》しましょう。

み さ き：開店前のレジには**表１**のようにお金が入っていました。

表１ 開店前のレジに入っていたお金の種類と枚《まい》数

種類	１万円札	５千円札	千円札	５００円玉	１００円玉	５０円玉	１０円玉
枚数	０	１０	５０	１０	５０	１０	５０

み さ き：お会計のときに，１万円札でしはらったお客さんが一人いました。

り ょ う：５千円札でしはらったお客さんも一人いました。

み さ き：他には千円札でしはらったお客さんが30人，500円玉でしはらったお客さんが20人いたと思います。

おじいさん：おつりを少なくするために，580円と530円でしはらったお客さんが５人ずつ，380円ぴったりでお金をしはらったお客さんは38人でした。

り ょ う：おつりで使うこう貨や紙へいが足りなくなって困《こま》ったことはありませんでした。

〔問題３〕 レジのお金を確認《かくにん》しましょう。とありますが，閉店後のレジの中にあるお金の枚《まい》数を解答らんに合うように答えなさい。ただし，いくらでしはらう場合も全てのお客さんは最も少ないこう貨や紙へいの枚数でしはらったものとする。また，おつりも最も少ない枚数で出したものとする。

み さ き：お金がちゃんと合っていて良かったです。

おじいさん：二人とも今日はつかれたでしょう。よかったら，そばを食べていってください。

り ょ う：そういえば，おなかがすきました。

み さ き：ありがとうございます。

２ **みさき**さんと**りょう**さんは，**みさき**さんのおじいさんとおばあさんの誕生日《たんじょうび》を祝うパーティーの準備をしています。

みさき：来月は私《わたし》のおじいさんとおばあさんの誕生日なんだ。

りょう：二人とも同じ月なんだね。

みさき：二人の生まれた月の数，おじいさんの生まれた日にちの数，おばあさんの生まれた日にちの数の三つは，足してもかけても同じ数になるんだよ。

りょう：おもしろいね。

〔問題１〕　二人の生まれた月の数，おじいさんの生まれた日にちの数，おばあさんの生まれた日にちの数の三つは，足してもかけても同じ数になるんだよ。とありますが，おじいさんとおばあさんの誕生日《たんじょうび》として考えられる誕生日の組み合わせを一組答えなさい。

みさき：パーティーの中で行うゲームと，最後にプレゼントとしてわたすメッセージカードを考えたいな。

りょう：メッセージカードの装《そう》しょくのためにたくさんの折り紙を用意したから，これらを使ったゲームを考えよう。

みさき：折り紙は何色があるの。

りょう：黒色，白色，青色，赤色の４色があるよ。白色，青色，赤色はたくさんあるけれど，黒色は５枚《まい》しかないよ。

みさき：このようなゲームはどうかな。

みさきさんの考えたゲーム

①　このゲームは二人で行う。

②　黒色，白色，青色，赤色の４色の折り紙を５枚《まい》ずつ用意し，合計20枚を中がすけて見えないふくろに入れる。

③　一人がふくろの中を見ないで，４枚の折り紙を取り出す。取り出した折り紙はふくろにもどさない。

④　取り出した折り紙のうち，同じ色の枚数を得点とする。

⑤　ふくろから４枚取り出すことを１セットとし，１セットずつ交ごに，２セット行う。

⑥　２セット終わった時点で合計の得点が多い方を勝ちとする。

りょう：白白白赤と取り出したら３点ということだね。白白赤赤と取り出したら何点になるの。

みさき：白色が２枚，赤色が２枚それぞれあるから，合わせて４点が得点になるよ。

りょう：なるほど。おもしろそうだね。

みさき：ためしに二人でやってみよう。**りょう**さんから始めてください。

りょう：黒色が１枚，白色が１枚，赤色が２枚だったから，２点だね。

みさき：次は私だね。３点だったよ。

りょう：次は私だね。３点だったよ。

みさき：まだ取り出していないけれど，私の勝ちだね。

〔問題２〕　まだ取り出していないけれど，私の勝ちだね。とありますが，**みさき**さんの１セット目と**りょう**さんの２セット目はそれぞれどのように取り出されたか答えなさい。解答らんの**りょう**さんの１セット目を参考に，解答らんに合うように答えなさい。

みさき：次はメッセージカードを考えよう。

りょう：カードは１辺が12㎝の正方形だよ。（次のページの図１）

みさき：折り紙を使って，このカードを装しょくしていきたいな。

りょう：折り紙は１辺７㎝の正方形だね。

図1

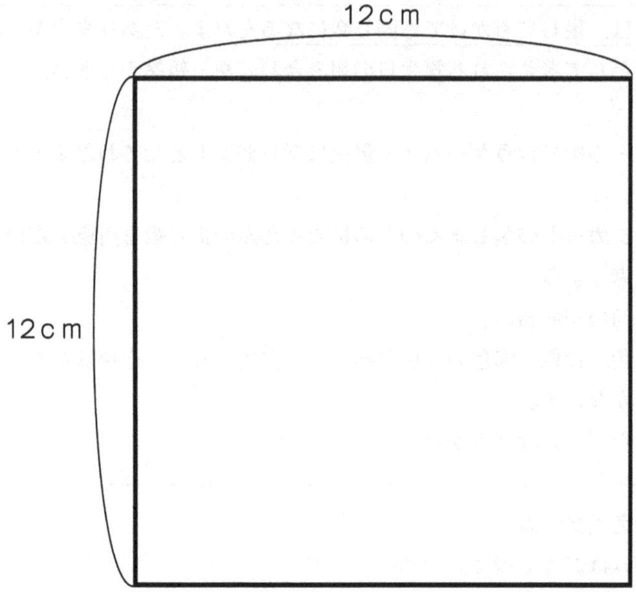

みさき：折り紙は切らないで，重ねてはっていって，模様《もよう》を作りたいな。
りょう：きれいにはれるようにカードのおもて面に１㎝ずつ直線をかいたよ。（図２）

図２

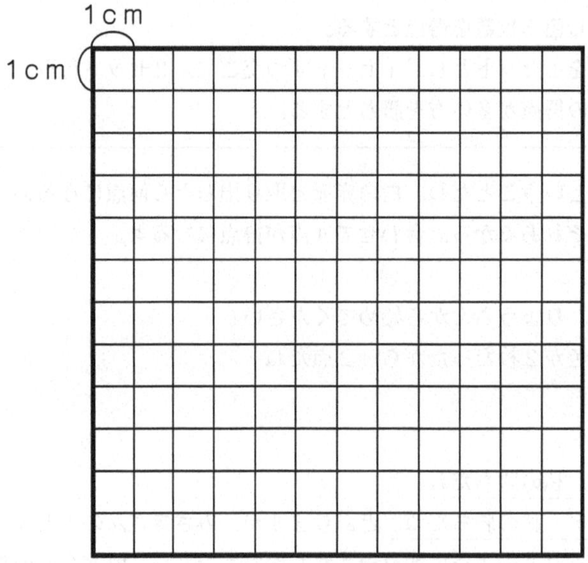

図３

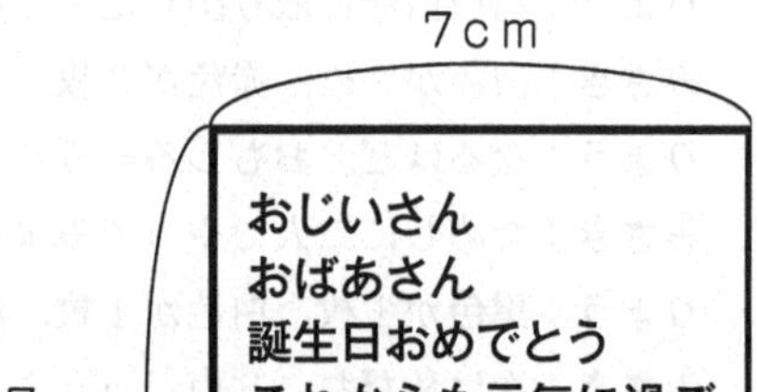
7ｃｍ
これからも元気に過ご
してね。
みさきより

りょう：折り紙をはるときは，かいた直線やカードの辺に，折り紙の全ての辺を合わせてはるようにしよう。
みさき：白色の折り紙１枚にメッセージを書いたよ。（図３）
みさき：図３のメッセージを書いた折り紙はカードの左上にはりたいな。
りょう：メッセージがかくれないように，メッセージを書いた折り紙は最後にはるようにしよう。（次のページの図４）

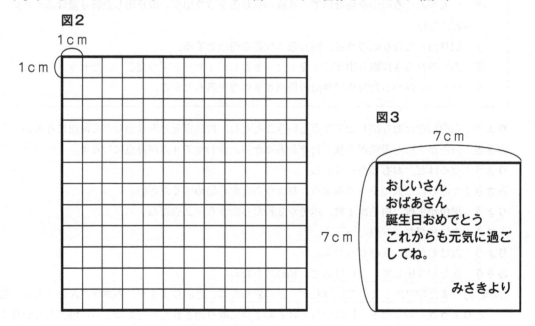

図4

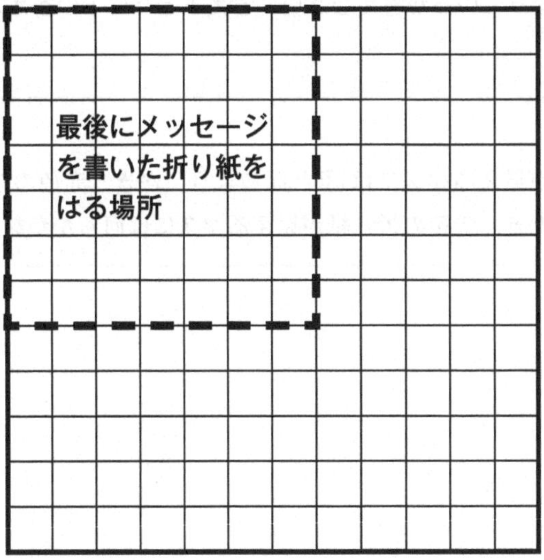

りょう：あまり重ねてはりすぎると厚くなってしまうから，１枚のカードに使う折り紙の枚数は，メッセージを書いた折り紙を入れて８枚にしよう。

みさき：はり方を考えよう。

みさきさんの考えたはり方

① 折り紙は白色，青色，赤色の３色を使う。ただし，どの色の折り紙も８枚《まい》以上あるものとする。
② 用意したカードのおもて面に折り紙を８枚はる。
③ 折り紙は切ったり，折ったりしてはることはしない。
④ かいた直線やカードの辺に，折り紙の全ての辺を合わせてはる。
⑤ はった折り紙はカードからはみ出さない。
⑥ 最後にはる折り紙はメッセージを書いた白色の折り紙とし，**図４**で示したようにする。
⑦ できあがったとき，折り紙が８枚とも全て見えるようにはる。また，カードのおもて面は見えなくなるようにする。
⑧ できあがったとき，重ねた折り紙の境目で色が変わるようにする。
⑨ できあがったとき，８枚のうち見えている面積が最小である部分の面積が最も大きくなるようにする。

りょう：８枚のうち見えている面積が最小である部分の面積が最も大きくなるようにするとはどういうことかな。

みさき：はり方はいろいろあるけれど，メッセージを書いた折り紙以外の７枚の見える面積をなるべく均等にするということだよ。

〔問題３〕　**みさきさんの考えたはり方**で，カードに折り紙をはったとき，このメッセージカードはどのような模様《もよう》になっているか答えなさい。答えるときは下の**答え方**に従《したが》って，解答らんに記入しなさい。

答え方
白色の折り紙が見えるマスには⊠となるようにかき，赤色の折り紙が見えるマスには⧄となるようにかき，青色の折り紙が見えるマスには何もかかないこと。

に書きなさい。

〔問題2〕 ㋐「余韻《よいん》」とか「想像力」といった考えとありますが、**文章1** の筆者は、短歌を読んでどのような情景を想像しているでしょうか。連続する二文を探《さが》しなさい。ただし、一文めの最初の四字と、二文めの終わりの四字をそれぞれ書くこと。

〔問題3〕 あなたは、これからの学校生活で仲間と過ごしていく上で、言葉をどのように使っていきたいですか。今のあなたの考えを四百字以上四百四十字以内で書きなさい。ただし、次の条件と下の〔**きまり**〕にしたがうこと。

条件　① **文章1**・**文章2** の筆者の、短歌・俳句《はいく》に対する考え方のいずれかにふれること。

　　　② 適切に段落《だんらく》分けをして書くこと。

〔**きまり**〕

○題名は書きません。

○最初の行から書き始めます。

○各段落《だんらく》の最初の字は一字下げて書きます。

○行をかえるのは、段落をかえるときだけとします。

○、や。や」などもそれぞれ字数に数えます。これらの記号が行の先頭に来るときには、前の行の最後の字と同じますに書きます（ますの下に書いてもかまいません）。

○。と」が続く場合には、同じますに書いてもかまいません。この場合、。」で一字と数えます。

○段落をかえたときの残りのますは、字数として数えます。

○最後の段落の残りのますは、字数として数えません。

うか、よくわかりません。でも、一門のあいだではいろいろと議論《ぎろん》があったと、去来は言っています。「不易」とは永久に変わらないこと、「流行」とはつねに変化すること、「不易流行」というのは、まったく正反対のことを一語にまとめたことになります。＊諸説紛々《しょせつふんぷん》だといいつつ、去来は、「不易流行の教えは、俳諧不変の本質と、状況《じょうきょう》ごとの変化という二面性を有するものだ」というのです。一貫性《いっかんせい》と流動性の同居、これが俳諧というものだということでしょうか。

『三冊子《さんぞうし》』でも、「不易流行」に言及《げんきゅう》しています。そこでは、＊「師の風《ふう》雅《が》に、万代不易《ばんだいふえき》あり、一時の変化あり。この二つに究《きわま》り、その本一《もといつ》なり」と、根本は同一だと説いています。そこで、つぎに土芳《どほう》の『三冊子』をみてみましょう。

土芳は、＊伊賀上野《いがうえの》＊藩士《はんし》、一六五七年生まれ、一七三〇年没《ぼつ》。姓《せい》は服部《はっとり》氏。若《わか》いころから芭蕉を慕《した》い、伊賀の俳諧を盛《も》り上《あ》げた人物です。『三冊子』は、芭蕉晩年《ばんねん》の教えを書きとどめた書で、出版はずっと遅《おく》れるものの、多くのひとに筆写されて早くから広まりました。「白双紙《しろぞうし》」「赤双紙《あかぞうし》」「わすれ水」の三部をまとめて、『三冊子』として知られています。

高く心を悟《さと》りて、俗《ぞく》に帰るべし。

俳句をよむ精神は目標を高くもって、同時に日々《ひび》の生活にいつも目を向けるように心がけなさい、という教えです。むかしのひとの作品や精神をしっかり学ぶとともに、生活する人びとの気持ちになってこそ、すばらしい俳句が生まれるのだというのです。困難《こんなん》な事柄《ことがら》にひるまず勉強するうちに、いつか高尚《こうしょう》なこころを得ることができる。かといって、学問をひけらかしては嫌《いや》みなだけ。何気《なにげ》ない、ふつうに送る日常生活のなかから、俳句のおもしろさを発見することがだいじなのです。芭蕉俳諧の＊真髄《しんずい》は、この境地にこそあります。

（藤田真一《ふじたしんいち》「俳句《はいく》のきた道　芭蕉《ばしょう》・蕪村《ぶそん》・一茶《いっさ》」（一部改変）による）

〔注〕其角《きかく》――芭蕉《ばしょう》の弟子《でし》。
巴風《はふう》――其角の弟子。
去来《きょらい》――芭蕉の弟子。
「有明《ありあけ》の花に乗《の》り込《こ》む」――夜明けに花の下で乗り込む。
「月毛馬《つきげうま》」「葦毛馬《あしげうま》」――どちらも白みがかった毛色の馬。
「卯《う》の花《はな》に月毛の馬のよ明《あけ》かな」
――白く咲《さ》き乱《みだ》れる卯の花の中、月毛の馬に乗って旅立つ、さわやかな初夏の明け方だなあ。
諸説紛々《しょせつふんぷん》――いろいろな意見やうわさが入り乱れているさま。
「師の風雅《ふうが》に、……この二つに究《きわま》り、その本一《もといつ》なり」
――芭蕉先生の風流についての教えには、ずっと変わらないことと常に変化することの二つがある。この二つをつきつめると、その根本は一つである。
伊賀上野《いがうえの》――いまの三重県伊賀市《みえけんいがし》。
藩士《はんし》――大名に仕える武士。
真髄《しんずい》――ものごとの本質。

〔問題１〕　短歌や俳句《はいく》をくり返し唱えたり、思いうかべたりすることには、どのような効果があると述べられているでしょうか。文章１・文章２で挙げられている例を一つずつ探《さが》し、解答らんに合うよう

する。

（東《ひがし》　直子《なおこ》「生きていくための呪文《じゅもん》」による）

〔注〕　歌――短歌。
咲《さ》くからに――咲いているから。
わが眺《なが》めたり――私《わたし》は（その桜の花を）ながめるのだ。
岡本《おかもと》かの子《こ》――大正、昭和時代の小説家、歌人。
清水《きよみず》――京都《きょうと》の清水寺《きよみずでら》。
祇園《ぎおん》――京都の祇園神社《ぎおんじんじゃ》。
こよひ《（こよい）》――今夜。
与謝野晶子《よさのあきこ》――明治、大正時代の歌人。
花灯り《はなあか》――桜の花が満開で、その辺りのやみがほのかに明るく感じられること。
ほろ酔《よ》いのような表情を浮《う》かべて――うっとりした顔つきで。
愛《め》でている――味わい楽しんでいる。
大西民子《おおにしたみこ》――昭和時代の歌人。

文章2

> 次の文章は、江戸《えど》時代に俳諧《はいかい》と呼《よ》ばれていた俳句について、当時活やくしていた松尾芭蕉《まつおばしょう》が述べた言葉を説明したものです。

謂応《いいおお》せて何か有《ある》。

江戸の＊其角《きかく》が、「下臥《したぶし》につかみ分《わけ》ばやいとざくら」という＊巴風《はふう》（其角の門人）の句を知らせてきたが、「どうおもうかね」と芭蕉がたずねられた。＊去来《きょらい》は、「枝垂桜《しだれざくら》（糸桜）のようすをうまく言い表しているではありませんか」と応じました。一句は、みごとに咲《さ》いた糸桜の下に臥《ふ》せって、花の枝をつかんでたぐってみたい、といった意味です。そこで言った芭蕉の返答がこれです。物のすがたを表現し尽《つ》くしたからといって（「いいおおせて」）、それがどうしたのだという批判《ひはん》です。ことばの裏《うら》側《がわ》に、㋐「余韻《よいん》」とか「想像力」といった考えを置いてはどうでしょう。俳句にかぎらず、詩という文芸は、表面的な理解だけでわかった気になってはつまりません。

舌頭《ぜっとう》に千転《せんてん》せよ。

これは去来の苦い経験に発することばのようです。「＊有明《ありあけ》の花に乗《の》り込《こ》む」とはじめの五・七をよんで、最後をどうするか悩《なや》んだことがありました。馬をよみ込みたかったものの、＊「月毛馬《つきげうま》」「葦毛馬《あしげうま》」と置いたり、あいだに「の」を入れたりしてみても、どうもうまくいかない。ところが友人許六《きょりく》（前に登場した、芭蕉の画の師になった弟子《でし》）の、＊「卯《う》の花《はな》に月毛の馬のよ明《あけ》かな」を目にして、なるほどとうなった、この手があったのか、と。許六は中の七文字に馬を置いて、すらりとよんだところ、去来はこだわって五・七を動かそうとせず、どうしてもうまくいかなかったのです。常々《つねづね》芭蕉が、「口のなかで千回でも唱えてみよ」とおっしゃっていたのはこのことだったのだ。ほんのわずかの工夫《くふう》でうまくいく。そこに気づくまで、「千転せよ」というわけです。去来の句は結局完成しなかったのでしょう。

不易流行《ふえきりゅうこう》。

たいへん有名なことばですが、はたして芭蕉がそのまま口にしたかど

【適性検査Ⅰ】（四五分）〈満点：一〇〇点〉

1 次の 文章1 と 文章2 を読んで、あとの問題に答えなさい。
（＊印のついている言葉には、本文のあとに〔注〕があります。）

文章1

桜の咲《さ》く時期になると、必ず思い出す＊歌がいくつかある。ソメイヨシノの並木《なみき》の花がいっせいに満開になって、咲いてるなあ、と首を空に向けながら思い出すのは、次の歌である。

桜ばないのち一ぱいに＊咲くからに生命《いのち》をかけて＊わが眺《なが》めたり
＊岡本《おかもと》かの子《こ》

そして桜満開の夜となれば、この歌。

＊清水《きよみず》へ＊祇園《ぎおん》をよぎる桜月夜《さくらづきよ》＊こよひ《（こよい）》逢ふ《（あう）》人みなうつくしき
＊与謝野《よさの》晶子《あきこ》

桜の咲くころの祇園を訪《たず》ねたことはないのだが、脳内《のうない》には＊花灯《はなあか》りの下を、浮《う》かれたような、＊ほろ酔《よ》いのような表情を浮《う》かべて道を歩く人々《ひとびと》の、うつくしい顔がくっきりと浮かぶ。夜桜見物を一度だけしたことがあるが、結構寒くて、じっと座《すわ》ってるとガタガタ震《ふる》えてくるし鼻水は出るし、思うほどロマンチックではない。けれども人をうつくしいと思う気持ちは、この歌を胸《むね》に抱《いだ》いていたため失わずにすんだ。

先ほどのかの子の歌が桜の花と自分を同一化させて自分を主人公として短歌の額縁《がくぶち》の真中におさめたのに対し、この晶子の歌は、あくまでも自分はレンズとしての存在《そんざい》で、きれいな夜桜のある風景をまるごと＊愛《め》でている。きれいな花が咲いたらそれだけを見るのではなく、そこにある気配までも感知する晶子の懐《ふところ》の深さに感じいる。

「こよひ逢ふ人みなうつくしき」は、桜の咲いている時期以外でも、いろいろな場所にあてはめることができる。気後《きおく》れしがちなパーティーなどでも「こよひ逢ふ人みなうつくしき」の言葉を唱えながら現地に向かえば、自《おの》ずと前向きになり、好意的に人と会える気持ちになれて勇気がわくのである。

自分の気に入った詩の言葉を心の中でつぶやく行為《こうい》は、願いをかなえるために呪文《じゅもん》を唱えることにとても似ている。短歌を知る、覚えていくということは、自分の気持ちを保つための言葉を確保していくことでもあるのだと思う。

てのひらをくぼめて待てば青空の見えぬ傷《きず》より花こぼれ来る
＊大西民子《おおにしたみこ》

この短歌を胸に抱いてつくづく思うのは、さびしいのは自分だけではない、ということ。桜のはなびらがはらはらと散っていく様子を見ると、なんともいえず切ない気持ちになる。この歌ではそれが「青空の見えぬ傷」よりこぼれてきたものだというのである。あのきれいな青い空にも傷がある。自分の中の見えない場所にあるもののように。そんなことを考えている孤独《こどく》な一人の女性を思うと、桜も青空もそれを受け止めようとしている人も、それを遠くで思う人（読者）も、すべてが無限の切なさに覆《おお》われているように感じられてくる。こんなにおおらかに「傷」を言葉にできるとは。ほんとうにさびしいときに、この歌を唱えつづけると、いつの間にかうれしい気持ちに変わっていくような気が

2024 年 度

解 答 と 解 説

《2024年度の配点は解答欄に掲載してあります。》

＜適性検査Ⅰ解答例＞

1 問題1 〔文章1〕自分の気持ちを保つ(という効果。)
〔文章2〕わずかなくふうでうまくいくことに気づく(という効果。)

問題2 あのきれ ～ ように。

問題3 (学校からの解答例はありません)

解答例

文章2の筆者は「俳句をよむ精神は目標を高くもって，同時に日々の生活にいつも目を向けるように心がけなさい，という教え」であると言っています。このことから，私は学校生活で高い目標に向けて自分なりに努力をしつつも，仲間の気持ちや動きをきちんと考えながらポジティブな気持ちになる言葉を使うべきだと考えました。

なぜなら，小学校のクラブチームの野球で，試合中に励ましたり，勇気づけたりする言葉を仲間にかけると，チーム全体が元気になってみんなで頑張れたからです。野球は一人ではなく，みんなで頑張らないと結果が出ないとコーチから教わりました。実際に，試合で仲間の動きに合わせて動いたり，仲間の様子や調子に合わせて声をかけたりすることで，チームが元気になり，逆転で勝てた試合がありました。

このことから，私は部活動をふくめた学校生活全体で，仲間の気持ちや動きを考えながら，ポジティブな気持ちになる言葉をかけていきたいと考えています。

○配点○

1 問題1 20点， 問題2 20点， 問題3 60点 計100点

＜適性検査Ⅰ解説＞

1 (国語：読解，作文)

問題1 「短歌や俳句をくり返し唱えたり，思いうかべたりすること」でどのような効果があるかを文章1と文章2でそれぞれ探していく。文章1では，筆者の主張である「短歌を知る，覚えていくということは，自分の気持ちを保つための言葉を確保していくこと」の部分と，その具体例である「さびしいときに，この歌を唱えつづけると，いつの間にかうれしい気持ちに変わっていく」のうち，筆者の主張がまとまっている「短歌を知～いくこと」の部分を解答らんにあわせてまとめる。文章2では，「わずかの工夫でうまくいく」ことに「気づく」まで「千転せよ(くり返し唱えよ)」の内容を解答らんに合わせてまとめる。

問題2 文章1で短歌の情景が連続する2文で書かれている部分を探す。「清水へ…」の短歌の情景の説明は「桜の咲く～浮かぶ。」の1文である。「てのひらを…」の短歌の情景説明は「あのきれ～ように。」の2文であり，解答となる。今回の条件は2文で抜き出しのため，句点(。)をふくめた文の単位で抜き出すことに注意する。

やや難 問題3 設問を整理すると，「これからの学校生活で仲間と過ごしていく上で，言葉をどのよう

に使っていきたい」かについて，文章1か文章2の短歌や俳句への筆者の考えにふれながら，400字から440字で自分の考えを書いていく，である。段落指定がないため，自分で段落構成を考える必要があり，難しいと感じる人もいるだろう。短歌や俳句への筆者の考えにふれるには，筆者の主張を引用するだけでなく，それを自分なりの言葉でまとめたり，言い換えたり，引用した部分から考えたことなどを書いたりするとよい。また，文章1や文章2で選ぶ筆者の主張は，意見や理由が書きやすい(または自身の体験談などと関連づけやすい)内容を選ぶとよい。

★ワンポイントアドバイス★

「これからの学校生活で仲間と過ごしていく上で，言葉をどのように使っていきたい」か，が問題3のテーマだ。正しく設問を読み取って作文を書こう。

＜適性検査Ⅱ解答例＞

1 問題1 〔太郎《たろう》さんの作業〕

かく → 切る → 切る → 切る → 切る → 切る → 切る

〔花子さんの作業〕

かく → かく → かく → かく → かく

〔6枚《まい》のマグネットシートを切り終えるのにかかる時間〕　40分

問題2

〔得点版の数字を456から987にするのにかかる最短の時間〕　16秒	
〔 4 〕→〔 6 〕	一の位と百の位のボードを入れかえる。
〔 6 〕→〔 9 〕	6のボードを180度回す。
〔 5 〕→〔 8 〕	5にマグネットを2個つける。
〔 4 〕→〔 7 〕	4にマグネットを1個つけて2個取る。
〔　〕→〔　〕	

2 問題1 選んだ一つ：AからC

航空機と鉄道の利用わり合は，AからBはほぼ同じであるのに対して，AからCは航空機の方が高い。その理由としては，AからCの航空機と鉄道の料金は，ほぼ変わらないが，航空機の所要時間が約半分だからと考えられる。

問題2 〔「ふれあいタクシー」の取り組みが必要になった理由〕

人口が減少し，路線バスの本数が減少したE町が，移動することにこまっている人を対象とした交通手だんを用意するため。

〔「ふれあいタクシー」導入の効果〕

75さい以上の人の多くが，利用者証を得て，「ふれあいタクシー」を利用して買い物や病院へ行くことができるようになった。

3 問題1 750gの金属をのせて調べたときも1000gの金属をのせて調べたときも，おもりの数は手順6の板のときが最大であった。そして，手順6の板のみぞの方向に対して糸の引く方向はすい直であり，キャップのみぞの方向に対して手で回す方向もすい直であるから。

問題2 〔組み合わせ〕

2号と5号

〔理由〕

実験2では同じでなかった条件のうち実験3では同じにした条件は，重さである。1号と3号のすべり下りる時間が同じなのに，1号と6号のすべり下りる時間は同じではなかった。だから，すべり下りる時間が同じになるのは，一番下の板の素材が同じ場合だと考えられるから。

○配点○

1 問題1 15点， 問題2 15点

2 問題1 20点， 問題2 20点

3 問題1 12点， 問題2 18点 計100点

＜適性検査Ⅱ解説＞

1 （算数：規則）

問題1 太郎さんは「かく」作業に10分，「切る」作業に5分，花子さんは「かく」作業に7分，「切る」作業に7分かかるため，作業時間を短くするには，太郎さんは「切る」作業を，花子さんは「かく」作業を行うように分担すればよい。最初の作業は同時に始めるため，太郎さん，花子さんともに「かく」作業から始める。太郎さんは次の作業から，「切る」作業を，花子さんは，「かく」作業を行っていく。図アのように，太郎さんが次のシートを切り始めるときには，シートに「かく」作業は終わっているため，太郎さんは待ち時間なく続けて切る作業を行うことができる。よって，作業にかかる時間は，太郎さんの作業は「かく」→「切る」→「切る」→「切る」→「切る」→「切る」→「切る」なので，10分＋5分×6＝40分，花子さんの作業は「かく」→「かく」→「かく」→「かく」→「かく」なので，7分×5＝35分となり，二人の作業が終わるのにかかる時間は40分となる。

図ア

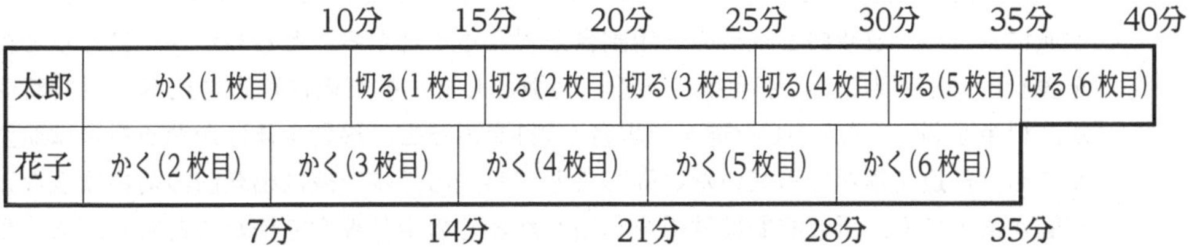

問題2 「4」「5」「6」それぞれの数字を「9」「8」「7」のそれぞれの数字に変えた場合，表アに示す操作方法と時間となる。

表ア

変える数字	操作方法	時間
4→9	マグネットを2個つける	2秒×2＝4秒
4→8	マグネットを3個つける	2秒×3＝6秒
4→7	マグネットを2個取って1個つける	2秒×3＝6秒
5→9	マグネットを1個つける	2秒×1＝2秒
5→8	マグネットを2個つける	2秒×2＝4秒

5→7	マグネットを3個取って1個つける	2秒×4＝8秒
6→9	180度回す	3秒
6→8	マグネットを1個つける	2秒×1＝2秒
6→7	180度回してマグネットを3個取る	3秒＋2秒×3＝9秒

表イは，「4」「5」「6」それぞれの数字を「9」「8」「7」のそれぞれの数字に変えた後に，「987」の順番に数字を入れ替えたときにかかる時間を示している。

表イ

数字を変えた後順番を入れ替える前の数字	数字を変える時間	数字を入れ替える時間	合計の時間
987	4＋4＋9＝17秒	0秒	17秒
978	4＋8＋2＝14秒	3秒×1＝3秒	17秒
897	6＋2＋9＝17秒	3秒×1＝3秒	20秒
879	6＋8＋3＝17秒	3秒×2＝6秒	23秒
789	**6＋4＋3＝13秒**	**3秒×1＝3秒**	**16秒**
798	**6＋2＋2＝10秒**	**3秒×2＝6秒**	**16秒**

表イに示すとおり，最短でかかる時間は16秒であり，太枠に示す操作となる。

2 （社会：資料分析）

基本 問題1　日本の主な公共交通機関は昔から船や鉄道であった。戦後，日本の経済がいちじるしく成長を遂げていた高度経済成長期の1961年，国内初の旅客機（東京－札幌間）が誕生した。鉄道では途中船を利用して，一日近くかけて東京から札幌まで行っていたのが，航空機では3時間程度で行けるようになり，日本の交通事情は飛躍的に進歩した。現在は，目的地などの条件から，航空機を利用するのか，鉄道を利用するのかを利用者が選択し，活用している。

図1から，Aを起点に各地域へ移動する交通手段は航空機と鉄道が主であることがわかる。地域によって，航空機と鉄道の利用割合が異なることから，どちらが人々にとって得なのかを表1から読み取ることが大事である。特徴として，航空機は鉄道に比べて所要時間は短いが，料金が高い。AからCを選んだ場合，表1をみると，移動全体にかかる料金は航空機を選んでも，鉄道を選んでもだいたい同じことがわかる。航空機は出発前の荷物検査などの待ち時間があっても，所要時間は鉄道を利用したときの半分程度で済むこともわかる。乗り物に長く乗っていたくない人も，AからCならば航空機を選ぶだろう。それらのことから，航空機を利用する人々が多いことが図1のグラフに表れている。

また，AからDを選択した場合，解答例は「～その理由としては，AからDの航空機と鉄道の所要時間はあまり変わらないが，航空機と鉄道の料金を比べると，鉄道の方が約9,000円安いからだと考えられる。」となる。全体の移動時間が同じくらいでも料金が安い鉄道の方が得だということを表1から読み取ることが重要である。

重要 問題2　「ふれあいタクシー」の取り組みが必要になった理由について，図2のE町の人口推移をみると，2011年は10000人以上であったが，年々減少していることがわかる。日本全体で地方の市町の人口減少や，高齢者が多く若者が増加しない・または減少している状況は少なくなく，生活に必要な店や病院などの施設の減少の他，バスや鉄道の本数が減少する状況があり，問題視されている。それらは生活に必要不可欠なものであるが，維持・管理するには人件費や光熱費などの諸経費が必要になり，利用者が減少すると売り上げも減少し，維持・管理が難しくなる。バスでは乗車料金の値上げだけでは対応できなくなると，路線数を減らさなくてはならない。乗用車を利用しない高齢者にとっては移動手段が少なくなるため大きな問題となっている。

表2から，E町も2017年より路線バスの平日一日あたりの運行本数が減少していったのがわかる。これは，経費削減をするためにバスの本数が減っていったと考えられる。図2では75歳以上の人口推移も読み取ることができる。人口は減っているが75歳以上の割合は大きくなっている。バス以外の移動手段が必要になり，「ふれあいタクシー」の導入が行われるようになった。

また，「ふれあいタクシー」導入の効果について，図3から「ふれあいタクシー」は75歳以上の人や妊婦など限られた対象者が利用できるタクシーであり，申請すれば，1か月に20回まで利用が可能で，その際に支払う金額も一定額をこえれば，町が負担をしてくれる。ということは，路線バスのように，利用者の負担はそれほど大きくないことが考えられる。高齢者になると，自動車の運転をやめる人が多くなったり，病院に通う回数が多くなったりする人が多くなるので交通手段の確保は重要である。会話文から利用者の90％近くが75歳以上の人であり，表3から2021年の利用者証累計交付数は2325人で，同年の75歳以上の人口は図2から2442人とわかるから，E町の75歳以上の人の9割以上が利用していることもわかる。「ふれあいタクシー」は路線バスの代わりの交通手段としてとても有効であるとわかる。

3 **（理科：実験・観察）**

基本 問題1　表1より，実験1の結果から，手順6の板を使用したとき，手順1の板を使用したときと比べて，750g，1000gどちらの金属をのせた場合にも，板が動いたときのおもりの数が多くなっている。このことから，手順1の板より手順6の板の方が，板を動かすのに必要な力が大きく，すべりにくくなっていると考えることができる。一方で，手順8の板を使用したときには，手順1の板を使用したときと比べて，750g，1000gどちらの金属をのせた場合にも，板が動いたときのおもりの数が少なくなっており，手順8の板は，手順1の板よりも小さい力で動かすことができ，よりすべりやすくなっていると考えられる。手順6の板は糸が引く力に対して垂直方向にみぞがあり，手順8の板は糸が引く力に対してみぞが平行であることから，板にみぞがあり，そのみぞが力の方向に対して垂直であるときには，すべりにくくなると考えることができる。ペットボトルのキャップのみぞは，手で回すときに力を入れる方向に対して垂直であることから，実験1の結果と同様にすべりにくくなると考えることができる。

基本 問題2　表2より，実験2では使用する板の重さがそれぞれ異なっていることがわかる。一方，実験3では，3種類の3枚の板を使用し，板を積み重ねる順番は異なるが，使用する板は共通しているため，3枚の板の合計の重さはどの条件でも同じとなる。実験3について，表3より，1号と6号を比べるとすべり下りる時間が異なっており，重さが同じでもその他の条件によってすべり下りる時間が変わることが考えられる。次に1号と3号を比べると，すべり下りる時間が等しい。この2つに共通している点は，積み重ねたときの一番下の板の種類である。このことから，一番下の板が同じものは，すべり下りる時間が同じであると考えることができる。よって，一番下の板が同じものどうしである，2号と5号，4号と6号はすべり下りる時間が同じになると考えられる。

★ワンポイントアドバイス★

複数の資料や実験結果から考察する問題では，それらを比較することが大切である。共通する点や，異なる点は何かをしっかりと整理し，正確に読み解こう。

＜適性検査Ⅲ解答例＞

1 問題1 およそ 2時間45分36秒

問題2 小盛《もり》…3人 並《なみ》盛…32人 大盛…5人

問題3 1万円札…1枚 5千円札…10枚 千円札…72枚
500円玉…8枚 100円玉…97枚 50円玉…48枚
10円玉…90枚

2 問題1 3月1日， 3月2日

問題2 〔りょうさんの1セット目〕 黒・白・赤・赤
〔みさきさんの1セット目〕 白・白・白・青
〔りょうさんの2セット目〕 白・赤・赤・赤

問題3

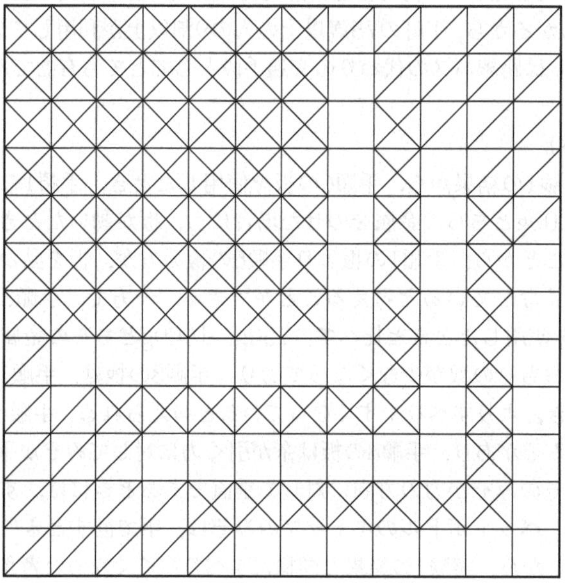

○配点○

1 問題1 15点， 問題2 15点， 問題3 20点

2 問題1 20点， 問題2 15点， 問題3 15点 計100点

＜適性検査Ⅲ解説＞

1 （算数：時間，規則）

基本 問題1 店の席は9席あるので，9人ずつ店に入ることができる。客の数が100人のとき，100÷9＝11あまり1より，すべての客が入るためには，9人ずつ店に入って出るのを11回繰り返し，さらに最後の1人が店に入ればよい。1人の客がそばを食べてから出るまでの時間は13分48秒なので，9人が店に入って出るまでに1回13分48秒かかると考えられる。これを最後の1回を

含め12回繰り返せばよいので，100人すべての客がお店を出るまでにかかる時間は，13分48秒×12＝156分576秒＝2時間45分36秒となる。

問題2　そばの小分けは400個あり，残りが273個であるため，40人に出したそばの小分けは，400－273＝127個である。小盛，並盛，大盛は，それぞれそばの小分けを2個，3個，5個使うので，どれを注文しても少なくとも1人あたりそばの小分けを2個消費する。よって，127－(2×40)＝47個のそばの小分けが，並盛と大盛に使われることになる。先ほど，1人あたり2個分を差し引いているので，47個の小分けは，並盛は1人あたり，3個－2個＝1個，大盛は1人あたり5個－2個＝3個使われると考える。ここで，大盛の人数が1番多くなる場合を考えると，47÷3＝15あまり2より，大盛15人，並盛が2人，小盛が40－(15＋2)＝23人であれば，条件を満たすことがわかる。一方で，並盛の人数が1番多くなる場合を考えると，大盛4人，並盛35人，小盛1人となる。

また，別解として小盛の数を小さい方から順に固定して端から計算していく方法もある。

①小盛が1人のとき，並盛と大盛が合わせて39人で125個だから，

3×39＝117　5×0＝0　…×
3×38＝114　5×1＝5　…×
3×37＝111　5×2＝10　…×
3×36＝108　5×3＝15　…×
3×35＝105　5×4＝20　…○　　となるので，小盛1人，並盛35人，大盛4人。

②小盛が2人のとき，並盛と大盛が合わせて38人で123個だから，

3×38＝114　5×0＝0　…×
3×37＝111　5×1＝5　…×
3×36＝108　5×2＝10　…×
3×35＝105　5×3＝15　…×
3×34＝102　5×4＝20　…×
3×33＝99　5×5＝25　…×

③小盛が3人のとき，並盛と大盛が合わせて37人で121個だから，

3×37＝111　5×0＝0　…×
3×36＝108　5×1＝5　…×
3×35＝105　5×2＝10　…×
3×34＝102　5×3＝15　…×
3×33＝99　5×4＝20　…×
3×32＝96　5×5＝25　…○　　となるので，小盛3人，並盛32人，大盛5人。

問題3　それぞれの客が出したお金と渡したお金の種類は，図ア，図イのとおりである。

図ア

	客が出したお金の種類(人数)														
レジに入ったお金の種類	10000円(1人)		5000円(1人)		1000円(30人)		500円(20人)		580円(5人)		530円(5人)		380円(38人)		合計(枚数)
	1人あたり	小計	1人あたり	小計	1人あたり	小計	1人あたり	小計	1人あたり	小計	1人あたり	小計	1人あたり	小計	
1万円札	1	1													1
5千円札			1	1											1
千円札					1	30									30
500円玉							1	20	1	5	1	5			30
100円玉													3	114	114

50円玉									1	5			1	38	43
10円玉									3	15	3	15	3	114	144

図イ

レジから出したお金の種類	客が出したお金の種類(人数) 10000円(1人)		5000円(1人)		1000円(30人)		500円(20人)		580円(5人)		530円(5人)		380円(38人)		合計(枚数)
	1人あたり	小計	1人あたり	小計	1人あたり	小計	1人あたり	小計	1人あたり	小計	1人あたり	小計	1人あたり	小計	
1万円札															0
5千円札	1	1													1
千円札	4	4	4	4											8
500円玉	1	1	1	1	1	30									32
100円玉	1	1	1	1	1	30	1	20	2	10	1	5			67
50円玉											1	5			5
10円玉	2	2	2	2	2	60	2	40							104

これらをまとめると，図ウのようになる。

図ウ

	開店前	入金	出金	残金
1万円札	0	1	0	1
5千円札	10	1	1	10
千円札	50	30	8	72
500円玉	10	30	32	8
100円玉	50	114	67	97
50円玉	10	43	5	48
10円玉	50	144	104	90

2　**（算数：場合の数，平面図形）**

問題1　まず2つの整数について，足した場合とかけた場合を考える。2つの整数のうち，少なくとも1つの整数が1の場合，かけた数よりも足した数の方が大きくなる。また，2つの整数が両方とも2の場合，かけた数と足した数が等しくなる。それ以外の整数の組合せでは，かけた数のほうが足した数よりも大きくなり，整数が大きくなればなるほど，かけた数と足した数の差は大きくなる。このことから，小さい整数の方が，かけた数と足した数が等しくなる可能性が高いと考えられるため，小さい整数から条件を満たすものを探していく。3つの整数が1，2，3の場合，1＋2＋3＝6，1×2×3＝6となり，かけた数と足した数が等しくなる。よって考えられる誕生日の組合せは，1月2日と3日，2月1日と3日，3月1日と2日のいずれかとなる。

問題2　りょうさんは1セット目が2点，2セット目が3点，みさきさんは1セット目が3点だったため，みさきさんが勝つためには，2セット目のみさきさんの点数が3点以上になる必要がある。ふくろには始めに4色の紙が5枚ずつ，計20枚入っているので，みさきさんが2セット目を行うとき，ふくろに入っている紙の枚数は20－(4×3)＝8枚である。ふくろに残っている紙の色が4色ある場合は1点，3色ある場合は2点になる可能性があるので，必ず3点以上になるためには，残りの紙の色が2色だけになっている必要がある。紙の色が2色の場合は，すべてが同じ色(4点)，3枚同じ色(3点)，2枚ずつ同じ色(4点)のいずれかとなるため，必ず3点以上となる。りょうさんは1セット目で黒色を1枚，白色を1枚，赤色を2枚取り出したため，このときにふくろに残っている紙の枚数は図エのようになる。この後，みさきさんとりょうさんがそれぞれ3点を出していることから，2人は同じ色の紙3枚と違う色の紙1枚を取り出していることがわかる。この2人の操作のあとに，ふくろに残っている紙の色が2色になればよい。2人がどのように紙を取り出すか考えるとき，2人は同じ色の紙を3枚と違う色の紙を1枚取り出すので，図エの下の段のように残りの枚数を3枚と1枚に分けて示すと考えやすい。2人の操作の後，ふくろに2色の紙が残るとき，以下のような場合が考えられる。1人が黒色3枚と白色1枚，もう1人が白色3枚と黒色1枚を取り出すと，赤色と青色が残る。1人が白色3枚と青色1枚，もう1人が赤色3枚と白色1枚を取り出すと，黒色と青色が残る。1人が黒色3枚と青色1枚，もう1人が赤色3枚と黒色1枚を取り出すと，白色と青色が残る。

図エ

	黒色	白色	赤色	青色
残り枚数	4	4	3	5
	3+1	3+1	3	3+2

問題3　メッセージカードは1辺が12cmの正方形，最後にはるメッセージを書いた折り紙は1辺が7cmの正方形であるため，メッセージを書いた折り紙以外の部分のカードの面積は，$12\times12-7\times7=95cm^2$である。はり方の条件より，折り紙は，見えている面積が最小である部分の面積が最も大きくなるようにするので，メッセージを書いた折り紙以外の7枚の紙の面積をできる限り均等にするためには，$95cm^2\div7=13$あまり4により，面積が最少である部分が$13cm^2$になるように考える。次に，折り紙はカードの表面が見えなくなるようにはるので，まず3枚の折り紙は図オのように角からはることが考えられる。

図オ

図カ

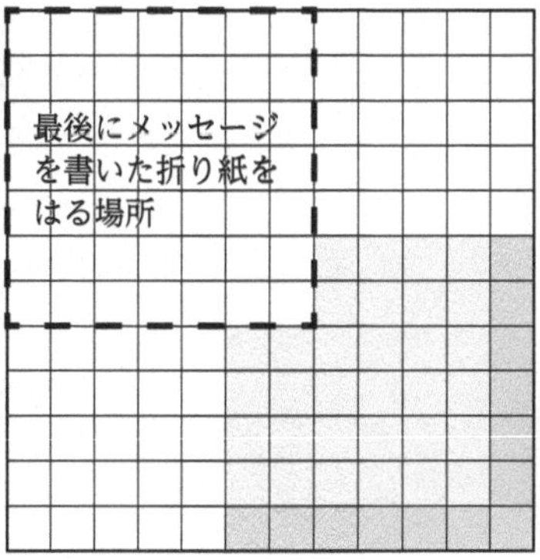

図キ

また，折り紙は1辺が7cmの正方形であるため，図カの□の部分のように2辺の部分の面積は$13cm^2$になる。このことから，図キのように縦横方向に1cmずつずらして折り紙をはっていくと，条件を満たすはり方となる。

★ワンポイントアドバイス★

手がかりがないときは，とりあえず数をいれて計算してみるとアイデアが出ることがある。その際に，やみくもにやるのではなく，設定された条件の中で順序だてて行うことが大切である。ケアレスミスがないように，情報を整理して取り組もう。

2023年度

★★★★★★★★★★★★★★★★★★★★★★★★

入　試　問　題

2023年度

都立両国高等学校附属中学校入試問題

【適性検査Ⅰ】（22ページから始まります。）
【適性検査Ⅱ】（45分）　＜満点：100点＞

1　放課後，**太郎《たろう》**さんと**花子**さんは，教室で話をしています。

太　郎：今日の総合的な学習の時間に，**花子**さんの班《はん》は何をしていたのかな。
花　子：私《わたし》はプログラミングを学んで，タブレットの画面上でロボットを動かしてブロックを運ぶゲームを作ったよ。
太　郎：おもしろそうだね。やってみたいな。

花子さんは画面に映《うつ》し出された図（**図1**）を，**太郎**さんに見せました。

花　子：この画面で道順を設定すると，ロボットは黒い点から黒い点まで，線の上だけを動くことができるんだ。黒い点のところにブロックを置いておくと，ロボットがその黒い点を通ったときにブロックを運んでくれるんだ。運んだブロックをおろす場所も設定できるよ。設定できることをまとめてみるね。

図1　映《うつ》し出された図

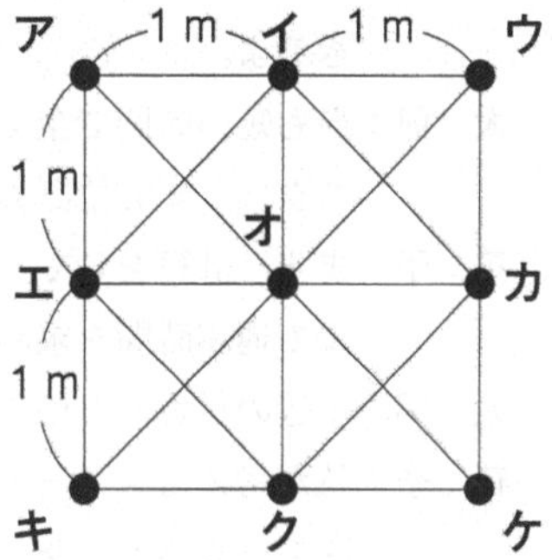

〔設定できること〕
ロボットがスタートする位置
　ブロックを置いていない黒い点から，スタートする。
ブロックを置く位置
　ブロックは黒い点の上に，１個置くことができる。ロボットは，ブロックが置いてある黒い点を通ると，そこに置いてあるブロックを運びながら，設定した次の黒い点に進む。
倉庫（ロボットがブロックをおろす場所）の位置
　ロボットが倉庫に行くと，そのとき運んでいるブロックを全て倉庫におろす。

太　郎：９個の黒い点のある位置は，それぞれ**ア**から**ケ**というんだね。
花　子：そうだよ。**ア**から**オ**に行く場合は**ア→オ**や，**ア→エ→オ**や，**ア→イ→ウ→オ**のように設定できるんだよ。
太　郎：四角形**アエオイ**，四角形**イオカウ**，四角形**エキクオ**，四角形**オクケカ**は正方形なのかな。
花　子：全て正方形だよ。**ア**から**イ**までや，**ア**から**エ**までは１ｍの長さに設定してあるよ。
太　郎：では，ブロックを置く位置と倉庫の位置を設定してみよう。
花　子：次のページの**図2**のように**イ**と**カ**と**キ**にブロックをそれぞれ１個ずつ置いて，**ケ**に倉庫の位置を設定してみたよ。それらの黒い点の上に，ブロックを置く位置と倉庫の位置が表示されるんだ。

太　郎：この３個のブロックを倉庫に運ぶために，どのようにロボットを動かせばよいかを考えよう。

花　子：ロボットの速さは分速12mなのだけど，ブロックを運んでいるときはおそくなるよ。

太　郎：どのくらいおそくなるのかな。

花　子：運んでいるブロックの数によって，何も運んでいないときよりも，１m進むのにかかる時間が増えるんだ。でも，運んでいるブロックの数が変わらない限り，ロボットは一定の速さで動くよ。**表１**にまとめてみるね。

図２　花子さんが設定した図

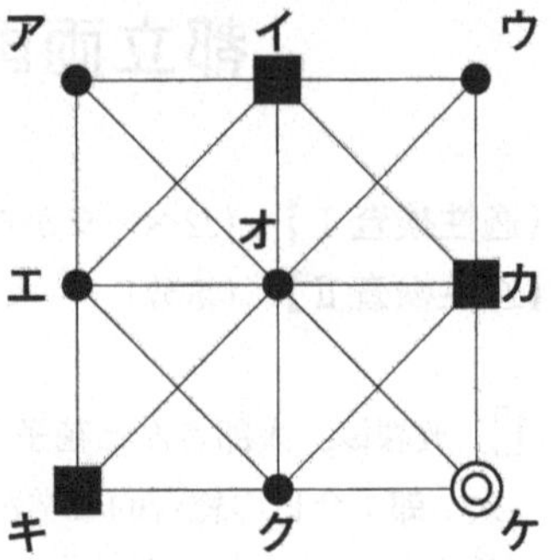

（■ ブロック　◎ 倉庫）

太　郎：ブロックを３個運んでいるときは，かなりおそくなるね。

花　子：とちゅうで倉庫に寄ると，そのとき運んでいるブロックを全て倉庫におろすことができるよ。

太　郎：最も短い時間で全てのブロックを運ぼう。スタートする位置も考えないとね。

花　子：まず，計算をして，全てのブロックを倉庫まで運ぶ時間を求めてみよう。

表１　何も運んでいないときよりも、１m進むのにかかる時間の増え方

運んでいるブロックの数	増える時間
１個	２秒増える
２個	５秒増える
３個	８秒増える

太　郎：１辺の長さが１mの正方形の対角線の長さは1.4mとして計算しよう。

花　子：私が考えたスタートする位置からロボットが動いて全てのブロックを倉庫に運ぶまでの時間を求めると，48.8秒になったよ。

太　郎：私の計算でも48.8秒だったよ。けれども，スタートする位置も道順も**花子**さんの考えたものとは，別のものだったよ。

〔問題１〕　**図２**のように**太郎**さんと**花子**さんは**イ**と**カ**と**キ**にブロックを置く位置を，**ケ**に倉庫の位置を設定しました。48.8秒で全てのブロックを倉庫まで運ぶとき，スタートする位置と道順はどのようになっていますか。いくつか考えられるもののうちの一つを，**ア**～**ケ**の文字と**→**を使って答えなさい。また，48.8秒になることを式と文章で説明しなさい。ただし，ロボットは３個のブロックを倉庫に運び終えるまで止まることはありません。また，ブロックを集める時間や倉庫におろす時間，ロボットが向きを変える時間は考えないものとします。

花　子：**太郎**さんの班はプログラミングを学んで，何をしていたのかな。

太　郎：私はスイッチをおして，電球の明かりをつけたり消したりするプログラムを作ったよ。画面の中に電球とスイッチが映し出されて（**図３**），１個のスイッチで１個以上の電球の明かりをつけることや消すことができるんだ。

花　子：おもしろそうだね。

図３　映し出された図

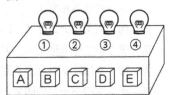

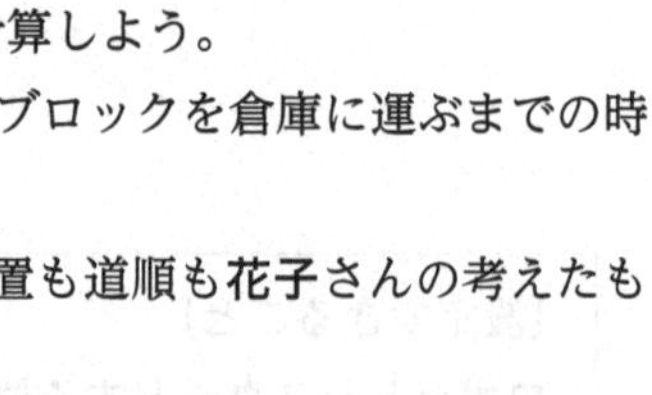

太　郎：そうなんだよ。それでクイズを作っていたけれど，まだ完成していないんだ。手伝ってくれるかな。

花　子：いいよ，見せてくれるかな。

〔**太郎**さんが作っているクイズ〕

①～④の４個の電球と，Ａ～Ｅの５個のスイッチがあります。**全ての電球の明かりが消えている状態で**，Ａのスイッチをおすと，②と③の電球の明かりがつきました。次のヒントを読んで，全ての電球の明かりが消えている状態で，Ｂ～Ｅのスイッチはそれぞれどの電球の明かりをつけるかを答えなさい。

ヒント（あ）：全ての電球の明かりが消えている状態で，ＡとＢとＣのスイッチをおしたあと，明かりがついていたのは①と③の電球であった。

ヒント（い）：全ての電球の明かりが消えている状態で，ＢとＣとＤのスイッチをおしたあと，明かりがついていたのは①と②と④の電球であった。

ヒント（う）：全ての電球の明かりが消えている状態で，ＡとＤとＥのスイッチをおしたあと，明かりがついていたのは①と④の電球であった。

花　子：Ａのスイッチは，②と③の電球の明かりをつけるスイッチなんだね。

太　郎：Ａのスイッチは，②と③の電球の明かりを消すこともあるよ。②と③の電球の明かりがついている状態で，Ａのスイッチをおすと，②と③の電球の明かりは消えるんだ。

花　子：①と④の電球の明かりがついている状態で，Ａのスイッチをおしても，①と④の電球の明かりはついたままなのかな。

太　郎：そうだよ。Ａのスイッチをおしても，①と④の電球の明かりは何も変化しないんだ。

花　子：Ａ以外にも，②の電球の明かりをつけたり消したりするスイッチがあるのかな。

太　郎：あるよ。だから，Ａのスイッチをおして②の電球の明かりがついたのに，ほかのスイッチをおすと②の電球の明かりを消してしまうこともあるんだ。

花　子：ヒントでは３個のスイッチをおしているけれど，おす順番によって結果は変わるのかな。

太　郎：どの順番でスイッチをおしても，結果は同じだよ。だから，順番は考えなくていいよ。

花　子：ここまで分かれば，クイズの答えが出そうだよ。

太　郎：ちょっと待って。このままではクイズの答えが全ては出せないと思うんだ。ヒントがあと１個必要ではないかな。

花　子：これまで分かったことを，表を使って考えてみるね。スイッチをおしたときに，電球の明かりがつく場合や消える場合には○，何も変化しない場合には×と書くよ。（**表２**）

表２　花子さんが書きこんだ表

	①の電球	②の電球	③の電球	④の電球
Ａのスイッチ	×	○	○	×
Ｂのスイッチ				
Ｃのスイッチ				
Ｄのスイッチ				
Ｅのスイッチ				

太　郎：Ａのスイッチのらんは全て書きこめたね。それでは，**ヒント（あ）**から考えてみようか。

花　子：**ヒント（あ）**を見ると，①の電球の明かりがついたね。でも①の電球のらんを見ると，Ａのスイッチは×だから，ＢとＣのスイッチのどちらか一方が○でもう一方が×になるね。

太　郎：つまり，ＡとＢとＣのスイッチの①の電球のらんは，次の**表３**のようになるね。

表３　①の電球について**太郎《たろう》**さんが示した表

	①の電球
Ａのスイッチ	×
Ｂのスイッチ	○
Ｃのスイッチ	×

または

	①の電球
Ａのスイッチ	×
Ｂのスイッチ	×
Ｃのスイッチ	○

花　子：次は，③の電球を考えてみよう。**ヒント（あ）**では，③の電球の明かりもついたね。

太　郎：③の電球のらんを見ると，Ａのスイッチは○だから，ＢとＣのスイッチは，次の**表４**のようになるね。

表４　③の電球について**太郎**さんが示した表

	③の電球
Ａのスイッチ	○
Ｂのスイッチ	○
Ｃのスイッチ	○

または

	③の電球
Ａのスイッチ	○
Ｂのスイッチ	×
Ｃのスイッチ	×

花　子：次は，**ヒント（い）**を見ると，①の電球の明かりがついたね。

太　郎：**ヒント（あ）**で，①の電球はＢとＣのスイッチのどちらか一方が○でもう一方が×になると分かったね。だから，Ｄのスイッチの①の電球のらんには×と書けるんだ。

花　子：さらに，**ヒント（う）**を見ると，①の電球の明かりがついたね。ＡとＤのスイッチの①の電球のらんは×なので，Ｅのスイッチの①の電球のらんには○が書けるよ。（**表５**）

表５　**太郎**さんと**花子**さんがさらに書きこんだ表

	①の電球	②の電球	③の電球	④の電球
Ａのスイッチ	×	○	○	×
Ｂのスイッチ				
Ｃのスイッチ				
Ｄのスイッチ	×			
Ｅのスイッチ	○			

太　郎：ほかの電球についても考えていくと，ＤとＥのスイッチの②から④の電球のらんの○と×が全て書きこめるね。

花　子：でも，ＢとＣのスイッチについては，○と×の組み合わせが何通りかできてしまうよ。

太　郎：やはり，ヒントがあと１個必要なんだ。**ヒント（え）**を次のようにしたら，○と×が一通りに決まって，表の全てのらんに○と×が書きこめたよ。

ヒント（え）：全ての電球の明かりが消えている状態で，□と□と□のスイッチをおしたあと，明かりがついていたのは①と②の電球であった。

〔問題２〕　前のページの**表５**の全てのらんに○か×を書きこむための**ヒント（え）**として，どのようなものが考えられますか。解答用紙の**ヒント（え）**の□に，Ａ～Ｅの中から異《こと》なる３個のアルファベットを書きなさい。また，**ヒント（あ）**～**ヒント（う）**と，あなたが考えた**ヒント（え）**をもとにして，解答用紙の**表５**の空いているらんに○か×を書きなさい。

２　**花子**さんと**太郎《たろう》**さんは，社会科の時間に産業について，**先生**と話をしています。

花　子：これまでの社会科の授業で，工業には，自動車工業，機械工業，食料品工業など，多様な種類があることを学びました。

太　郎：私《わたし》たちの生活は，さまざまな種類の工業と結び付いていましたね。

先　生：私たちの生活に結び付いているのは，工業だけではありませんよ。多くの産業と結び付いています。

花　子：工業のほかにどのような産業があるのでしょうか。

太　郎：たしかに気になりますね。おもしろそうなので，調べてみましょう。

花子さんと**太郎**さんは，産業について調べた後，**先生**と話をしています。

花　子：工業のほかにも，農業や小売業など，たくさんの産業があることが分かりました。同じ産業でも，農業と小売業では特徴《とくちょう》が異《こと》なりますが，何か分け方があるのでしょうか。

先　生：産業は大きく分けると，第１次産業，第２次産業，第３次産業の３種類に分類することができます。

太　郎：それらは，どのように分類されているのですか。

先　生：第１次産業は，自然に直接働きかけて食料などを得る産業で，農業，林業，漁業のことをいいます。第２次産業は，第１次産業で得られた原材料を使用して，生活に役立つように商品を製造したり，加工したりする産業で，工業などのことをいいます。第３次産業は，第１次産業や第２次産業に分類されない産業のことで，主に仕入れた商品を販売《はんばい》する小売業などの商業や，物を直接生産するのではなく，人の役に立つサービス業などのことをいいます。

花　子：大きく区分すると，三つの産業に分類されるのですね。では，日本の産業全体でどれくらいの人が働いているのでしょうか。

太　郎：働いている人のことを就業者《しゅうぎょうしゃ》といいます。日本の産業全体の就業者数を調べてみましょう。

花子さんと**太郎**さんは，日本の産業全体の就業者数について調べました。

花　子：産業全体の就業者数を30年ごとに調べてみると，1960年は約4370万人，1990年は約6137万人，2020年は約5589万人でした。

太　郎：就業者数は1960年，1990年，2020年と変化しているのですね。それぞれの産業別では，どれくらいの人が働いているのでしょうか。

花　子：私は，第１次産業，第２次産業，第３次産業，それぞれの産業で働いている人の年齢《ねんれい》がどのように構成されているのかを知りたいです。

太　郎：では，今，三つに分類した産業別の就業者数を年齢層《ねんれいそう》ごとに調べ，一つの図にまとめてみましょう。

花子さんと**太郎**さんは，1960年，1990年，2020年における年齢層ごとの産業別の就業者数を調べ，年ごとにグラフ（**図１**）を作成しました。

図1　１９６０年、１９９０年、２０２０年における年齢層《ねんれいそう》ごとの産業別の就業者数《しゅうぎょうしゃすう》

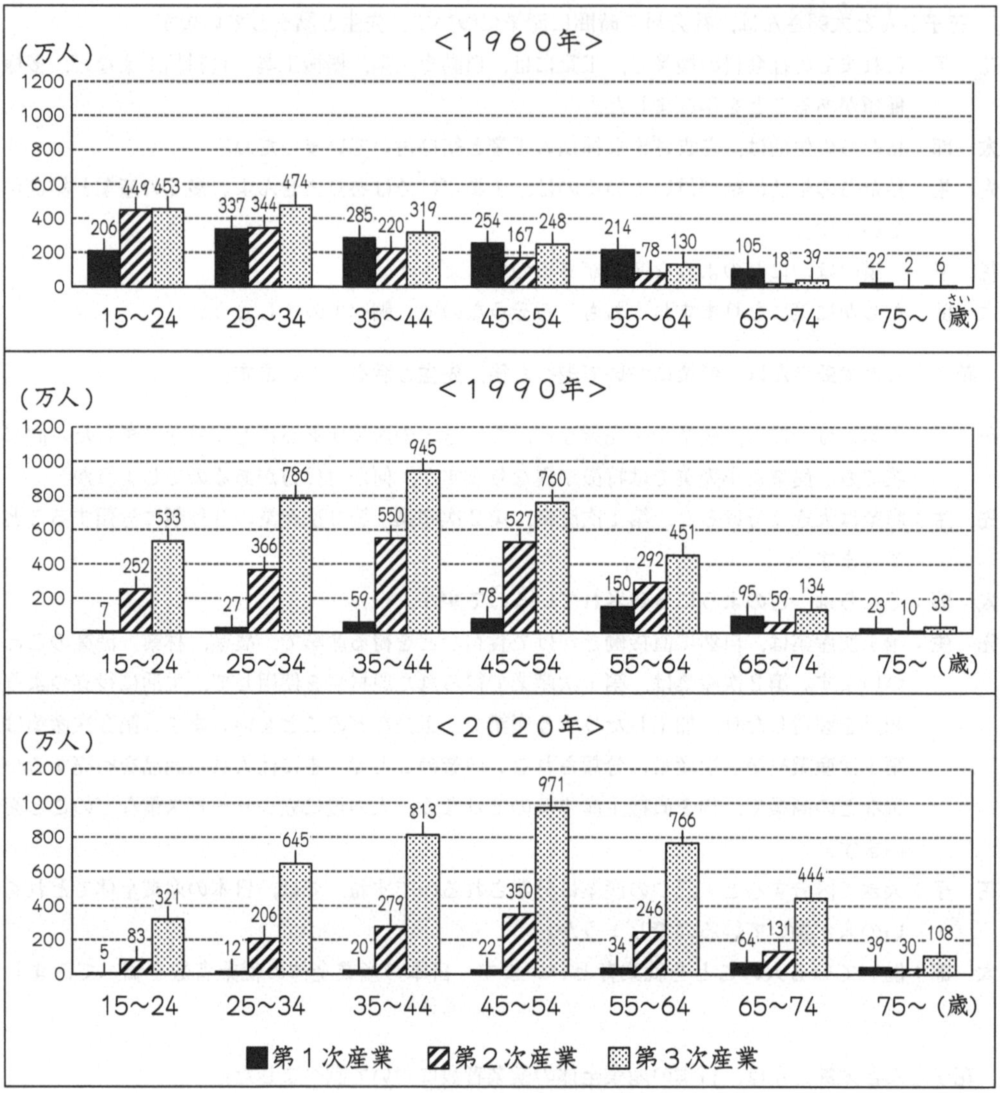

（国勢調査《こくせいちょうさ》より作成）

花　子：**図1**から，1960年，1990年，2020年で産業別の就業者数と就業者数の最も多い年齢層が変化していることが分かりますね。

太　郎：では，<u>1960年，1990年，2020年を比べて，産業別の就業者数と就業者数の最も多い年齢層の変化の様子を読み取りましょう。</u>

〔問題１〕　**太郎**さんは「<u>1960年，1990年，2020年を比べて，産業別の就業者数と就業者数の最も多い年齢層の変化の様子を読み取りましょう。</u>」と言っています。第２次産業，第３次産業のいずれ

か一つを選び，1960年，1990年，2020年における，産業別の就業者数と就業者数の最も多い年齢層がそれぞれどのように変化しているか，前のページの図１を参考にして説明しなさい。

太　郎：グラフを読み取ると，約60年間の産業別の就業者数と年齢層ごとの就業者数の変化の様子がよく分かりましたね。

花　子：そうですね。ところで，第１次産業に就業している人が，自然に直接働きかけて食料などを得ること以外にも，取り組んでいる場合がありますよね。

太　郎：どういうことですか。

花　子：夏休みにりんご農園へ行ったとき，アップルパイの製造工場があったので見学しました。りんごの生産者がアップルパイを作ることに関わるだけでなく，完成したアップルパイを農園内のお店で販売していました。

先　生：たしかに，りんごを生産する第１次産業，そのりんごを原材料としたアップルパイの製造をする第２次産業，アップルパイの販売をする第３次産業と，同じ場所でそれぞれの産業の取り組みが全て見られますね。二人は，「６次産業化」という言葉を聞いたことはありますか。

太　郎：初めて聞きました。「６次産業化」とは何ですか。

先　生：「６次産業化」とは，第１次産業の生産者が，第２次産業である生産物の加工と，第３次産業である流通，販売，サービスに関わることによって，生産物の価値《かち》をさらに高めることを目指す取り組みです。「６次産業化」という言葉の「６」の数字は，第１次産業の「１」と第２次産業の「２」，そして第３次産業の「３」の全てを足し合わせたことが始まりです。

花　子：そうなのですね。生産物の価値を高めるのは，売り上げを増加させることが目的ですか。

先　生：第１次産業の生産者の売り上げを増加させ，収入《しゅうにゅう》を向上させることが目的です。

太　郎：つまり，「６次産業化」によって，売り上げが増加し，第１次産業の生産者の収入向上につながっているのですね。

先　生：農林水産省《のうりんすいさんしょう》のアンケート調査では，「６次産業化」を始める前と後を比べて，「６次産業化」に取り組んだ農家の約７割《わり》が，年間の売り上げが増えたと答えています。

花　子：どのような取り組みを行って，売り上げは増加したのでしょうか。私は夏休みにりんご農園へ行ったので，農業における「６次産業化」の取り組みをもっとくわしく調べてみたいです。

太　郎：では，「６次産業化」によって売り上げが増加した農家の事例について，調べてみましょう。

太郎さんと**花子**さんは農業における「６次産業化」の取り組み事例について調べて，**先生**に報告しました。

花　子：ゆず農家の取り組み事例がありました。

先　生：「６次産業化」の取り組みとして，ゆずの生産以外に，どのようなことをしているのですか。

太　郎：ゆずを加工して，ゆずポン酢《ず》などを生産し，販売しています。

先　生：売り上げを増加させるために，具体的にどのような取り組みを行っていましたか。

花　子：インターネットを用いて販売先を広げました。その結果，遠くに住んでいる人が，商品を購入《こうにゅう》することができるようになっています。また，地域《ちいき》の使われなくなっていた農地を活用することで，ゆずの生産を増加させています。使われなくなっていた農地を活用した結果，土地が荒《あ》れるのを防ぐことができ，地域の防災にも役立っています。

太　郎：農家の人たちだけでなく，消費者や地域の人たちなどの農家以外の人たちにとっても利点があるということが分かりました。他の農家の取り組みも調べてみたいです。

花　子：では，他の農家ではどのような取り組みをしているのか，調べてみましょう。

図2　花子さんが調べた「*養鶏《ようけい》農家」の取り組み事例

<table>
<tr><td>(生産部門)
卵《たまご》</td><td>(加工部門)
プリン、オムライスなど</td><td>(販売《はんばい》部門)
カフェとレストランでの提供《ていきょう》やインターネットを用いた通信販売</td></tr>
<tr><td colspan="3">＜具体的な取り組み＞
①カフェ事業を始めた結果、来客数が増加した。
②宿泊施設《しゅくはくしせつ》で宿泊者に対して、卵や地元の食材を活用した料理を提供している。
③飼育体験・お菓子《かし》作り体験・カフェ店員体験などを実施《じっし》している。</td></tr>
</table>

＊養鶏《ようけい》：卵《たまご》や肉をとるためにニワトリを飼うこと。

（農林水産省《のうりんすいさんしょう》ホームページなどより作成）

図3　太郎《たろう》さんが調べた「しいたけ農家」の取り組み事例

<table>
<tr><td>(生産部門)
しいたけ</td><td>(加工部門)
しいたけスープなど</td><td>(販売《はんばい》部門)
レストランでの提供《ていきょう》やインターネットを用いた通信販売</td></tr>
<tr><td colspan="3">＜具体的な取り組み＞
④色や形が不揃《ふぞろ》いで出荷《しゅっか》できず、捨《す》てていたしいたけを加工し、新たな商品やレストランのメニューなどを開発し、提供している。
⑤しいたけの加工工場見学などの新しい観光ルートを提案した結果、旅行客が増えた。
⑥地元の会社と協力して加工商品を開発し、販売している。</td></tr>
</table>

（農林水産省《のうりんすいさんしょう》ホームページなどより作成）

太　郎：さまざまな「6次産業化」の取り組みが，行われていることが分かりました。

花　子：「6次産業化」には，さまざまな利点があるのですね。

太　郎：そうですね。「6次産業化」は，これからの第1次産業を発展《はってん》させていく上で，参考になるかもしれませんね。

〔問題2〕　花子さんは「「6次産業化」には，さまざまな利点があるのですね。」と言っています。**図2**の①～③，**図3**の④～⑥の＜具体的な取り組み＞の中から一つずつ取り組みを選び，それらに共通する利点を答えなさい。なお，農家の人たちの立場と農家以外の人たちの立場から考え，それぞれ説明すること。

3　花子さんと太郎《たろう》さんが水滴《すいてき》について話をしています。

花　子：雨が降《ふ》った後，いろいろな種類の植物の葉に水滴がついていたよ。

太　郎：植物の種類によって，葉の上についていた水滴の形がちがったよ。なぜなのかな。

花　子：葉の形や面積と関係があるのかな。調べてみよう。

二人は，次のような**実験１**を行いました。

実験１

手順１　次の**ア**～**オ**の５種類の葉を，それぞれ１枚《まい》ずつ用意し，葉の形の写真をとる。

ア　アジサイ　　**イ**　キンモクセイ　　**ウ**　イチョウ

エ　ツバキ　　**オ**　ブルーベリー

手順２　１枚の葉の面積を，**図１**のように方眼用紙を用いて求める。

手順３　それぞれの葉の表側に，約５cmの高さからスポイトで水を４滴《てき》分たらす。そして，葉についた水滴を横から写真にとる。

図１　方眼用紙と葉

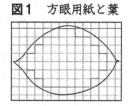

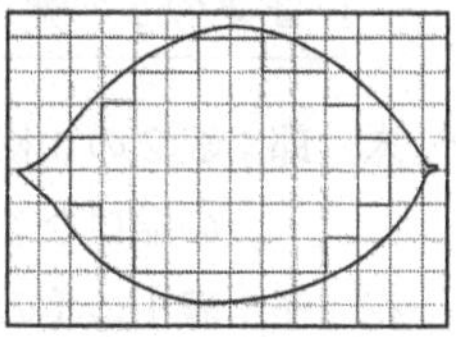

実験１の記録は，**表１**のようになりました。

表１　**実験１**の記録

	ア	イ	ウ	エ	オ
葉の形			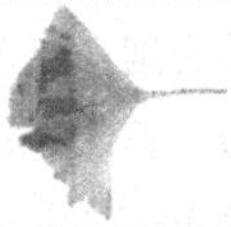		
葉の面積（cm^2）	１１１	２２	３６	１８	１７
水滴《すいてき》の写真	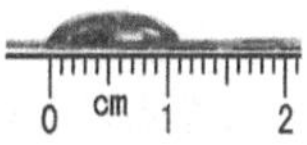	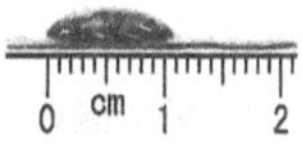	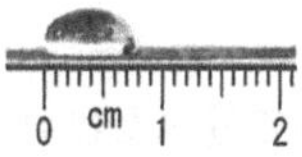	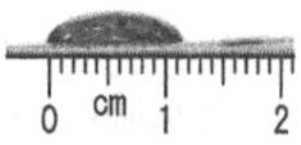	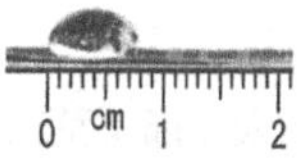

太　郎：**ア**～**オ**の中に，葉を少しかたむけると，水滴が転がりやすい葉と水滴が転がりにくい葉があったよ。

花　子：葉の上で水滴が転がりやすいと，葉から水が落ちやすいのかな。

太　郎：それを調べるために，葉の表側を水につけてから引き上げ，どれだけの量の水が葉についたままなのか調べてみよう。

花　子：葉についたままの水の量が分かりやすいように，葉は10枚使うことにしましょう。

二人は，次のような**実験２**を行いました。

実験２

手順１　**実験１**の**ア**～**オ**の葉を，新しく10枚ずつ用意し，10枚の葉の重さをはかる。

図2　葉と水

手順２　**図２**のように，手順１で用意した葉の表側を１枚ずつ，容器に入った水につけてから引き上げ，水につけた後の10枚の葉の重さをはかる。

手順３　手順１と手順２ではかった重さから，10枚の葉についたままの水の量を求める。

10枚の葉についたままの水の量は，**表２**のようになりました。

表２　１０枚《まい》の葉についたままの水の量

	ア	**イ**	**ウ**	**エ**	**オ**
１０枚の葉についたままの水の量（g）	11.6	2.1	0.6	1.8	0.4

太　郎：**表２**の10枚の葉についたままの水の量を，少ないものから並《なら》べると，**オ**，**ウ**，**エ**，**イ**，**ア**の順になるね。だから，この順番で水滴が転がりやすいのかな。

花　子：**表１**の葉の面積についても考える必要があると思うよ。**表２**の10枚の葉についたままの水の量を**表１**の葉の面積で割《わ》った値《あたい》は，**ア**と**イ**と**エ**では約0.1になり，**ウ**と**オ**では約0.02になったよ。

太　郎：**表１**の水滴の写真から分かることもあるかもしれないね。

〔問題１〕　(1)　**表１**と**表２**と会話文をもとに，水滴《すいてき》が転がりやすい葉１枚《まい》と水滴が転がリにくい葉１枚を選びます。もし**ア**の葉を選んだとすると，もう１枚はどの葉を選ぶとよいですか。**イ**，**ウ**，**エ**，**オ**の中から一つ記号で答えなさい。

(2)　**花子**さんは，「**表２**の10枚の葉についたままの水の量を**表１**の葉の面積で割《わ》った値《あたい》は，**ア**と**イ**と**エ**では約0.1になり，**ウ**と**オ**では約0.02になったよ。」と言いました。この発言と**表１**の水滴の写真をふまえて，水滴が転がりやすい葉か転がりにくい葉か，そのちがいをあなたはどのように判断したか説明しなさい。

太　郎：葉についた水滴《すいてき》について調べたけれど，汗《あせ》が水滴のようになることもあるね。

花　子：汗をかいた後，しばらくたつと，汗の水分はどこへいくのかな。

太　郎：服に吸収《きゅうしゅう》されると思うよ。ここにある木綿《もめん》でできたＴシャツとポリエステルでできたＴシャツを使って，それぞれの布について調べてみよう。

二人は，次のような**実験３**を行いました。

実験３

手順１　木綿でできたＴシャツとポリエステルでできたＴシャツから，同じ面積にした木綿の布30枚《まい》とポリエステルの布30枚を用意し，重さをはかる。水の中に入れ，引き上げてからそれぞれ重さをはかり，増えた重さを求める。

手順２　新たに手順１の布を用意し，スタンプ台の上に布を押《お》しあてて黒色のインクをつける。次に，インクをつけた布を紙の上に押しあてて，その紙を観察する。

手順３　新たに手順１の木綿の布30枚とポリエステルの布30枚を用意し，それぞれ平らに積み重ねて横から写真をとる。次に，それぞれに2kg のおもりをのせて，横から写真をとる。

実験3は，**表3**と**図3**，**図4**のようになりました。

表3　手順1の結果

	木綿《もめん》の布	ポリエステルの布
増えた重さ（g）	14.1	24.9

図3　手順2で観察した紙

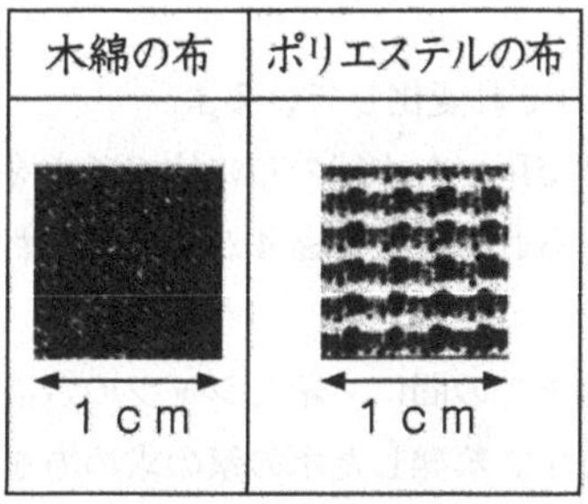

図4　手順3で布を積み重ねて横からとった写真

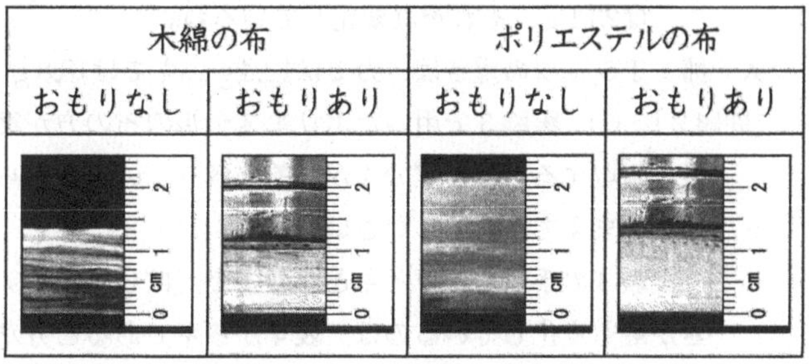

花　子：汗の水分は服に吸収されるだけではなく，蒸発《じょうはつ》もすると思うよ。
太　郎：水を通さないプラスチックの箱を使って，調べてみよう。

二人は，次のような**実験4**を行いました。

実験4

手順1　同じ布でできたシャツを3枚用意し，それぞれ水150gを吸収させ，プラスチックの箱の上にかぶせる。そして，箱とシャツの合計の重さをそれぞれはかる。

手順2　手順1のシャツとは別に，木綿でできたTシャツとポリエステルでできたTシャツを用意し，それぞれ重さをはかる。そして，**図5**のように，次の**カ**と**キ**と**ク**の状態をつくる。

カ　箱とシャツの上に，木綿のTシャツをかぶせた状態
キ　箱とシャツの上に，ポリエステルのTシャツをかぶせた状態
ク　箱とシャツの上に何もかぶせない状態

図5　**カ**と**キ**と**ク**の状態

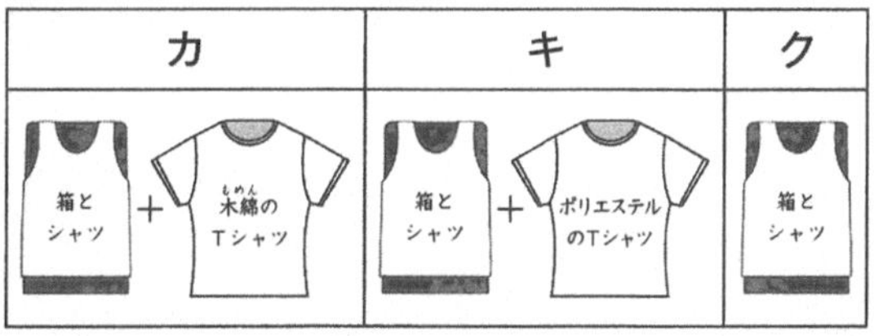

手順3　手順2の**カ**と**キ**については，60分後にそれぞれのTシャツだけを取って，箱とシャツの合計の重さとTシャツの重さをそれぞれはかる。手順2の**ク**については，60分後に箱とシャツの合計の重さをはかる。

実験４の結果は，**表４**のようになりました。

表４　箱とシャツの合計の重さとＴシャツの重さ

	カ		キ		ク
	箱とシャツ	Ｔシャツ	箱とシャツ	Ｔシャツ	箱とシャツ
はじめの重さ　（ｇ）	1648.3	177.4	1648.3	131.5	1648.3
６０分後の重さ（ｇ）	1611	189.8	1602.4	150.3	1625.2

花　子：**表４**から，60分たつと，箱とシャツの合計の重さは，**カ**では37.3ｇ，**キ**では45.9ｇ，**ク**では23.1ｇ，それぞれ変化しているね。

太　郎：Ｔシャツの重さは，**カ**では12.4ｇ，**キ**では18.8ｇ，それぞれ変化しているよ。

〔問題２〕（1）**実験３**で用いたポリエステルの布の方が**実験３**で用いた木綿《もめん》の布に比べて水をより多く吸収《きゅうしゅう》するのはなぜですか。前のページの**図３**から考えられることと**図４**から考えられることをふまえて，説明しなさい。

（2）**実験４**の手順２の**カ**と**キ**と**ク**の中で，はじめから60分後までの間に，箱とシャツの合計の重さが最も変化しているのは，**表４**から**キ**であると分かります。蒸発《じょうはつ》した水の量の求め方を説明し，**キ**が最も変化する理由を答えなさい。

【適性検査Ⅲ】（45分）　＜満点：100点＞

> 問題を解くときに，問題用紙や解答用紙，ティッシュペーパーなどを実際に折ったり切ったりしてはいけません。

1　**おじいさん**と**みさき**さんと**りょう**さんは，いっしょに動物園に来ています。

おじいさん：動物園に入園するためにチケットを買いましょう。
み　さ　き：今日は子供《こども》料金の割引《わりびき》と，自分たちでさつえいした写真を使ってアルバムを作るイベントがあるみたいだよ。
り　ょ　う：この前来たときは，３人で1500円だったけれど，今回は1350円だったね。
おじいさん：私《わたし》はおとな料金で，**みさき**さんと**りょう**さんは子供料金ですね。
み　さ　き：ということは，おとな料金がA円で，割引前の子供料金がB円，子供料金の割引はC%っていうことだね。

〔問題１〕 おとな料金がA円で，割引前の子供料金がB円，子供料金の割引はC%っていうことだね。とありますが，A，B，Cに当てはまる整数を一組答えなさい。ただし，AはBよりも大きく，Cは１以上40以下とする。

３人は動物園に入園しました。

おじいさん：受付でカメラを借りてきました。
り　ょ　う：このカメラで写真をさつえいし，最後にアルバムを作るんですね。
み　さ　き：そうみたいだね。
り　ょ　う：では，さっそくどの動物から見てまわろうか。
おじいさん：二人で案内図を確認《かくにん》してきてごらん。
み　さ　き：確認してきました。
り　ょ　う：このエリアは図１のあ～くの８か所の展示《てんじ》スペースにゴリラ，トラ，ゾウ，クマ，バク，カワウソ，テナガザル，キジの８種類の動物が１種類ずついるみたいです。
おじいさん：その８種類の動物の位置関係を教えてください。
み　さ　き：バクの北どなりにはゴリラがいて，東どなりにはカワウソがいます。
り　ょ　う：ゾウの東どなりにはキジがいます。
み　さ　き：クマの南どなりにはテナガザルがいます。
おじいさん：その情報だけだと，まだどこにどの動物がいるか分からないな。おの展示スペースにはどの動物がいるだろう。

図１

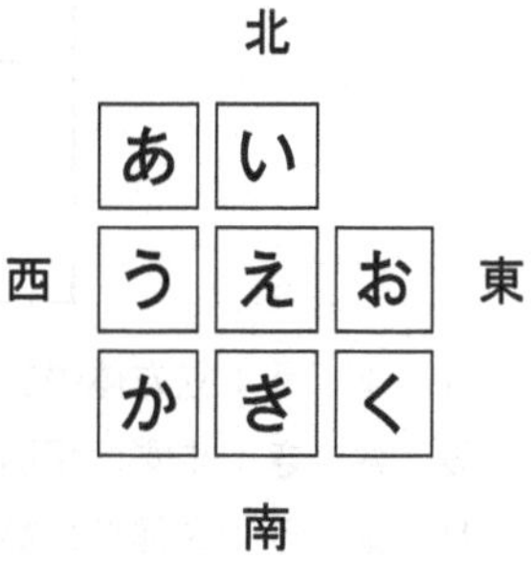

〔問題２〕 おの展示スペースにはどの動物がいるだろう。とありますが，おの展示スペースにいる可能性のある動物を全て答えなさい。

おじいさん：トラの展示スペースの前に来ました。
み さ き：看板《かんばん》にこのトラの解説が書いてあるよ。
り ょ う：トラは速く走るけれど，体重も結構あるんだね。
み さ き：親トラの体重は[ア][イ][ウ]kgで，子トラの体重は[エ][オ]kgみたいだよ。親トラの体重は子トラの体重のちょうど[カ]倍だね。

〔問題３〕 親トラの体重は[ア][イ][ウ]kgで，子トラの体重は[エ][オ]kgみたいだよ。親トラの体重は子トラの体重のちょうど[カ]倍だね。とありますが，[ア]～[カ]には１から６までの数が一つずつ入ります。解答らんに合うようにそれぞれに入る数を答えなさい。

り ょ う：たくさんさつえいした写真をもとに，最後にアルバム作りをしよう。
おじいさん：ここでアルバム作りができるみたいですよ。
み さ き：どのようなアルバムを作ることができるのですか。
おじいさん：２種類作ることができるようです。一つは**図２**のような20個の正方形のマスに１枚ずつ写真を入れる平面のアルバムです。もう一つは，それをもとに作る立方体になっているアルバムです。

図２

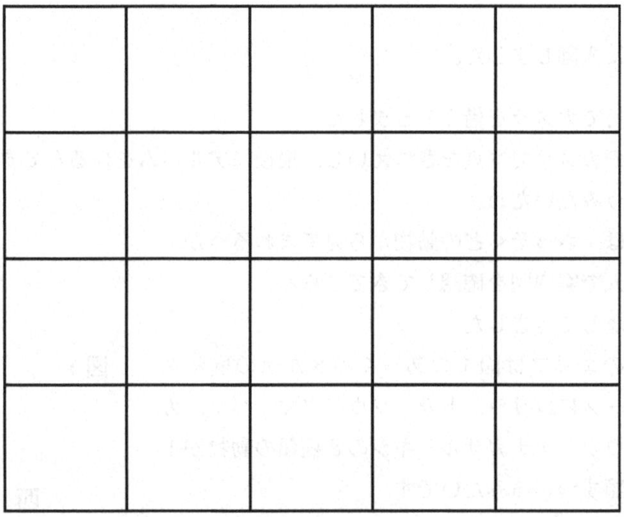

り ょ う：立方体のアルバムなんておもしろいですね。
み さ き：まずは平面のアルバムを作ろう。
り ょ う：８種類の動物を見てきたけれど，うまく写真がとれたのは５種類の動物だったね。
み さ き：トラ，ゾウ，クマ，バク，キジだね。同じ動物でもいろいろな角度からとったから，20個の正方形のマスに写真を入れていこう。
り ょ う：次のページの**図３**のように動物の写真を入れることにしたよ。
み さ き：立方体のアルバムはどのように作ったらいいのだろう。
おじいさん：**図３**をもとに展開図《てんかいず》を切り取って立方体のアルバムを作ります。
り ょ う：いろいろな切り取り方がありそうだね。
み さ き：部屋のすみにかざりたいから，頂点《ちょうてん》をつくる三つの面は常にちがう動物が見えるようにしたいな。

り　ょ　う：あと5種類全ての動物を入れたいね。

図3

トラ	トラ	キジ	バク	キジ
ゾウ	クマ	トラ	トラ	バク
トラ	ゾウ	クマ	ゾウ	クマ
トラ	ゾウ	キジ	ゾウ	バク

〔問題4〕　部屋のすみにかざりたいから，頂点《ちょうてん》をつくる三つの面は常にちがう動物が見えるようにしたいな。とありますが，**図3**を切り取ってできる立方体の展開図を一つ答えなさい。解答らんにある図の切り取る立方体の展開図を斜線《しゃせん》でぬりなさい。ただし，5種類全ての動物の写真を使うこと。

2　**りょう**さん，**みさき**さんは工場見学でミルクレープを作る工場に来ました。

工場長：ようこそ，いらっしゃいました。見学時間は30分ほどですが，楽しんでいってください。ミルクレープというケーキは知っていますか。

りょう：ミルクレープは，クレープ生地《きじ》にクリームをぬって何枚《なんまい》も重ねたケーキですね。（**図1**）

図1

工場長：そうです。この工場で作っているミルクレープはクレープ生地に生クリームをぬって13枚重ねています。13枚重ねたものを1ホールと数えます。

みさき：1ホールの一番上のクレープ生地には生クリームをぬらないのですね。

工場長：はい，ぬりません。

りょう：図２は何をしているところですか。

工場長：ベルトコンベアに置かれているクレープ生地に機械Ａが生クリームをぬっているところです。それでは，この機械Ａや**ベルトコンベアの性能**，**クレープ生地の大きさと間隔《かんかく》**について説明します。

図２　移動しながら２回転しクリームをぬる

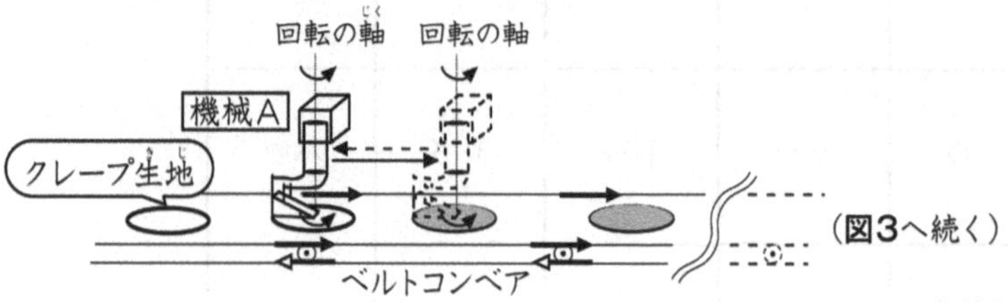

図３

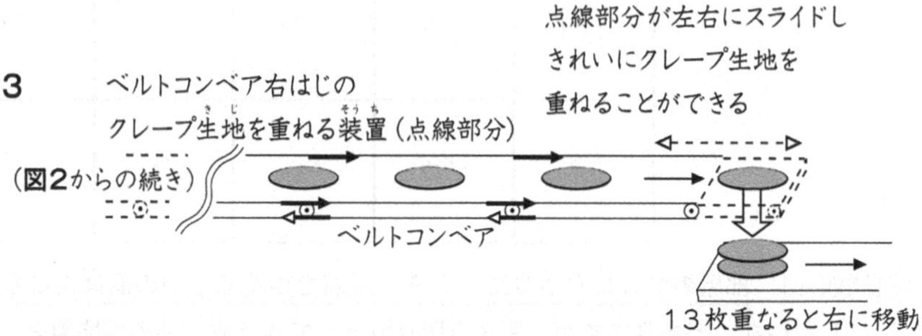

機械Ａの説明
①　クレープ生地に生クリームをすばやくぬることができる。
②　ベルトコンベアと同じ速さで右にスライドし、機械Ａの回転の軸《じく》とクレープ生地の中心を合わせて、０．８秒で２回転しながら生クリームをぬることができる。
③　右にスライドした後、０．２秒で元の位置にもどる。ただし、スライド時間の０．８秒と０．２秒は変えることはできない。
④　機械Ａの横はば（ベルトコンベアと平行な方向）は、回転部分もふくめて最大２４ｃｍである。

ベルトコンベアの性能
①　ベルトコンベアの動く速さは通常、秒速５０ｃｍである。
②　この動く速さは最大で秒速１２５ｃｍまで自由に変えることができる。

クレープ生地の大きさと間隔
①　クレープ生地１枚は直径２４ｃｍの円形である。
②　クレープ生地は、ベルトコンベアの上に等間隔になるように置かれている。

工場長：図３のように，ベルトコンベアの右はじには，クレープを重ねる装置《そうち》があります。点線部分が左にタイミングよくスライドすることで，次々《つぎつぎ》とクレープ生地を重ねて，１ホールを作ります。みなさんが見学する約30分の間に140ホール作ることができます。

りょう：この機械Ａを使った場合，最も効率よく生クリームをぬるためには，ベルトコンベア上に置くクレープ生地の間隔は何㎝にすればいいのかな。

みさき：機械Ａが生クリームをぬり始めてから元の位置に戻るまでの時間が決まっているので，ベルトコンベアの動く速さを考えればすぐ分かります。

〔問題１〕　機械Ａが生クリームをぬり始めてから元の位置に戻るまでの時間が決まっているので，ベルトコンベアの動く速さを考えればすぐ分かります。とありますが，１枚目と２枚目のクレープ生地の中心と中心の間隔を何㎝はなしてベルトコンベア上に置けばよいか答えなさい。ただし，このときのベルトコンベアの動く速さは，秒速50㎝とします。

みさき：ところで，この機械Ａは全部で何台あるのですか。

工場長：機械Ａと同じ性能のものが他に４台あります。それぞれ機械Ｂ，Ｃ，Ｄ，Ｅとしています。

りょう：もし一つのベルトコンベアに沿《そ》って５台を並べて同時に動かすことができれば，一定時間内に５倍の量のミルクレープを作ることができそうです。でも，すでに生クリームがぬられたクレープ生地を，別の機械でまたぬってしまうこともあるのかな。

みさき：ちょっと工夫《くふう》が必要だね。まずは機械Ａと機械Ｂの２台を同時に動かす場合を考えてみよう。

〔問題２〕　ちょっと工夫《くふう》が必要だね。まずは機械Ａと機械Ｂの２台を同時に動かす場合を考えてみよう。とありますが，最も効率よくクレープ生地に生クリームをぬるためには，等間隔に置かれているクレープ生地の中心と中心の間隔と機械Ａと機械Ｂとの回転の軸の間隔をそれぞれ何㎝にすればよいかを答えなさい。また，その理由を文章で説明しなさい。ただし，このときのベルトコンベアの動く速さは，秒速50㎝とします。

りょう：次は５台の機械を同時に動かした場合を考えてみよう。まずは，ベルトコンベアの動く速さを最大にしておく必要があるね。

みさき：１ホールの13枚目のクレープ生地には生クリームをぬってはいけないわけだから，どの機械をどのタイミングで生クリームをぬらないまま回転させるかを計算しておく必要があると思います。

りょう：なるほど，事前準備が大事ですね。

みさき：生クリームだけでなく，１ホールの中にチョコレートクリームやストロベリーグリームをぬることはできないかな。

工場長：Ａ～Ｅのそれぞれの機械が３種類のクリームをぬることができ，しかもその順番を自由に変えることができるように改良すれば，何とかなるかもしれないですね。

りょう：改良できたとして，どのクリームをどういう順番でぬるようにすれば，ミルクレープができるかな。

みさき：こういうルールで作るのはどうかな。

みさきさんが考えたルール

①　クリームをぬる機械は左からＡ、Ｂ、Ｃ、Ｄ、Ｅと並んでいる。
②　最初のクリームをぬった１秒後の状態は、ＡとＥはストロベリークリーム、ＢとＤは生クリーム、Ｃはチョコレートクリームとする。
③　それぞれの機械がぬるクリームは、直前に左どなりの機械がぬったものと同じものとする。ただし、左どなりに機械がないＡについては、Ｅと同じクリームをぬる。
④　１ホールの一番上にあたるクレープ生地にはクリームはぬらない。
⑤　クレープ生地の重ね方は、ベルトコンベアの流れに沿って、機械Ｅ、Ｄ、Ｃ、Ｂ、Ａ、Ｅ、……でぬられたクレープ生地の順とする。

りょう：例えば，機械Dが④によってクリームをぬらなかった場合，その１秒後の機械Eは何をぬるのですか。

工場長：本来，機械Dがぬる予定だったクリームと同じものをぬるものとしましょう。また，次のホールの一番下は機械Cでぬられたクレープ生地になります。

りょう：複雑なルールだから，本当に正しくぬられているか確認《かくにん》する方法はないかな。

みさき：図をかいてみるのはどうだろう。

みさきさんが考えた図のかき方

①　これまでどのクリームがどのようにぬられたかを**図４**に表す。

図４

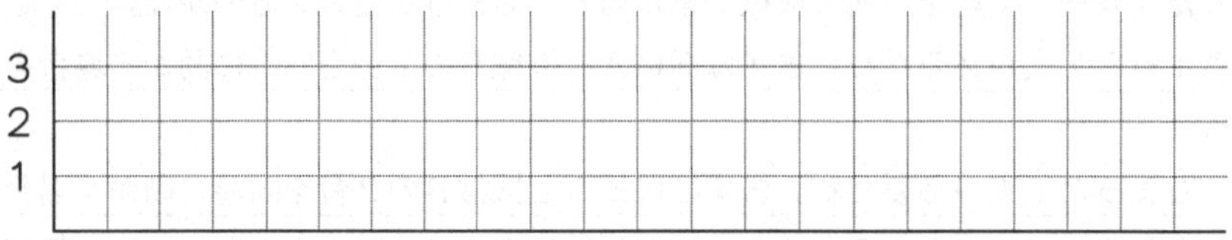

②　ストロベリークリームをぬった場合は「１」、生クリームをぬった場合は「２」、チョコクリームをぬった場合は「３」の目《め》盛《も》りに点をかく。また、それぞれの機械はアルファベットで示す。

③　となり合う点を直線で結ぶ。

④　**＜１秒後までの状態を表す図＞**は**図５**になる。

図５

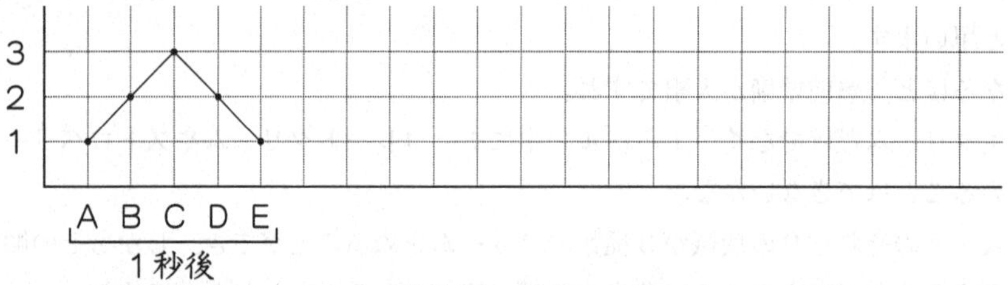

⑤　クリームをぬらないところに当たる点を○印で囲む。

みさき：このように図をかけば，それぞれの機械がどのクリームをぬったかがすぐに確認できます。

〔問題３〕　こういうルールで作るのはどうかな。とありますが，**みさきさんが考えたルール**にしたがって次の問いに答えなさい。

(1)　**＜３秒後までの状態を表す図＞**を**みさきさんが考えた図のかき方**にしたがって，解答らんに記入しなさい。

(2)　30分後に機械Ａ～機械Ｅのそれぞれの機械がぬったクリームは，３種類のうち何か。「１」，「２」，「３」を用いて解答らんに合うようにかきなさい。また，もし13枚目に当たるものがあれば，数字に○印をつけなさい。

みさき：これで，3種類のクリームを使ったミルクレープを作れるね。

どうすることですか。「真実」「事実」という語を用いて説明しなさい。

〔問題3〕　あなたは、これからの学校生活でどのように学んでいこうと思いますか。あなたの考えを四百字以上四百四十字以内で書きなさい。ただし、次の条件とあとの〔きまり〕にしたがうこと。

条件　①　あなたが、文章1・文章2から読み取った、共通していると思う考え方をまとめ、それをはっきり示すこと。

②　「①」の内容と、自分はどのように学んでいくつもりかを関連させて書くこと。

③　適切に段落《だんらく》分けをして書くこと。

〔きまり〕

○題名は書きません。

○最初の行から書き始めます。

○各段落《だんらく》の最初の字は一字下げて書きます。

○行をかえるのは、段落をかえるときだけとします。

○、や。や」などもそれぞれ字数に数えます。これらの記号が行の先頭に来るときには、前の行の最後の字と同じますめに書きます（ますめの下に書いてもかまいません）。

○。と」が続く場合には、同じますめに書いてもかまいません。この場合、。」で一字と数えます。

○段落をかえたときの残りのますめは、字数として数えます。

○最後の段落の残りのますめは、字数として数えません。

一般的《いっぱんてき》に、

「真実」　嘘《うそ》のないこと、本当のこと

「事実」　現実に起きたこと

と解釈《かいしゃく》されています。

同じような使われ方をしている「真実」と「事実」の二つの違《ちが》い。この違いは非常に大きいものです。

「真実」とは、見た人が見たい現実を見ているものであり、それを発する人の＊価値観《かちかん》を切り離《はな》すことができません。

「真実」は一つではなく、人の数ほどあります。

しかし、「事実」は一つなのです。

新聞・テレビ・ラジオ・インターネットなどから受け取る情報は、その出来事《できごと》を見た人の目を通して、見てみたい現実を見たものを伝えているのであって、それが「事実」であるということとは違います。

正反対の立場に立つ人が、ある「事実」を見たとしましょう。それぞれが、まったく違う「真実」を語るという場に出合ったことがありませんか。その人の主観、それをどのように＊汲《く》み取《と》るのか、そこからどのように「事実」を見つけるのか。

本の中の行間は、真実と真実の間という場所です。本も自分ではない誰《だれ》かが書いています。しかし、書き手の主観の間にあるその空間は、読者のための居場所です。そこで、自分の在り方に沿《そ》って物事を考えながら読み進めることで、情報社会で生《い》き抜《ぬ》くために必要な武器を手に入れることができるのです。若い時に読書することで、自然と見極める力が身につき、自分をデザインするための基礎《きそ》をつくることができるのです。

若い時にこそ、文字を追い、頭の中でその意味を考え、行間に事実を探《さが》す作業を試みることで、それを自分のものにしてほしいと思っています。

本との出合いは、人との出会いに似ています。皆さんはこれから、高校生、大学生、社会人と進んでいくにつれ、日本の多様な地域《ちいき》の人と出会い、また海外の人との出会い、あるいは年齢《ねんれい》も多様な人との出会いが待っています。生まれた地域や年齢による考え方の違いというのはよくあることです。それは、自分の考えを伝えなければいけない場面の連続です。10代に本を読むことで＊培《つちか》った他人の声に耳を傾《かたむ》ける力は、きっと未来の自分の可能性を広げてくれるでしょう。

（田口幹人《たぐちみきと》「なぜ若《わか》い時に本を読むことが必要なのだろう」による）

〔注〕希薄《きはく》――少なくてうすいようす。

蓄積《ちくせき》――物や力がたまること。

闇雲《やみくも》に――むやみやたらに。

価値観《かちかん》――ものごとを評価するときに基準とする判断や考え方。

汲《く》み取《と》る――人の気持ちをおしはかる。

培《つちか》った――やしない育てた。

〔問題1〕㋐古くさく感じないとありますが、なぜそのように言えるのでしょうか。解答らんに当てはまるように二十字以上三十字以内で文章1からぬき出しなさい。

＿＿＿＿＿＿ことを思わせる隙間《すきま》や傷《きず》のある家具などが、新しい命を感じさせるから。

〔問題2〕㋑行間を読むとありますが、本を読むことにおいては、何を

るが、スウェーデンでは、ひとつの手法として現代に生きていた。ナイフのけずりあとがあるような、荒《あら》けずりな木材のもつ表情が、古くさくなるのではなく、現代的ですらある。なぜ㋐古くさく感じないのかという問いの答えは、それが古くないからだ。それを人びとが受けつぎ、「もの」が新しい命、新しい生活をもらう。ぼくは、木工を始めたころ、技術が上がれば工業生産品のように美しいものをつくれると単純《たんじゅん》に思っていた。正確な機械のようにつくるにはどうしたらよいかと考えていたぼくが、今では、時が経《た》ってできた隙間《すきま》や傷《きず》すら味があるのだと思うようになった。左右対称《たいしょう》、正確な円。それだけがすべてではない。ぼくらの生活は、そんなにかたくなくていい。木材はやさしい。もっと自由で良い。

（遠藤敏明《えんどうとしあき》「〈自然と生きる〉木でつくろう　手でつくろう」（一部改変）による）

〔注〕 工芸——生活に役立つ品物を美しくつくるわざ。
骨董《こっとう》——古い美術品や古道具で、ねうちのあるもの。

文章2

若《わか》い時に本を読む意味、効用はいろいろ考えることができます。まずは、その一例を挙げながら、読書について考えてみましょう。

本を読むということは、現在からしたら過去というものに触《ふ》れる機会と言えます。現在・過去・未来という時間軸《じかんじく》のなかで、今と未采は繋《つな》がっていますが、その前にあった過去との繋がりが、どんどん＊希薄《きはく》になっていることを年々《ねんねん》強く感じます。若い皆《みな》さんは、年長者に比べると、過ごした日々《ひび》が少ない分、経験した過去の＊蓄積《ちくせき》が少ないですよね。若い皆さんがもっている過去は短くて浅いのです。それを補《おぎな》うものとして、読書という行為《こうい》が役に立ちます。

年長者が、＊闇雲《やみくも》に本を読みなさいという行為は、まずは、過去というものを多く持っていない皆さんに、過去を突《つ》きつけているようなものなのかもしれないと反省すべきなのです。

現在は、未来から見たら、過去です。言《い》い換《か》えると、未来は過去の蓄積で成り立っています。過去の積み重ねが年をとるということになります。その過去は、自分自身の過去で成り立っています。

歳《とし》を重ねるということは、その分だけ経験値《けいけんち》としての過去を持っています。その経験値は、未来に備える武器と言い換えることができます。未来に備える経験値となるような過去を捨《す》ててしまった私《わたし》たちは、壁《かべ》にぶつかってしまった現在の先にある未来を考える力を持ち合わせているでしょうか。

ここに、本を読む意味と未来に備える経験値としての読書の必要性があるのではないかと私は考えています。

本を読むということは、書き手の言うことをそのまま受け入れて従《したが》うということではありません。書かれていることを読み、そこに書かれていないことを考える作業とも言えます。

難《むずか》しい表現をすると㋑行間を読むと言います。なぜ、本に書かれていないことが存在《そんざい》するのかというと、書き手と読み手の視点《してん》が必ずしも一《いっ》致《ち》しない点にあります。書き手が込《こ》めた想《おも》いや考えが、読み手である自分にとってはどうなのだろうか？というズレが必ず生まれます。

書かれていることが真実だとすれば、行間には事実があると言えるかもしれませんね。本を読むことで真実と事実を見極《みきわ》める力という、生きていく上ですごく大切な力を身につけることができます。

【適性検査Ⅰ】（四五分）〈満点：一〇〇点〉

1 次の **文章1** と **文章2** とを読み、あとの問題に答えなさい。

（＊印のついている言葉には、本文のあとに〔注〕があります。）

文章1

何かをつくり出すには、技術や素材についての知識が必要だ。これらは見ることができるし、言葉で伝えることができるかもしれない。木工なら、木の切り方やけずり方、木と木を組み合わせる方法や組み立て方、使いやすい形や大きさ、重さなど、実際にものをつくるなかで生まれてきたたくさんの技術や知識がある。

しかし、頭の中にものづくりの知識があっても、「つくる」ことはできない。そこには、技術と実際の経験が必要だ。わかっていてもできないと言うのは、本当の意味で「わかっていない」のだ。

ものをつくり出すのに必要なことは、技術や知識だけではない。技術だけでは新しいものはできない。何をつくるのかが大切だ。何をつくるのか思いつくことを、アイデアが浮《う》かぶと言う。アイデアは実際のところ、ぽっかりと浮かんでくるものではない。アイデアが浮かぶのは一瞬《いっしゅん》だけれども、その背後《はいご》に長い時間が横たわっている。そういう時間に敬《けい》意《い》をはらうことが、ものづくりの基本だ。

ぼくらの生命そして生活は、自然の中で育った食物や材料によってささえられ、人間はそれらに手を加えて利用し、豊かになってきた。＊工芸の役割《やくわり》は、自然環境《かんきょう》とのかかわりの中で、人びとの生活の質を高めること、つまり生活を豊かにすることだ。日常品は生活をささえ、生活にささえられてつくり出される。ものたちは、どんな形でもよいのではなくて、それぞれがそこに住む人びとの考え方を反映《はんえい》している。よく考えたものもあれば、思いつきだけではないかと思われるものもある。さまざまな思いや考えが、ものたちをつくっている。車やカメラやラジオなどの機械もそうだけれど、スプーンやフォークやナイフや家具も、同じように人びとの考えや思いの結晶《けっしょう》だ。

つくることができるには、長い道のり、時間が必要な場合もある。ようやくつくりあげることができて、人は本当の意味で、「もの」を理解する。「知っている」から「できる」に変化するのだ。おそらく、そこには、人びとの歴史、考え方、自然環境などが影響《えいきょう》するだろう。とくに、生活で使われるものは、そこに住んでいる人たちの生活が形をつくる。そこでの人びとの生き方が、ものの形をつくるのだ。

工芸は、人から人へ、世代から世代へ伝えるということが大切だ。そして工芸で使う材料もまた、伝え育てることで存在《そんざい》している。今、家具をつくろうと木を植えて育て始めたら、使えるようになるまでに１００年以上かかる。材料によっては、２００年以上もかかって生み出される。かかった月日の長さを思うとき、人びとのつながりや環境をささえあうということの大切さが見えてくる。

ぼくは、古い道具やすり減った家具を見て、きれいだなと思うことがある。あれは、長い時間のなかで、たくさんの人たちがかかわり、考えてつくり、伝えてきたから美しくなったのだろう。何世代にもわたって伝えながらつくり出されてきたものは、一人の人間の力ではつくり出せない。時間を超《こ》えたコミュニケーションだ。ぼくらの社会や生活が変化していくなかで、ものの形も変化している。

木製の道具や家具は、＊骨董《こっとう》のように過去のものと思われる場合もあ

2023 年 度

解 答 と 解 説

《2023年度の配点は解答欄に掲載してあります。》

＜適性検査Ⅰ解答例＞

1 問題1　何世代にもわたって伝えながらつくり出されてきた(ことを思わせる隙《すき》間《ま》や傷《きず》のある家具などが新しい命を感じさせるから。)

問題2　書き手の主観の入っている真実を読んで，書かれていない事実を考えること。

問題3　(学校からの解答例はありません)

解答例

二つの文章はどちらも，過去からの時間のつながりの大切さや，人びとの経験や考えを受けつぐことの大切さを述べている。文章1には，一人の人間の力ではなく，長い時間のなかでたくさんの人たちがかかわり，伝えてきたことで美しいものが生み出されたとある。文章2には，過去は未来に備える経験値であり，読書によって過去と出会うことは未来の自分の可能性を広げるとある。つまり，現在生きている人から学ぶだけではなく，過去の人からも学び，受けつぐことで，より多くの可能性が生まれるということだと思う。

私は，学校生活の中で，級友だけではなく，先生方などの大人や，先輩方と接する機会をたくさん持ちたいと思う。年長の人たちがさらに過去の人たちから受けついでいるさまざまな経験や知識を学び，自分の短い過去を補うことができる。また，歴史や古い文化からも過去のたくさんの人びとの考えを学ぶことができるだろう。時間を超えて伝えられてきたものを学ぶことは，現在の新しい技術や情報を未来に生かす力につながると思う。

○配点○

1 問題1　15点，問題2　25点，問題3　60点　計　100点

＜適性検査Ⅰ解説＞

1 (国語：読解，作文)

基本 問題1　解答欄のあとに「ことを思わせる隙間や傷のある家具などが」とあるので，「隙間や傷のある家具など」がどんなことを思わせるのか書かれている部分を探す。文末から4行目に「時が経ってできた隙間や傷」とあるので，これらは古くなったものである。一つ前の段落で「古い道具やすり減った家具」について述べており，「何世代にもわたって伝えながらつくり出されてきたもの」は「時間を超えたコミュニケーションだ」とあり，「新しい命を感じさせる」とあう。解答欄に合う形でぬき出す。

重要 問題2　「行間を読む」とは，一つ前の段落の「書かれていることを読み，そこに書かれていないことを考える」を言いかえた表現である。後の段落には「書かれていることが真実」「行間には事実がある」とあるから，「事実」は「書かれていないこと」と言える。「真実」は「見た人が見たい現実を見ているもの」とあり，「行間は，真実と真実の間」「書き手の主観の間にあ

るその空間」とあるので，「書き手の主観」に基づいて書かれていることと言える。これらの表現を使って解答をまとめる。

問題3　まず二つの文章に共通している考え方を読み取る。「時間」「つながり」という言葉が手がかりになる。文章1には「長い時間のなかで，…伝えながらつくり出されてきたものは，一人の人間の力ではつくり出せない」「新しい命，新しい生活」とある。文章2には，「過去との繋がり」「未来に備える経験値となるような過去」とある。ここから，時間のつながりや過去を受けつぐことの大切さや，それを未来に生かすという共通する考え方を読み取る。次に，それらの考え方と自分の学校生活との関連を具体的に考え，どのように学んでいくかという内容にまとめる。

★ワンポイントアドバイス★

二つの文章の共通点は，文章の結論としてはっきり書かれている内容ではないので，作文にまとめたときに文章の内容とずれないように注意しよう。

＜適性検査Ⅱ解答例＞

[1]　問題1　〔道順〕スタート　（エ）→ キ → オ → イ → カ → ケ　倉庫

〔式と文章〕

5+7×1.4+7+10×1.4+13=48.8

ロボットの分速は12mなので，1m進むには，5秒かかる。ブロックを1個運んでいるときは7秒，ブロックを2個運んでいるときは10秒，ブロックを3個運んでいるときは13秒かかる。また，1.4m進むためには，1m進むときよりも時間は1.4倍かかる。わたしが考えた道順に合わせて，かかる時間をそれぞれたし合わせると，48.8秒になる。

問題2　ヒント(え)：全ての電球の明かりが消えている状態で，[A]と[B]と[D]のスイッチをおしたあと，明かりがついていたのは①と②の電球であった。

表5　太郎《たろう》さんと花子さんがさらに書きこんだ表

	①の電球	②の電球	③の電球	④の電球
Aのスイッチ	×	○	○	×
Bのスイッチ	○	×	○	○
Cのスイッチ	×	○	○	○
Dのスイッチ	×	×	×	○
Eのスイッチ	○	○	○	×

[2]　問題1　選んだ一つ：第2次産業

しゅう業者数は，1960年と比べて1990年は増加し，1990年と比べて2020年は減少している。しゅう業者数の最も多い年れいそうは，1960年は15～24さい，1990年は35～44さい，2020年は45～54さいと変化している。

問題2　図2：①　図3：⑤

〔農家の人たちの立場〕

共通する利点は，カフェ事業を始めたり，新しい観光ルートを提案したりして，来客数が増えて，売り上げが増加したことである。

〔農家以外の人たちの立場〕

消費者にとって共通する利点は，新しくできたカフェをおとずれたり，加工工場見学などの新しい観光ルートを体験したりして，新たなサービスを受けられるようになったことである。

3　問題1　(1)　ウ

(2)　葉の面積を同じにしたときの葉についたままの水の量が多いか少ないかを比べ，水てきが葉とくっついている部分の大きさが大きいか小さいかを比べることによって判断した。

問題2　(1)　図3から黒色のインクがついた部分がより少ないので，すき間がより広いと考えられ，図4からおもりをのせるとよりちぢむので，厚みがある方向にもすき間がより広いと考えられる。つまり，あらゆる方向に，水が入ることができるすき間がより多いから。

(2)　じょう発した水の量は，箱とシャツの合計の重さが軽くなった量からTシャツの重さが重くなった量を引くことによって求められる。キは，Tシャツによってきゅうしゅうされた水の量とじょう発した水の量のどちらも最も多いから。

〇配点〇

1　問題1　15点，　問題2　15点

2　問題1　20点，　問題2　20点

3　問題1　14点，　問題2　16点　　計100点

＜適性検査Ⅱ解説＞

1　**(算数：規則，時間と速さ)**

やや難

問題1　ブロックを運んでいないときのロボットの速さは，分速12mであるため，1m進むのにかかる時間は，60(秒)÷12(m)＝5(秒)である。また，表1より，運んでいるブロックの数が1個，2個，3個と増えると，それぞれ1m進むのにかかる時間が2秒，5秒，8秒増えるので，ブロックを運んで1m進むのにかかる時間は，1個のときは5＋2＝7(秒)，2個のときは5＋5＝10(秒)，3個のときは5＋8＝13(秒)となる。また，1.4m進むのにかかる時間は，ブロックが0個のときは，5(秒)×1.4(m)＝7(秒)，同様に1個，2個，3個の場合は，9.8秒，14秒，18.2秒である。

次に，イ，カ，キの3つのブロックを最短時間で倉庫に運ぶ場合を考える。まず，それぞれのブロック1個を倉庫に運ぶ場合を求めたい。イを運ぶ場合，イ→カ→ケ，イ→オ→ケの2通り，カを運ぶ場合，カ→ケ，キを運ぶ場合，キ→ク→ケとなる。このとき，イ→カ→ケの道順であれば，イとカのブロックの両方を最短時間で運ぶことができる。そこで，この経路でさらにキを運ぶ道順を考えると，①イとカをケの倉庫に運んだ後にキを運ぶ道順と，②キを積んでからイとカのブロックをケまで運ぶ道順が考えられる。①の道順は，イ→カ→ケ→ク→キ→ク→ケとなり，この時かかる時間は，9.8＋14＋5＋5＋7＋7＝47.8(秒)となる。②の場合，最短時間となる道順は，キ→エ→イ→カ→ケ，キ→オ→イ→カ→ケの2通りで，この時

かかる時間は，9.8＋7＋14＋13＝43.8(秒)となり，この道順が最短時間となる。

合計の時間が48.8秒になるには，上記で求めた最短時間43.8秒に加えて5秒必要であるため，キまで進むのに5秒かかる地点，エあるいはクからスタートさせればよい。よって，48.8秒となるときの道順は，(エ，ク)→キ→(エ，オ)→イ→カ→ケとなる。

問題2　ある電球の明かりをつけるスイッチは，明かりが消えている状態でおされると明かりがつき，明かりがついている状態でおされると明かりが消える。またスイッチをおす順番によって結果は変わらない。これらのことから，全ての電球の明かりが消えている状態で，ある電球の明かりをつけるスイッチが奇数個おされる場合は明かりがつき，偶数個おされる場合は，明かりが消えることが分かる。よって，スイッチと電球の関係について，問題の表のようにまとめたとき，表のスイッチの○の数が，それぞれの電球で奇数個の場合は明かりがつき，偶数個の場合は明かりが消える。

表3，表4のように，AとBとCのスイッチの②，④の電球について考える。ヒント(あ)より，AとBとCのスイッチをおしたときに，②，④の電球は明かりが消えるので，②，④の電球について，表の○の数が偶数になればよい。よって，下の表6のようになる。

表6

	②の電球		④の電球	
Aのスイッチ	○		×	
Bのスイッチ	○	×	○	×
Cのスイッチ	×	○	○	×

次に，AとDとEのスイッチの②，③，④の電球について考える。ヒント(う)より，AとDとEのスイッチをおしたときに，②，③の電球は明かりがつき，④の電球は明かりが消える。そのため，表の○の数が，②，③の電球は偶数，④の電球は奇数になればよい。よって，下の表7のようになる。

表7

	①の電球	②の電球	③の電球	④の電球
Aのスイッチ	×	○	○	×
Dのスイッチ	×	×	×	○
Eのスイッチ	○	○	○	×

ヒント(え)によって，表のBとCのスイッチの○と×が一通りに決まるためには，すべての電球の○と×がわかっているA，D，Eのうち2つと，BとCのうち1つのスイッチをおしたときの結果が必要である。仮にA，B，Dのスイッチをおした場合を考える。このとき①，②の電球は明かりがつき，③，④の電球は明かりが消えるので，表の○の数が，①，②の電球は奇数，③，④の電球は偶数になればよい。よって，下の表8のようになる。Cのスイッチは，Bのスイッチの○と×が決まれば，表6より求めることができる。

表8

	①の電球	②の電球	③の電球	④の電球
Aのスイッチ	×	○	○	×
Bのスイッチ	○	×	○	○
Dのスイッチ	×	×	×	○

2 （社会：日本の就業者数・産業）

基本 問題1　問題文にあるように（花子の第5発言），日本の産業全体の就業者数は，1960年約4370万人，1990年約6137万人，2020年約5589万人と変化しており，1990年が最も多くなっている。では，産業別の就業者数の変化はどうだろうか。この点は，図1をもとに計算する。計算結果は以下の通りである。

	1960年	1990年	2020年
第2次産業	約1278万人	約2056万人	約1325万人
第3次産業	約1669万人	約3642万人	約4068万人

この計算結果からは，第2次産業では1960年から1990年にかけて就業者数は増加したが，1990年から2020年にかけては減少していることがわかる。一方，第3次産業では1960年から1990年にかけても，さらに1990年から2020年にかけても，ともに就業者数は増加していることが読み取れる。

次に，産業別に見て就業者数が最も多い年齢層について，図1から読み取る。第2次産業では1960年は15～24歳（449万人），1990年は35～44歳（550万人），2020年は45～54歳（350万人）となっており，就業者の年齢層が高年齢化していることがわかる。一方第3次産業では，1960年は25～34歳（474万人），1990年は35～44歳（945万人），2020年には45～54歳（971万人）となっている。第3次産業でも，就業者の高年齢化が進んでいることが見てとれる。

やや難 問題2　本問では，6次産業化に関する農家の取り組みが問われている。花子・太郎・先生の会話の中にヒントがあり，まず6次産業化とは「第1次産業の生産者が，第2次産業である生産物の加工と，第3次産業である流通，販売，サービスに関わることによって，生産物の価値をさらに高めることを目指す取り組み」（先生の第2発言）と説明されている。そして農家がこの6次産業化に取り組む目的は，「第1次産業の生産者の売り上げを増加させ，収入を向上させること」（先生の第3発言）である。農家の人たちの立場について考える場合には，この点を踏まえる。

一方，農家以外の人たちの立場の利点としては，消費者の立場を考えるとわかりやすいだろう。一般的に言っても，売買は生産者・販売者と消費者の双方にとって利益があるものである。

以上の点から，①～⑥については，それぞれ次のような利点があるといえるだろう。

	農家の人たちの立場 （生産者・販売者の利点）	農家以外の人たちの立場 （消費者の利点）
①	新たに事業を始めた結果，来客数が増え，売り上げが増加する。	新たにカフェ事業が始められた結果，憩いの場・集いの場が増える。
②	生産した卵を他に販売するだけではなく，自らの事業で調理に使用することで，売り上げが増加する。	とれたての卵や地元の食材は新鮮度が高く，それだけおいしい料理を食べることができる。
③	多くの見物客・観光客を集めることで，運営する事業に対する注目度が高まる。その分，売り上げが増加する。	普段の生活では味わえない，新しい体験をすることができる。
④	色や形が不揃いで従来出荷できなかったしいたけを食材に使うことができ，売り上げが増加する。	新しいタイプの料理を楽しむことができる。

⑤	新しい観光ルートを開拓・提案することで，自ら運営する事業に対する注目度が高まる。その分，売り上げが増加する。	新しい観光ルートができたことで，旅行の候補地が広がる。
⑥	新しい加工商品を開発・販売することで，売り上げ増加と結び付きやすい。	新商品の開発で，食の楽しみが増える。

共通の利点として，農家の人たちの立場については売上げ増加という点に着目すると答えやすいだろう。一方，農家以外の人たちの立場については，模範解答以外にも，新しい体験ができるという点から③と⑤，おいしい料理を食べることができるという点から②と⑥といった組み合わせも考えられる。

3 （理科：植物のつくり，人の生活）

重要

問題1 (1) 実験2で，葉についたままの水の量が多ければ，水滴が転がりにくく，水の量が少なければ，水滴が転がりやすいと考えることができる。表2は，10枚の葉についたままの水の量をしめしているが，水の量は，葉の面積が大きければ多くなり，面積が小さければ少なくなる。このため，表2の水の量では，それぞれの葉の面積が異なる場合には，水滴の転がりやすさをくらべることができない。そこで，花子さんの発言にもあるように，葉についたままの水の量を葉の面積で割った値で考える。水の量を葉の面積で割った値は，同じ面積あたりの葉につく水の量になるため，面積が異なる葉どうしでもくらべることができる。この値が大きければ，水が葉につきやすく水滴が転がりにくい。小さければ，水が葉につきにくく水滴が転がりやすいと考えることができる。花子さんの発言から，10枚の葉についたままの水の量を葉の面積で割った値は，アとイとエでは約0.1，ウとオでは約0.02であることから，ア，イ，エは水滴が転がりにくい葉，ウ，オは水が転がりやすい葉であると考えられる。よって，水滴が転がりやすい葉1枚と転がりにくい葉1枚を選ぶ場合，アの葉は水が転がりにくい葉なので，もう1枚は水滴が転がりにくい葉である，ウあるいはオを選ぶ。

(2) 花子さんの発言では，葉についたままの水の量を葉の面積で割った値から，同じ面積あたりの葉につく水の量をくらべることができる。(1)の解説でしめしたように，この値からア，イ，エは水滴が転がりにくい葉，ウ，オは転がりやすい葉と判断できる。また，表1の水滴の写真では，水滴の葉に接している部分の大きさが分かり，その大きさは，ア，イ，エでは大きく，ウ，オでは小さい。水滴が葉と接している部分が大きい場合，葉が水をはじきにくく水滴は転がりにくい，逆に水滴が水と接している部分が小さい場合，葉が水をはじきやすく水滴は転がりやすいと考えることができる。よって，ア，イ，エは水滴が転がりにくく，ウ，オは転がりやすいと判断できる。

問題2 (1) 図3から，ポリエステルの布は，木綿の布とくらべて黒色のインクが付いている部分が少なく，生地のすき間が広いことが分かる。また，図4から，おもりをのせていないときとのせたときをくらべたときに，ポリエステルの布は，木綿の布より厚みの差が大きい。これは，ポリエステルの布には，生地の厚みの方向にすき間がたくさんあり，おもりをのせたときによりちぢんだためだと考えられる。このように，ポリエステルの布はさまざまな方向にすき間があり，このすき間に水が入ることによって，水がより多く吸収されると考えられる。

(2) 実験4で，シャツに吸収させた水は，Tシャツに吸収されるか蒸発するかのどちらかであるため，60分後の箱とシャツの重さの減少量は，Ｔシャツに吸収された水の量と蒸発した水の量の合計の量である。Ｔシャツに吸収された水の量は，60分後のＴシャツの重さの増加量であり，Ｔシャツのはじめの重さから60分後の重さを引くことによって求めることができる。よって，水の蒸発量は，60分後の箱とシャツの重さの減少量から60分後のＴシャツの重さの増加量を引くことで求めることができる。これを，カ，キ，クの場合で計算すると，Ｔシャツに吸収された水の量は，カでは，189.8(g)－177.4(g)＝12.4(g)。キでは，150.3(g)－131.5(g)＝18.8(g)となる。次に，蒸発した水の量は，カでは，1648.3(g)－1611(g)－12.4(g)＝24.9(g)，キでは，1648.3(g)－1602.4(g)－18.8(g)＝27.1(g)，クでは，1648.3(g)－1625.2(g)＝23.1(g)となる。上記のとおり，キでは，Ｔシャツに吸収された水の量と蒸発した水の量のいずれも最も大きいため，箱とシャツの合計の重さが最も変化したと考えられる。なお，蒸発した水の量は，60分後の全体(箱とシャツとＴシャツ)の重さの減少量なので，全体のはじめの重さから60分後の重さを引くことによっても求めることができる。

★ワンポイントアドバイス★

会話文や図をしっかり読み，情報を整理して問題を解きましょう。また，試行錯誤して考えると解き方の方向性が見えてくることがあります。あきらめずに取り組みましょう。

＜適性検査Ⅲ解答例＞

1 問題1　A…900円　B…300円　C…25％

問題2　クマ，カワウソ，トラ

問題3　ア…1　イ…6　ウ…2
エ…5　オ…4　カ…3

問題4

トラ	トラ	キジ	バク	キジ
ゾウ	クマ	トラ	トラ	バク
トラ	ゾウ	クマ	ゾウ	クマ
トラ	ゾウ	キジ	ゾウ	バク

2 問題1　50cm

問題2　クレープ生地の中心と中心の間隔…25cm
機械Aと機械Bとの回転の軸の間隔…25cm

理由

ベルトコンベアの動く速さは，秒速50cmである。機械A，機械Bは共に1秒ごとに元の位置でクリームをぬり始める。このことから，機械Bがぬるクレープき地の間かくは50cmとなる。さらに，二つのクレープき地の中心と中心の間かくを2等分する点に機械Aがぬるクレープき地の中心を置けばよい。よって，クレープき地の中心と中心の間かくは全て25cmとなる。最も効率よくぬるために，機械Aと機械Bの間かくも25cmにすればよい。

問題3 (1) ＜3秒後までの状態を表す図＞

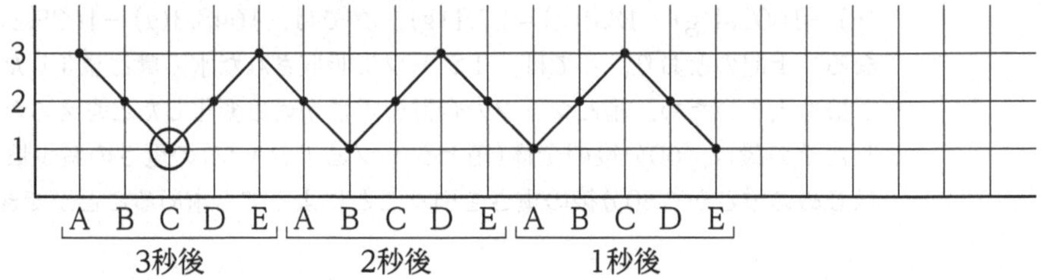

(2)

機械A	2	機械B	3	機械C	2
機械D	1	機械E	②		

○配点○

1 問題1 15点， 問題2 15点， 問題3 10点， 問題4 10点

2 問題1 10点， 問題2 20点， 問題3 20点 計100点

＜適性検査Ⅲ解説＞

1 （算数：割合，整数，立体）

問題1 おとな1人と子ども2人のときの割引がない料金は1500円なので，おとな料金がA円，割引前の子ども料金がB円，子ども料金の割引はC％とすると，A＋2×B＝1500円…①と表すことができる。AはBよりも大きい値なので，式①よりBは500未満だと考えられる。また，子ども料金の割引がある場合のおとな1人と子ども2人の料金は1350円なので，子ども1人当たりの割り引かれた料金は，(1500－1350)÷2=75(円)である。割引前の子ども料金をB円，子ども料金の割引をC％とすると，$B\times\frac{C}{100}$=75…②という式が成り立つ。この式に当てはまるB，Cについて考える。まずB×Cが100の倍数になる必要がある。Cは100未満であり，またBが100の倍数でない場合には，式②を満たすBとCは存在しないため，Bは100の倍数だとわかる。つぎに，75=3×5×5より，式②を満たすBは，300，500，1500，2500，7500であるが，Bは500未満であるため，B=300となる。このとき，式①より，A＝500，式②より，C＝25となる。

問題2　バクの北どなりにゴリラ，東どなりにカワウソがいることから動物の位置関係は，図Aのようになる。また，ゾウの東どなりにキジがいること，クマの南どなりにテナガザルがいることから，それぞれ図B，図Cの位置関係になる。

図A

図B

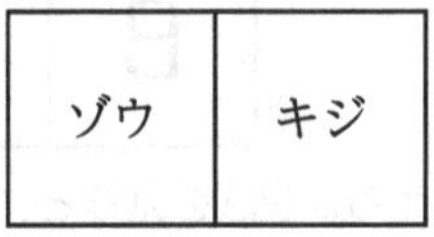

図C

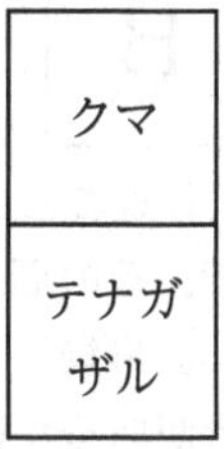

これら3つの図が問題文の図1のあ～くに入るように配置すると図Dのようになる。

図D

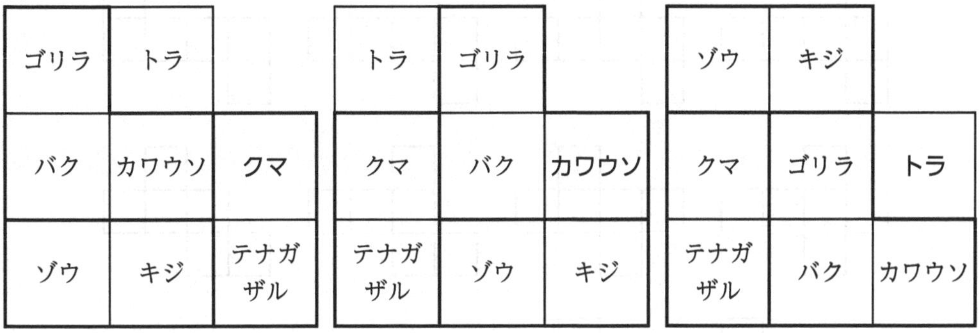

よって，おの展示ペースにいる動物は，クマ，カワウソ，トラとなる。

問題3　子トラの体重[エ][オ]kgのカ倍が親トラの体重[ア][イ][ウ]kgとなるので，[エ][オ]×[カ]＝[ア][イ][ウ]の式を満たす，[ア]～[カ]に当てはまる数字を考える。

まず，[ア]について考える。アに入る最も大きな数字は，エとカが5，6のいずれかのときであり，3でなる。よって，アに入る数字は，1，2，3のいずれかである。

次に，[ウ]について考える。[ウ]が奇数の場合，[オ]と[カ]には1，3，5のいずれかが入るが，このとき，どの組み合わせでも，[ウ]，[オ]，[カ]の数字がかぶってしまう。このため，[ウ]は偶数であり，2，4，6のいずれかが入ると考えられる。

[ウ]が2の場合，[オ]と[カ]には，3か4が入る。

[ウ]が4の場合，[オ]と[カ]には4か6のいずれかが入るが，4が[ウ]とかぶってしまうため，不適である。

[ウ]が6の場合，[オ]と[カ]には，2，3のいずれかが入る。[カ]が2の場合，[ア]が存在するためには，[エ]に5が入る必要がある。この場合，53×2＝106となり，[イ]が0になるため，不適である。[カ]が3の場合，[ア]が存在するためには，[エ]に4か5が入る必要がある。[エ]が4の場合，42×3＝126で2の数字がかぶり，[エ]が5の場合，52×3＝106となり，[イ]が0になるため，不適である。よって，[ウ]は2であり，[オ]と[カ]は3か4のいずれかである。このとき，[ア]は1，[エ]は5に決定し，[エ][オ]×[カ]＝[ア][イ][ウ]の式を満たすためには，[オ]は4，[カ]は3となる。

問題4　頂点をつくる3つの面にちがう動物が見えるようにするには，展開図のなかに，以下のような図形が入ることが必要である。ここで，●は頂点，A～Cは異なる動物を表している。

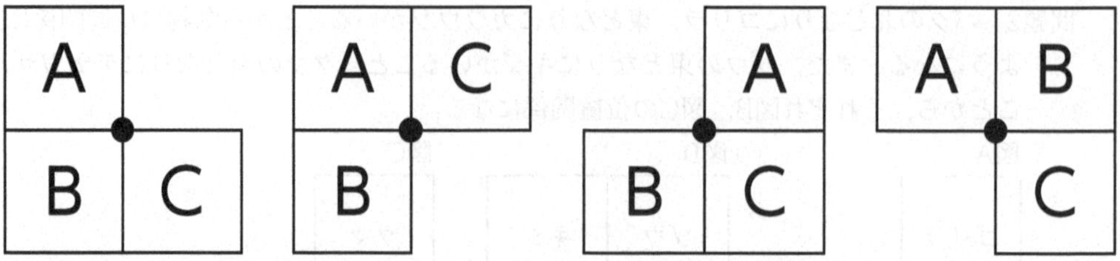

次に，すべての動物を入れることを考える。図3を見ると，キジやバクなど動物によって写真が少ないものがいるので，その周辺で先ほどの図形を含む部位を探すと，すべての動物を入れる展開図が考えやすい。最後に，立方体の展開図になるようにする。このとき，立方体の展開図にはどのような形があるか知っていると考えやすい。立方体の展開図は以下の11種類の形があるので，覚えておくとよい。

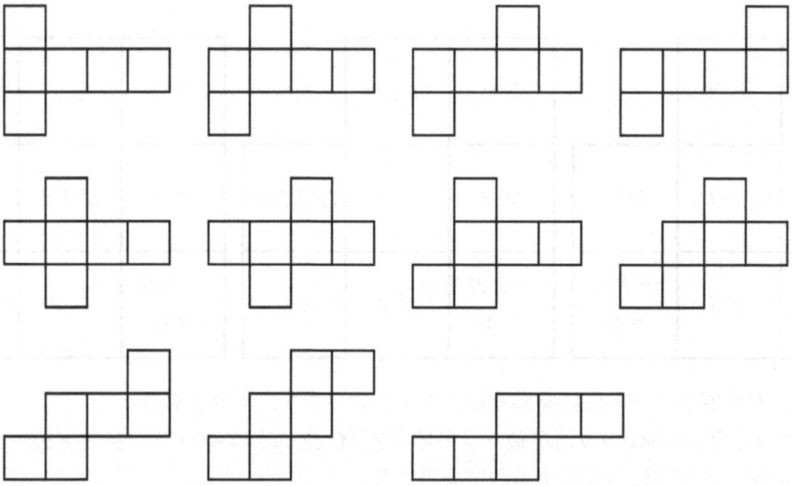

これらを満たす展開図は以下の図のようになる。

トラ	トラ	キジ	バク	キジ
ゾウ	クマ	トラ	トラ	バク
トラ	ゾウ	クマ	ゾウ	クマ
トラ	ゾウ	キジ	ゾウ	バク

トラ	トラ	キジ	バク	キジ
ゾウ	クマ	トラ	トラ	バク
トラ	ゾウ	クマ	ゾウ	クマ
トラ	ゾウ	キジ	ゾウ	バク

2 **（算数：規則，速度）**

問題1　機械Aは，始めの位置から生地の位置にスライドして生クリームをぬるのに0.8秒，元の位置に戻るのに0.2秒かかるので，1回の動きに，0.8+0.2＝1（秒）かかる。よって，1秒後に次のクレープ生地が，1枚目の生地があった位置にあればよい。ベルトコンベアの速さは，秒速50cmなので，1秒間に50cm生地が移動する。よって，1秒後に次のクレープ生地が1つ前の生地の位置にくるためには，50cmの間かくで生地をおけばよい。

問題2　機械Bは機械Aと同じ速さで作業を行うので，最も効率よく生地に生クリームをぬるには，ベルトコンベアから流れてくる生地のうち2枚に1枚を機械A，残りの1枚を機械Bでぬるように生地をおけばよい。問題1より，50cmの間かくで生地をおくと，機械A1台で，すべての生地に生クリームをぬることができるので，2枚に1枚を機械Aがぬるようにするには，生地の間かくを半分にすればよい。よって50÷2=25cmの間かくで生地をおけばよい。機械Aと機械Bの間かくは，生地の間かくと同様に25cmにすれば，すべての生地に生クリームをぬることができる。

問題3　(1)　ルール③より，直前に左どなりの機械がぬったものと同じものをぬるので，2秒後では，機械Eは1秒後の機械Dと同じ生クリーム，機械Dは1秒後の機械Cと同じチョコレートクリーム，機械Cは1秒後の機械Bと生クリーム，機械Bは1秒後の機械Aと同じストロベリークリーム，機械Aは機械Eと同じクリームをぬるので，ストロベリークリームをぬることになる。3秒後についても同様に，機械Eは2秒後の機械Dと同じチョコレートクリーム，機械Dは2秒後の機械Cと同じ生クリーム，機械Cは2秒後の機械Bと同じストロベリークリーム，機械Aは機械Eと同じチョコレートクリームとなる。ストロベリークリームの場合は「1」，生クリームの場合は，「2」，チョコレートクリームの場合は，「3」を，ぬられた順に右側から目盛りに点をかく。クリームをぬらないのは，13枚目の生地なので，グラフの右から数えて13番目の3秒後の機械Cとなる。

(2)　(1)の図のように，さらに4秒後，5秒後にそれぞれの機械がどのクリームをぬるか考えると，下図のようになる。

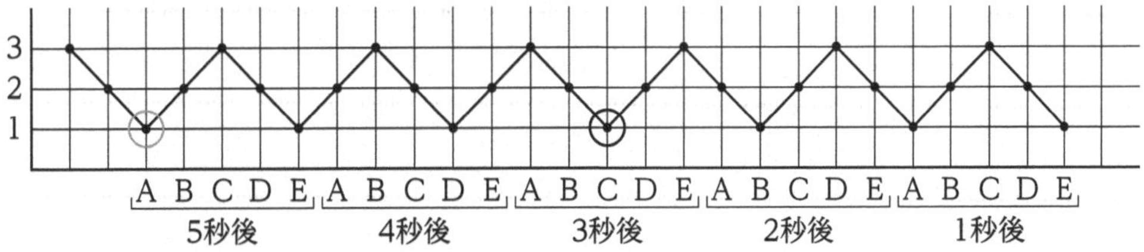

1秒後と5秒後では機械A～Eのぬるクリームが同じであり，それぞれの機械がぬるクリーム4秒ごとに元に戻ることが分かる。30分後は，30×60=1800秒後であり，1800÷4=450で，4で割り切れるため，4秒後のときと同じ状態にある。よって，機械A，B，C，D，Eがぬったクリームは，2，3，2，1，2となる。また，13枚目の生地について考える。1秒で機械A～Eがそれぞれ1枚ずつクリームをぬるので，1秒間に5枚の生地が処理される。よって，1800秒後には，1800×5枚＝9000枚の生地が処理されていることになる。このとき，9000÷13=692あまり4より，最後にぬった機械から数えて5番目の機械Eが13枚目にあたると分かる。

★ワンポイントアドバイス★

具体的な数字をおいて考える場合には，やみくもにやるのではなく，情報をしっかり整理したり，考え方を工夫したりすることで，手順が減り，早く答えを導くことができる。また，問題の答えや作成したグラフなどが次の問題のヒントになることもあるので，意識して問題を解くようにしよう。

MEMO

大切なことはメモしておこうネ！

2022年度

★★★★★★★★★★★★★★★★★★★★★★★

入　試　問　題

2022年度

都立両国高等学校附属中学校入試問題

【適性検査Ⅰ】　(21ページから始まります。)
【適性検査Ⅱ】　(45分)　　＜満点：100点＞

[1]　来週はクラス内でお楽しみ会をします。係である**花子**さんと**太郎**《たろう》さんは，お楽しみ会で渡《わた》すプレゼントの準備をしています。

花　子：プレゼントのお花のかざりができたよ。
太　郎：すてきだね。次は何を作ろうか。
花　子：モールで図形を作って，それを台紙にはったカードをいくつか作ろうよ。
太　郎：いいアイデアだね。カードのデザインはどうしようか。
花　子：わくわくするものがいいね。
太　郎：それならロケットはどうかな。デザインを考えてみるよ。

太郎さんは，**図1**のようなカードのデザインを考えました。花子さんと太郎さんは，モールを使って，**図2**のような図形を作り，それらを組み合わせて台紙にはり，**図3**のようなロケットのカードを作ることにしました。

図1　カードのデザイン

図2

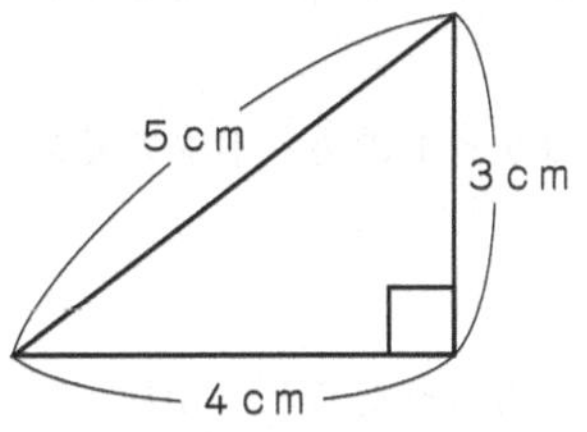

直角三角形

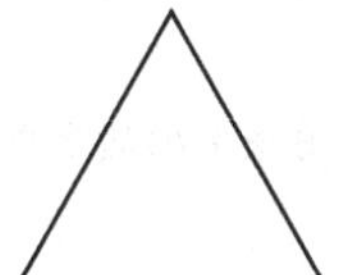

正三角形（1辺3cm）

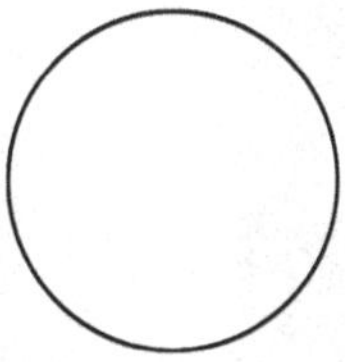

円（直径3cm）

図3　カードのイメージ

花　子：1mの長さのモールが6本あるね。

太　郎：私《わたし》は1本のモールを切って，直角三角形を作るよ。

花　子：できるだけ多く作ってね。

太　郎：直角三角形が8個作れたよ。箱に入れておくね。

花　子：私は別の1本のモールを切って，正三角形をできるだけ多く作ったよ。できた正三角形も同じ箱に入れておくね。

太　郎：次は，円をできるだけ多く作ってみようかな。

花　子：でも1枚《まい》のカードを作るのに，円は1個しか使わないよ。

太　郎：それなら1本のモールから，直角三角形と正三角形と円を作ってみようかな。それぞれ3個ずつ作れそうだね。

花　子：それぞれ3個ずつ作る切り方だとモールの余りがもったいないよ。できるだけ余りの長さが短くなるような切り方にしよう。

太　郎：そうだね。残りのモール4本を切る前に，カードは何枚作れるか考えよう。

〔問題1〕　1mのモールが4本と箱の中の図形があります。4本のモールで**図2**の直角三角形と正三角形と円を作り，箱の中の図形と組み合わせて**図3**のカードを作ります。モールの余りをつなげて図形を作ることはできないこととします。できるだけ多く**図3**のカードを作るとき，以下の問いに答えなさい。

ただし，円周率は3.14とし，モールの太さは考えないこととします。

(1)　4本のモールの余りの長さの合計を求めなさい。

(2)　箱の中の図形のほかに，直角三角形と正三角形と円はそれぞれ何個ずつ必要か求めなさい。そのとき，それぞれのモールからどの図形を何個ずつ切るか，文章で説明しなさい。

花子さんと太郎さんは，お花のかざりや**図3**のロケットのカードをふくめて6種類のプレゼントを作りました。

花　子：プレゼントをどのように選んでもらおうか。

太　郎：6種類あるから，さいころを使って決めてもらったらどうかな。

花　子：それはいいね。でも，さいころは別のゲームでも使うから，ちがう立体を使おうよ。

太　郎：正三角形を6個組み合わせてみたら，こんな立体ができたよ。それぞれの面に数字を書いてみるね。

太郎さんは**図4**のような立体を画用紙で作り，**1**から**6**までの数字をそれぞれの面に1個ずつ書きました。

図4　3方向から見た立体

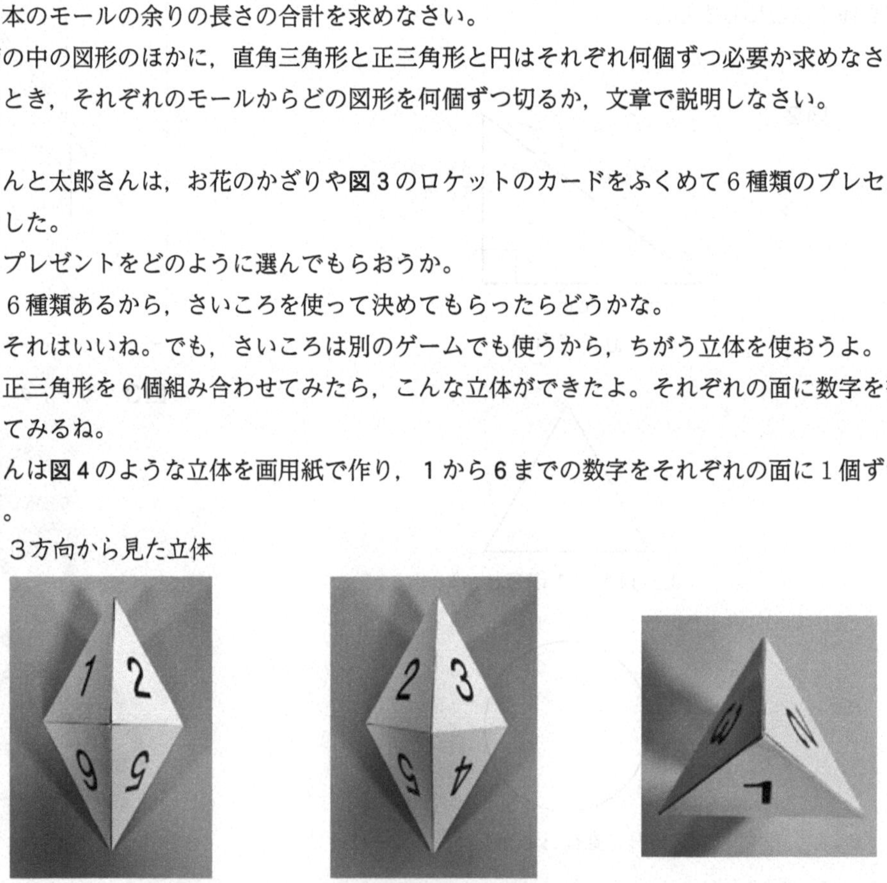

花　子：この立体を机《つくえ》の上で転がしてみよう。

太　郎：机に接する面は一つに決まるね。

花　子：転がし方が分かるように，画用紙に立体の面と同じ大きさの正三角形のマスをたくさん書いて，その上を転がしてみよう。

太郎さんは画用紙に**図5**のような正三角形のマスを書き，**図4**の立体の面が正三角形のマスと接するように置きました。置いた面の正三角形の1辺が動かないように立体を転がしてみると，あることに気づきました。

太　郎：立体の1の面が，**ア**のマスに数字と文字が同じ向きで接するように置いたよ。転がして**ア**から○のマスまで移動させてみよう。

花　子：私は2回転《ころ》がして○のマスまで移動させたよ。○のマスに接する面が4になったよ。

太　郎：私は4回転《ころ》がして移動させてみたけど，○のマスに接する面は4ではなかったよ。

花　子：転がし方を変えると同じマスへの移動でも，接する面の数字が変わるんだね。

図5

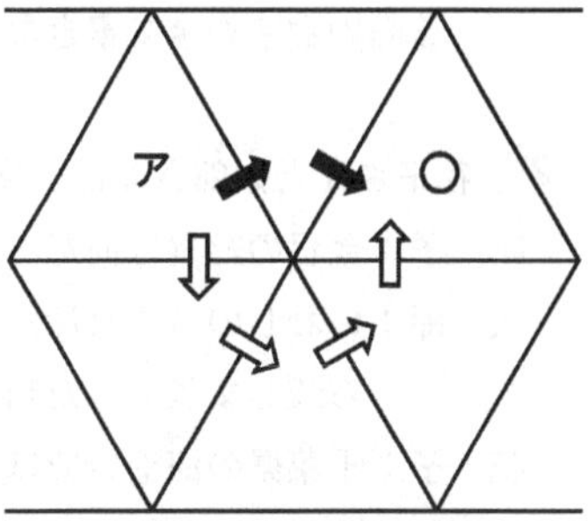

➡ は花子さんの転がし方

⇨ は太郎さんの転がし方

太郎さんは画用紙に**図6**のような正三角形のマスを書きました。花子さんと太郎さんは，**図4**の立体を**イ**のマスから●のマスまでどのように転がすことができるか考えました。

図6

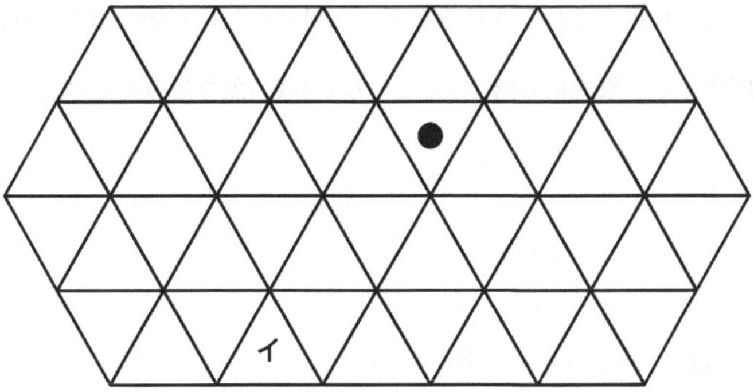

花　子：転がしているとき，一つ前のマスにはもどれないことにしよう。

太　郎：5回転《ころ》がすと，**イ**のマスから●のマスまで移動させることができたよ。

花　子：でも6回転《ころ》がして，**イ**のマスから●のマスまで移動させることはできなかったよ。

太　郎：けれど7回転《ころ》がしたら，**イ**のマスから●のマスまで移動させることができたよ。

花　子：5回の転がし方は1通りだけど，7回の転がし方は何通りかあるね。

太　郎：7回転《ころ》がしたら，●のマスに接する面の数字も何種類かありそうだから，●のマスに接する面の数字に応じて，プレゼントを決められるね。

花　子：でも，**イ**のマスに1の面を置いたとき，どのように転がしても●のマスに接しない面があるね。

太　郎：全ての面が●のマスに接するようにするには，くふうが必要だね。

〔問題２〕　**図４**（２ページ）の立体の１の面を，前のページの**図６**の**イ**のマスに数字と文字が同じ向きで接するように置きます。**図４**の立体を７回転《ころ》がして，**イ**のマスから●のマスまで移動させます。ただし，転がしているとき，一つ前のマスにはもどれないこととします。以下の問いに答えなさい。

(1)　転がし方はいくつかありますが，そのうちの１通りについて，マスに接する面の数字を順に書きなさい。

(2)　**図４**の立体を７回転《ころ》がして，**イ**のマスから●のマスまで移動させたときに，●のマスに接する面の数字を全て書きなさい。

２　**花子**さんと**太郎《たろう》**さんは，休み時間に，給食の献立表《こんだてひょう》を見ながら話をしています。

花　子：今日の給食は何だろう。

太　郎：いわしのつみれ汁《じる》だよ。千葉県の郷土料理《きょうどりょうり》だね。郷土料理とは，それぞれの地域《ちいき》で，昔から親しまれてきた料理のことだと書いてあるよ。

花　子：千葉県の海沿《うみぞ》いでは，魚を使った郷土料理が食べられているんだね。日本は周囲を海に囲まれている国だから，他の地域でも，魚を使った郷土料理が食べられてきたのかな。

太　郎：そうかもしれないね。でも，毎日魚がとれたわけではないだろうし，大量にとれた日もあるだろうから，魚を保存《ほぞん》する必要があっただろうね。

花　子：それに，今とちがって冷蔵庫《れいぞうこ》や冷凍庫《れいとうこ》がなかったから，魚を保存するのに大変苦労したのではないかな。

太　郎：次の家庭科の時間に，日本の伝統的な食文化を調べることになっているから，さまざまな地域で，昔から親しまれてきた魚を使った料理と保存方法を調べてみよう。

花子さんと**太郎**さんは，家庭科の時間に，三つの地域の魚を使った料理と保存方法を調べ，**図１**にまとめました。

図１　花子さんと太郎《たろう》さんが調べた魚を使った料理と保存《ほぞん》方法の資料

①北海道小樽《おたる》市　料理名：サケのルイベ	
 サケのルイベ  サケ	材　　料：サケ 保存方法：内臓《ないぞう》をとり除《のぞ》いたサケを、切り身にして雪にうめた。サケを雪にうめて、こおらせることで、低い温度に保ち、傷《いた》みが進まないようにした。
②神奈川県小田原《おだわら》市　料理名：マアジのひもの	
 マアジのひもの  マアジ	材　　料：マアジ 保存方法：地元でとれるマアジを開き、空気がかわいた時期に、日光に当てて干《ほ》した。マアジを干すことで水分が少なくなり、傷みが進まないようにした。

③石川県金沢《かなざわ》市　料理名：ブリのかぶらずし

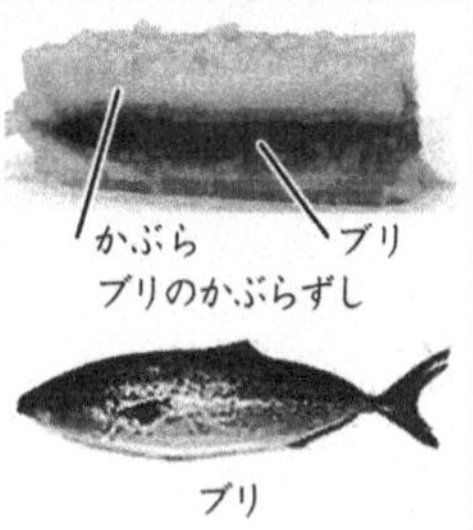

<u>材　　料</u>：ブリ、かぶら（かぶ）、*1 甘酒《あまざけ》など

<u>保存方法</u>：かぶら（かぶ）でブリをはさみ、甘酒につけた。空気が冷たく、しめった時期に、甘酒につけることで*2 発酵《はっこう》をうながし、傷みが進まないようにした。

*の付いた言葉の説明

*１ 甘酒《あまざけ》：米にこうじをまぜてつくる甘《あま》い飲み物。

*２ 発酵《はっこう》：細菌《さいきん》などの働きで物質が変化すること。発酵は、気温０度以下では進みにくくなる。

（農林水産省《のうりんすいさんしょう》ホームページなどより作成）

花　子：どの料理に使われる魚も，冬に保存されているけれど，地域ごとに保存方法がちがうね。

太　郎：保存方法が異《こと》なるのは，地域の気候に関係しているからかな。

花　子：そうだね。では，**図１**（前のページ）の地域の気温と降水量《こうすいりょう》を調べてみよう。

花子さんと太郎さんは，**図１**の地域の月ごとの平均気温と降水量を調べました。

花　子：各地域の月ごとの平均気温と降水量をまとめてみると，**図２**のようになったよ。

図２　月ごとの平均気温と降水量《こうすいりょう》

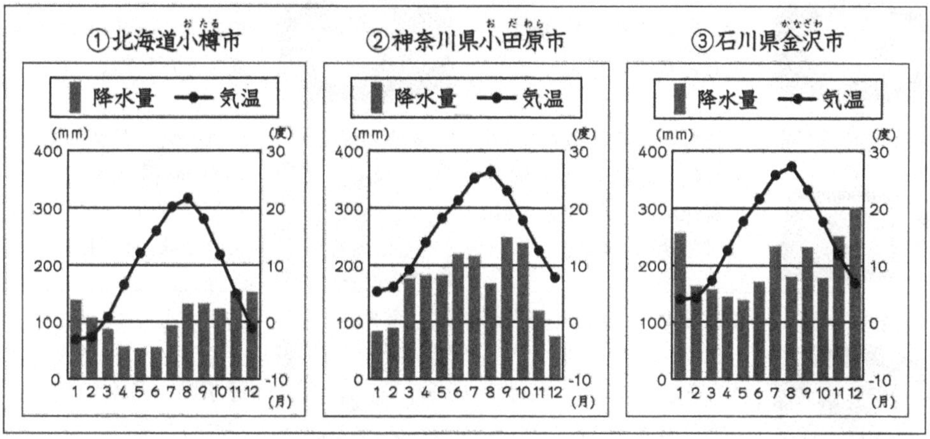

（気象庁《きしょうちょう》ホームページより作成）

太　郎：同じ月でも，地域によって平均気温や降水量がちがうし，同じ地域でも，月によって平均気温や降水量がちがうことが分かるね。

花　子：<u>それぞれの地域で，月ごとの平均気温や降水量に適した保存方法が用いられているのだね。</u>

〔問題１〕　花子さんは「<u>それぞれの地域で，月ごとの平均気温や降水量に適した保存方法が用いられているのだね。</u>」と言っています。**図１**の魚を使った料理は，それぞれどのような保存方法が用いられていますか。それらの保存方法が用いられている理由を，会話文を参考に，**図１**，**図２**と関連させて説明しなさい。

花子さんと**太郎**さんは，調べたことを**先生**に報告しました。

先　生：魚の保存方法と気温，降水量の関係についてよく調べましたね。

花　子：気温と降水量のちがいは，保存方法以外にも，郷土料理に影響《えいきょう》をあたえたのでしょうか。

先　生：では，次の資料を見てください。

図3　先生が示した地域《ちいき》

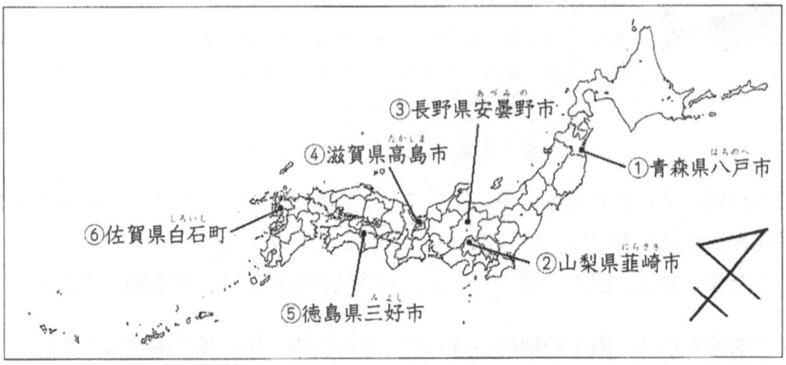

図4　先生が示した地域《ちいき》の郷土料理《きょうどりょうり》

①青森県八戸《はちのへ》市 	せんべい汁《じる》：鶏肉《とりにく》でだしをとったスープに、小麦粉で作ったせんべいと、野菜を入れたなべ料理。	②山梨県韮崎《にらさき》市 	ほうとう：小麦粉で作っためんを、かぼちゃなどの野菜といっしょにみそで煮《に》こんだ料理。
③長野県安曇野《あづみの》市 	手打ちそば：そば粉で作っためんを、特産品のわさびなどの薬味が入ったそばつゆにつけて食べる料理。	④滋賀県高島《たかしま》市 	しょいめし：野菜と千切りにした油揚《あぶらあ》げをしょうゆなどで煮て、そこに米を入れて炊《た》いた料理。
⑤徳島県三好《みよし》市 	そば米雑《ごめぞう》すい：米の代わりに、そばの実を塩ゆでし、からをむき、かんそうさせて、山菜などと煮こんだ料理。	⑥佐賀県白石《しろいし》町 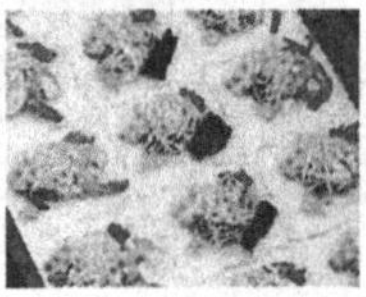	すこずし：炊いた米に酢《す》などで味付けし、その上に野菜のみじん切りなどをのせた料理。

（農林水産省《のうりんすいさんしょう》ホームページなどより作成）

太　郎：先生が示された郷土料理の主な食材に注目すると，それぞれ米，小麦，そばのいずれかが活用されていることが分かりました。保存方法だけではなく，食材のちがいにも，気温と降水量が関係しているということでしょうか。

先　生：地形，標高，水はけ，土の種類など，さまざまな要因がありますが，気温と降水量も大きく関係しています。米，小麦，そばを考えるなら，その地域の年平均気温と年間降水量に着目する必要があります。

花　子：では，今度は月ごとではなく，それぞれの地域の年平均気温と年間降水量を調べてみます。

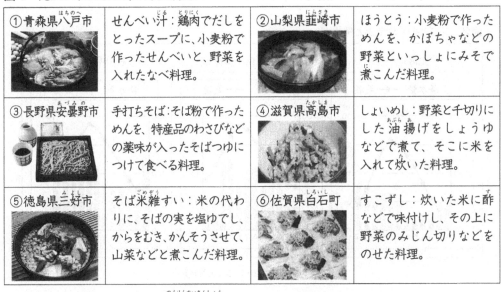

花子さんと**太郎**さんは**先生**が**図3**（前のページ）で示した地域の年平均気温と年間降水量を調べ，**表1**にまとめました。

表1　花子さんと太郎《たろう》さんが調べた地域《ちいき》の年平均気温と年間降水量《こうすいりょう》

	年平均気温（度）	年間降水量（mm）
① 青森県八戸《はちのへ》市	10.5	1045
② 山梨県韮崎《にらさき》市	13.8	1213
③ 長野県安曇野《あづみの》市	9.6	1889
④ 滋賀県高島《たかしま》市	14.1	1947
⑤ 徳島県三好《みよし》市	12.3	2437
⑥ 佐賀県白石《しろいし》町	16.1	1823

（気象庁《きしょうちょう》ホームページより作成）

先　生：よく調べましたね。

太　郎：ですが，**表1**では，**図4**（前のページ）の主な食材との関係が分かりにくいです。

花　子：そうですね。年平均気温が高い地域と低い地域，年間降水量が多い地域と少ない地域を，さらに分かりやすく表したいのですが，どうすればよいですか。

先　生：縦軸《たてじく》を年平均気温，横軸《よこじく》を年間降水量とした図を作成してみましょう。**表1**の地域の年平均気温と年間降水量をそれぞれ図に示し，主な食材が同じものを丸で囲んでみると，**図5**のようになります。

太　郎：<u>**図4**と**図5**を見ると，主な食材と年平均気温や年間降水量との関係が見て取れますね。</u>

花　子：そうですね。他の主な食材についても調べてみると面白そうですね。

図5　先生が示した図

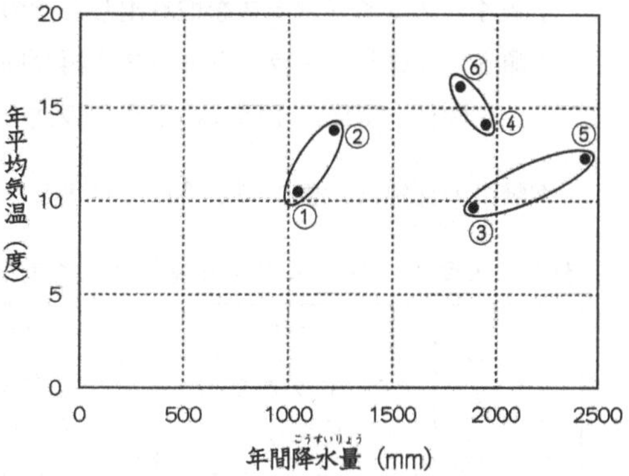

〔問題2〕　太郎さんは「<u>**図4**と**図5**を見ると，主な食材と年平均気温や年間降水量との関係が見て取れますね。</u>」と言っています。**図4**の郷土料理の中で主な食材である米，小麦，そばから二つを選びなさい。選んだ二つの食材がとれる地域の年平均気温，年間降水量を比べながら，それらの地域の年平均気温，年間降水量がそれぞれ選んだ食材とどのように関係しているのか，**図5**と会話文を参考にし，説明しなさい。

3　**花子**さん，**太郎《たろう》**さん，**先生**が石けんと洗剤《せんざい》について話をしています。

花　子：家でカレーライスを食べた後，すぐにお皿を洗《あら》わなかったので，カレーのよごれを落としにくかったよ。食べた後に，お皿を水につけておくとよかったのかな。

太　郎：カレーのよごれを落としやすくするために，お皿を水だけにつけておくより，水に石けんやいろいろな種類の洗剤を入れてつけておく方がよいのかな。調べてみたいな。

先　生：それを調べるには，**図1**のようなスポイトを用いるとよいです。スポイトは液体ごとに別のものを使うようにしましょう。同じ種類の液体であれば，このスポイトから液体をたらすと，１滴《てき》の重さは同じです。

図1　スポイト

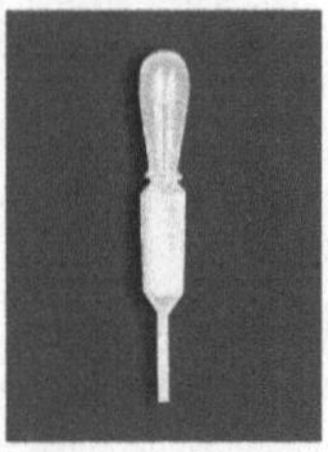

二人は，先生のアドバイスを受けながら，次のような**実験1**を行いました。

実験1

手順１　カレールウをお湯で溶《と》かした液体を，**図2**のようにスライドガラスにスポイトで４滴たらしたものをいくつか用意し，12時間おく。

図2　スライドガラス

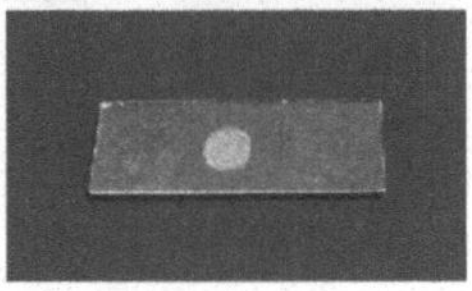

手順２　水100ｇが入ったビーカーを４個用意する。１個は水だけのビーカーとする。残りの３個には，スポイトを使って次の**ア**～**ウ**をそれぞれ10滴たらし，ビーカーの中身をよくかき混ぜ，液体**ア**，液体**イ**，液体**ウ**とする。

ア　液体石けん　　**イ**　台所用の液体洗剤　　**ウ**　食器洗い機用の液体洗剤

手順３　手順１で用意したスライドガラスを，手順２で用意したそれぞれの液体に，**図3**のように１枚《まい》ずつ入れ，５分間つけておく。

図3　つけておく様子

手順４　スライドガラスを取り出し，その表面を観察し，記録する。

手順５　観察したスライドガラスを再び同じ液体に入れ，さらに55分間待った後，手順４のように表面を観察し，記録する。

実験1の記録は，**表1**のようになりました。

表1　スライドガラスの表面を観察した記録

	水だけ	液体**ア**	液体**イ**	液体**ウ**
５分後	よごれがかなり見える。	よごれがほぼ見えない。	よごれが少し見える。	よごれがほぼ見えない。
６０分後	よごれが少し見える。	よごれが見えない。	よごれが見えない。	よごれが見えない。

花　子：よごれが見えなくなれば，カレーのよごれが落ちているといえるのかな。

先　生：カレーのよごれには色がついているものだけでなく，でんぷんもふくまれます。

太　郎：でんぷんのよごれを落とすことができたか調べるために，ヨウ素液が使えるね。

先　生：けんび鏡で観察すると，でんぷんの粒《つぶ》を数えることができます。でんぷんのよごれの程度を，でんぷんの粒の数で考えるとよいです。

二人は，先生のアドバイスを受けながら，次のような**実験2**を行いました。

実験2

手順１　**実験1**の手順１と同様に，カレーがついたスライドガラスを新たにいくつか用意する。その１枚にヨウ素液を１滴たらし，けんび鏡を用いて150倍で観察する。次のページの**図4**

のように接眼レンズを通して見えたでんぷんの粒の数を，液体につける前の粒の数とする。

手順２　手順１で用意したスライドガラスについて，**実験１**の手順２～３を行う。そして，手順１のように観察し，それぞれのでんぷんの粒の数を５分後の粒の数として記録する。

手順３　手順２で観察したそれぞれのスライドガラスを再び同じ液体に入れ，さらに55分間待った後，手順２のようにでんぷんの粒の数を記録する。

図４　でんぷんの粒《つぶ》

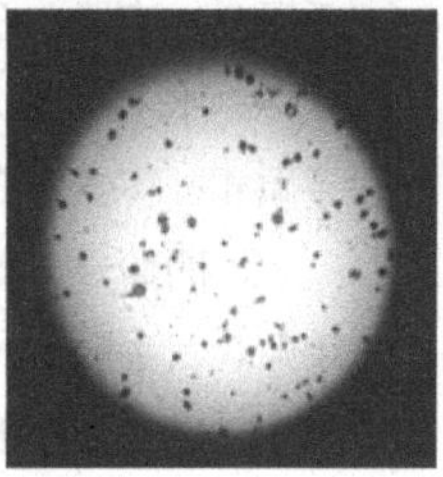

実験２の記録は，**表２**のようになりました。

表２　接眼レンズを通して見えたでんぷんの粒《つぶ》の数

	水だけ	液体**ア**	液体**イ**	液体**ウ**
５分後の粒の数（粒）	８０４	６３２	５０４	４７６
６０分後の粒の数（粒）	４８４	８２	６８	１６６

花　子：手順１で，液体につける前の粒の数は1772粒だったよ。

先　生：どのスライドガラスも液体につける前の粒の数は1772粒としましょう。

太　郎：５分後と60分後を比べると，液体**ウ**より水だけの方が粒の数が減少しているね。

〔問題１〕 (1)　よごれとして，色がついているよごれとでんぷんのよごれを考えます。**実験１**と**実験２**において，５分間液体につけておくとき，よごれを落とすために最もよいと考えられるものを液体**ア**～**ウ**から一つ選びなさい。また，その理由を，**実験１**と**実験２**をもとに書きなさい。

(2)　**実験２**において，５分後から60分後までについて考えます。水だけの場合よりも液体**ウ**の場合の方が，でんぷんのよごれの程度をより変化させたと考えることもできます。なぜそう考えることができるのかを，**実験２**をもとに文章を使って説明しなさい。

花　子：台所にこぼしたサラダ油を綿のふきんでふき取ったのだけれど，ふきんから油を落とすために洗剤《せんざい》の量をどれぐらいにするとよいのかな。

太　郎：洗剤の量を多くすればするほど，油をより多く落とすことができると思うよ。

先　生：**図１**のようなスポイトを用いて，水に入れる洗剤の量を増やしていくことで，落とすことができる油の量を調べることができます。

二人は，次のような**実験３**を行い，サラダ油５ｇに対して洗剤の量を増やしたときに，落とすことができる油の量がどのように変化するのか調べました。

実験３

手順１　20.6ｇの綿のふきんに，サラダ油５ｇをしみこませたものをいくつか用意する。

手順２　**図５**のような容器に水１kg を入れ，洗剤を**図１**のスポイトで４滴《てき》たらす。そこに，手順１で用意したサラダ油をしみこませ

図５　容器

たふきんを入れる。容器のふたを閉《し》め，上下に50回ふる。

手順３　容器からふきんを取り出し，手でしぼる。容器に残った液体を外へ流し，容器に新しい水１kgを入れ，しぼった後のふきんを入れる。容器のふたを閉め，上下に50回ふる。

手順４　容器からふきんを取り出し，よくしぼる。ふきんを日かげの風通しのよいところで24時間おき，乾燥《かんそう》させる。乾燥させた後のふきんの重さを電子てんびんではかる。

手順５　手順１～４について，図１（８ページ）のスポイトでたらす洗剤の量を変化させて，乾燥させた後のふきんの重さを調べる。

実験３の結果は，**表３**のようになりました。

表３　洗剤《せんざい》の量と乾燥《かんそう》させた後のふきんの重さ

洗剤の量（滴《てき》）	４	８	１２	１６	２０	２４	２８	３２	３６	４０
ふきんの重さ（g）	24.9	24.6	23.5	23.5	23.0	22.8	23.8	23.8	23.8	23.9

花　子：調理の後，フライパンに少しの油が残っていたよ。少しの油を落とすために，最低どのくらい洗剤の量が必要なのか，調べてみたいな。

太　郎：洗剤の量をなるべく減らすことができると，自然環境《かんきょう》を守ることになるね。洗剤に水を加えてうすめていって，調べてみよう。

先　生：洗剤に水を加えてうすめた液体をつくり，そこに油をたらしてかき混ぜた後，液体の上部に油が見えなくなったら，油が落ちたと考えることにします。

二人は，次のような**実験４**を行いました。

実験４

手順１　ビーカーに洗剤１ｇと水19ｇを加えて20ｇの液体をつくり，よくかき混ぜる。この液体を液体Ａとする。液体Ａを半分に分けた10ｇを取り出し，**試験管Ａ**に入れる。液体Ａの残り半分である10ｇは，ビーカーに入れたままにしておく。

手順２　手順１でビーカーに入れたままにしておいた液体Ａ10ｇに水10ｇを加えて20ｇにし，よくかき混ぜる。これを液体Ｂとする。液体Ｂの半分を**試験管Ｂ**に入れる。

手順３　ビーカーに残った液体Ｂ10ｇに，さらに水10ｇを加えて20ｇとし，よくかき混ぜる。これを液体Ｃとする。液体Ｃの半分を**試験管Ｃ**に入れる。

手順４　同様に手順３をくり返し，**試験管Ｄ**，**試験管Ｅ**，**試験管Ｆ**，**試験管Ｇ**を用意する。

手順５　**試験管Ａ～Ｇ**に**図１**のスポイトでそれぞれサラダ油を１滴入れる。ゴム栓《せん》をして**試験管Ａ～Ｇ**を10回ふる。試験管をしばらく置いておき，それぞれの試験管の液体の上部にサラダ油が見えるか観察する。

手順６　もし，液体の上部にサラダ油が見えなかったときは，もう一度手順５を行う。もし，液体の上部にサラダ油が見えたときは，そのときまでに試験管にサラダ油を何滴入れたか記録する。

実験４の記録は，次のページの**表４**のようになりました。

表4　加えたサラダ油の量

	試験管A	試験管B	試験管C	試験管D	試験管E	試験管F	試験管G
サラダ油の量（滴《てき》）	５９	４１	３８	１７	５	１	１

〔問題２〕 (1) 太郎さんは，「洗剤の量を多くすればするほど，油をより多く落とすことができると思うよ。」と予想しました。その予想が正しくないことを，**実験３**の結果を用いて説明しなさい。

(2) フライパンに残っていたサラダ油0.4ｇについて考えます。新たに用意した**実験４**の試験管Ａ～Ｇの液体10ｇに，サラダ油0.4ｇをそれぞれ加えて10回ふります。その後，液体の上部にサラダ油が見えなくなるものを，試験管Ａ～Ｇからすべて書きなさい。また，**実験４**から，サラダ油0.4ｇを落とすために，**図１**のスポイトを用いて洗剤は最低何滴《てき》必要ですか。整数で答えなさい。

ただし，**図１**のスポイトを用いると，サラダ油100滴の重さは2.5ｇ，洗剤100滴の重さは２ｇであるものとします。

【適性検査Ⅲ】 (45分)　＜満点：100点＞

1 **りょう**さんと**先生**と**みさき**さんは定規について話をしています。

りょう：定規にはいろいろな種類がありますね。

先　生：どのようなものがありますか。

みさき：直線定規や三角定規は授業で使ったことがあります。

りょう：三角定規は二つ種類があったね。

みさき：両方，直角三角形だけど，一つは直角二等辺三角形で，もう一つは直角以外の一方の角が30°でした。

りょう：三角定規を使って三角定規に出てくる角度以外の角度を作ることはできないのですか。

先　生：三角定規を合わせたり，重ねたりすれば作れますよ。

みさき：私《わたし》は図１のように重ねてみました。

図１

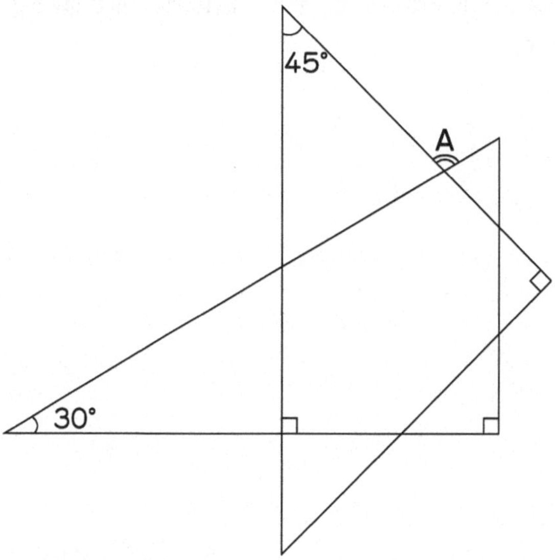

りょう：二つの直角三角形を重ねることによって，もともと三角定規にある角度以外の角度ができたね。Aの角度は何度なのだろう。

〔問題１〕 Aの角度は何度なのだろう。とありますが，図１においてAの角度を答えなさい。

りょう：今度は直線定規でも何か問題は考えられないかな。

先　生：職員室にあった長い直線定規を持ってきましたよ。

りょう：すごく長いですね。何cmあるのですか。

先　生：120cmです。

みさき：120という数は約数がたくさんありそうですね。

先　生：何個ありますか。

りょう：数えたら120の約数は16個ありました。

先　生：では，このような問題はどうでしょう。この直線定規の目《め》盛《も》りの120の約数で等分するところに印をつけていき，印が一つだけつく目盛りを考えてみましょう。ただし，約数のうち１と120は除《のぞ》きます。

みさき：どういうことですか。

先　生：例えば，２だったら２等分だから，60の目盛りのところに印をつけます。４だったら４等分だから，30と60と90の目盛りのところに印をつけます。

みさき：60はすでに印が二つついたから，答えにはならないのですね。

先　生：そのとおりです。

りょう：先生，答えには３けたの目盛りもありそうです。

先　生：そうですね。では，印が一つだけつく３けたの目盛りを三つ探《さが》してみましょう。

〔問題２〕 印が一つだけつく３けたの目盛りを三つ探《さが》してみましょう。とありますが，120cmの直線定規の目盛りに先生が言うように印をつけていくとき，印が一つだけつく３けたの数を三つ答えなさい。

りょう：他におもしろい定規はありませんか。

先　生：余計な目盛りのない定規というのがありますよ。

みさき：どのような定規ですか。

先　生：次のようなルールで目盛りがつけられている定規です。

> **目盛りのつけ方のルール**
>
> ルール①　cmを単位として目盛りの数字は整数でなければならない。
>
> ルール②　定規上の目盛りを二つ選んだ時の間の長さが，他の目盛りの組み合わせには存在《そんざい》しない。

りょう：このルールと余計な目盛りのないこととのつながりが分かりません。

先　生：例として，３cmの定規を考えてみましょう。ふつうの定規は，**図２**のように等間かくで目盛りが４個ついています。この場合，**図３**のように１cmの長さは３か所ではかることができます。それでは２cmの長さは何か所ではかれますか。

図２

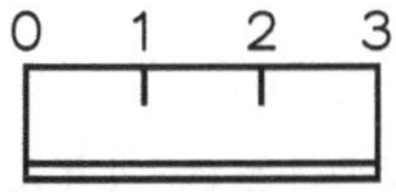

図３

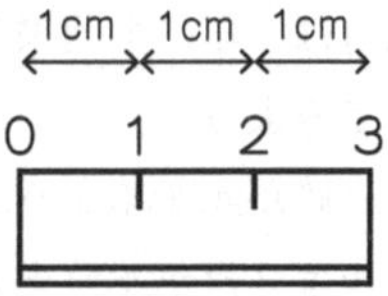

みさき：０から２の目盛りと１から３の目盛りの２か所です。

先　生：そのとおりです。このように，ふつうの定規だとルール②を満たしていません。では，３cmの長さの定規に，どのように目盛りをつければルールを満たしますか。

りょう：０と１と３のところです。

先　生：そうです。その目盛りだと**図４**のようにどの長さも重なりません。そうやって，このルールを満たすと，ふつうの定規よりも目

図４

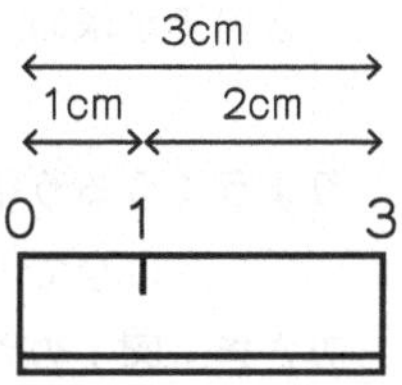

盛りが少なくなるから，余計な目盛りのない定規というのです。

みさき：３㎝よりも長い定規だとどうなるのですか。

先　生：このルールを満たしたうえで，その定規の長さまでの整数全てをはかれる定規は１㎝，３㎝，６㎝の三つだけです。

りょう：意外に少ないですね。定規が６㎝よりも長くなるとどうなるのですか。

先　生：“はかることができない長さ”が出てきます。例えば11㎝の定規では“はかることができない長さ”が一つ出てきます。それは何㎝でしょうか。

みさきさんとりょうさんは11㎝の定規で“はかることができない長さ”を考えました。

みさき：“はかることができない長さ”は６㎝ですか。

先　生：正解です。

りょう：私の答えは10㎝になりました。

先　生：それも正解です。11㎝の定規ではルールを満たす目盛りのつけ方は１通りではないので，どちらも正解です。

みさき：ルールを満たしていても，目盛りのつけ方によって“はかることができない長さ”が変わるのはおもしろいですね。

先　生：そして，定規が長くなるほど“はかることができない長さ”が増えていきます。例えば，17㎝の定規では目盛りが６個必要で“はかることができない長さ”が二つ出てきます。

りょう：どの長さだろう。ちょっと考えてみます。

〔問題３〕　17㎝の定規では目盛りが６個必要で“はかることができない長さ”が二つ出てきます。とありますが，**目盛りのつけ方のルール**に従《したが》って，0と17以外に目盛りを４個つけるとき，その目盛りを答えなさい。また，その目盛りのつけ方で出てくる“はかれない長さ”を二つとも答えなさい。

2　**りょう**さんと**みさき**さんは誕生日《たんじょうび》について話をしています。

りょう：みさきさんの誕生日はいつかな。

みさき：２月14日だよ。

りょう：2022年だと月曜日だね。

みさき：２月14日は１年に１回来るけれど，次に２月14日が月曜日になるのは何年だろう。

りょう：計算してみよう。

みさき：いいね。確か2020年がうるう年だったよ。

りょう：うるう年は２月が28日まででではなく，29日まである年のことで，４年に１度訪《おとず》れるね。

〔問題１〕　２月14日は１年に１回来るけれど，次に２月14日が月曜日になるのは何年だろう。とありますが，西れき2022年の２月14日が月曜日だったとき，次に２月14日が月曜日になるのは西れき何年か求め，解答らんに合うように答えなさい。またその求め方を説明しなさい。

りょう：うるう年でない２月は28日までだから，カレンダーだと**図１**（次のページ）のように４行に全ての日付が入りきることもあるね。

みさき：**図１**のカレンダーを使ってパズルを考えたよ。

図1

２月

日	月	火	水	木	金	土
1	2	3	4	5	6	7
8	9	10	11	12	13	14
15	16	17	18	19	20	21
22	23	24	25	26	27	28

りょう：どんなパズルなの。

みさき：**図２**のように日付に○印をつけて，その日付の数を全てたしていって，ある数を目指すんだよ。

図２

りょう：○印のつけ方に何かルールはあるの。

みさき：あるよ。上から順に○印をつけていくんだよ。

りょう：どういうこと。

みさき：第１週はどこに○印をつけてもいいけど，第２週以降《いこう》は，真上の日付に○印がついていたら，○印がつけられるということだよ。例えば，１に○印がっいていれば８に○印がつけられるし，８に○印がついていれば15に○印をつけられるようになるよ。

りょう：分かった。目指す数を決めてくれるかな。

みさき：私《わたし》が生まれた日付の14に０をつけた，140にしてみよう。

りょう：やってみるね。

りょうさんとみさきさんはしばらく考えました。

りょう：できたよ。

みさき：私もできたよ。私の答えとちがって，りょうさんの答えには第１週の全てに○印がついているね。

〔問題２〕 りょうさんの答えには第１週の全てに○印がついているね。とありますが，りょうさんの答えとして考えられるものを，会話文のルールに従《したが》って解答らんのカレンダーに○印をつけて答えなさい。

りょう：次は，２月の日付である１から28までの数を使って，何かパズルはできないかな。

みさき：分数を使ったパズルはどうかな。

りょう：どんなパズルなの。

みさき：**図３**（次のページ）の式が成り立つように**ア**から**ク**に１～28のいずれかの数を当てはめよう。ただし，私が生まれた日付である14は使うようにしたいな。

図3

$$\frac{\boxed{ア}}{\boxed{イ}}+\frac{\boxed{ウ}}{\boxed{エ}}+\frac{\boxed{オ}}{\boxed{カ}}=\frac{\boxed{キ}}{\boxed{ク}}$$

りょう：では，**イ**に14を入れて考えてみるよ。

〔問題３〕　図３の式が成り立つようにアからクに１～28のいずれかの数を当てはめよう。とありますが，**イ**を14として，**図３**の式が成り立つように**ア**と**ウ**から**ク**に14以外の１から28のいずれかの数を解答らんに書きなさい。ただし，同じ数は１回しか使ってはならず，いずれの分数もそれ以上約分のできない分数とする。

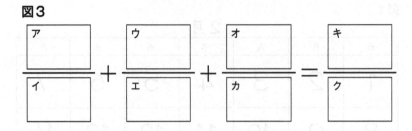

〔問題3〕　あなたは、これからの六年間をどのように過ごしたいですか。**文章1**・**文章2**のいずれかの、筆者の研究や学問への向き合い方をふまえ、どちらをふまえたかを明らかにして自分の考えを書きなさい。なお、内容のまとまりやつながりを考えて段落《だんらく》に分け、四百字以上四百四十字以内で述べなさい。ただし、次の〔**きまり**〕にしたがうこと。

〔**きまり**〕

○題名は書きません。
○最初の行から書き始めます。
○各段落《だんらく》の最初の字は一字下げて書きます。
○行をかえるのは、段落をかえるときだけとします。
○、や。や」などもそれぞれ字数に数えます。これらの記号が行の先頭に来るときには、前の行の最後の字と同じますめに書きます。（ますめの下に書いてもかまいません。）
○。と」が続く場合には、同じますめに書いてもかまいません。
　この場合、。」で一字と数えます。
○段落をかえたときの残りのますめは、字数として数えます。
○最後の段落の残りのますめは、字数として数えません。

る相手がたまたまその時も鳴いたからって、自分に返事したとなぜ言えるの？」

動物学者として言おう。あのカラスの声が返事であったとしても、それは他のカラスの音声への反応だったろう。私の鳴き真似に返事をしたと考える積極的な根拠《こんきょ》はない。

そして、さらに一五年あまり。私は山の中でカラスの分布を調べるため、＊音声プレイバック法を用いてカラスを探《さが》す、という調査を行っている。カラスの声をスピーカーから流すと、縄張りを持った＊繁殖《はんしょく》個体は侵入者《しんにゅうしゃ》だと思って大声で鳴きながら飛んでくるからだ。

調査を始めた頃《ころ》は適切な装備《そうび》も方法もよくわからなかったので、機材がうまく動かないことや、機材を持っていないこともあった。そんな時でも、「本当にカラスいないのかな？」と疑《うたが》った場合には、失敗覚悟《かくご》で、自分の声で鳴き真似してみることはあった。とにかく何か刺激《しげき》を与《あた》えてカラスを鳴かせるか飛ばせるかすれば、データは得られるからである。

すると、思ったよりカラスは鳴くのである。こちらの鳴き真似からだいたい五分以内だ。しかも鳴き真似に合わせるように、鳴き方を調整しているように思えることが度々《たびたび》ある。こちらが四声鳴けば向こうも四声鳴き、「カー、カー、カアカア」と鳴けば向こうも「カー、カー、カアカアカア」などと途中《とちゅう》で調子を変えて鳴く。もし発声が完全に自発的なものならば、発声の頻度《ひんど》はこちらの鳴き真似とは無関係なものとなり、「鳴き真似の後、数分以内の音声が多い」という結果にはならないであろう。そして、単に「おかしな声が聞こえて驚《おどろ》いたので鳴いただけ」なら、こちらの鳴き真似の特徴《とくちょう》と高い確率で一致《いっち》するのは妙《みょう》だ。カラスはこちらの音声を認識した上で、その音声に反応している――つまり、私の鳴き真似に対して返事をしているのではないか。

この不思議な二重唱がどんな生物学的基盤《せいぶつがくてききばん》をもつのか、鳴き真似を本 当にカラスの音声だと勘違いしているのか、そういった点はまだわからないが、カラスは人間に対して鳴き返してくることが確かにあるのだ、とは言えそうである。

直感から研究を始めなければならない場合は、確かにある。一方で科学者は、状況《じょうきょう》を説明しうる仮説を公平に捉《とら》え、自分に都合の良い結果さえも疑わなくてはならない。しかし、そうやって疑った先に、思いがけず心躍《こころおど》る景色が広がることもある。

今、改めて動物学者として言おう。三〇年以上前のあの日、カラスは私に向かって応えたかもしれないのだ。

（松原《まつばら》 始《はじめ》「科学者の目、科学の芽」による）

〔注〕ドリトル先生――児童文学作品の主人公である動物医師。
シートン――アメリカの動物文学作家。
大学院――大学卒業後に専門《せんもん》分野の学習と研究を行う機関。
錯誤《さくご》――あやまり。　タイムラグ――時間のずれ。
音声プレイバック法――鳥の鳴き声を流し、これに反応《はんのう》して鳴き返してきた声で生息を確認《かくにん》する方法。
繁殖《はんしょく》個体――巣をつくり、卵《たまご》を産んで、ひなを育てているカラス。

〔問題1〕心躍《こころおど》る景色とありますが、これは 文章1 ではどのように表現されていますか。解答らんに書きなさい。

〔問題2〕文章1・文章2 で筆者は、いずれも生き物を研究対象にしています。研究に対する筆者の姿勢《しせい》に共通するのはどのような点ですか。解答らんに書きなさい。

たことがなかったのだった。それはなぜか。そして、どこに行ったらハマグリが拾えるのか。その謎《なぞ》解《と》きが僕のあらたな貝殻拾いのひとつの目標となっていった。

（盛口《もりぐち》　満《みつる》「自然を楽しむ――見る・描《えが》く・伝える」による）

〔注〕雨ざらし――雨にぬれたままになっているさま。
沖ノ島――千葉県南部の島。
伊勢湾《いせわん》――愛知県と三重県にまたがる太平洋岸にある湾《わん》。
館山《たてやま》――千葉県南部の館山湾《たてやまわん》に面する市。
現生種――現在生きている種。
タイムワープができる――現実とは別の時間に移動できる。
マングローブ林――あたたかい地域《ちいき》の河口に生育する常緑の木からなる林。
黒住《くろずみ》さん――黒住耐二《くろずみたいじ》。貝の研究者。
採取圧《さいしゅあつ》――むやみに採ること。

文章2

夕暮《ゆうぐ》れの迫《せま》る空を、南から北に向かって、カラスは次々《つぎつぎ》と飛んで行った。そして、口々《くちぐち》に「カア」「カア」「カア、カア、カア、カア」と鳴いていた。北の方にある森からは時折、ガラスの集団が一斉《いっせい》に鳴き始める声が、遠い波音のように聞こえていた。口々に鳴く声は、まるで言葉を交《か》わしているかのようだ。それなら、これだけたくさんのカラスがいるのだから、呼《よ》べば応えるカラスもいるかもしれないと思った。そこで、なるべくカラスっぽい声で「かー、かー」と鳴いてみた。

「カア」

「カア」

「カア」

カラスが上空から鳴き返してきた。次々と飛び過ぎる「友人たち」を見送りながら、私《わたし》は、自分が＊ドリトル先生か＊シートンになったかのような気分を味わっていた。この経験が忘《わす》れられなくてカラスを研究しようと決心した、とまでは言わないけれども、何の影響《えいきょう》もなかったとも決して言わない。

さて。＊大学院に入り、それなりにカラスを研究した後、研究者の目で見返してみて、かつての自分の解釈《かいしゃく》は重大な＊錯誤《さくご》を含《ふく》んでいる可能性に気づいた。それは、「カラスは果たして私の鳴き真似《まね》に応えたのか」ということだ。

「応える」とは何か。応えたと言うからには、ある個体が他個体の音声を認識《にんしき》し、その音声に対して反応《はんのう》した、という証拠《しょうこ》がいる。だが自発的な行動と、他個体への反応をどのように区別するか。まして一〇〇羽《わ》を超《こ》えるカラスが、あるものは自発的に、あるものは返事として鳴いていたかもしれない場合、一体どのように判断すればよかったのか。

これは今から遡《さかのぼ》って検証することはできない。だが、当時の自分には「自発的に鳴いた場合と返事をした場合を区別する」という発想すらなかった。人間同士ならば返事をしたと感じられる程度の＊タイムラグでカラスの一羽か二羽が鳴いた、という事実を、「自分に対して返事をした」と解釈しただけである。人間同士ならば、その解釈でもよいかもしれない。だが全く別種の生物を相手に、このような予断をもった判断をしてはいけない。

今なら自分にこう問い返すだろう。「普段《ふだん》からカアカア鳴き続けていめて図鑑《ずかん》で調べてみると、ハイガイという名前の貝であった。ハイガイというのは、殻《から》の厚いこの貝を焼いて、石灰《せっかい》をつくったことによっている。興味深いことは、この貝の分布地が図鑑によると、＊伊勢湾《いせわん》以南となっていることだ。つまり千葉は、本来の分布地よりも北に位置する。そんな貝が、なぜ僕の貝殻コレクションに含《ふく》まれていたのだろう。

　じつは、ハイガイは、今よりも水温の高かった縄文時代《じょうもんじだい》には＊館山《たてやま》近辺にも生息していた。そのころの貝殻が、地層《ちそう》から洗《あら》い出されて海岸に打ち上がっていたわけだった。

　これが、僕のあらたな貝殻拾いの視点《してん》のヒントとなる「発見」だった。貝殻は生き物そのものではなく、生き物のつくりだした構造物だ。そのため、かなり丈夫だ。それこそ、数千年前の縄文時代の貝殻が、海岸に転がっていても、＊現生種の貝殻とすぐには見分けがつかないほどに。

　貝殻は丈夫であるので、時を超《こ》えることができる。

　すなわち、「貝殻拾いをすると、＊タイムワープができるのではないだろうか」……それが僕のあらたな貝殻拾いの視点となった。

　そんな目で探《さが》してみると、「今はいないはずの貝」があちこちで拾えることに気がついた。それは、いったい、いつごろの貝か。そして、なぜ、その貝はいなくなったのか。

　たとえば少年時代に僕が雑誌《ざっし》の紹介《しょうかい》記事を読んであこがれた南の島が西表島《いりおもてじま》だ。イリオモテヤマネコで有名な「原始の島」というイメージのある島であるが、その一方、古くからこの島には人々《ひとびと》が住みついていた。そのため、西表島の海岸には、ところどころ貝塚《かいづか》が見られる。そうした貝塚の貝は、それこそ小さなころの僕が図鑑で見てあこがれたような貝……大型のタカラガイであるホシキヌタや、重厚《じゅうこう》なラクダガイ、これも大型の二枚貝であるシャコガイ類など……ばかりで、ついためいきをついてしまうのだが、それらの貝に混じってたくさんのセンニンガイの殻が見られる。センニンガイは＊マングローブ林に生息する、細長い巻貝《まきがい》だ。貝塚から見つかるということは当然食用にされていたというわけだが、現在の西表島のマングローブ林では、このセンニンガイは一切《いっさい》見つからない。＊黒住《くろずみ》さんによると西表島や石垣島《いしがきじま》からは、センニンガイは一七世紀以降《いこう》、消滅《しょうめつ》したと考えられるという。どうやら人間の＊採取圧《さいしゅあつ》によって、個体数を減らし、ついには絶滅《ぜつめつ》してしまったと考えられている（現在でも東南アジアに行くと、センニンガイを見ることができる。江ノ島《えのしま》などの観光地に行くと、外国産の貝殻の盛《も》り合わせがパックされて売られているが、ときにこの、外国産のセンニンガイが含まれているパックも目にする）。

　こんなふうに、人間の影響《えいきょう》によって、地域《ちいき》で見られる貝が変わっていく。その移り変わりの歴史が、足元に転がる貝殻から見える。

　そうした視点で貝殻拾いを始めたとき、僕は少年時代に拾えなかった貝があることにようやく気づいた。「なぜその貝がそこに落ちているのか」という問《とい》は、解決できるかどうかは別として、容易になしうる問だ。しかし、「なぜその貝がそこに落ちていないのか」という問は、その問に気づくこと自体が困難《こんなん》である。

　僕は貝殻の拾いなおしをし始めたことで、少年時代の自分の貝殻コレクションに、ハマグリが含まれていないのに初めて気づいたのである。ハマグリといえば、貝の名前をあまり知らない生徒や学生でも、「知っている」貝だろう。しかし、そんな貝を、少年時代にせっせと貝殻拾いに通っていたはずの僕が拾ったことがなかった……ただの一度も拾い上げ

【適性検査Ⅰ】（四五分）〈満点：一〇〇点〉

1 次の **文章1** と **文章2** とを読み、あとの問題に答えなさい。
（＊印のついている言葉には本文のあとに〔注〕があります。）

文章1

異世界《いせかい》への扉《とびら》は、思わぬところに潜《ひそ》んでいる。そして、その扉の存在《そんざい》に気づくきっかけもまた、思わぬところに潜んでいる。

「貝殻《かいがら》拾いって、だれもがついやっちゃいますよね」

知り合いの編集者が、会話の中でこんなひとことを発した。

あらたな異世界への扉への気づきは、このひとことが始まりだった。

自然は特別な人のためのものではない。「だれもがやれてしまうようなことで自然とつきあえるというのは、大事なこと」とつねづね思っていただけに、このひとことには意表を突《つ》かれた。そして、どんなに身近な自然でも、どんなに手軽な方法でも、相手が自然であれば、思わぬ世界に通じることのできる可能性が、そこにある。

「そうか。貝殻拾いにはまだ、あらたなおもしろさがあるかもしれない」

そう思う。

この編集者のひとことをきっかけに、もう一度、貝拾いを本格的に再開してみようと僕《ぼく》は思った。ただ、少年時代のころのように、ひたすらに、たくさんの種類を拾い集めることを目標にしても意味はない。

なぜ貝殻を拾うのか。

貝殻を拾って、なにかが見えてくるのか。

そんなことを考えてみる。

これまた思わぬことに、あらたな貝殻拾いのヒントは、少年時代に拾い集めた貝殻コレクションの中に隠《かく》されていた。

少年時代に拾い集めた貝殻のうち、「これは」と思う種類……たとえばめったに拾うことのできなかったタカラガイの仲間など……は、紙箱に入れられ、僕の行く先々にともにあった。一方、そうして選ばれることのなかった貝殻は、実家の軒下《のきした》に放置されることになった。もう一度、貝殻拾いを見直してみようと思ったとき、僕は、そうして放置され、半ば＊雨ざらしになっていた貝殻をかきわけ、いくつか特徴的《とくちょうてき》な貝殻を取り上げ、沖縄に持って帰ることにした。

このとき、まず気づいたことがある。それは、「貝殻は丈夫《じょうぶ》だ」ということだ。少年時代に拾い上げ、その後、軒下に放置されていたのにもかかわらず、貝殻の形は崩《くず》れておらず、色もそれほどあせていなかった。耐水《たいすい》インクで貝殻に直接書き込《こ》んであったデータもまだ読み取れた。さらに雨ざらし状態から「救出」してきた貝殻のひとつを、沖縄に戻《もど》ってまじまじと見たら、気になる二枚貝《にまいがい》がひとつあることを発見してしまう。

擦《す》り切れた二枚貝の片方《かたほう》の殻で、白くさらされた貝殻は、さらにねずみ色にうっすらと染《そ》まっていた。二枚貝にしては殻の厚い貝だ。書き込《こ》まれたデータには一九七五年一二月一三日＊沖ノ島とあったが、僕自身にはこのような貝殻を拾い上げた記憶《きおく》はまったくなかった。少年時代につけていた貝殻採集の記録ノートを見返してみたが、当日の記録にも、該当《がいとう》する貝の記述はなかった。「うすよごれた二枚貝」として、さほど当時の僕は注目しなかったということだろう。

少年時代は拾い上げたことさえ認識《にんしき》していなかったこの貝は、あらた

MEMO

大切なことはメモしておこうネ！

2022 年 度

解 答 と 解 説

《2022年度の配点は解答欄に掲載してあります。》

＜適性検査Ⅰ解答例＞

1 問題1　思わぬ世界

問題2　大人になる前に興味や関心をもったことを研究の対象にし，大人になってもなおぎ問をもち続け，問い直している点。

問題3　（学校からの解答例はありません）

解答例

　わたしは，保育園のときからカメが好きで，図工の作品などもずっとカメのものを作ってきた。中学に入ったらカメをかってもいいと言われているので，カメをかうのをとても楽しみにしている。今も家にいる金魚の世話をまかされているし，ベランダで野菜を育てている。カメの世話も自分でするつもりだ。そのためにカメのかい方の本をたくさん読んでかい方を勉強している。

　このように，わたしは動物や植物の世話をするのが好きなので，文章2のように，実際に生き物にふれて，生態を観察したい。まずは，中学で生物部に入って，色んな動物について勉強したい。カメだけでなく，生物部にいる動物の生態を調べ，その動物が健康に育つ環境を作り，生き物が元気に育つ助けになりたい。また，生物分類技能検定という試験の勉強をして，合格したい。そして，将来は生物の研究をしたいと思っている。研究者になるには英語もできなければいけないので，英語もがんばろうと思う。

○配点○

1　問題1　10点，問題2　30点，問題3　60点　　　計　100点

＜適性検査Ⅰ解説＞

1 （国語：読解，作文）

基本　問題1　文章2の―線部「心躍る景色」の前に「そうやって疑った先に，思いがけず」とある。「そうやって疑う」は，その前の文の「状況を説明しうる仮説を公平に捉え，自分に都合の良い結果さえも疑」うである。これは，本文の具体例では，カラスが私に向かって答えたかもしれないという仮説を様々な方法で検証していることだといえる。これを文章1に当てはめると，貝拾いという誰でもできることを検証し直すということである。文章2のその結果の「心躍る景色」とは，仮説が正しいという確証を持てたという新たな気づきがあったということだ。これを文章1に当てはめると，「『思わぬ世界』に通じることのできる可能性が，そこにある」だといえる。本文最初にある「異世界への扉」は，その扉がどこに通じているのかが書かれていないので，適当とはいえない。

重要　問題2　文章1は，少年時代に貝拾いで拾った貝殻をもう一度検証するといろいろな気づきがあったということが書かれている。文章2も，大人になる前に経験した自分の鳴き声のまねをカラスがしたという経験が正しいのかを研究している話である。これらの具体例を共通のことと

して「一般化」して書けばよい。どちらも共通するのは，「大人になる前に興味を持ったこと」を「研究し続けている」という点である。これらをまとめればよい。

問題3　問題文に「文章1・文章2のいずれかの，筆者の研究や学問への向き合い方をふまえ，どちらをふまえたかを明らかにして」とあるので，文章1，2のちがいをまず読み取る。例えば，文章1では，少年時代に拾った貝殻を図鑑などで分布を調べ研究している。文章2では，実際にカラスに様々な実験をすることで，カラスの生態を明らかにしようとしている。このようなちがいをふまえ，自分はどちらを参考にしたいかを書けばよい。自分のことを書くには，文章に書いてあること(一般的なこと)を自分のこと(具体的なこと)に落としこんで書く必要がある。特に興味があるものがない場合は，「まだ興味があるものがないが，これからの６年間で探したい」という展開でよい。それを探すときに，どのように問題に向き合いたいかを具体的に書けばよい。

★ワンポイントアドバイス★

具体的なこと⇔一般的なことを区別すると文の構造が見えてくる。文全体の構造をおおまかに理解することで，筆者の主張を見つけやすくなるよ。

＜適性検査Ⅱ解答例＞

[1]　問題1　(1)　4.06cm

(2)　〔直角三角形〕　20個

〔正三角形〕　10個

〔円〕　7個

〔説明〕

1本のモールは，直角三角形を6個，正三角形を3個作るように切る。

1本のモールは，直角三角形を6個，正三角形を2個，円を1個作るように切る。

1本のモールは，直角三角形を6個，正三角形を1個，円を2個作るように切る。

1本のモールは，直角三角形を2個，正三角形を4個，円を4個作るように切る。

問題2　(1)

ィ　　　　　　　　　　　　　　●
[1]→[2]→[3]→[1]→[2]→[5]→[6]→[4]

(2)　2，3，4

[2]　問題1　〔サケのルイベ〕

サケのルイベに「雪にうめて，こおらせる」というほぞん方法が用いられているのは，小たる市の冬の平均気温が0度以下だから。

〔マアジのひもの〕

マアジのひものに「日光に当ててほす」というほぞん方法が用いられているのは，小田原市の冬のこう水量が夏に比べて少なく，日光に当てることができたから。

〔ブリのかぶらずし〕

ブリのかぶらずしに「あまざけにつけて，はっこうをうながす」というほぞん方法が用いられているのは，金沢市の冬はこう水量が多く，空気がしめっており，はっこうが進む気温だから。

問題2 〔選んだ二つ〕 米，小麦

〔説明〕

米がとれる地いきと小麦がとれる地いきの年平均気温と年間こう水量をそれぞれ比べると，米がとれる地いきの年平均気温は高く，年間こう水量は多いが，小麦がとれる地いきの年平均気温は低く，年間こう水量は少ない。

3 問題1 (1) 〔選んだもの〕 ウ

〔理由〕

実験１から，色がついているよごれを最もよく落とすのは，アとウであることが分かる。そして，実験2から，アとウを比べると，ウの方がより多くでんぷんのつぶを減少させることが分かるから。

(2) 5分後のつぶの数をもとにした，減少したつぶの数のわり合は，水だけの場合よりも液体ウの場合の方が大きいから。

問題2 (1) せんざいの量を28てきより多くしても，かんそうさせた後のふきんの重さは減少しないので，落とすことができる油の量は増加していないと分かるから。

(2) 〔サラダ油が見えなくなるもの〕 A B C D

〔洗剤〕 4滴

○配点○

1 問題1 15点，問題2 15点

2 問題1 20点，問題2 20点

3 問題1 14点，問題2 16点 計100点

＜適性検査Ⅱ解説＞

1 （算数：図形作成，条件整理）

やや難

問題1 与えられたモールを切り分けて，直角三角形，正三角形，円を作り，カードのデザインを完成させていく問題。ただ切り分けるのではなく，「できるだけ多くのカード」を作るために，できるだけ余りのモールが出ないように切り分ける方法を考えていく。

まずは，問題文を正確に読み取ることが重要となる。

図1のカードのデザインを見ると，ロケットのデザインは，直角三角形4個，正三角形3個，円1個からできていることがわかる。また，図2より，それぞれの図形を1個作るのに必要なモールの長さは，直角三角形は$3+4+5=12$cm，正三角形は$3\times3=9$cm，円は$3\times3.14=9.42$cmということがわかる。このことから，1枚のカードを作るために必要なモールの長さの合計は，$12\times4+9\times3+9.42\times1=48+27+9.42=84.42$cm。

さらに，本文より，現在，箱の中にある図形の数は，直角三角形が8個，正三角形は$100\div9=11$あまり1より，11個。また，問題のはじめでは，6本のモールがあったが，そのうちの2本はすでに切り分けられている。

(1) 1mのモール6本が全てつながっていたと仮定して，はしから順番に切り分けて行った時に，作ることのできるカードの枚数を考える。

モールの長さの合計は，6m=600cmであり，1枚のカードを作るために必要なモールの長さの合計は84.42cmであることから，$600\div84.42=7$あまり9.06となり，最大7枚のカードを作ることができる。7枚のカードを作ったとき，9.06cmのモールが余る。すでに2本のモールは使っていて，余りの長さは$100-12\times8=4$cm，$100-9\times11=1$cm

の合計5cmが余っている。よって，残り4本のモールの余りの長さの合計が9.06−5=4.06cmとなったとき，7枚のカードが作れる。したがって，答えは4.06cm。

(2) 7枚のカードを作るためのモールの切り分け方を考える。

まず，今までの情報を次の表のように整理することができる。

	直角三角形	正三角形	円	合計
1枚のカード作成に必要な図形の個数	4個	3個	1個	
1枚のカード作成に必要なモールの長さ	12×4=48cm	9×3=27cm	9.42cm	84.42cm
7枚のカード作成に必要な図形の個数	4×7=28個	3×7=21個	1×7=7個	
箱の中にある図形の個数	8個	11個	0個	
これから必要な図形の個数	28−8=20個	21−11=10個	7−0=7個	

4本のモールを使って，直角三角形20個，正三角形10個，円7個を作る。この中でも直角三角形の個数が一番多いことから，直角三角形を効率的に作る方法を考える。1本のモールから，直角三角形は最大8個作ることができる。直角三角形を8個作ると，余りのモールは100−12×8=4cm，7個作ると余りのモールは16cm，6個作ると余りのモールは28cm，5個作ると余りのモールは40cmとなる。正三角形は9cm，円は9.42cmのモールが必要となることから，この中で最も余りのモールが少なくなるのは，直角三角形を6個作った場合で，その時の余りのモール28cmを使って，①正三角形3個を作ると余りのモールは1cm，②正三角形2個，円1個を作ると余りのモールは0.58cm，③正三角形1個，円2個を作ると余りのモールは0.16cmとなる。

この3通りのうち3つを使って3種類の図形を作って，4本目のモールで残りの図形を作ることができるかを調べる。

①～③から3つを組み合わせる方法は，10通りあり，答えはそのうちの1通りを選んで解答する。

詳しい結果は，次の表のその1～10である。

例えば，その1のときの答えは，次のようになる。

1本のモールは，直角三角形を6個，正三角形を3個作るように切る。

1本のモールは，直角三角形を6個，正三角形を2個，円を1個作るように切る。

1本のモールは，直角三角形を6個，正三角形を1個，円を2個作るように切る。

1本のモールは，直角三角形を2個，正三角形を4個，円を4個作るように切る。

	その1				その2				その3				その4			
	1本目	2本目	3本目	4本目	1本目	2本目	3本目	4本目	1本目	2本目	3本目	4本目	1本目	2本目	3本目	4本目
直角三角形	6個	6個	6個	2個	6個	6個	6個	2個	6個	6個	6個	2個	6個	6個	6個	2個
正三角形	3個	2個	1個	4個	3個	3個	3個	1個	2個	2個	2個	4個	1個	1個	1個	7個
円	なし	1個	2個	4個	なし	なし	なし	7個	1個	1個	1個	4個	2個	2個	2個	1個

	その5				その6				その7				その8			
	1本目	2本目	3本目	4本目	1本目	2本目	3本目	4本目	1本目	2本目	3本目	4本目	1本目	2本目	3本目	4本目
直角三角形	6個	6個	6個	2個	6個	6個	6個	2個	6個	6個	6個	2個	6個	6個	6個	2個
正三角形	3個	3個	2個	2個	3個	3個	1個	3個	2個	2個	3個	3個	2個	2個	1個	5個
円	なし	なし	1個	6個	なし	なし	2個	5個	1個	1個	なし	5個	1個	1個	2個	3個

	その9				その10			
	1本目	2本目	3本目	4本目	1本目	2本目	3本目	4本目
直角三角形	6個	6個	6個	2個	6個	6個	6個	2個
正三角形	1個	1個	3個	5個	1個	1個	2個	6個
円	2個	2個	なし	3個	2個	2個	1個	2個

やや難

問題2　転がす立体は，正六面体である。この正六面体に書かれた数字を図4を見ながら整理する。1～6の各数字を中心とした時に，となりに書かれた数字は次の図①のようになる。問題文より，転がしているとき，一つ前のマスにはもどれないことから，例えば，1→2と移動したあとにくる数字は，2が真ん中の図を見て，2のとなりの面は，1以外に5と3があるので，5か3に移動することがわかる。

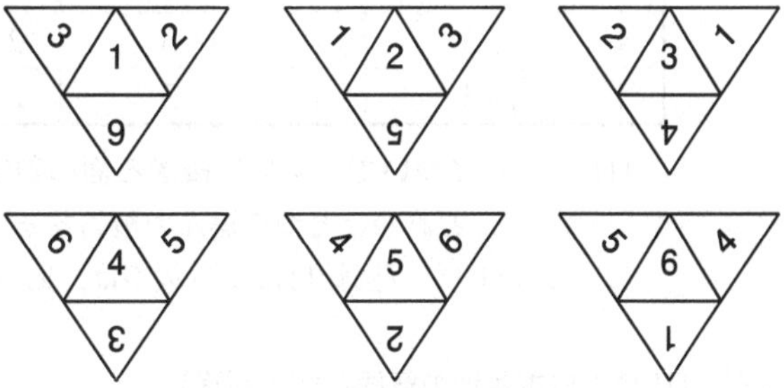

図①

続いて，図②のように，マスにカタカナをふる。図4の立体を7回転がして，イのマスから●のマスまで移動させたとき，立体の転がし方は次の表①のようにパターンAからパターンFまでの6通りとなる。

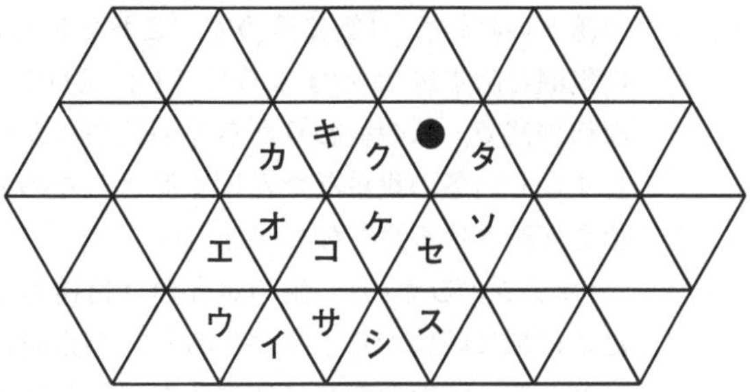

図②

表①

	1回転	2回転	3回転	4回転	5回転	6回転	7回転	パターン
イ	ウ	エ	オ	カ	キ	ク	●	A
イ	ウ	エ	オ	コ	ケ	ク	●	B
イ	サ	コ	オ	カ	キ	ク	●	C
イ	サ	コ	ケ	セ	ソ	タ	●	D
イ	サ	シ	ス	セ	ケ	ク	●	E
イ	サ	シ	ス	セ	ソ	タ	●	F

また，それぞれのパターンの各マスの数字は，次の表②のようになる。

表②

	1回転	2回転	3回転	4回転	5回転	6回転	7回転	パターン
1	2	3	1	6	5	2	3	A
1	2	3	1	2	5	6	4	B
1	3	2	1	6	5	2	3	C
1	3	2	5	4	6	5	4	D
1	3	4	5	2	3	1	2	E
1	3	4	5	2	1	3	2	F

(1)　1通りについて，マスに接する面の数字を順に書けばいいので，パターンAからFまでのうち，どれかひとつを選んで解答する。

(2)　表②より，7回転目にくる数字は，2，3，4であることがわかる。

2　(社会：日本各地の気候と郷土料理)

基本　問題1　〔サケのルイベ〕　北海道の先住民族であるアイヌの人々の料理が起源で，ルイベとはアイヌ語で「溶ける」を意味する「ル」と，「食料」を意味する「イペ」を合わせた「ルイペ」が語源といわれる。「雪にうめて，こおらせる」のは，図2の北海道小樽市の雨温図(月ごとの平均気温と降水量)が示すように，12～2月の冬の平均気温が0度以下(氷点下)だからこそ可能な料理法で，秋の終わりから冬の初めにかけて大量にとれるサケを冷凍保存し，漁や狩りがむずかしい冬の貴重なたんぱく源としたのである。また，この料理法にはサケの体内の寄生虫を死滅させる効果もあった。

〔マアジのひもの〕　生の魚介類は日持ちしないので，大量にとれた魚介類をむだにしないために縄文時代から干物が作られ，奈良時代など律令制の時代には，地方の特産物を納める調として，各地から都に運ばれた。現在でも神奈川県小田原市や静岡県沼津市の干物は有名で，ともにマアジなど多くの魚が水あげされる漁港があり，また図2の小田原市の雨温図が示すように，冬に降水量が少なく乾燥し，日照時間が長い太平洋側の気候という条件が，干物作りに適している。

〔ブリのかぶらずし〕　北陸地方の日本海沿岸では，昔から冬に多くのブリが水あげされていたので，ブリをかぶら(かぶ)ではさみ，甘酒につけて発酵させる保存食のかぶらずしが作られてきた。図2の石川県金沢市の雨温図が示すように，北陸地方は冬に比較的低温で降水量が多く湿度が高くなる(空気が冷たく，しめる)日本海側の気候なので，発酵が進みやすいというこの気候条件をいかした料理法といえる。

問題2　〔米〕　高温ないし温暖で降水量が多い気候に適し，中国とインドが世界の生産量の1位と2位を占める。3位から10位はインドネシア・バングラデシュ・ベトナム・タイ・ミャンマー・フィリピン・カンボジア・日本(2019年)と，すべてアジアの国々である。地形的には大量の水を確保しやすい平地が適している。④の滋賀県高島市は琵琶湖西岸の近江盆地，⑥の佐賀県白石町は筑紫平野に位置しており，表1と図5が示すように気候的にもこれらの条件を満たしているため，昔から稲作が盛んで，米の郷土料理が伝えられてきた。

〔小麦〕　米に比べると，寒冷で雨の少ない気候に適している。米と同様に中国とインドが世界の生産量の1位と2位を占め，3位から10位はロシア・アメリカ・フランス・カナダ・ウクライナ・パキスタン・ドイツ・アルゼンチンの順である(2019年)。日本では北海道が66.4%を占める(2020年)。①の青森県八戸市と②の山梨県韮崎市はこのような気候条件に合うため昔から小麦の生産が盛んで，小麦粉が主な材料の郷土料理が伝えられてきた。

〔そば〕 涼しく比較的降水量の少ない気候が適している。火山灰土などのやせた土地でも育ち，夏に低温となる冷害や，降水量が極端に少なくなる干ばつにも強いため，昔からききんのときにはうえをしのぐための重要な穀物だった。世界の生産量上位10か国はロシア・中国・フランス・ポーランド・ウクライナ・アメリカ・ブラジル・リトアニア・日本・カザフスタンの順(2020年)。日本では北海道が43.1％を占め，2位は長野県で8.8％（2020年)。③の長野県安曇野市と⑤の徳島県三好市はいずれも山間部のやせた土地が多く，これらの条件を備えており(三好市は台風の影響を受けやすいため，年間降水量がやや多い)，そばの郷土料理が伝わっている。なお，三好市では標高の高い東祖谷地区で昔から作られている祖谷そばも有名である。

3 （理科：実験結果の整理）

重要

問題1 (1) 実験1は見た目のようすの変化でよごれの落ち方がおよそどのようなものかを調べている。また実験2はでんぷんの量の変化によりよごれの落ち方を数字で見えるような形で調べている。

まず，実験1の5分後の結果から，よごれがほぼ見えなくなっているアとウが一番よく落とす洗剤の可能性があるとわかる。その上で実験2のアとウを比べる。洗剤につける前のでんぷんの量はどちらも同じ1772粒と考えているので，残った粒が少ないウのほうが，より多くのよごれを落とすことができたとわかる。

実験1と2の両方の結果から考える問題なので，まず実験1でアとウに絞った上で実験2でより細かく結果を見て判断すべきである。

(2) 「よごれの程度の変化」の考え方だが，太郎さんのいうように粒の数の減った量は変化の一つのあらわれである。ただ，同じ100粒減ったとしても10000粒あるところから100粒減って9900粒になっても約10000粒であまり変わらないといえる。それに対して，110粒あるところから100粒減って10粒になると，ほとんど無くなってしまったといえる。

このように，もとの量から減った量(または残った量)の割合を考えることも「よごれの程度の変化」をみていることになる。水だけのときと洗剤ウを使ったときについて，よごれの変化，つまり5分後の量を1とした減った量の割合を考えると下の表のようになる。

	5分後	60分後	減った量	減った割合
水だけ	804	484	320	約0.40
液体ウ	476	166	310	約0.65

この問題では，具体的にどのような割合で減ったのかを計算して書くことまでは求められていない。ただ，減った割合を比べれば分かると自信をもって書くためにはおよその量でいいので計算しないと見えにくいだろう。

問題2 (1) 実験3では，手順1でサラダ油を5gしみこませ，手順2・3で油をふきんから落としている。その上で手順4でふきんについた水を全て乾燥させている。ここから手順5で測った重さはふきんの重さに手順2・3で落としきれなかった油の重さを加えたものであるとわかる。

これを踏まえて結果を見ると，24滴加えたところで一番軽くなり，28滴加えると逆に重くなっている。そして，32滴以上加えても28滴加えたときと重さはほぼ同じである。この問題は「洗剤を多く加えれば加えるほど，汚れはよりよく落ちる」ことが成り立たないことを説明する問題なので，28滴以上加えても汚れの落ち方が変わらないことをまず示す必要がある。その上で，24滴と比べると多くしたことで逆効果になったことまで言えると，なおていねいである。

(2) 実験4の直前の先生の発言だが，水と油は混ざり合わず，油のほうが水よりも軽いので油は水の上に浮いている。ただ，洗剤が溶けた水であれば洗剤のはたらきによって油が水の中に溶けてしまい，油が見えなくなる。その上でその水よう液を捨てれば油も一緒に流されることになる。

サラダ油100滴が2.5gなので，1滴あたり2.5÷100=0.025gである。これより，0.4gのサラダ油は0.4÷0.025=16滴にあたる。ここから，16滴以上の油をとかすことができる試験管を選べばよいので，ABCDがあてはまる。

0.4gの油を落とすのに必要な最低限の洗剤の量は，試験管Dに溶けている洗剤の量であると考えられる。液体Aは，はじめ洗剤1gと水19gであるが，これを試験管Aとビーカーで半分に分けたのでそれぞれ洗剤0.5gと水9.5gになる。つまり，洗剤の量がはじめの半分になる。同じように考えると液体Bに水を加えて試験管Bとビーカーで半分に分けるとそれぞれに洗剤が0.25g含まれる。さらに，試験管Cには0.125g，試験管Dには0.0625g含まれるとわかる。洗剤1滴の重さは2÷100=0.02gなので，0.0625gの洗剤は0.0625÷0.02=3.125滴に相当する。スポイトを使うと洗剤は1滴ずつしか加えられないので，切り上げて4滴加えれば必要な量の洗剤を得られる。

★ワンポイントアドバイス★

まず，それぞれの実験で何が分かったのかを正しくつかみたい。その上で，問題2(2)で切り上げをするように問題で求められていることは何であるかを正しく読み取るようにしよう。

＜適性検査Ⅲ解答例＞

1 問題1 105°

問題2 115cm，117cm，118cm

問題3 ［目盛りの数字］ 0，1，4，10，12，17

［はかれない長さ］ 14cm，15cm

2 問題1 西れき 2028年

［理由］

365÷7＝52あまり1なので，1年後の2月14日の曜日は一つ先に進むことになる。ただし，2024年の2月14日と2025年の2月14日の間には，2月29日があるため，曜日は二つ先に進むことになる。したがって，2月14日の曜日は2022年が月曜日であるので，2023年は火曜日，2024年は水曜日，2025年は金曜日，2026年は土曜日，2027年は日曜日，2028年は月曜日となる。

問題2

2月

日	月	火	水	木	金	土
①	②	③	④	⑤	⑥	⑦
⑧	⑨	10	11	⑫	⑬	14
⑮	⑯	17	18	⑲	⑳	21
22	23	24	25	26	27	28

問題3　ア…5,　イ…14,　ウ…1,　エ…4,　オ…2
カ…7,　キ…25,　ク…28

○配点○

[1]　問題1　10点，問題2　15点，問題3　20点

[2]　問題1　25点，問題2　15点，問題3　15点　　計100点

＜適性検査Ⅲ解説＞

[1]　**（算数：平面図形，整数・規則）**

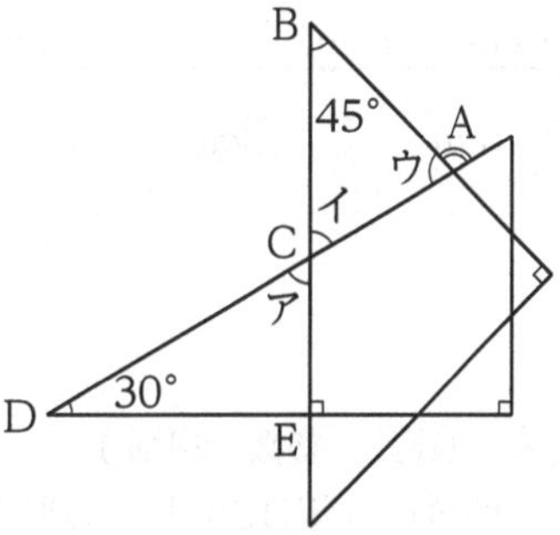

基本

問題1　Eの角度は90°なので，三角形CDEの内角の和が180°であることから，アの角度は，180－(30+90)=60°である。対頂角は角度が等しいので，イの角度も60°である。ウの角度は，三角形ABCの内角の和が180°であることから，180－(45+60)=75°である。Aの角度は，180－75=105°である。

問題2　120の約数で等分したときに印が1つだけつく数は，その数が，1とその数以外にもう1つ約数を持ち，かつその約数が120の約数の場合である。等分に使用する120の約数は，2，3，4，5，6，8，10，12，15，20，24，30，40，60であるが，そのうち，2，3，5以外の数は，1とその数以外に約数を持つため，2，3，5以外の約数を持つ数は，複数の約数をもつことになる。よって，印が1つだけつく数は，3ケタの数100～120のうち，2，3，5のどれか1つの約数をもつ数であり，106，111，115，117，118となり，このうち3つの数を答えればよい。

やや難

問題3　小さい数から順に目盛りをつけて考える。まず1に目盛りをつける。2に目盛りはつけられないため，次に3に目盛りをつける。ここまででははかれる長さは，1，2，3cmであるため，次につけられる目盛りは＋4cmした7となる。ここまででははかれる長さは，1，2，3，4，6，7cmである。次につけられる目盛りは＋5cmした12であるが，12に目盛りをつけると5cmはかれる場所が2つできてしまう。さらに，目盛りをつける場所を13，14，15，16としても，それぞれはかれる長さがかぶってしまうため，どれも適さない。

次に，3の次につける目盛りを8として考える。ここまででははかれる長さは，1，2，3，5，7，8cmである。次につけられる目盛りは＋4cmした12であるが，12につけると5cmをはかれる場所が2つでき，同様に13，14，15，16に目盛りをつけた場合もはかれる長さがかぶってしまう。よって，3に目盛りをつけるのは不適である。

次に，1の次に4に目盛りをつける場合を考える。ここまででははかれる長さは，1，3，4cmで

あるため，4の次につけられる目盛りは＋2cmした6となる。ここまででははかれる長さは，1，2，3，4，5，6cmである。次につけられる目盛りは＋7cmした13が考えられるが，13に目盛りをつけると，4cmをはかれる場所が2つでき，同様に14，15，16に目盛りをつけた場合もはかれる長さがかぶってしまうため，どれも適さない。

次に，4の次につける目盛りを9として考える。すると，8cmをはかれる場所が2つできるため，不適である。

次に，4の次につける目盛りを10として考える。ここまででははかれる長さは，1，3，4，6，9cmである。次に目盛りを12につけると，さらに2，5，7，13，16cmがはかれるようになり，どこの長さも同じになるところはないため，目盛りをつける場所は，1，4，10，12となる。このとき，はかれる長さは下図のとおりであり，はかれない長さは，14cmと15cmである。

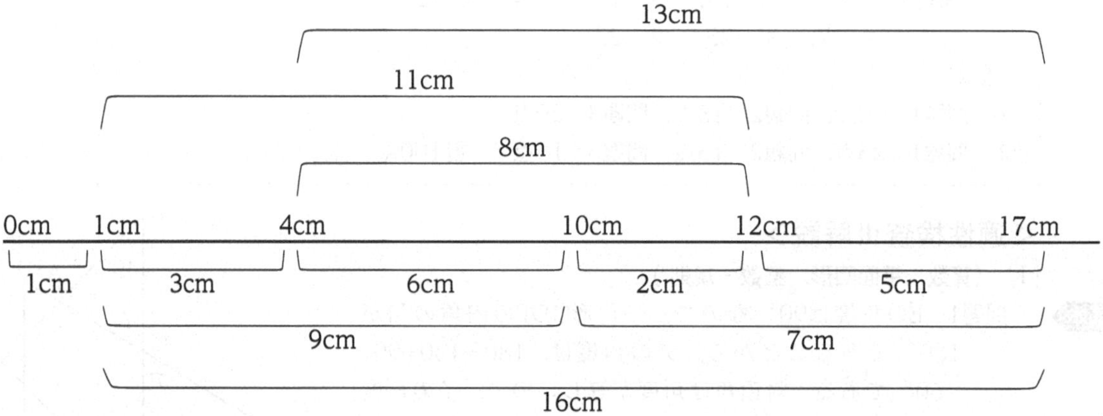

2 （算数：整数・規則）

重要 問題1　1年は365日，1週間は7日である。365÷7=52あまり1であるため，1年後の2月14日では，曜日が1つ進み，火曜日となる。一方，うるう年は4年に1度訪れ，2020年がうるう年であるため，2024年はうるう年である。このため，2024年2月14日と2025年2月14日の間には，2月29日があり，2025年は曜日が2つ進む。以上より，2月14日の曜日は，2023年は火曜日，2024年は水曜日，2025年は曜日が2つ進み金曜日，2026年は土曜日，2027年は日曜日，2028年は月曜日となる。加えて，2028年はうるう年であるため，2029年は曜日が2つ進み，水曜日となる。

問題2　第1週の日付の数の合計は，図のように組み合わせて考えると，7×4=28と考えることができる。第2週についても図のように組み合わせて考えると，日付の合計は，21×3+14=(7×3)×3+7×2，つまり7×3の組み合わせが3組と7×2が1組と考えることができる。同様に，第3週の日付の合計は，35×3+21=(7×5)×3+7×3で，7×5が3組，7×3が1組である。

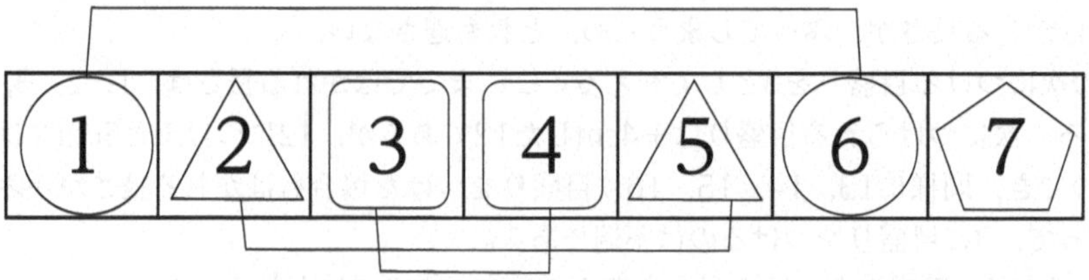

7×14=28

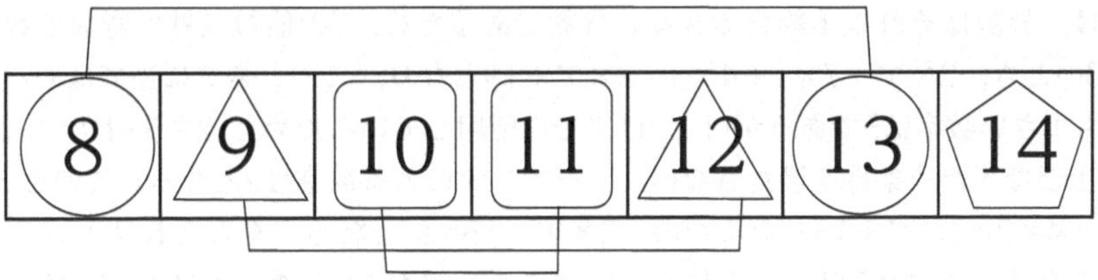

21×3+14
＝(7 × 3) × 3 + 7 × 2

35×3+21
＝(7 × 5) × 3 + 7 × 3

目指す数の140は7×20であるので，「7」が合計20個になるように考える。第1週はすべての数を使うため，合計は7×4となる。次に第2週の数をすべて使うと合計は，(7×3)×3+7×2=7×11であり，第1週と第2週の合計で，7×15となる。このとき，140=7×20にするためには，あと7×5が必要である。第3週では，合計が7×5になる組み合わせは，(15，20)，(16，19)，(17，18)の3組がある。よって，第1週と第2週のすべての数と，第3週の(15，20)，(16，19)，(17，18)のどれかの組み合わせを合計すると140となる。
また，第2週，第3週の同じ列の数を使用する場合，図のように組み合わせると，1組の合計が7×8となる。第1週までの合計が7×4であるので，7×8の組み合わせを2つ選択すれば，合計が7×20=140となる。よって，第1週のすべての数と，(8，9，12，13，15，16，19，20)，(8，10，11，13，15，17，18，20)，(9，10，11，12，16，17，18，19)のどれかの組み合わせを合計すると140となる。

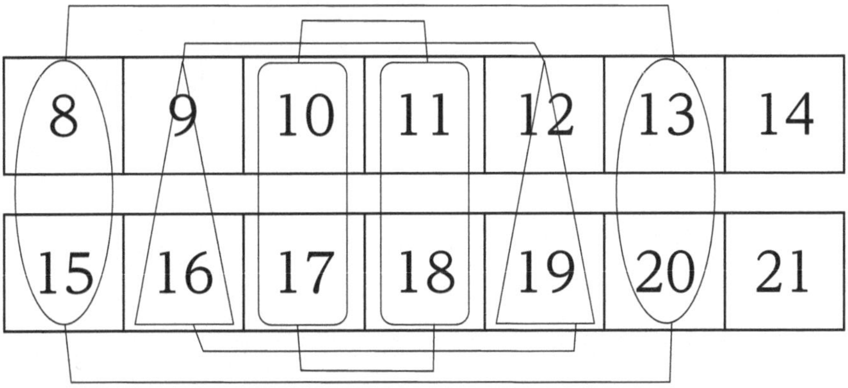

問題3　まず分母から考える。イが14であることから，クは14の約数か倍数が入ると考えられる。当てはめることのできる数字は28までであり，同じ数字は入らないことからクは28である。クが28になるとき，エとカには4と7が入る。(エとカは順不同だがここでは，エに4，カに7を当てはめる。)次に，各分数の分母を28にすると，分子は，2×ア＋7×ウ＋4×オ＝キとなる。ウが3以上であると，キは28以上になるため，ウには2以下の数字が当てはまる。また，分数はそれ以上約分できない分数であることから，ウには奇数が入るため，ウに入る数字は1だと考えられる。同じように，オが5以上であると，キは28以上になるため，オには4以下の数字が当てはまる。また，1と4はすでに使用しているため，オは2，3のいずれかが当ては

まる。アは，分数はそれ以上約分できない分数であるため，7の倍数以外の奇数の数字が入る。オが3のとき，2×ア＋7×1＋4×3＝2×ア＋19となり，このときアに当てはめることができる最も小さい数字は5であるが(1と3はすでに使用しているため)，2×5+19=29となり，キが28以上となるため条件を満たさない。よって，オに入る数字は2となる。このとき，2×ア＋7×1＋4×2=2×ア＋15となるため，2×ア＋15=キとなるアを考えればよい。キは27以下であるため，アには5以下の奇数が当てはまる。アが3のとき，キは2×3+15=21となり，約分できるので，条件を満たさない。アが5のとき，キは2×5+15=25となり，条件を満たす。

★ワンポイントアドバイス★

具体的な数字をおいて計算してみると，解き方の方向性が見えてくる。あきらめずに，試行錯誤して取り組むことが重要である。

2021年度

入　試　問　題

2021年度

都立両国高等学校附属中学校入試問題

【適性検査Ⅰ】 （21ページから始まります。）

【適性検査Ⅱ】（45分）　＜満点：100点＞

> 問題を解くときに，問題用紙や解答用紙，ティッシュペーパーなどを実際に折ったり切ったりしてはいけません。

1 **花子**さん，**太郎**《たろう》さん，**先生**が，２年生のときに習った九九の表を見て話をしています。

花子：２年生のときに，１の段《だん》から９の段までを何回もくり返して覚えたね。

太郎：九九の表には，たくさんの数が書かれていて，規則がありそうですね。

先生：どのような規則がありますか。

花子：９の段に出てくる数は，一の位と十の位の数の和が必ず９になっています。

太郎：そうだね。９も十の位の数を０だと考えれば，和が９になっているね。

先生：ほかには何かありますか。

表１

	1	2	3	4	5	6	7	8	9
1	1	2	3	4	5	6	7	8	9
2	2	4	6	8	10	12	14	16	18
3	3	6	9	12	15	18	21	24	27
4	4	8	12	16	20	24	28	32	36
5	5	10	15	20	25	30	35	40	45
6	6	12	18	24	30	36	42	48	54
7	7	14	21	28	35	42	49	56	63
8	8	16	24	32	40	48	56	64	72
9	9	18	27	36	45	54	63	72	81

太郎：**表１**のように４個の数を太わくで囲むと，左上の数と右下の数の積と，右上の数と左下の数の積が同じ数になります。

花子：４×９＝36，６×６＝36 で，確かに同じ数になっているね。

先生：では，次のページの**表２**のように６個の数を太わくで囲むと，太わくの中の数の和はいくつになるか考えてみましょう。

花子：６個の数を全て足したら，273になりました。

先生：そのとおりです。では，同じように囲んだとき，６個の数の和が135になる場所を見つけることはできますか。

太郎：６個の数を全て足せば見つかりますが，大変です。何か規則を用いて探《さが》すことはできないかな。

花子：規則を考えたら，６個の数を全て足さなくても見つけることができました。

表２

＼	1	2	3	4	5	6	7	8	9
1	1	2	3	4	5	6	7	8	9
2	2	4	6	8	10	12	14	16	18
3	3	6	9	12	15	18	21	24	27
4	4	8	12	16	20	24	28	32	36
5	5	10	15	20	25	30	35	40	45
6	6	12	18	24	30	36	42	48	54
7	7	14	21	28	35	42	49	56	63
8	8	16	24	32	40	48	56	64	72
9	9	18	27	36	45	54	63	72	81

〔問題１〕　６個の数の和が135になる場所を一つ見つけ，解答らんの太わくの中にその６個の数を書きなさい。

また，花子さんは「規則を考えたら，６個の数を全て足さなくても見つけることができました。」と言っています。６個の数の和が135になる場所をどのような規則を用いて見つけたか，**図１**のＡからＦまでを全て用いて説明しなさい。

図１

A	B	C
D	E	F

先生：九九の表（**表３**）は，１から９までの２個の数をかけ算した結果を表にしたものです。ここからは，１けたの数を４個かけて，九九の表にある全ての数を表すことを考えてみましょう。次の〔**ルール**〕にしたがって，考えていきます。

表３　九九の表

＼	1	2	3	4	5	6	7	8	9
1	1	2	3	4	5	6	7	8	9
2	2	4	6	8	10	12	14	16	18
3	3	6	9	12	15	18	21	24	27
4	4	8	12	16	20	24	28	32	36
5	5	10	15	20	25	30	35	40	45
6	6	12	18	24	30	36	42	48	54
7	7	14	21	28	35	42	49	56	63
8	8	16	24	32	40	48	56	64	72
9	9	18	27	36	45	54	63	72	81

〔**ルール**〕

⑴　立方体を４個用意する。

⑵　それぞれの立方体から一つの面を選び，「●」を書く。

(3) **図2**のように全ての立方体を「●」の面を上にして置き，左から順に**ア**，**イ**，**ウ**，**エ**とする。

(4) 「●」の面と，「●」の面に平行な面を底面とし，そのほかの４面を側面とする。

(5) 「●」の面に平行な面には何も書かない。

(6) それぞれの立方体の全ての側面に，１けたの数を１個ずつ書く。ただし，数を書くときは，**図３**のように数の上下の向きを正しく書く。

(7) **ア**から**エ**のそれぞれの立方体から側面を一つずつ選び，そこに書かれた４個の数を全てかけ算する。

図2

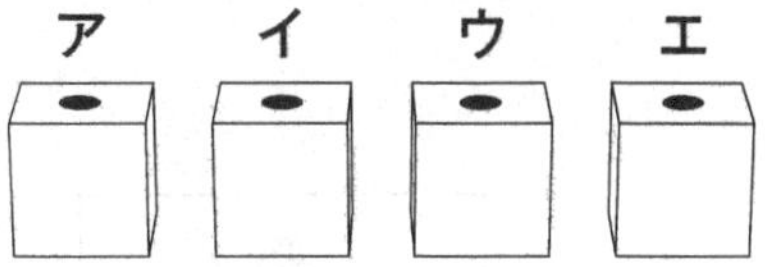

図3

先生：例えば**図４**のように選んだ面に２，１，２，３と書かれている場合は，２×１×２×３＝12を表すことができます。側面の選び方を変えればいろいろな数を表すことができます。４個の数のかけ算で九九の表にある数を全て表すには，どのように数を書けばよいですか。

図4

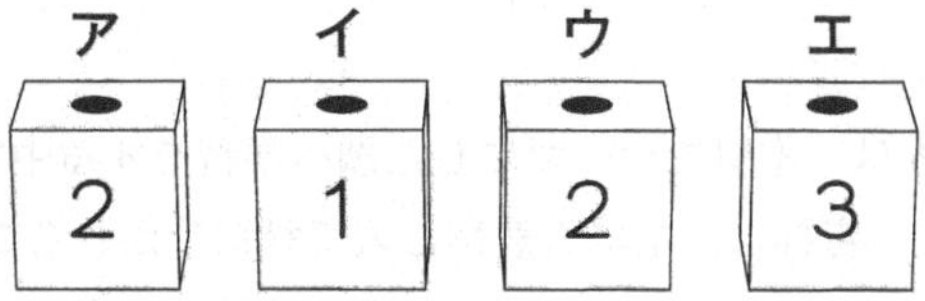

太郎：４個の立方体の全ての側面に１個ずつ数を書くので，全部で16個の数を書くことになりますね。

花子：１けたの数を書くとき，同じ数を何回も書いてよいのですか。

先生：はい，よいです。それでは，やってみましょう。

太郎さんと花子さんは，立方体に数を書いてかけ算をしてみました。

太郎：先生，側面の選び方をいろいろ変えてかけ算をしてみたら，九九の表にない数も表せてしまいました。それでもよいですか。

先生：九九の表にある数を全て表すことができていれば，それ以外の数が表せてもかまいません。

太郎：それならば，できました。

花子：私《わたし》もできました。私は，立方体の側面に１から７までの数だけを書きました。

〔問題２〕〔**ルール**〕にしたがって，**ア**から**エ**の立方体の側面に１から７までの数だけを書いて，九九の表にある全ての数を表すとき，側面に書く数の組み合わせを１組，解答らんに書きなさい。ただし，使わない数があってもよい。

また，**ア**から**エ**の立方体を，次のページの**図５**の展開図《てんかいず》のように開いたとき，側面に書かれた４個の数はそれぞれどの位置にくるでしょうか。数の上下の向きも考え，解答らんの展開図に４個の数をそれぞれ書き入れなさい。

図5　展開《てんかい》図《ず》

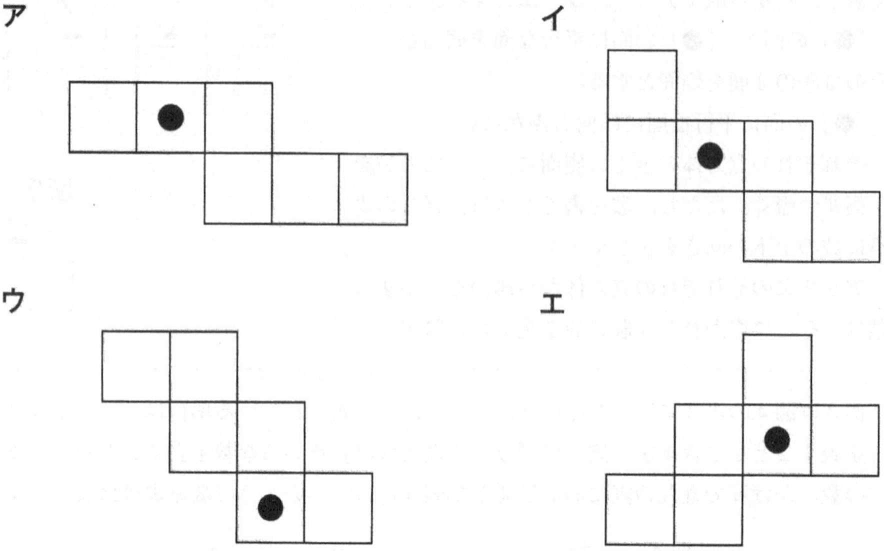
ア
イ
ウ
エ

[2]　**太郎《たろう》**さんと**花子**さんは，木材をテーマにした調べ学習をする中で，**先生**と話をしています。

太郎：社会科の授業で，森林は，主に天然林と人工林に分かれることを学んだね。

花子：天然林は自然にできたもので，人工林は人が植林して育てたものだったね。

太郎：調べてみると，日本の森林面積のうち，天然林が約55％，人工林が約40％で，残りは竹林などとなっていることが分かりました。

先生：人工林が少ないと感じるかもしれませんが，世界の森林面積にしめる人工林の割合《わりあい》は10％以下ですので，それと比べると，日本の人工林の割合は高いと言えます。

図1　人工林を育てる森林整備サイクルの例

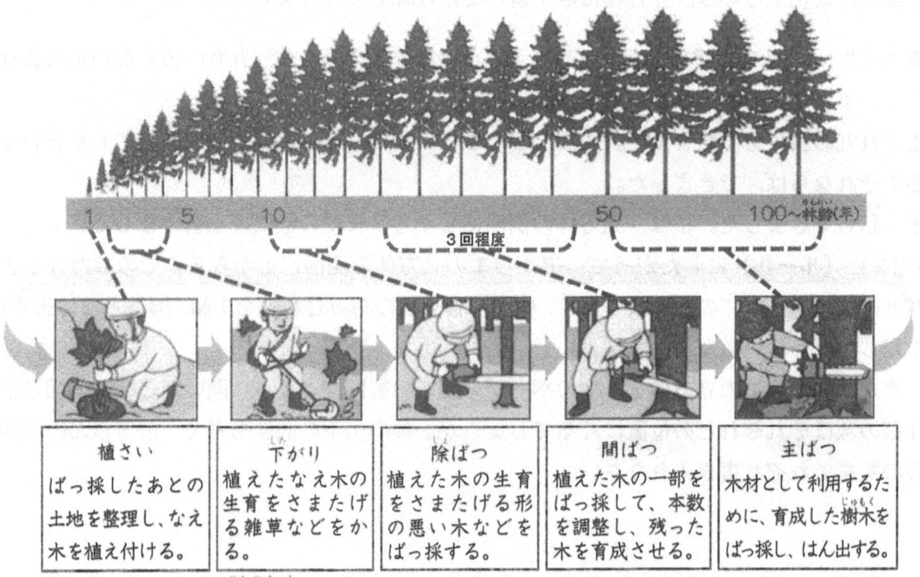
1
5
10
50
100～林齢《りんれい》(年)
3回程度
植さい
ばっ採したあとの土地を整理し、なえ木を植え付ける。
下《した》がり
植えたなえ木の生育をさまたげる雑草などをかる。
除《じょ》ばつ
植えた木の生育をさまたげる形の悪い木などをばっ採する。
間ばつ
植えた木の一部をばっ採して、本数を調整し、残った木を育成させる。
主ばつ
木材として利用するために、育成した樹木《じゅもく》をばっ採し、はん出する。

（林野庁《りんやちょう》「森林・林業・木材産業の現状と課題」 より作成）

花子：昔から日本では，生活の中で，木材をいろいろな使い道で利用してきたことと関係があるのですか。

先生：そうですね。木材は，建築材料をはじめ，日用品や燃料など，重要な資源《しげん》として利用されてきました。日本では，天然林だけでは木材資源を持続的に得ることは難《むずか》しいので，人が森林を育てていくことが必要だったのです。

太郎：それでは，人工林をどのように育ててきたのでしょうか。

先生：前のページの**図1**は，人工林を育てる森林整備サイクルの例です。

先生：これを見ると，なえ木の植え付けをしてから，木材として主ばつをするまでの木の成長過程と，植え付けてからの年数，それにともなう仕事の内容が分かりますね。一般的《いっぱんてき》に，森林の年齢《ねんれい》である林齢《りんれい》が，50年を経過した人工林は，太さも高さも十分に育っているため，主ばつに適していると言われます。

花子：今年植えたなえ木は，50年後に使うことを考えて，植えられているのですね。

先生：人工林を育てるには，長い期間がかかることが分かりましたね。次は，これを見てください。

図2　人工林の林齢《りんれい》別面積の構成

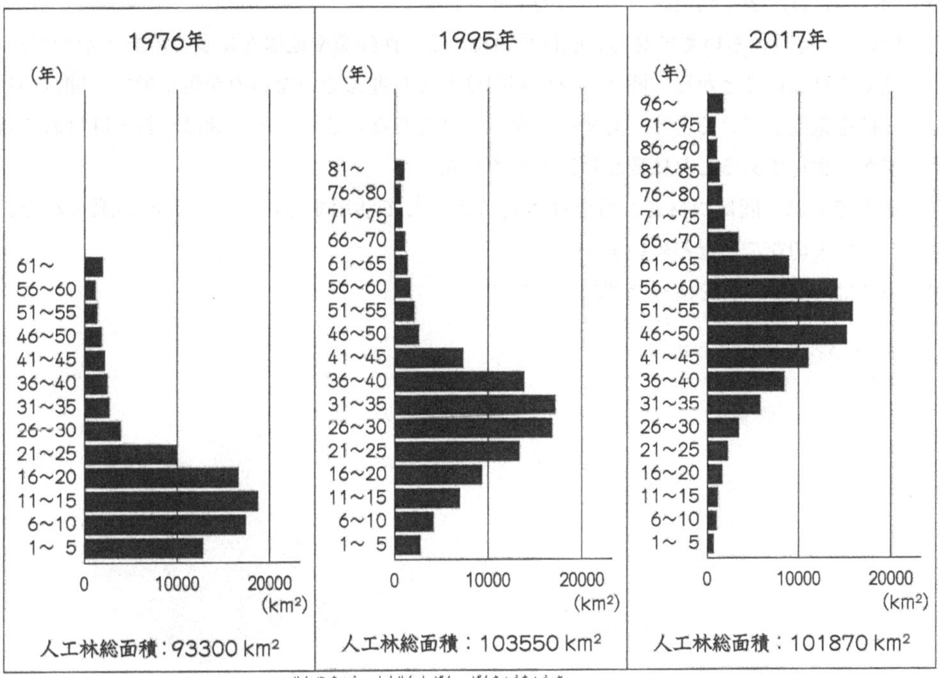

（林野庁《りんやちょう》「森林資源《しんりんしげん》の現況調査《げんきょうちょうさ》」より作成）

先生：**図2**は，人工林の林齢別面積の移り変わりを示しています。

太郎：2017年では，林齢別に見ると，46年から60年の人工林の面積が大きいことが分かります。

花子：人工林の総面積は，1995年から2017年にかけて少し減っていますね。

先生：日本の国土の約３分の２が森林で，森林以外の土地も都市化が進んでいることなどから，これ以上，人工林の面積を増やすことは難しいのです。

太郎：そうすると，人工林を維持《いじ》するためには，主ばつした後の土地に植林をする必要があるということですね。

先生：そのとおりです。では，これらの資料から，20年後，40年後といった先を予想してみると，これからも安定して木材を使い続けていく上で，どのような課題があると思いますか。

〔問題１〕　先生は「20年後，40年後といった先を予想してみると，これからも安定して木材を使い続けていく上で，どのような課題があると思いますか。」と言っています。持続的に木材を利用する上での課題を，これまでの会話文や４ページの**図１**の人工林の林齢と成長に着目し，前のページの**図２**から予想される人工林の今後の変化にふれて書きなさい。

花子：人工林の育成には，森林整備サイクルが欠かせないことが分かりました。**図１**を見ると，林齢が50年以上の木々を切る主ばつと，それまでに３回程度行われる間ばつがあります。高さや太さが十分な主ばつされた木材と，成長途中《せいちょうとちゅう》で間ばつされた木材とでは，用途《ようと》にちがいはあるのですか。

先生：主ばつされた木材は，大きな建築材として利用できるため，価格も高く売れます。間ばつされた木材である間ばつ材は，そのような利用は難しいですが，うすい板を重ねて作る合板や，紙を作るための原料，燃料などでの利用価値《りようかち》があります。

太郎：間ばつ材は，多く利用されているのですか。

先生：いいえ，そうともいえません。間ばつ材は，ばっ採作業や運ぱんに多くのお金がかかる割《わり》に，高く売れないことから，間ばつ材の利用はあまり進んでいないのが現状です。間ばつは，人工林を整備していく上で，必ず行わなければならないことです。間ばつ材と呼《よ》ばれてはいますが，木材であることに変わりはありません。

花子：そうですね。間ばつ材も，重要な木材資源として活用することが，資源の限られた日本にとって大切なことだと思います。

先生：**図３**は，間ばつ材を使った商品の例です。

図３　間ばつ材を使用した商品

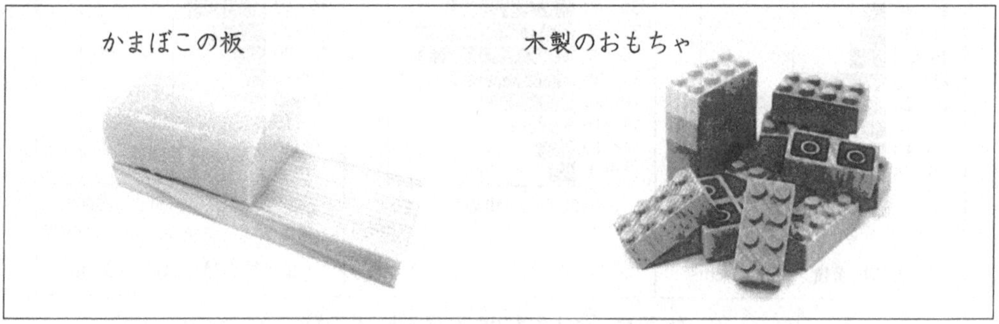

太郎：小さい商品なら，間ばつ材が使えますね。おもちゃは，プラスチック製のものをよく見ますが，間ばつ材を使った木製のものもあるのですね。

花子：**図３**で取り上げられたもの以外にも，間ばつ材の利用を進めることにつながるものはないか調べてみよう。

太郎：私《わたし》も間ばつ材に関する資料を見つけました。

太郎：次のページの**図４**の間ばつ材マークは，間ばつ材を利用していると認《みと》められた製品に表示されるマークです。間ばつや，間ばつ材利用の重要性などを広く知ってもらうためにも利用されるそうです。

図4　間ばつ材に関する活動

紙コップに印刷された間ばつ材マーク

（全国森林組合連合会　間伐材《かんばつざい》マーク事務局《じむきょく》ホームページより）

小学生向け間ばつ体験

（和歌山県観光連盟《わかやまけんかんこうれんめい》ホームページより）

花子：図4の間ばつ体験をすることで，実際に林業にたずさわる人から，間ばつの作業や，間ばつ材について聞くこともできるね。私も間ばつ材の利用を進めることに関する資料を見つけました。

図5　林業に関する資料

高性能の林業機械を使った間ばつの様子

（中部森林管理局ホームページより）

間ばつ材の運ぱんの様子

（長野森林組合《ながのしんりんくみあい》ホームページより）

花子：木材をばっ採し運び出す方法は，以前は，小型の機具を使っていましたが，**図5**のような大型で高性能の林業機械へと変わってきています。

先生：間ばつ材の運ぱんの様子も，**図5**をみると，大型トラックが大量の木材を運んでいることが分かります。国としても，このような木材を運び出す道の整備を推進《すいしん》しているのですよ。

太郎：機械化が進み，道が整備されることで，効率的な作業につながりますね。

先生：これらの資料を見比べてみると，間ばつ材についての見方が広がり，それぞれ関連し合っていることが分かりますね。

花子：間ばつ材の利用を進めるためには，さまざまな立場から取り組むことが大切だと思いました。

〔問題２〕　花子さんは，「間ばつ材の利用を進めるためには，さまざまな立場から取り組むことが大切だと思いました。」と言っています。前のページの「**図３**　間ばつ材を使用した商品」，「**図４**　間ばつ材に関する活動」，「**図５**　林業に関する資料」の三つから二つの図を選択《せんたく》した上で，選択した図がそれぞれどのような立場の取り組みで，その二つの取り組みがどのように関連して，間ばつ材利用の促進《そくしん》につながるのかを説明しなさい。

3　**花子**さん，**太郎**《たろう》さん，**先生**が磁石《じしゃく》について話をしています。

花子：磁石の力でものを浮《う》かせる技術が考えられているようですね。

太郎：磁石の力でものを浮かせるには，磁石をどのように使うとよいのですか。

先生：**図1**のような円柱の形をした磁石を使って考えてみましょう。この磁石は，一方の底面がＮ極になっていて，もう一方の底面はＳ極になっています。この磁石をいくつか用いて，ものを浮かせる方法を調べることができます。

図1　円柱の形をした磁石《じしゃく》

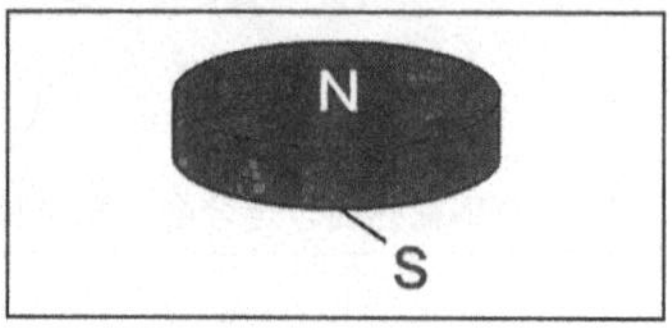

花子：どのようにしたらものを浮かせることができるか実験してみましょう。

二人は先生のアドバイスを受けながら，次の手順で**実験1**をしました。

実験1

手順1　**図1**のような円柱の形をした同じ大きさと強さの磁石をたくさん用意する。そのうちの１個の磁石の底面に，**図2**のように底面に対して垂直《すいちょく》にえん筆を接着する。

手順2　**図3**のようなえん筆がついたつつを作るために，透明《とうめい》なつつを用意し，その一方の端《はし》に手順1でえん筆を接着した磁石を固定し，もう一方の端に別の磁石を固定する。

手順3　**図4**のように直角に曲げられた鉄板を用意し，一つの面を地面に平行になるように固定し，その鉄板の上に４個の磁石を置く。ただし，磁石の底面が鉄板につくようにする。

手順4　鉄板に置いた４個の磁石の上に，手順2で作ったつつを**図5**のように浮かせるために，えん筆の先を地面に垂直な鉄板の面に当てて，手をはなす。

手順5　鉄板に置いた４個の磁石の表裏《おもてうら》や位置を変えて，つつを浮かせる方法について調べる。ただし，上から見たとき，４個の磁石の中心を結ぶと長方形になるようにする。

図2　磁石とえん筆

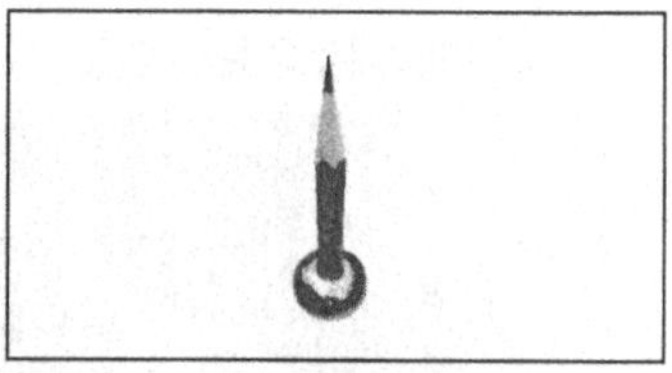

図3　えん筆がついたつつ

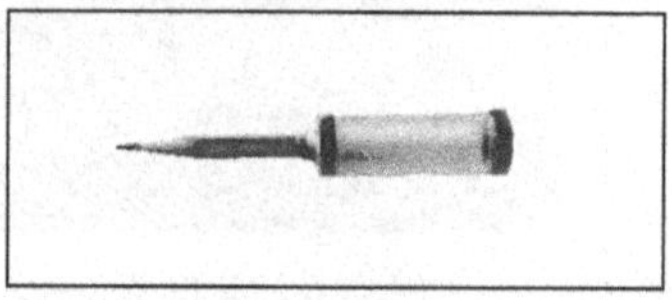

図4　鉄板と磁石４個

図5　磁石の力で浮《う》かせたつつ

太郎：つつに使う２個の磁石のＮ極とＳ極の向きを変えると，**図６**のように(あ)～(え)の４種類のえん筆がついたつつをつくることができるね。

図６　４種類のつつ

(あ)のつつ	(い)のつつ	(う)のつつ	(え)のつつ
 NS　NS	 SN　SN	 NS　SN	 SN　NS

花子：(あ)のつつを浮かせてみましょう。

太郎：鉄板を上から見たとき，**図７**の**ア**や**イ**のようにすると，前のページの**図５**のように(あ)のつつを浮かせることができたよ。

図７　上から見た(あ)のつつと、鉄板に置いた４個の磁石の位置と上側の極

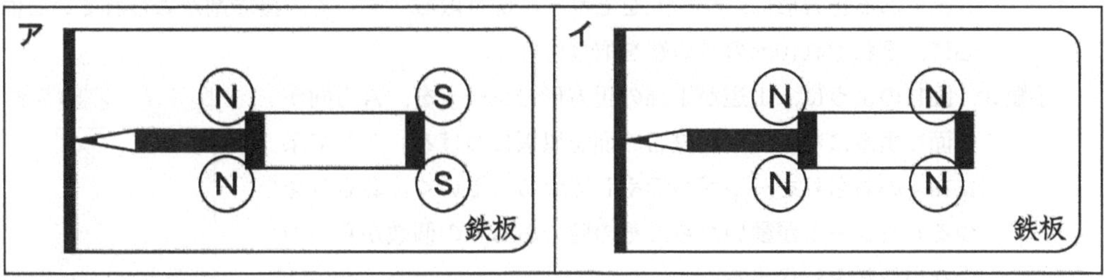

花子：(あ)のつつを浮かせる方法として，**図７**の**ア**と**イ**の他にも組み合わせがいくつかありそうだね。

太郎：そうだね。さらに，(い)や(う)，(え)のつつも浮かせてみたいな。

〔問題１〕　(1)　**実験１**で**図７**の**ア**と**イ**の他に(あ)のつつを浮かせる組み合わせとして，４個の磁石をどの位置に置き，上側をどの極にするとよいですか。そのうちの一つの組み合わせについて，解答らんにかかれている８個の円から，磁石を置く位置の円を４個選び，選んだ円の中に磁石の上側がＮ極の場合はＮ，上側がＳ極の場合はＳを書き入れなさい。

(2)　**実験１**で(え)のつつを浮かせる組み合わせとして，４個の磁石をどの位置に置き，上側をどの極にするとよいですか。そのうちの一つの組み合わせについて，(1)と同じように解答らんに書き入れなさい。また，書き入れた組み合わせによって(え)のつつを浮かせることができる理由を，(あ)のつつとのちがいにふれ，**図７**の**ア**か**イ**をふまえて文章で説明しなさい。

花子：黒板に画用紙をつけるとき，**図８**のようなシートを使うことがあるね。

太郎：そのシートの片面《かためん》は磁石になっていて，黒板につけることができるね。反対の面には接着剤《せっちゃくざい》がぬられていて，画用紙にそのシートを貼《は》ることができるよ。

花子：磁石となっている面は，Ｎ極とＳ極のどちらなのですか。

先生：磁石となっている面にまんべんなく鉄粉をふりかけていくと，

図８　シートと画用紙

鉄粉は**図9**のように平行なすじを作って並《なら》びます。これは，**図10**のようにN極とS極が並んでいるためです。このすじと平行な方向を，A方向としましょう。

太郎：接着剤がぬられている面にさまざまな重さのものを貼り，磁石となっている面を黒板につけておくためには，どれぐらいの大きさのシートが必要になるのかな。

花子：シートの大きさを変えて，**実験2**をやってみましょう。

図9　鉄粉の様子

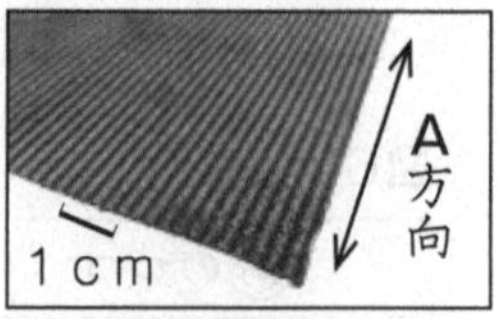

図10　N極とS極

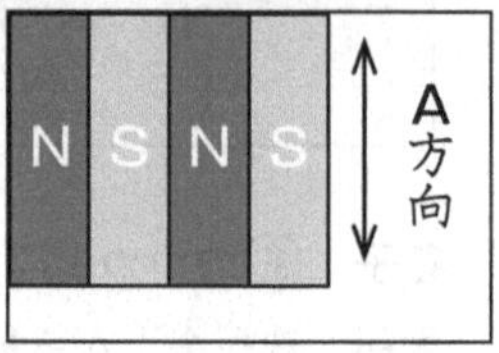

二人は次の手順で**実験2**を行い，その記録は**表1**のようになりました。

実験2

手順1　表面が平らな黒板を用意し，その黒板の面を地面に垂直に固定する。

手順2　シートの一つの辺がA方向と同じになるようにして，1辺が1cm，2cm，3cm，4cm，5cmである正方形に，シートをそれぞれ切り取る。そして，接着剤がぬられている面の中心に，それぞれ10cmの糸の端《はし》を取り付ける。

手順3　**図11**のように，1辺が1cmの正方形のシートを，A方向が地面に垂直になるように磁石の面を黒板につける。そして糸に10gのおもりを一つずつ増やしてつるしていく。おもりをつるしたシートが動いたら，その時のおもりの個数から一つ少ない個数を記録する。

図11　実験2の様子

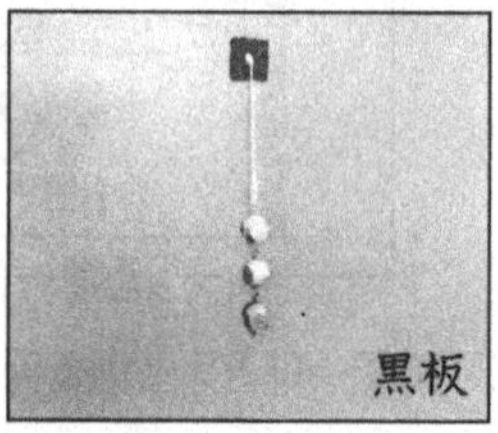

手順4　シートをA方向が地面に平行になるように，磁石の面を黒板につけて，手順3と同じ方法で記録を取る。

手順5　1辺が2cm，3cm，4cm，5cmである正方形のシートについて，手順3と手順4を行う。

表1　**実験2**の記録

正方形のシートの1辺の長さ（cm）	1	2	3	4	5
A方向が地面に垂直《すいちょく》なときの記録（個）	0	2	5	16	23
A方向が地面に平行なときの記録（個）	0	2	5	17	26

太郎：さらに多くのおもりをつるすためには，どうするとよいのかな。

花子：おもりをつるすシートとは別に，シートをもう1枚《まい》用意し，磁石の面どうしをつけるとよいと思うよ。

先生：それを確かめるために，**実験2**で用いたシートとは別に，一つの辺がA方向と同じになるようにして，1辺が1cm，2cm，3cm，4cm，5cmである正方形のシートを用意しましょう。次に，そのシートの接着剤がぬられている面を動かないように黒板に貼って，それに同じ大きさの**実験2**で用いたシートと磁石の面どうしをつけてみましょう。

太郎：それぞれのシートについて，A方向が地面に垂直であるときと，A方向が地面に平行であるときを調べてみましょう。

二人は新しくシートを用意しました。そのシートの接着剤がぬられている面を動かないように黒板に貼りました。それに，同じ大きさの**実験２**で用いたシートと磁石の面どうしをつけて，**実験２**の手順３～５のように調べました。その記録は**表２**のようになりました。

表２　磁石の面どうしをつけて調べた記録

正方形のシートの１辺の長さ（cm）	1	2	3	4	5
A方向が地面に垂直なシートに、 **A**方向が地面に垂直なシートをつけたときの記録（個）	0	3	7	16	27
A方向が地面に平行なシートに、 **A**方向が地面に平行なシートをつけたときの記録（個）	1	8	19	43	50
A方向が地面に垂直なシートに、 **A**方向が地面に平行なシートをつけたときの記録（個）	0	0	1	2	3

〔問題２〕　(1)　１辺が１cmの正方形のシートについて考えます。**A**方向が地面に平行になるように磁石の面を黒板に直接つけて，**実験２**の手順３について２ｇのおもりを用いて調べるとしたら，記録は何個になると予想しますか。前のページの**表１**をもとに，考えられる記録を一つ答えなさい。ただし，糸とシートの重さは考えないこととし，つりさげることができる最大の重さは，１辺が３cm以下の正方形ではシートの面積に比例するものとします。

(2)　次の①と②の場合の記録について考えます。①と②を比べて，記録が大きいのはどちらであるか，解答らんに①か②のどちらかを書きなさい。また，①と②のそれぞれの場合について**A**方向とシートの面の**N**極や**S**極にふれて，記録の大きさにちがいがでる理由を説明しなさい。

①　**A**方向が地面に垂直なシートに，**A**方向が地面に平行なシートをつける。

②　**A**方向が地面に平行なシートに，**A**方向が地面に平行なシートをつける。

【適性検査Ⅲ】（30分）　＜満点：100点＞

1　**りょうさんとみさきさんが，教室で図形についての話をしています。**

りょう：（**図1**）は1目盛《めも》りが1㎝の方眼紙に，方眼紙の線に沿《そ》って鉛筆《えんぴつ》で1辺の長さが9㎝の正方形を書いたものなんだ。（**図1**）に方眼紙の線に沿って鉛筆で線を書き加えて，いくつかの正方形に分ける方法を考えているんだよ。

みさき：正方形以外の図形ができないように分ければいいのね。例えばどのような分け方があるの。

りょう：（**図2**）は（**図1**）を1辺の長さが6㎝の正方形1個，1辺の長さが3㎝の正方形4個，1辺の長さが2㎝の正方形1個，1辺の長さが1㎝の正方形5個の計11個の正方形に分けた図だよ。

図1

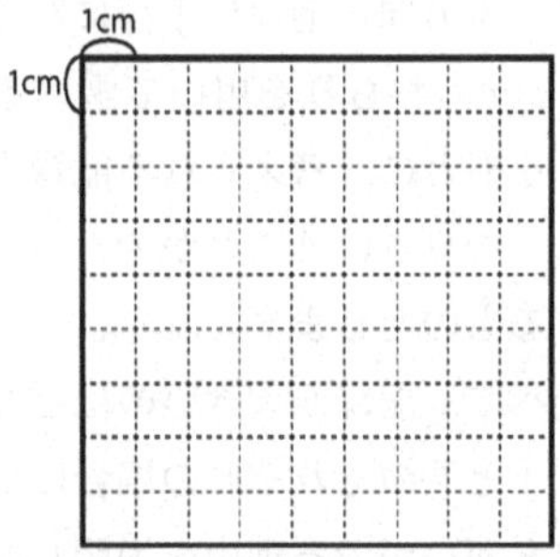

図2

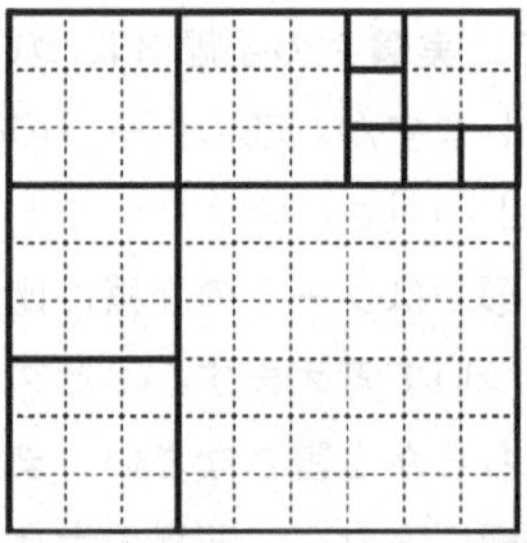

図3

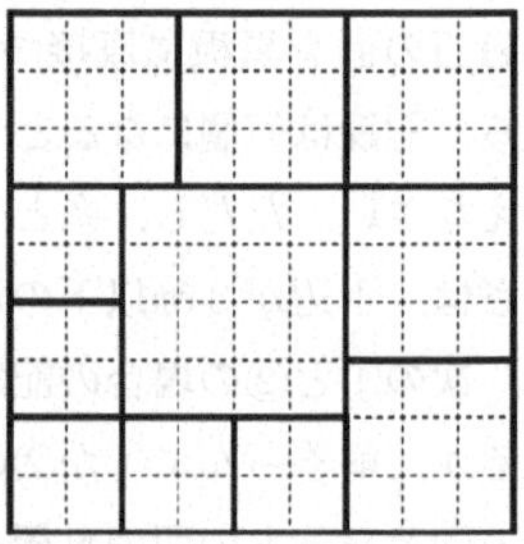

みさき：（**図3**）は（**図1**）を1辺の長さが4㎝の正方形1個，1辺の長さが3㎝の正方形5個，1辺の長さが2㎝の正方形5個の計11個の正方形に分けた図だね。

りょう：（**図2**）と（**図3**）はどちらも11個の正方形に分けられているけど，分けるときに書き加えた線の長さの合計には差がありそうだね。

みさき：どれだけ差があるのか調べてみようよ。

〔問題1〕　どれだけ差があるのか調べてみようよ。とありますが，（**図2**）と（**図3**）において，分けるときに書き加えた線の長さの合計が長い方を選んで◯で囲み，さらに何㎝だけ長いのか答えなさい。

りょう：（**図1**）をいくつかの正方形に分ける方法はいろいろあっておもしろいね。

みさき：もっといろいろな分け方を調べてみようよ。

〔問題2〕　もっといろいろな分け方を調べてみようよ。とありますが，（**図1**）に方眼紙の線に沿って鉛筆で線を書き加えていくつかの正方形に分けるとき，正方形の数の合計が10個，12個となるような分け方を，それぞれ一つずつ解答らんに合わせて答えなさい。ただし，正方形以外の図形ができないように分けることとします。また，定規を用いて（**図2**）や（**図3**）のようにはっきりとした線で書きなさい。

下書き用（ここは解答らんではありません。答えは解答用紙に記入しなさい。）

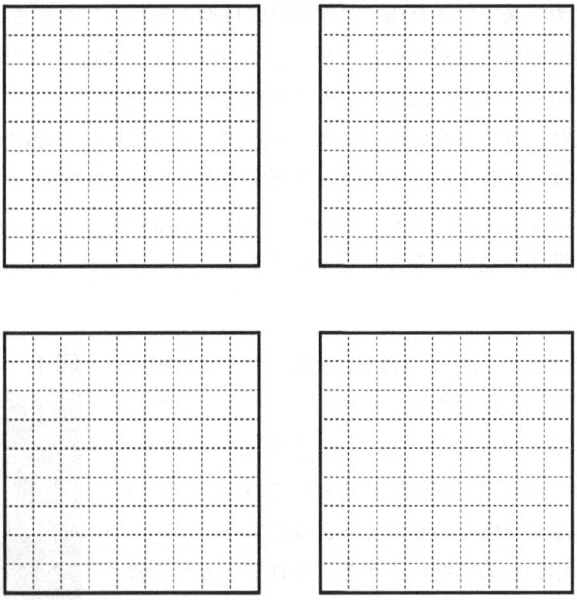

りょう：（図４）は１目盛りが１cmの方眼紙に，方眼紙の線に沿って鉛筆で１辺の長さが６cmの正方形を２個，１辺の長さが３cmの正方形１個の計３個の正方形を書いたものだよ。この３個の正方形の面積の合計は81cm^2で，（図１）の正方形の面積と同じだね。

図４

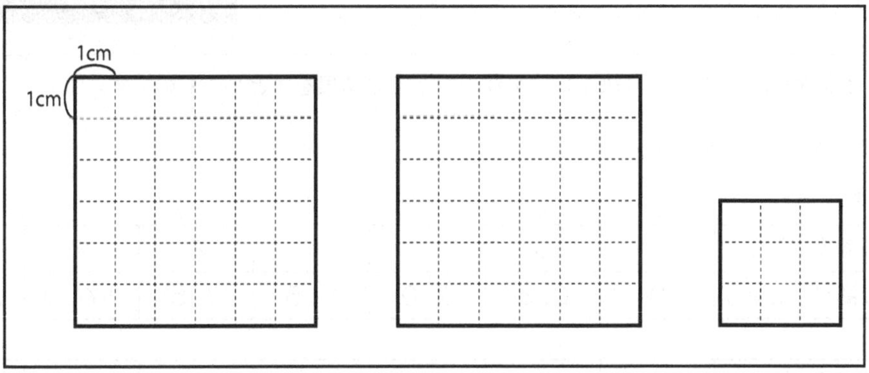

みさき：方眼紙の線に沿って３個の正方形を書いたとき，その３個の正方形の面積の合計が81cm^2になるようなものが，（図４）の１辺の長さがそれぞれ６cm，６cm，３cmの組み合わせ以外にもあるのかな。

りょう：いっしょに探《さが》してみようよ。

〔問題２〕 いっしょに探《さが》してみようよ。とありますが，１目盛りが１cmの方眼紙に，方眼紙の線に沿って鉛筆で３個の正方形を書いたとき，その３個の正方形の面積の合計が81cm^2になるような組み合わせを，（図４）の６cm，６cm，３cm以外で１組見つけて，その３個の正方形の１辺の長さをそれぞれ答えなさい。

2 **りょう**さんと**みさき**さんが，理科室で**先生**と話をしています。

りょう：理科室にはいろいろな温度計があるね。

みさき：先生，このガラスでできた棒状《ぼうじょう》の温度計の仕組みを教えてください。

先　生：その温度計で温度を測定することができるのは，ガラス管の中に入っている赤く着色された灯油の体積が，周囲の温度によって変化するからです。

りょう：この赤い液体は水ではないのですね。水が用いられていない理由があるのですか。

みさき：水は０℃で凍《こお》ってしまい，０℃以下を測定できないからですね。

先　生：よく気が付きましたね。でも理由はそれだけではないのです。２人で実験をして，水の温度と体積の関係を調べてみると分かりますよ。

【実験】

① （**図１**）のように，４℃の水を容器に満たし，これに細いガラス管とデジタル温度計を通したせんをはめる。このとき，容器の中に空気が入らないように注意する。

② ガラス管には１㎜ごとに目《め》盛《も》りが刻《きざ》まれており，４℃のときの水面の高さに目盛りの０がくるようにする。

③ 容器を温め，中の水の温度が上がるにつれて，ガラス管の中の水面の高さがどのように変化するのかを調べる。

④ 水の温度を４℃にもどした後，容器を冷やし，中の水の温度が下がるにつれて，ガラス管の中の水面の高さがどのように変化するのかを調べる。

図１

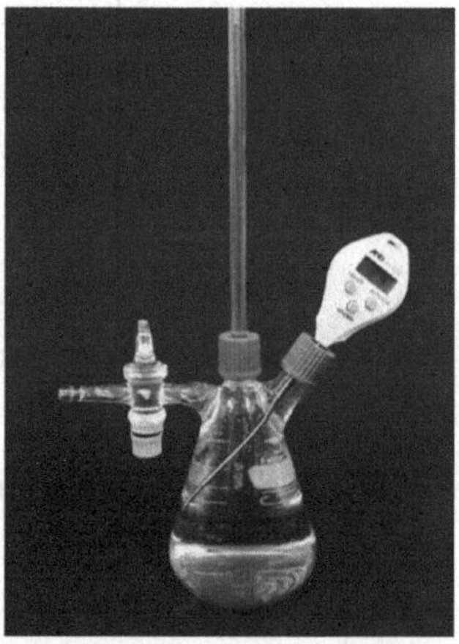

２人は実験を行いました。（**表１**）は実験の③と④の結果をまとめたものです。

表１　水の温度と水面の高さの関係

③の結果

水の温度〔℃〕	4	5	6	7	8	9	10
水面の高さ〔mm〕	0	0.5	3.0	5.5	9.5	16.0	24.0

水の温度〔℃〕	11	12	13	14	15	16	17
水面の高さ〔mm〕	34.5	47.0	60.5	75.0	95.0	117.5	155.0

④の結果

水の温度〔℃〕	4	3	2	1
水面の高さ〔mm〕	0	3.0	10.0	24.0

※容器やガラス管そのものの体積の変化は考えないものとします。

先　生：ガラス管の内部の水は円柱の形をしていて，円柱の底面の円の直径は1.5㎜です。

りょう：例えば水の温度が４℃から９℃に上がったとき，（**図２**）の色のついた円柱の体積を計算すれば，水の体積がどれだけ増えたか分かりますね。

図２

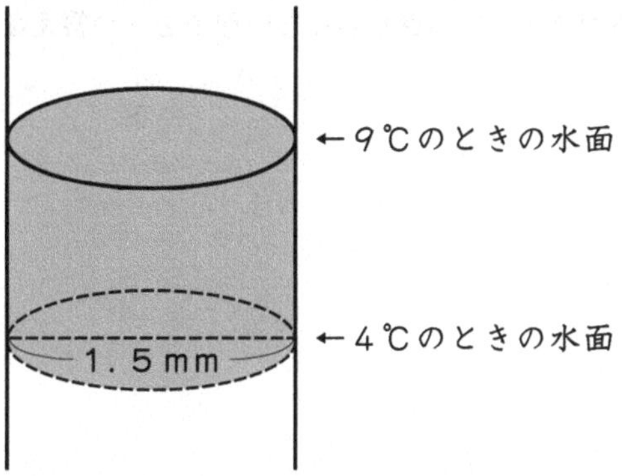

〔問題１〕 水の温度が４ ℃から９ ℃に上がったとき，（**図２**）の色のついた円柱の体積を計算すれば，水の体積がどれだけ増えたか分かりますね。とありますが，水の温度が４℃から９℃に上がったとき，水の体積がどれだけ増えたか式を書いて求めなさい。ただし，円柱の底面の円の直径は1.5㎜，円周率は3.14とし，単位は㎜^{3}で答えることとします。

先　生：水の温度と増えた体積の関係を調べるために，縦軸《たてじく》に増えた体積，横軸に温度を表し，そこに点をかいて表してみましょう。

みさき：前のページの（**表１**）をもとに，さっきと同様の計算を繰《く》り返《かえ》して，点をかいていけばよいのですね。

りょう：点をかいていくと（**図３**）のようになりました。

先　生：灯油でも同様に温度と増えた体積の関係を調べたものが（**図４**）です。

図３

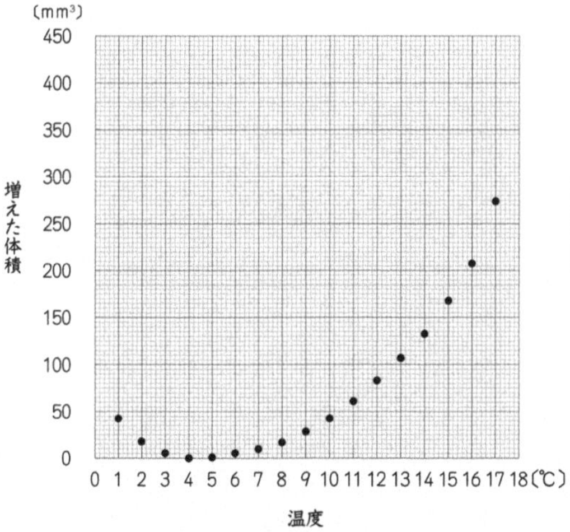

図４

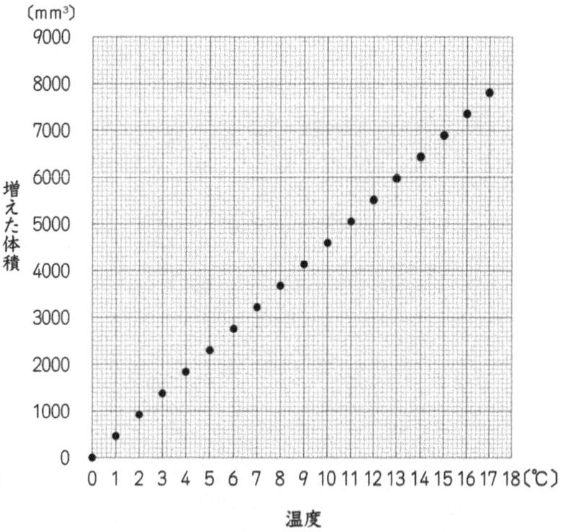

※水では４℃のときの水面の高さに目盛りの０がくるようにしましたが、灯油では０℃のときの液面の高さに目盛りの０がくるようにしました。

みさき：0℃で凍ってしまい，０℃以下を測定できないということ以外にも，水が温度計に用いられる液体としてふさわしくない理由があることが分かったわ。

〔問題２〕 0℃で凍ってしまい，０℃以下を測定できないということ以外にも，水が温度計に用いられる液体としてふさわしくない理由があることが分かったわ。とありますが，灯油と比べて，水が温度計に用いられる液体としてふさわしくない理由を一つ答えなさい。

の先頭に来るときには、前の行の最後の字と同じますめに書きます（ますめの下に書いてもかまいません）。

○。と」が続く場合には、同じますめに書いてもかまいません。

この場合、。」で一字と数えます。

○段落をかえたときの残りのますめは、字数として数えます。

○最後の段落の残りのますめは、字数として数えません。

度は変な音が出た。

「今度はちょっと欲張《よくば》ってきましたね」

音でなんでもわかってしまうのだなと恥ずかしくなった。

「ありがとうございました」

お稽古《けいこ》の最後に、敬意《けいい》を込《こ》めて先生に深く頭を下げた。お礼の言葉は日常でも使っているが、先生に向かって、「学ばせてくださってありがとうございました」という気持ちを込めて発するその言葉は、普段《ふだん》とは意味合いが違っていた。

その夜はずっと鼓のことを考えていた。ぽーんと気持ちよく鳴った音だけではなく、先生の言葉に込められた「日本らしさ」ということ。鼓を触ったことのない人間が、今日一人減って、それが私だということ。短い時間だったけれど、私の中に何かが宿った気がした。思った以上に忘《わす》れられない経験として、自分の中に刻まれていた。

鼓から飛んでいった私だけの「音」の感覚が、今も身体に残っている。ぽーん、と響いた、私だけの音。あの音にもう一度会いたいと、東京に戻《もど》った今も、たまに手首をぶらぶらさせながら想《おも》い続けている。

（村田沙耶香《むらたさやか》「となりの脳《のう》世界」による）

〔注〕小鼓《こつづみ》――日本の伝統的な打楽器の一つ。（図1）

謡《うたい》――日本の古典的芸能の一つである能楽の歌詞《かし》をうたうこと。

お能――能楽。室町時代《むろまちじだい》に完成した。

図1

〔問題1〕 ㋐個性とありますが、これは、文章2ではどのような形で表れていますか。会話文以外の部分から、五字以上十字以内でぬき出しなさい。

〔問題2〕 ㋑今度は変な音が出た。とありますが、それはなぜですか。十五字以上二十字以内で説明しなさい。ただし、文章1の表現も用いること。

〔問題3〕 文章2のお稽古《けいこ》の場面では、文章1の「知る、好む、楽しむ」のどの段階《だんかい》まで表されていると言えるでしょうか。あなたの考えを四百字以上四百四十字以内で書きなさい。ただし、次の条件とあとの〔きまり〕にしたがうこと。

条件　次の三段落構成《さんだんらくこうせい》にまとめて書くこと

① 第一段落では、「知る」、「好む」、「楽しむ」のどの段階まで表されていると考えるか、自分の意見を明確に示す。

② 第二段落では、「①」の根拠《こんきょ》となる箇所《かしょ》を文章2から具体的に示し、文章1と関係付けて説明する。

③ 第三段落では、「①」で示したものとはちがう段階だと考える人にも分かってもらえるよう、その人の考え方を想像してそれにふれながら、あなたの考えを筋道《すじみち》立てて説明する。

〔きまり〕
- ○題名は書きません。
- ○最初の行から書き始めます。
- ○各段落《だんらく》の最初の字は一字下げて書きます。
- ○行をかえるのは、段落をかえるときだけとします。
- ○、や。や」などもそれぞれ字数に数えます。これらの記号が行と頷いた。

「息を吸《す》ったり吐《は》いたりすると、もっといい音が出ます。吸う、ぽん」

息を吸《す》い込《こ》んで打つと、ぽん、という音がもっと大きくなった。

「村田さんらしい鼓の音というのが必ずあって、同じ道具を打っても人によって違う音が出ます。ここにいらっしゃる方がそれぞれ手に取ったら、それぞれ違う音が出ます」

上手《じょうず》な人はみんな完璧《かんぺき》な音を打っていて、それは同じ音色なのだろうと勝手に想像していたので、驚くと同時に、自分らしい音とはどんな音なのか、と胸《むね》が高鳴った。

「今、村田さんが打った鼓を、何もすることなしに私が打ってみます」

先生が打つと、美しい響《ひび》きに、部屋の空気がびりびりと気持ちよく震えた。凛《りん》とした振動に呼応《こおう》して、部屋の空気が変化して一つの世界として完成された感覚があった。

「鼓には五種類の音があります」

説明をしながら先生が鼓を打つ。さっきまで自分が触っていた鼓から、魔法のように複雑に、いろいろな音が飛び出す。

「今日みたいに湿気《しっけ》がある日は、小鼓にとってはとってもいい日なんです」

たまたま来た日がよく音が出る日だという偶然《ぐうぜん》が、なんだか自分が小鼓とご縁《えん》があったみたいでうれしくなった。

今度は掛《か》け声《ごえ》をかけて鼓を打ってみた。

「掛け声も音の一つです」

少し恥《は》ずかしかったが、自分の身体も楽器の一つだと思うと、少し勇気が出た。先生の＊謡《うたい》に合わせて、

「よー」

と掛け声を出し、ぽん、と打った。もっと大きく響かせたいと思っても、なかなかお腹《なか》から力が出なかった。声に気をとられて、鼓の音もまた間抜けになってしまった。

「音が出ないのも楽しさの一つです。少しのアドバイスで音が鳴るようになります。素直《すなお》な人ほどぽんと鳴ります」

先生の言葉に、とにかく素直に！ としっかり心に刻《きざ》み付《つ》けた。

「村田さんが来てくれて一番の喜びは、これで鼓を触ったことがない人が一人減ったということです。日本の楽器なのに、ドレミは知っていても小鼓のことはわからないという人が多い。鼓を触ったことのない人が減っていくというのが、自分の欲《よく》というか野望です」

先生の中にごく自然に宿っている言葉が、何気なくこちらに渡《わた》されてくる。先生の言葉も、鼓と同じように、生徒によって違う音で鳴るのだろうと感じた。

「＊お能の世界は非日常の世界なのですけれど、やはり日常に全て通じているんです」

最後にもう一度、鼓を構えて音を鳴らした。

とにかく素直に、素直に、と自分に言い聞かせて、身体の全部を先生の言葉に任せるような感覚で、全身から力を抜いた。

ぽん！

今日、自分ひとりで出した中で一番の大きな音が、鼓からぽーんと飛んでいった。

「とても素直な音ですね」

先生の言葉にうれしくなってしまい、もっと鳴らそうと思うと、㋑今

愛好するということは、これを楽しむことには及ばない。

端的《たんてき》――遠回しでなく、はっきりと表すさま。

私《わたし》はカウンセリングのときに――筆者はカウンセリングを仕事としている。

客体――はたらきかけるさいの、目的となるもの。対象。

文章2

（以前からあこがれのあった小鼓《こつづみ》を京都で習ってみることになった筆者は、着物をきちんと着付けてもらい、緊張《きんちょう》しながらお稽古《けいこ》の場にのぞんだ。）

いよいよ部屋を移動して*小鼓《こつづみ》に触《さわ》ってみることになった。

「まずは簡単《かんたん》に小鼓について説明します。鼓は馬の皮でできておりまして、表と裏《うら》があります。桜の木でできた胴《どう》という部分があり、麻《あさ》の紐《ひも》を縦《たて》と横に組み合わせただけの打楽器です」

目の前に小鼓を置いていただくと、「本物だあ」という無邪気《むじゃき》な感動があった。

「構えると打撃《だげき》面が見えないというのが、小鼓の特徴《とくちょう》です」

打撃面が見えない、というのがどういうことなのか咄嗟《とっさ》には理解できないまま頭の中で必死にメモをとる。

「まずは固定観念なしでいっぺん打っていただきます」

とはいえ、どう持っていいのかもわからない。手をこうやって、親指はこの形にして、くるりとまわして、と言われるままにおそるおそる小鼓を持ち上げて、右肩《みぎかた》に掲《かか》げた。

「イメージ通りに打ってみてください」

勢いよく腕《うで》を振《ふ》って、小鼓を手のひらでばしりと叩《たた》いた。テレビなどでよく見る映像《えいぞう》の真似《まね》っこだ。イメージと勢いに反して、ぺん、という間抜《まぬ》けな音が出た。

「いろいろやってみてください」

何度打っても、ぺん、ぱん、という、机《つくえ》を叩いているような間の抜《ぬ》けた音しか出ない。

打撃面が見えない、という意味が打ってみてわかった。自分の手のひらがどんな動きをしているのか、鼓のどの辺を打っているのか自分ではわからないのだ。

「案外、鳴らないものでしょう」

先生の言葉に、「はい」としみじみ頷《うなず》いた。

じゃあ、と、先生が姿勢《しせい》と持ち方を正してくださった。

「手をぶらぶらにして」

言われた通りに手首から力を抜く。先生が腕をもって一緒《いっしょ》に打ってくださった。

ぽん！　ぽん！

さっきとは比べ物にならない大きな音が出て驚《おどろ》いた。周りの空気がぶるぶる震《ふる》える感じがする。騒音《そうおん》の振動《しんどう》とはまったく違《ちが》う、部屋の空気がびりっと引《ひ》き締《し》まるような震えだ。

「鼓はいかに力を抜くことができるかということが大事です。鼓は、実はこの打った面ではなく、こっちの後ろから音が出ていきます。ちょっと私《わたし》の言うことを聞いていただけると、すぐ鳴るんです」

本当にその通りで、魔法《まほう》みたいだったので、感動して何度も「はい！」

【適性検査Ⅰ】（四五分）〈満点：一〇〇点〉

1 次の **文章1** と **文章2** とを読み、あとの問題に答えなさい。

（＊印の付いている言葉には、本文のあとに〔注〕があります。）

文章1

中国を最近、訪問《ほうもん》した。中国の人たちと話し合っていて、＊孔子《こうし》の教えが今も生きていることが感じられた。それにつけても思い出したのは、＊桑原武夫《くわばらたけお》先生の『論語《ろんご》』である。桑原先生の名解説で、＊『論語』が「孔子とその一門とのいきいきとした＊言行録」として捉《とら》えられ、いわゆる＊道学者としてではなく、人間、孔子の姿《すがた》を生き生きと浮《う》かびあがらせてくる書物であることが示される。

いろいろ好きな言葉があるが、ここに掲《かか》げたのは、＊雍也《ようや》第六 二十の＊「子曰《いわ》く、之《こ》れを知る者は之れを好む者に如《し》かず、之れを好む者は之れを楽しむ者に如かず」の後半である。ここには、知る、好む、楽しむ、という三つの動詞《どうし》があげられており、その重みが異《こと》なることを＊端的《たんてき》に示している。

最近は情報化社会という表現がもてはやされて、誰《だれ》もが新しい情報をできるだけ多く、そして早くキャッチすることに力をつくしている。確かに「知る」ことは大切だ。しかし、そのことに心を使いすぎると、それに疲《つか》れてしまったり、情報量の多さに押《お》し潰《つぶ》されてしまって、それに主体的にかかわっていく力がなくなってしまう。

「好む」者は、つまり「やる気」をもっているので、積極性がある。情報は与《あた》えられてくるので、人を受動的にする。人間の個性というものは、何が好きかというその人の積極的な姿勢《しせい》のなかに現れやすい。＊私《わたし》はカウンセリングのときに、何か好きなものがあるかを問うことがよくある。好きなことを中心に、その人の㋐個性が開花してくる。

孔子は、「好む」の上に「楽しむ」があるという。これはなかなか味わいのある言葉である。桑原先生の解説によれば、「『楽』は＊客体の中に入ってあるいはそれと一体化して安住することであろう。最初の二つの段階《だんかい》を経て、第三段階の安らぎの理想像に達するとする」ということになる。

「好む」は積極的だが、下手《へた》をすると気負いすぎになる。それは「近《きん》所迷惑《じょめいわく》」を引き起こすことさえある。「楽しむ」はそれを超《こ》え、あくまで積極性を失ってはいないが安らぎがある。これはまさに「理想像」である。これを提示するのに、「知」、「好」の段階を置いたところに孔子の知恵《ちえ》が感じられる。

（河合隼雄《かわいはやお》「『出会い』の不思議」による）

〔注〕 孔子《こうし》——古代中国の思想家。

桑原武夫《くわばらたけお》先生の『論語《ろんご》』——フランス文学者である桑原武夫氏による『論語』の解説書。

『論語』——中国の古典。

言行録——言ったことや行《おこな》ったことを書き記したもの。

道学者——道徳を説く人。

雍也《ようや》第六 二十——『論語』の章の一つ。

「子曰《いわ》く、之《こ》れを知る者は之れを好む者に如《し》かず、之れを好む者は之れを楽しむ者に如かず」——孔子が言う、知るということだけでは、まだ、これを愛好することに及《およ》ばない。

MEMO

大切なことはメモしておこうネ！

2021 年 度

解 答 と 解 説

《2021年度の配点は解答欄に掲載してあります。》

＜適性検査Ⅰ解答例＞

1 問題1 自分らしい音

問題2 もっと鳴らそうと気負いすぎたから。

問題3 (学校からの解答例はありません)

解答例

私は，文章2のおけい古の場面は，「好む」の段階まで表されていると考える。

文章2で，筆者は以前からあこがれていたこつづみのおけい古に参加する。これは，文章1にある「好む」者は積極性があるという部分を表している。興味があるから，筆者は京都までおけい古に行ったのだ。そして，筆者は，もっと大きくひびかせたいと思うあまり，うまく音を出すことができない。これは文章1にある「好む」は積極的だが，下手をすると気負いすぎになる，ということを表していると思う。

文章2の「私の中に何かが宿った」，「自分の中に刻まれていた」を文章1の「客体の中に入って一体化」だととらえ，「楽しむ」段階だと考える人もいるかもしれない。しかし，「楽しむ」の段階は，「積極性を失ってはいないが安らぎがある」状態だ。文章2の筆者は，まだ気負いすぎてうまく音が出せない状態なので，「安らぎがある」とはいえない。以上から，文章2では「好む」の段階だと考える。

○配点○

1 問題1 10点，問題2 20点，問題3 70点 計 100点

＜適性検査Ⅰ解説＞

1 (国語：読解，作文)

基本 問題1 「個性」とは，「その人個人の特ちょう的な性格」という意味である。文章2では，筆者が小鼓を初めて習いに行ったときのことが書かれている。筆者は4ページ上段にあるように，「上手な人はみんな完璧な音を打っていて，それは同じ音色なのだろう」と思っていた。しかし，先生は，「村田さんらしい鼓の音」があり，「同じ道具を打っても人によって違う音が出る」と言った。この一人ひとり違う音が出るということが，「個性」の表れだと言える。会話文以外から探すと，すぐ後の「自分らしい音」が正解である。

重要 問題2 ㋐のようになった原因は，直前にあるように，「もっと鳴らそうと思」ったからである。直後の先生の言葉にも「欲張ってきましたね」とある。「もっと鳴らそうと欲張りすぎたから」という理由を文章1の言葉を使って説明すればよい。文章1で同じような表現を探すと，最後の段落に，「下手をすると気負いすぎになる」とあるので，「欲張りすぎ」を「気負いすぎ」に変えて，説明すればよい。「なぜ」と理由を聞かれているので，「から。」という文末にすること。

問題3 段落構成およびそこに書く内容は提示されているので，あたえられた条件にそって書くことが重要である。第一段落では，自分の意見を明確に書く。第二段落では，その根拠を「具

体的に」書く。具体的とは実際の行動や思考ということなので，文章1の言葉を文章2で書かれている行動や思考で説明すればよい。第三段落では，自分と違った意見を認めつつ，そうではないという反論をする。引用を多くすると字数が足りなくなってしまうので，引用は必要最小限にする。〇〇だという意見があるが，△△なので，わたしは□□だと考える。という形になるよう文章を組み立てていけばよい。

★ワンポイントアドバイス★

自分の意見を書く問題は，理論的に自分の意見を書くことが重要だ。その考えに至る過程，根拠を示せるように記述の練習をしよう。文字数の感覚をつかむことも大切だ。

＜適性検査Ⅱ解答例＞

1 問題1

14	21	28
16	24	32

〔説明〕

AとCの和はBの2倍になっていて，DとFの和はEの2倍になっている。

したがって，BとEの和の3倍が，6個の数の和と同じになる。

135÷3＝45なので，BとEの和が45になる場所を見つければよい。

問題2 〔アの側面に書く4個の数〕 1 2 3 5

〔イの側面に書く4個の数〕 1 3 4 5

〔ウの側面に書く4個の数〕 1 2 3 7

〔エの側面に書く4個の数〕 1 3 4 7

〔アの展開図〕

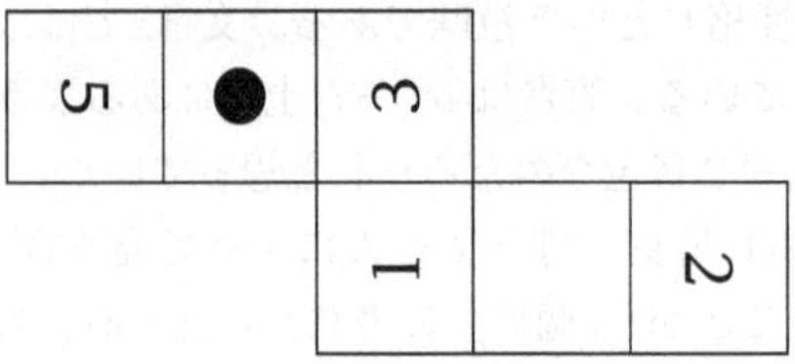

〔イの展開図〕

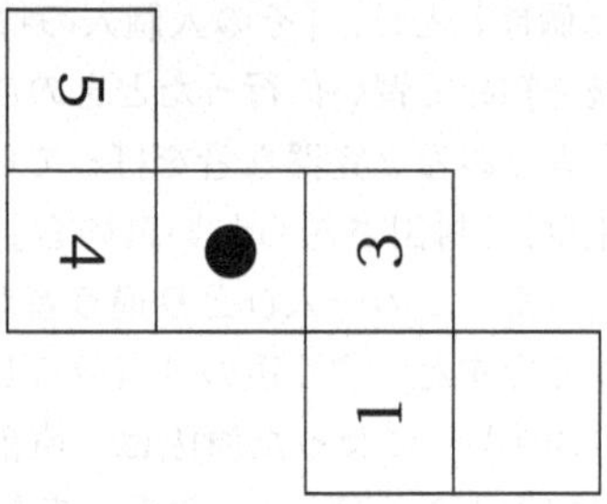

〔ウの展開図〕

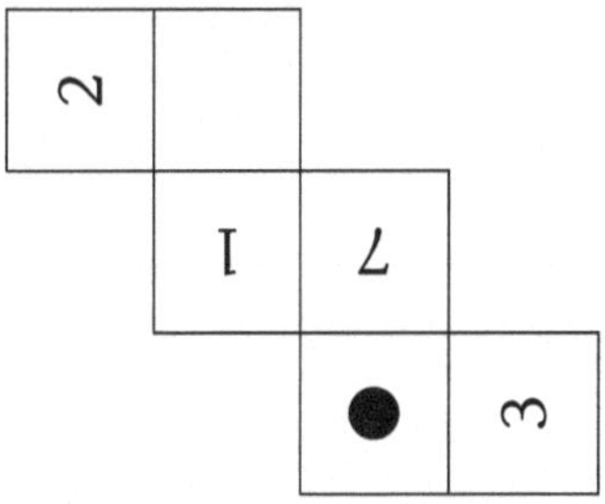

〔エの展開図〕

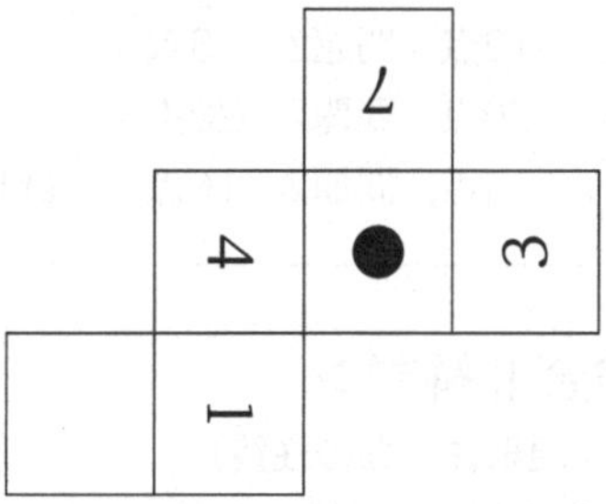

2 問題1 〔考えられる課題〕

図1より，主ばつに適した林れいは，50年以上であることが分かる。図2の2017年の林れい構成をみると，主ばつに適した林れい50年を経過した人工林の面積は大きいが，林れい30年よりもわかい人工林の面積は小さい。1976年，1995年，2017年の変化から，林れい50年以上の人工林が主ばつされると，しょう来，主ばつに適した人工林は少なくなっていくことが予想される。よって，利用することのできる木材の量が減ることが課題である。

問題2 〔選んだ二つ〕 図3，図4

〔説明〕

図3のように商品を生産する立場の人たちが，間ばつ材を使った商品を開発したり，利用方法を考えたりすることで，さまざまな商品が生まれる。また，商品を買う立場の人たちも，図4のような間ばつ材を知ってもらう活動を通じて，間ばつや，間ばつ材を使った商品に関心をもつ。これらの活動から，商品を売ったり買ったりする機会が生まれ，間ばつ材の利用がそく進される。

3 問題1 (1)

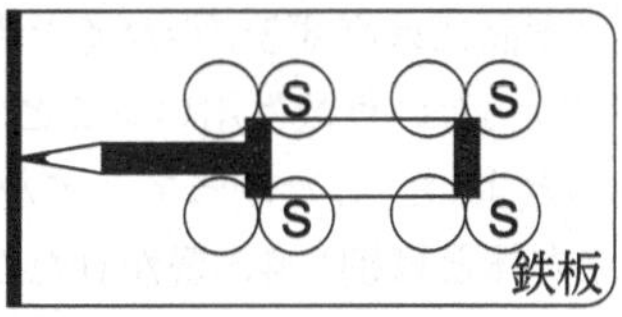

(2)

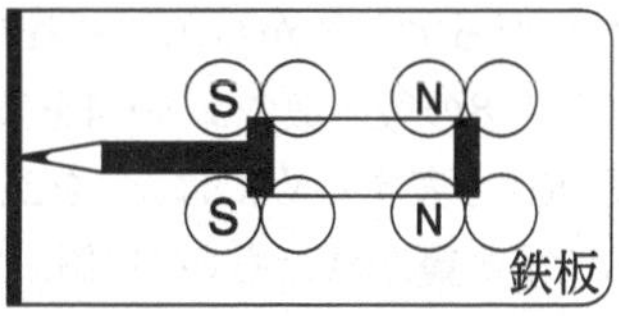

〔理由〕

図6から，㋒は㋐に対して，つつの右側のじ石の極は変わらないが，左側のじ石の極は反対である。図7のイより，鉄板に置く4個のじ石のうち，右側の2個のじ石の上側の極は変えずに，左側の2個のじ石の上側をN極からS極に変えるとよいから。

問題2 (1) 2個

(2) 〔大きい場合〕 ②

〔理由〕

①はA方向がそろっていないので，N極とS極が引き合う部分と，N極どうしやS極どうしがしりぞけ合う部分がある。それに対して，②はA方向がそろっているので，ほとんどの部分でN極とS極が引き合う。そのため，①より②のほうが引き合う部分が大きいから。

○配点○

1　問題1　12点，問題2　18点

2　問題1　20点，問題2　20点

3　問題1　14点，問題2　16点　　計100点

＜適性検査Ⅱ解説＞

1　（算数：規則性・数の性質）

基本　問題1　花子さんの「規則を考えたら，6個の数を全て足さなくても見つけることができました。」という言葉が問題を解く上でのヒントとなる。与えられた表2の太枠で囲まれた6個の数について考えてみる。上段と下段で数の性質が異なるので，上段と下段を分けて考える。

上段の「36，42，48」の3個の数の和は126であり，中央の数「42」の3倍であることがわかる。下段の「42，49，56」の3個の数についても，上段と同様に，3つの数の和は中央の数の3倍である。したがって，上段と下段の中央の数の和の3倍が6個の数の和であることがわかる。

図1

A	B	C
D	E	F

このことから，6個の数の和が135になるのは，右の図1において，B，Eの和の3倍が135なので，B，Eの和は135÷3＝45である。よって，6個の数のうちB，Eの和が45であるような6個の数を見つけてくるとよい。

やや難　問題2　アからエの立方体の側面に1から7までの数だけを書いて，九九の表にある全ての数を表すことに注意する。九九の表の最も小さい数である1を表すためには，4個の選ぶ数は全て1でなければならない。したがって，アからエのそれぞれの立方体の側面には必ず1が少なくとも1個は書かれている。

九九の表の最も大きい数である81を表すためには，4個の選ぶ数は全て3でなければならない。したがって，アからエのそれぞれの立方体の側面には必ず3が少なくとも1個は書かれている。次に8の段の数である64を表すことを考える。8という数は用いることができないので，8の段の64を表すためには，2を2個と4を2個選ぶとよい。したがって，アからエの立方体の側面には2と書かれたものが2個，2と書かれた立方体とは別に4と書かれたものが2個必要である。

あとは，5の段と7の段の数を表すことを考える。5の段の25を表すためには，5を2個と1を2個選ぶとよい。したがって，アからエの立方体のうち少なくとも2個の立方体の側面に2と書かれたものがある。同様に，7の段の49を表すためには，7を2個と1を2個選ぶとよい。したがって，アからエの立方体のうち少なくとも2個の立方体の側面に7と書かれたものがある。

ただし，5と7の書き方は，2と5，2と7，4と5，4と7と組み合わせておかないと5の段と7の段の全ての数を表すことができなくなる。立方体の側面に書く数の組み合わせが決まれば，展開図のどの面にどの向きで書くかということに注意して書き入れるとよい。展開図の数字を書く場所が異なっていても，数字の種類と向きが同じであれば正答である。

2 （社会：資料分析）

重要

問題1　図1から主ばつが出来るまで最低でも50年かかることが読み取れる。日本の林業は第二次世界大戦後に急速に発達した。第二次世界大戦前は，しん炭材などに利用するため自然林の広葉樹の利用が多かったが，戦後，住宅材などのじゅ要が急増したことにより，自然林である広葉樹をばっ採し，成長が早く，まっすぐに生育するスギやヒノキといった針葉樹に置きかえていった。

図2の1976年の林れい別面積の構成をみると，ほとんどが林れい25年以下であることがわかる。したがって1950年代以降に植林されていることになる。本来であれば林れいが50年を超える2000年以降からばっ採に適した時期になるが，近年は林業に従事する人が減ったり，輸入材が増加したりしていることから，山林の管理すらままならない地域が増加しており，図1に示されているような整備（手入れ）が行われないことも増えている。そのことは図2からも読み取れ，2017年のグラフからは，林れい51～55年をピークにして急激に面積は減少している。林れい30年以下の面積は，わずかになっており，林業がすい退していることが読み取れる。

また一般的に針葉樹は広葉樹に比べ，根が浅いため，適切な整備が行われていないけいしゃのある植林地では，土砂災害などの新たな災害を発生させることもある。また，かつては林業が主産業だった山村では，輸入材の増加により林業がすい退し，過そが進んでいる地域が非常に多くなっている。

問題2　図1に示されているように，植林地で適切な成長をうながすため行わなくてはならないのが間ばつである。成長が悪い木を間引くことにより，成長が良い木をさらに成長させることができる。仮に間ばつが行われないと，幹の細い木が大部分をしめ，商品価値としては低くなる。整備（管理）が放きされた人工林の木の幹は，ほとんどが細く，台風などの際には倒木が発生する。

かつて間ばつされた木も多くは利用されていた。例えば，割りばしやつまようじなども間ばつ材で生産されていたが，ひょう白剤等の使用による環境への負荷や，安価な輸入材による生産，そして代たいの素材であるプラスチックへの置きかえにより，間ばつ材の利用は年々減少けい向であった。

一方で近年，森林の適正な整備をそく進するためにも，間ばつ材の利用が積極的に呼びかけられるようにもなっており，新たな商品開発などが進んでいる。

3 （理科：実験・観察）

重要

問題1　(1)　図7のア，イと，つつに使う2個のじ石の極が同じであることから，ⓐのつつを浮かせるために鉄板に置くじ石の上側の極の条件は図aとなる。したがって図7のアとイを除く図b，図cが答えとなる。

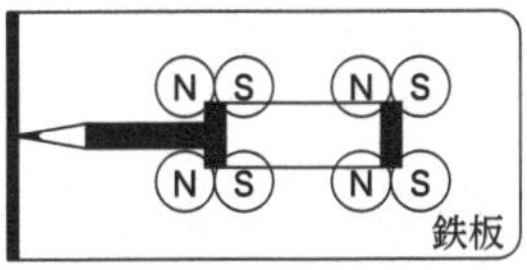

図a

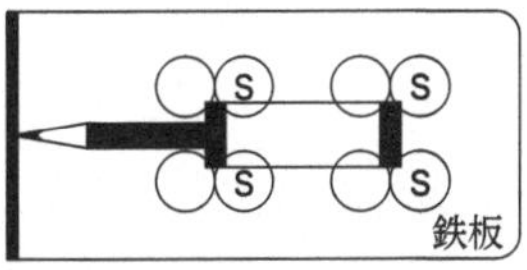

図b

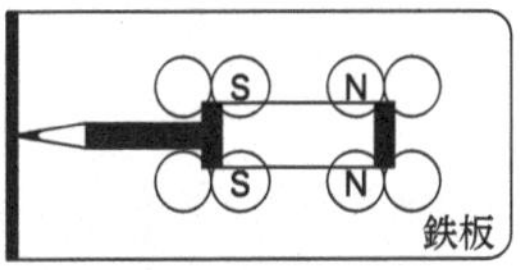

図c

⑵　図6より，(え)は(あ)に対してつつの右側のじ石の極は変わらないが，左側のじ石の極はN極とS極が反対であることがわかる。(あ)のつつを浮かせるために鉄板に置くじ石の上側の極の条件は問題1(1)解説の図aであったことから，鉄板に置くじ石のうち右側の2個のじ石の上側の極は変えずに，左側のじ石の上側の極をN極からS極に変えればよいことになる。したがって，次のいずれかが答えとなる。

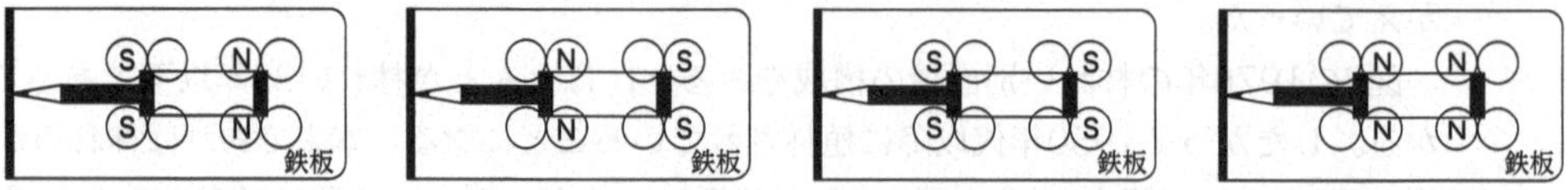

問題2　⑴　まず表1より，一辺が2cmのとき10gのおもりを2個つりさげられることがわかる。2gのおもりに置き換えると10個となる。一辺が3cm以下の正方形では，つりさげられる最大の重さはシートの面積に比例することから，一辺が2cm，つまり面積が$4cm^2$のとき，2gのおもりは10個つりさげられ，一辺が1cm，つまり面積が$1cm^2$のときは比例関係から10個÷$4cm^2$＝2.5個。つまり，2gのおもりを2個つりさげることができることになる。

⑵　表2より，②の方が，記録が大きいことがわかる。また①は2枚のシートのＡ方向が90度ずれているため，Ｎ極とＳ極が引き合う部分だけでなく，Ｎ極どうしやＳ極どうしがしりぞけ合う部分もあることになる。一方，②はＡ方向が同じであるので，Ｎ極とＳ極が引き合う。そのため②ではほとんどの部分でじ石が引き合うことになる。つまり，①より②の方が引き合う部分が多いため，よりたくさんのおもりをつりさげることができる。

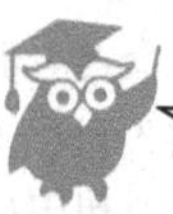

★ワンポイントアドバイス★

会話文をしっかりと読み取り，問題文の流れを理解することが問題を解く上で重要である。会話文中に，問題を解くためのヒントが隠されている。

＜適性検査Ⅲ解答例＞

1　問題1　〔図３〕の方が〔　8　〕cmだけ長い。

問題2

〔10個〕

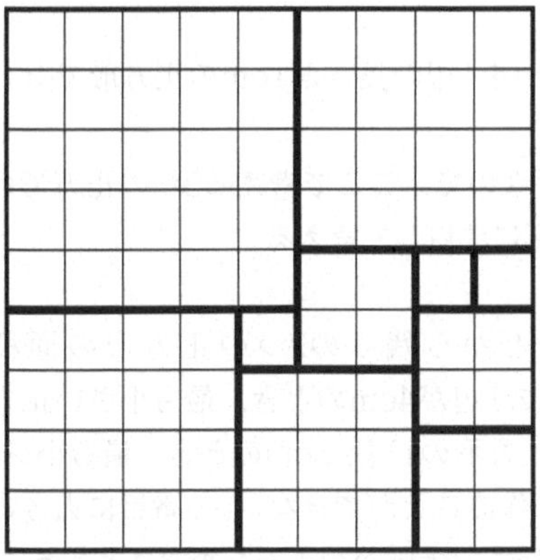

〔12個〕

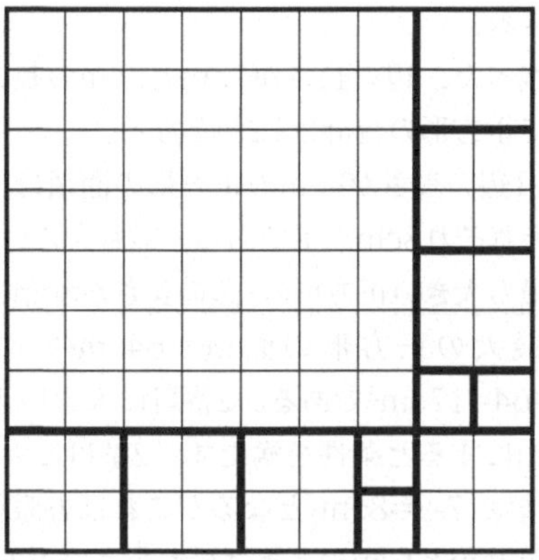

問題3　7cm，4cm，4cm　または　8cm，4cm，1cm

2　問題1　〔式〕 0.75×0.75×3.14×16.0

〔答〕 $28.26mm^3$

問題2　灯油ではことなる温度であればことなる目もりを示すが，水ではことなる温度であっても同じ目もりを示す場合があるから。

○配点○

1　問題1　15点，問題2　30点，問題3　15点

2　問題1　20点，問題2　20点　計100点

＜適性検査Ⅲ解説＞

1　**（算数：平面図形，組み合わせの数）**

基本　問題1　図2で書き加えた線の長さの合計は9+9+3+3+2+2+1+1+1+1=32cm，図3で書き加えた際の長さの合計は9+9+6+6+3+3+2+2=40cm。

よって，図3の方が8cmだけ長い。

重要　問題2　10個の場合

はじめに1辺の長さが5cmの正方形を作る。このとき，たてと横にはそれぞれ4cmずつ辺が余っているため，これを利用して1辺の長さが4cmの正方形を2つ作る。残りの部分で7個の正方形を作ればよい。図より，残りの部分には最も大きくて1辺の長さが4cmの正方形を入れることができる。このとき，残りのマスの形から1辺の長さが1cmの正方形しか作ることができず，その場合正方形の数は10個とならない。

次に，1辺の長さが3cmの正方形をうめる場合を考える。このとき，残った部分には1辺の長さが2cmの正方形と1辺の長さが1cmの正方形しか入れることができない。残った部分の面積は$15cm^2$なので1辺の長さが2cmの正方形を3つ，1辺の長さが1cmの正方形を3つ入れることができ，このとき正方形の合計は10個となる。

12個の場合

まず9cmの線を2本引くことで正方形2つと長方形2つを作る。このとき，残りの2つの長方形を10個の正方形に分けることができれば合計で12個の正方形を作ることができる。

最初に1辺の長さが2cmと7cmの正方形を1つずつ，辺の長さが2cmと7cmの長方形を2つつくる。この長方形の短い方の辺を利用して正方形を作ると1辺の長さが2cmの正方形が6つできる。

残った，辺の長さが1cmと2cmの長方形2つを1辺の長さが1cmの正方形で4つに分けることで正方形の合計は12個となる。

重要 問題3　1辺の長さが9cmの正方形の面積は81cm^{2}なので，ここで考える3つの正方形の1辺の長さはそれぞれ8cm以下である。最も大きい正方形に注目して考える。

最も大きい正方形の1辺の長さが8cmのとき

最大の正方形の面積が64cm^{2}であることから残りの2つの正方形の面積の合計は81-64=17cm^{2}である。2番目に大きい正方形の1辺が4cmのとき，最も小さい正方形の1辺を1cmにすると条件を満たす。2番目に大きい正方形の1辺が3cmのとき，最も小さい正方形の面積は17-9=8cm^{2}となるがこれは方眼紙では作ることができない。2番目に大きい正方形の1辺が2cmと1cmのときは最も小さい正方形の長さで矛盾が起こるため答えとすることができない。

最も大きい正方形の1辺の長さが7cmのとき

最大の正方形の面積は49cm^{2}から残りの2つの正方形の面積の合計は81-49=32cm^{2}である。2番目に大きい正方形の1辺が5cmのとき，最も小さい正方形の面積は32-25=7cm^{2}となるがこれは方眼紙では作ることができない。2番目に大きい正方形の1辺が4cmのとき，もう一つの正方形の1辺も4cmにすると条件を満たす。2番目に大きい正方形の1辺が3cm，2cm，1cmのときは最も小さい正方形の長さで矛盾が起こるため答えとすることができない。

最も大きい正方形の1辺の長さが6cmのとき

最大の正方形の面積は36cm^{2}から残りの2つの正方形の面積の合計は81-36=45cm^{2}である。このときは問題文で示されている，6cm，6cm，3cmの組合せ以外は条件を満たせない。

最も大きい正方形の1辺の長さが5cm以下のとき

3つの正方形の面積の合計は81cmよりも小さくなるため答えとすることができない。

2　（算数：液体の性質，比例）

問題1　水の温度が4℃から9℃まで上がったとき，水面の高さは0mmから16.0mmまで変化をしている。また，ガラス管の内部の底面の円の直径が1.5mmより，半径は0.75mmとなる。これより，水の体積の増えた量は円柱の体積が底面積×高さによって求められることから，$0.75\times0.75\times3.14\times16.0=28.26mm^3$である。

問題2　増えた体積の量を1つ決めたときに，それに対応する温度が2つになってしまうと温度計としてふさわしいとは言えない。

図3に注目すると，例えば温度が1℃のときと10℃のときは増えた体積が同じ値を示している。このことから，水はことなる温度であっても同じめもり（体積）を示す場合があり温度計としてはふさわしくない。

一方で，図4に注目すると，灯油の場合にはことなる温度ではことなるめもり（体積）を示していることがわかる。

以上のことから，灯油と比べて，水が温度計に用いられる液体としてふさわしくないことがわかる。

★ワンポイントアドバイス★

図形の問題では、大きいものから順番に試すことを意識しよう。やみくもに手を動かすのではなく、論理立てて考えることが重要だ。

MEMO

大切なことはメモしておこうネ！

2020年度

★★★★★★★★★★★★★★★★★★★★★★★★

入　試　問　題

2020年度

都立両国高等学校附属中学校入試問題

【適性検査Ⅰ】　(23ページから始まります。)

【適性検査Ⅱ】　(45分)　　＜満点：100点＞

1　**先生，花子さん，太郎《たろう》さんが，校内の６年生と４年生との交流会に向けて話をしています。**

先生：今度，学校で４年生との交流会が開かれます。６年生59人は，制作した作品を展示《てんじ》して見てもらいます。また，４年生といっしょにゲームをします。

花子：楽しそうですね。私《わたし》たち６年生は，この交流会に向けて一人１枚《まい》画用紙に動物の絵をかいたので，それを見てもらうのですね。絵を展示する計画を立てましょう。

先生：みんなが絵をかいたときに使った画用紙の辺の長さは，短い方が40㎝，長い方が50㎝です。画用紙を横向きに使って絵をかいたものを横向きの画用紙，画用紙を縦向《たてむ》きに使って絵をかいたものを縦向きの画用紙とよぶことにします。

太郎：**図１**の横向きの画用紙と，**図２**の縦向きの画用紙は，それぞれ何枚《なんまい》ずつあるか数えてみよう。

図１　横向きの画用紙

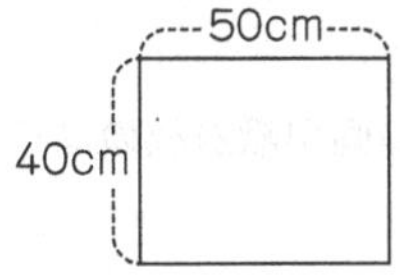

図２　縦向《たてむ》きの画用紙

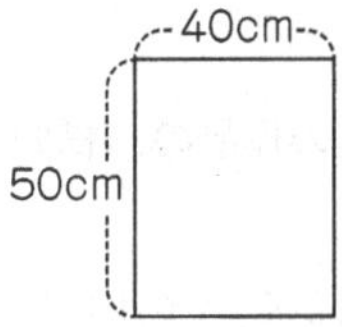

花子：横向きの画用紙は38枚あります。縦向きの画用紙は21枚です。全部で59枚ですね。

太郎：先生，画用紙はどこにはればよいですか。

先生：学校に，**図３**のような縦《たて》２ｍ，横1.4ｍのパネルがあるので，そこにはります。絵はパネルの両面にはることができます。

花子：分かりました。ところで，画用紙をはるときの約束はどうしますか。

先生：作品が見やすいように，画用紙をはることができるとよいですね。昨年は，次の〔**約束**〕にしたがってはりました。

図３　パネル

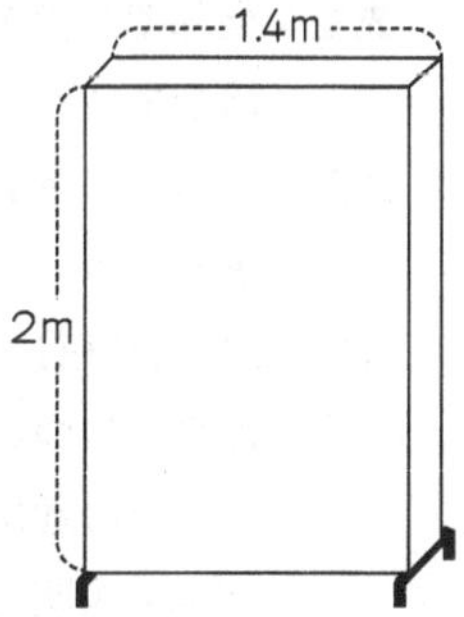

〔約束〕

(1)　次のページの**図４**のように，画用紙はパネルの外にはみ出さないように，まっすぐにはる。

(2)　パネルの一つの面について，どの行（横のならび）にも同じ枚数《まいすう》の画用紙をはる。また，どの列（縦《たて》のならび）にも同じ枚数の画用紙をはる。

(3)　１台のパネルに，はる面は２面ある。一つの面には，横向きの画用紙と縦向きの画用紙を混ぜてはらないようにする。

(4)　パネルの左右のはしと画用紙の間の長さを①，左の画用紙と右の画用紙の間の長さを②，パネルの上下のはしと画用紙の間の長さを③，上の画用紙と下の画用紙の間の長さを④とする。

(5) 長さ①どうし，長さ②どうし，長さ③どうし，長さ④どうしはそれぞれ同じ長さとする。

(6) 長さ①～④はどれも５cm以上で，５の倍数の長さ（cm）とする。

(7) 長さ①～④は，面によって変えてもよい。

(8) 一つの面にはる画用紙の枚数は，面によって変えてもよい。

図４　画用紙のはり方

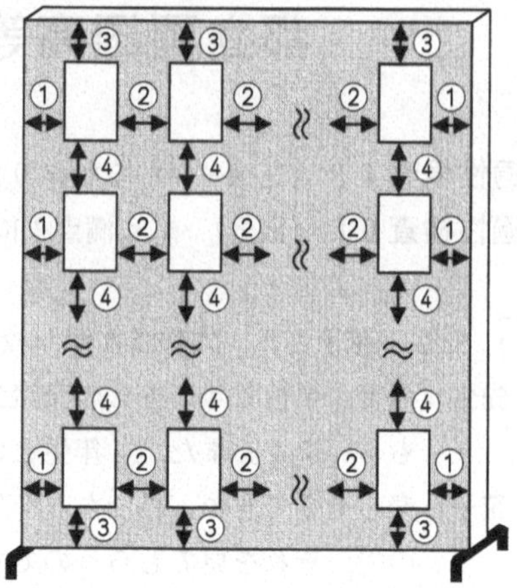

花子：今年も，昨年の〔約束〕と同じように，パネルにはることにしましょう。

太郎：そうだね。例えば，前のページの**図２**の縦向きの画用紙６枚を，パネルの一つの面にはってみよう。いろいろなはり方がありそうですね。

〔問題１〕〔約束〕にしたがって，前のページの**図３**のパネルの一つの面に，**図２**で示した縦《たて》向《む》きの画用紙６枚《まい》をはるとき，あなたなら，はるときの長さ①～④をそれぞれ何cmにしますか。

花子：次に，６年生の作品の，横向きの画用紙38枚と，縦向きの画用紙21枚のはり方を考えていきましょう。

太郎：横向きの画用紙をパネルにはるときも，〔約束〕にしたがってはればよいですね。

花子：先生，パネルは何台ありますか。

先生：全部で８台あります。しかし，交流会のときと同じ時期に，５年生もパネルを使うので，交流会で使うパネルの台数はなるべく少ないほうがよいですね。

太郎：パネルの台数を最も少なくするために，パネルの面にどのように画用紙をはればよいか考えましょう。

〔問題２〕〔約束〕にしたがって，６年生の作品59枚をはるとき，パネルの台数が最も少なくなるときのはり方について考えます。そのときのパネルの台数を答えなさい。

また，その理由を，それぞれのパネルの面に，どの向きの画用紙を何枚ずつはるか具体的に示し，文章で説明しなさい。なお，長さ①～④については説明しなくてよい。

先生：次は４年生といっしょに取り組むゲームを考えていきましょう。何かアイデアはありますか。

花子：はい。図画工作の授業で，次のページの**図５**のような玉に竹ひごをさした立体を作りました。

この立体を使って，何かゲームができるとよいですね。

太郎：授業のあと，この立体を使ったゲームを考えていたのですが，しょうかいしてもいいですか。

花子：太郎さんは，どんなゲームを考えたのですか。

図5　玉に竹ひごをさした立体

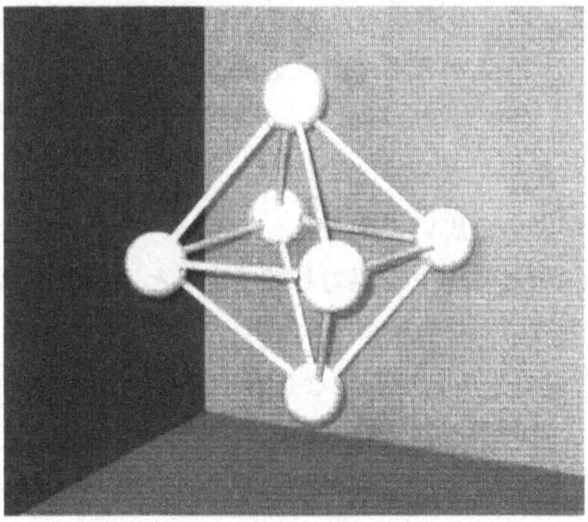

図6　記号と数を書いた立体

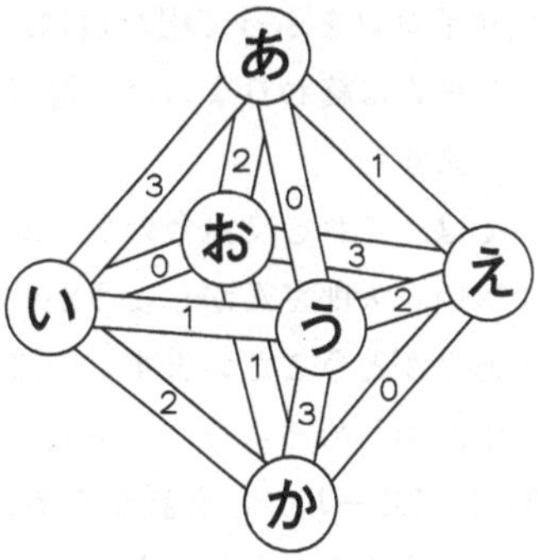

太郎：**図6**のように，６個の玉に，**あ**から**か**まで一つずつ記号を書きます。また，12本の竹ひごに，０，１，２，３の数を書きます。**あ**からスタートして，サイコロをふって出た目の数によって進んでいくゲームです。

花子：サイコロには**1**，**2**，**3**，**4**，**5**，**6**の目がありますが，竹ひごに書いた数は０，１，２，３です。どのように進むのですか。

太郎：それでは，ゲームの〔**ルール**〕を説明します。

〔**ルール**〕
⑴　**あ**をスタート地点とする。
⑵　六つある面に，**1**～**6**の目があるサイコロを１回ふる。
⑶　⑵で出た目の数に20を足し，その数を４で割《わ》ったときの余りの数を求める。
⑷　⑶で求めた余りの数が書かれている竹ひごを通り，次の玉へ進む。また，竹ひごに書かれた数を記録する。
⑸　⑵～⑷をくり返し，**か**に着いたらゲームは終わる。
　ただし，一度通った玉にもどるような目が出たときには，先に進まずに，その時点でゲームは終わる。
⑹　ゲームが終わるまでに記録した数の合計が得点となる。

太郎：例えば，サイコロをふって出た目が**1**，**3**の順のとき，**あ**→**え**→**お**と進みます。その次に出た目が**5**のときは，**か**に進み，ゲームは終わります。そのときの得点は５点となります。

花子：**5**ではなく，**6**の目が出たときはどうなるのですか。

太郎：そのときは，**あ**にもどることになるので，先に進まずに，**お**でゲームは終わります。得点は４点となります。それでは，３人でやってみましょう。
まず私がやってみます。サイコロをふって出た目は，**1**，**3**，**4**，**5**，**3**の順だったので，サイコロを５回ふって，ゲームは終わりました。得点は８点でした。

先生：私がサイコロをふって出た目は，**1**，**2**，**5**，**1**の順だったので，サイコロを４回ふって，ゲームは終わりました。得点は［ア］点でした。

花子：最後に私がやってみます。
サイコロをふって出た目は，［イ，ウ，エ，オ］の順だったので，サイコロを４回ふって，ゲームは終わりました。得点は７点でした。３人のうちでは，太郎さんの得点が一番高くなりますね。

先生：では，これを交流会のゲームにしましょうか。

花子：はい。太郎さんがしょうかいしたゲームがよいと思います。

太郎：ありがとうございます。交流会では，４年生と６年生で協力してできるとよいですね。４年生が楽しめるように，準備していきましょう。

〔問題３〕〔**ルール**〕と会話から考えられる［ア］に入る数を答えなさい。また，［イ，ウ，エ，オ］にあてはまるものとして考えられるサイコロの目の数を答えなさい。

2　**花子**さんと**太郎**《たろう》さんは，図書室でバスについて**先生**と話をしています。

花子：昨日，バスに乗ってとなりの駅に行ったとき，たくさんのバスが行き来していましたよ。

太郎：たくさんのバスがあるということは，行き先がちがっていたり，バスの種類もいろいろあったりするのでしょうか。バスの種類や台数はどれぐらいあるのでしょう。

花子：バスのことについて，調べてみましょう。

花子さんと太郎さんは，次の資料（**図１**，**図２**，次のページの**表１**）を見つけました。

図１　日本国内の乗合《のりあい》バスの合計台数の移り変わり

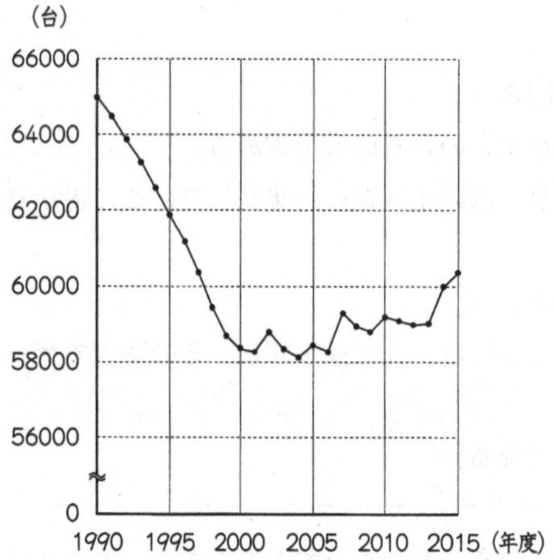

図２　日本国内の乗合バスが１年間に実際に走行したきょりの移り変わり

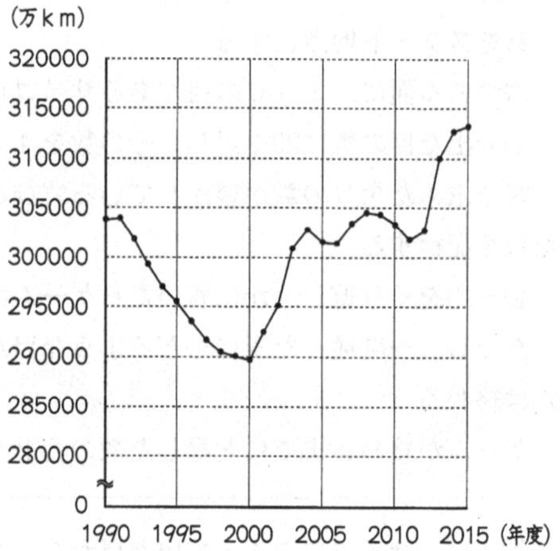

（公益社団法人日本バス協会「２０１８年度版（平成３０年度）日本のバス事業」より作成）

太郎：資料に書いてある乗合《のりあい》バスとは，どんなバスのことですか。

先生：バスの種類は大きく分けて，乗合バスと，貸切《かしきり》バスがあります。決められた経路を時刻表《じこくひょう》に従《したが》って走るバスは，乗客の一人一人が料金をはらいます。このようなバスを乗合バスといいます。６年生の校外学習などでは，学校でいらいをしたバスで見学コースをまわってもらいましたね。このようなバスを貸切バスといいます。

花子：コミュニティバスは小型のバスで，私《わたし》たちの地域《ちいき》でも走っていますね。

表１　乗合《のりあい》バスに関する主な出来事

	主な出来事
１９９５ （平成７）年度	●　東京都武蔵野市《むさしのし》で、地域《ちいき》の人たちの多様な願いにこまやかに応えるため、新しいバスサービス「コミュニティバス」の運行を開始した。
１９９６ （平成８）年度	●　都営バスなどがノンステップバスの導入を開始した。
１９９７ （平成９）年度	●　国がオムニバスタウン事業を開始した。（オムニバスタウン事業とは、全国から１４都市を指定し、バス交通を活用して、安全で豊かな暮《く》らしやすいまちづくりを国が支えんする制度のこと。）
２００１ （平成１３）年度	●　バスの営業を新たに開始したり、新たな路線を開設したりしやすくするなど、国の制度が改められた。また、利用そく進等のため、割引運賃《わりびきうんちん》の導入などのサービス改善《かいぜん》がはかられた。
２００６ （平成１８）年度	●　貸切《かしきり》バスで運行していた市町村のバスのサービスを、乗合《のりあい》バスでの運行と認《みと》めることや、コミュニティバスでは地域の意見を取り入れて運賃の設定ができるようにすることなど、国の制度が改められた。
２０１２ （平成２４）年度	●　都営バスの全車両がノンステップバスとなった。

（「国土交通白書」や「都営バスホームページ」などより作成）

先生：1995（平成７）年度以降《いこう》，コミュニティバスを導入する地域が増えて，2016（平成28）年度には，全国の約80％の市町村で，コミュニティバスが運行されているという報告もあります。小型のコミュニティバスは，せまい道路を走ることができるという長所があります。

太郎：ノンステップバスとは，出入口に段差《だんさ》がないバスのことですね。

先生：前のページの**図１**や**図２**の資料からどんなことが分かりますか。

花子：1990年度から2000年度までは，どちらの資料も減少を示していますね。

太郎：2001年度以降の変化も考えてみましょう。

〔問題１〕　1990年度から2000年度までにかけて減少していた乗合バスの合計台数や１年間に実際に走行したきょりと比べて，2001年度から2015年度にかけてどのような移り変わりの様子がみられるか，**図１**と**図２**のどちらかを選び，その図から分かる移り変わりの様子について，**表１**と関連付けて，あなたの考えを書きなさい。

太郎：先日，祖父が最近のバスは乗りやすくなったと言っていたのだけれども，最近のバスは何か変化があるのでしょうか。

先生：2012（平成24）年度に都営バスの全車両がノンステップバスになったように，日本全国でもノンステップバスの車両が増えてきています。

花子：私が昨日乗ったのもノンステップバスでした。

太郎：次のページの**図３**の資料を見ると，車内に手すりがたくさんあるようですね。

先生：ノンステップバスが増えてきた理由について，次のページの**表２**の資料をもとに考えてみましょう。

図3　乗合バスの様子

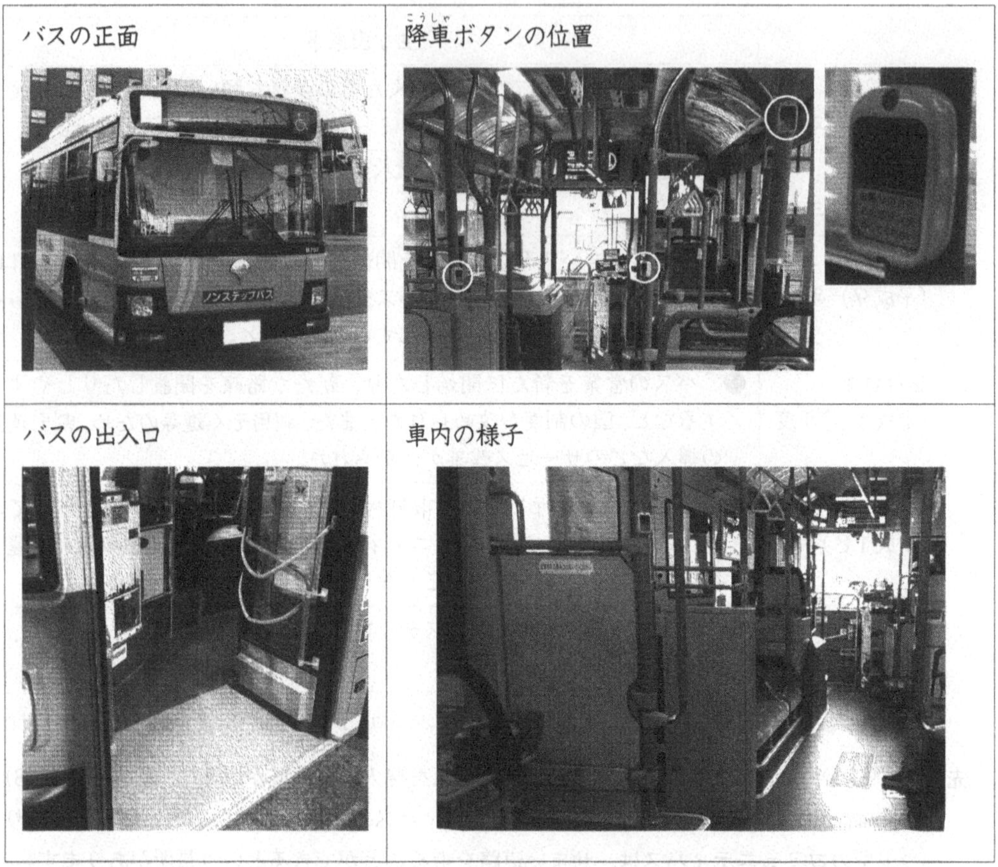

表2　２０１５（平成２７）年度以降《いこう》のノンステップバスの標準的な設計の工夫《くふう》の一部

・出入口の高さ	・車いすスペースの設置
・手すりの素材	・フリースペースの設置
・ゆかの素材	・固定ベルトの設置
・降車《こうしゃ》ボタンの位置	・優先席《ゆうせんせき》の配置

（公益社団法人日本バス協会「２０１８年度版（平成３０年度）日本のバス事業」より作成）

花子：ノンステップバスは，いろいろな人が利用しやすいように，設計が工夫《くふう》されているようですね。

太郎：このような工夫にはどのような役割《やくわり》が期待されているのでしょうか。

〔問題２〕　太郎さんが「このような工夫にはどのような役割《やくわり》が期待されているのでしょうか。」と言っています。**表２**から設計の工夫を二つ選び，その二つの工夫に共通する役割として，どのようなことが期待されているか，あなたの考えを書きなさい。

太郎：バスの車両は，いろいろな人が利用しやすいように，工夫したつくりになっていることが分かりました。バスの車両以外にも，何か工夫があるのでしょうか。

花子：私は，路面に「バス優先《ゆうせん》」と書かれた道路を見たことがあります。２車線の道路のうち，一方の道路には「バス優先」と書かれていました。

先生：一般《いっぱん》の自動車も通行できますが，乗合バスが接近してきたときには，「バス優先」と書かれた車線から出て，道をゆずらなければいけないというきまりがあります。バス以外の一般の自動車の運転手の協力が必要ですね。

太郎：図４のような資料がありました。この資料の説明には，「このシステムがある場所では，乗合バスからの信号を受信する通信機が設置されています。この通信機が乗合バスからの信号を感知すると，乗合バスの通過する時刻《じこく》を予測して，バスの進行方向の青信号が点灯している時間を長くしたり，赤信号の点灯している時間を短くしたりするなど，乗合バスが通過しやすくしています。」と書いてあります。この仕組みのことを「公共車両優先システム」というそうです。

図４　公共車両優先《ゆうせん》システム

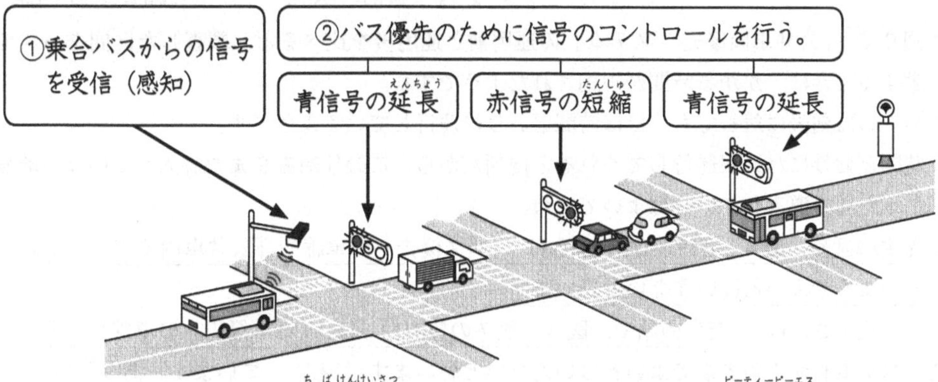

（千葉県警察《ちばけんけいさつ》ホームページ「新交通管理システム・ＰＴＰＳ《ピーティーピーエス》調査報告」より作成）

先生：「公共車両優先システム」は，乗合バスを常に青信号で通過させるための仕組みではありませんが，バスの信号待ちの時間を短くする効果があります。また，花子さんが見た「バス優先」の車線とあわせて利用されている場所もあるようです。

花子：この仕組みがある場所では，バスが通過するときと，通過しないときとでは，青信号や赤信号の点灯時間が変わるというのはおもしろいですね。この仕組みがある場所では，実際にどのような変化がみられたのでしょうか。

先生：ここに，図５，図６，図７の三つの資料があります。

（図６，図７は次のページにあります。）

図５　公共車両優先システムが導入された区間

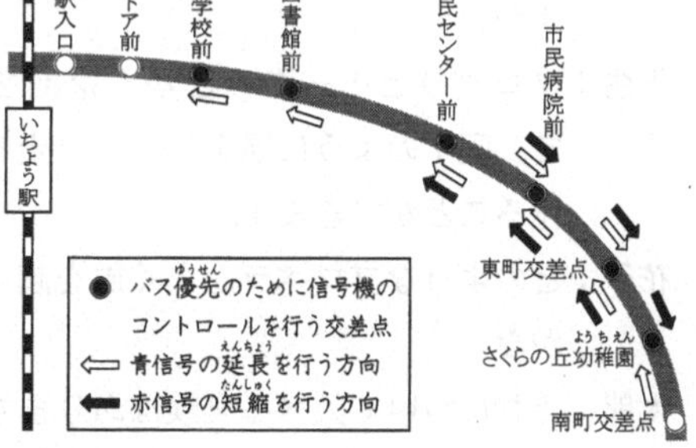

（千葉県警察ホームページ「新交通管理システム・ＰＴＰＳ調査報告」より作成）

図6　調査した区間のバスの平均運行時間

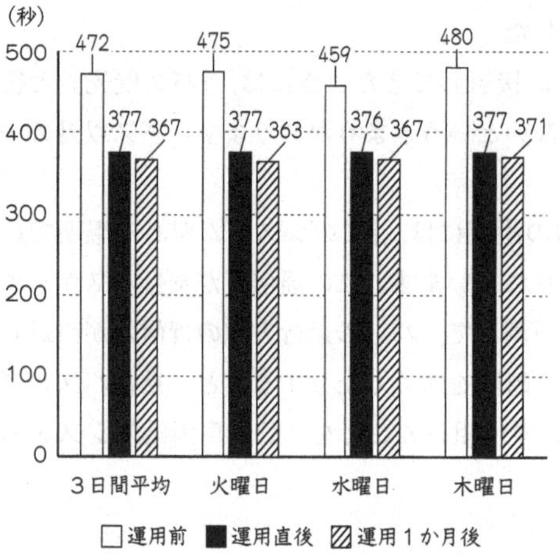

図7　時刻表《じこくひょう》に対するバスの運行状きょう（７分間の所要時間の経路を８分以内で運行した割合《わりあい》）

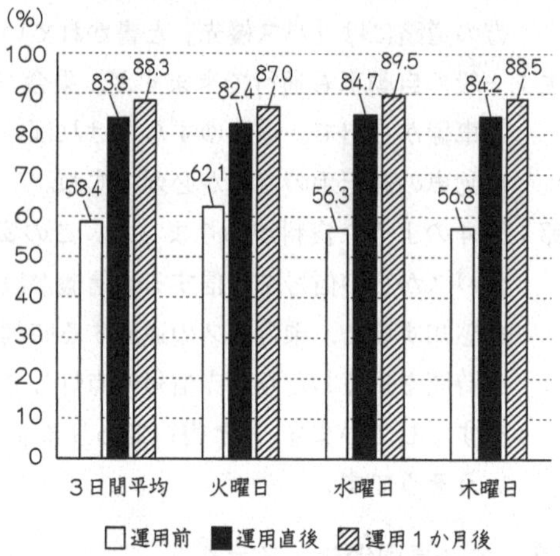

（千葉県警察ホームページ「新交通管理システム・ＰＴＰＳ調査報告」より作成）

太郎：図６で，「公共車両優先システム」の運用前と運用後を比べると，調査した区間をバスで移動するときに，かかる時間が短縮《たんしゅく》されたようですね。

花子：バスの時刻表に対しても，ほぼ時間どおりに運行しているようです。

太郎：時間どおりにバスが運行してくれると便利だから，この仕組みをまだ導入していない地域があったら，導入していけばよいですね。

花子：先生の話や，図４～図７の資料からは，「バス優先」の車線や「公共車両優先システム」がこのままでよいとはいえないと思います。

〔問題３〕　花子さんは，「先生の話や，図４～図７の資料からは，「バス優先」の車線や「公共車両優先システム」がこのままでよいとはいえないと思います。」と言っています。あなたは，「バス優先」の車線や「公共車両優先システム」にどのような課題があると考えますか。また，その課題をどのように解決すればよいか，あなたの考えを書きなさい。

３　花子さん，太郎《たろう》さん，先生が車の模型《もけい》について話をしています。

花子：モーターで走る車の模型を作りたいな。

太郎：プロペラを使って車の模型を作ることができますか。

先生：プロペラとモーターとかん電池を組み合わせて，図１のように風を起こして走る車の模型を作ることができます。

花子：どのようなプロペラがよく風を起こしているのかな。

太郎：それについて調べる実験はありますか。

先生：電子てんびんを使って，実験１で調べることが

図１　風を起こして走る車の模型《もけい》

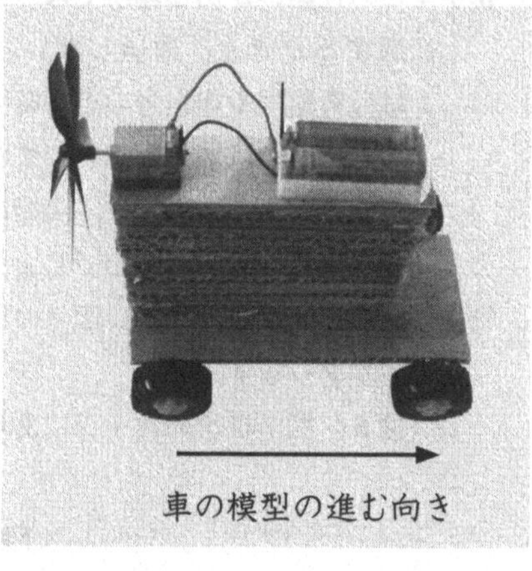

できます。

花子：**実験１**は，どのようなものですか。

先生：まず，**図２**のように台に固定したモーターを用意します。それを電子てんびんではかります。

太郎：はかったら，54.1ｇになりました。

先生：次に，**図３**のようにスイッチがついたかん電池ボックスにかん電池を入れます。それを電子てんびんではかります。

花子：これは，48.6ｇでした。

先生：さらに，プロペラを**図２**の台に固定したモーターにつけ，そのモーターに**図３**のボックスに入ったかん電池をつなげます。それらを電子てんびんではかります。その後，電子てんびんにのせたままの状態でスイッチを入れると，プロペラが回り，電子てんびんの示す値《あたい》が変わります。ちがいが大きいほど，風を多く起こしているといえます。

太郎：**表１**の**Ａ**～**Ｄ**の４種類のプロペラを使って，**実験１**をやってみましょう。

図２　台に固定したモーター

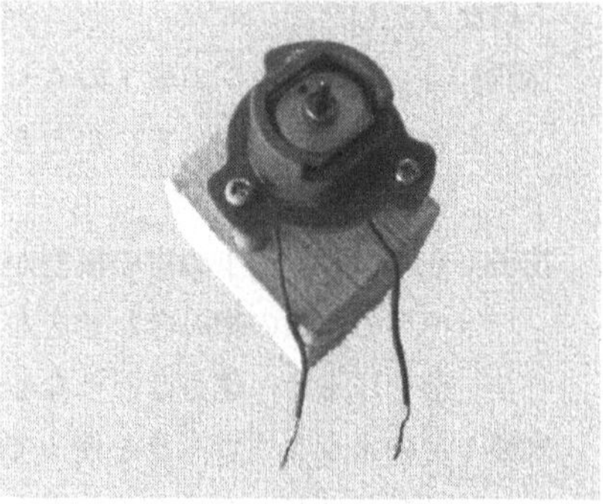

図３　ボックスに入ったかん電池

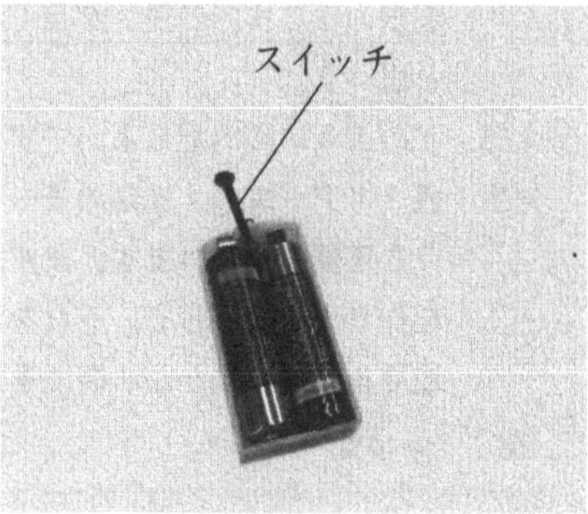

表１　４種類のプロペラ

	Ａ	Ｂ	Ｃ	Ｄ
プロペラ		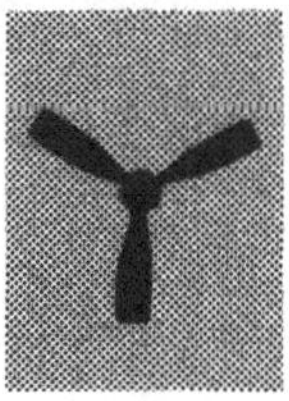		
中心から羽根のはしまでの長さ（ｃｍ）	５．４	４．９	４．２	２．９
重さ（ｇ）	７．５	２．７	３．３	４．２

表２　プロペラが回っていたときの電子てんびんの示す値《あたい》

プロペラ	Ａ	Ｂ	Ｃ	Ｄ
電子てんびんの示す値《あたい》（ｇ）	１２３．５	１２３．２	１２０．９	１１１．８

スイッチを入れてプロペラが回っていたときの電子てんびんの示す値は，前のページの**表２**のようになりました。

〔問題１〕　前のページの**表１**の**Ａ**～**Ｄ**のプロペラのうちから一つ選び，そのプロペラが止まっていたときに比べて，回っていたときの電子てんびんの示す値《あたい》は何ｇちがうか求めなさい。

花子：８ページの**図１**の車の模型から，モーターの種類やプロペラの種類の組み合わせをかえて，**図４**のような車の模型を作ると，速さはどうなるのかな。

図４　車の模型

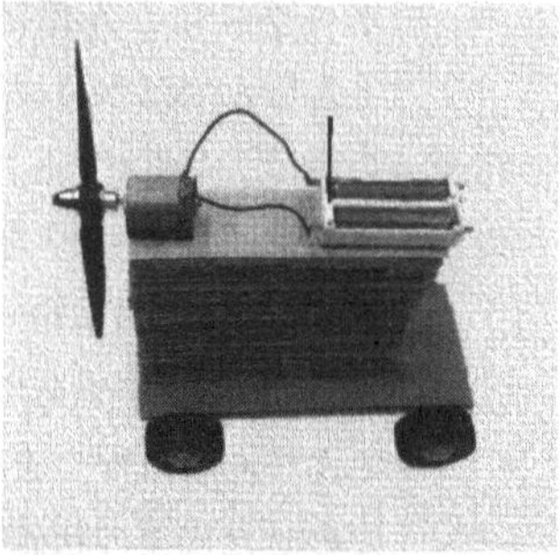

太郎：どのようなプロペラを使っても，①モーターが軽くなればなるほど，速く走ると思うよ。

花子：どのようなモーターを使っても，②プロペラの中心から羽根のはしまでの長さが長くなればなるほど，速く走ると思うよ。

太郎：どのように調べたらよいですか。

先生：**表３**の**ア**～**エ**の４種類のモーターと，**表４**の**Ｅ**～**Ｈ**の４種類のプロペラを用意して，次のような**実験２**を行います。まず，モーターとプロペラを一つずつ選び，**図４**のような車の模型を作ります。そして，それを体育館で走らせ，走り始めてから，５ｍ地点と10ｍ地点の間を走りぬけるのにかかる時間をストップウォッチではかります。

表３　４種類のモーター

	ア	**イ**	**ウ**	**エ**
モーター				
重さ（ｇ）	１８	２１	３０	４４

表４　４種類のプロペラ

	Ｅ	**Ｆ**	**Ｇ**	**Ｈ**
プロペラ	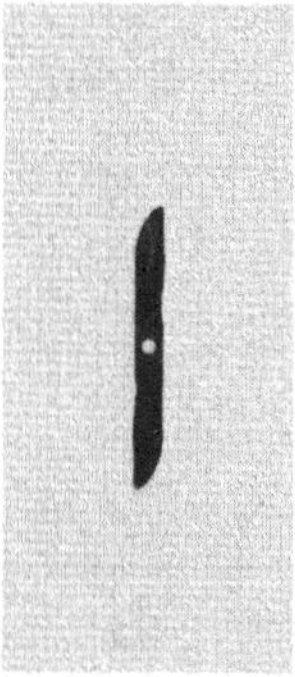	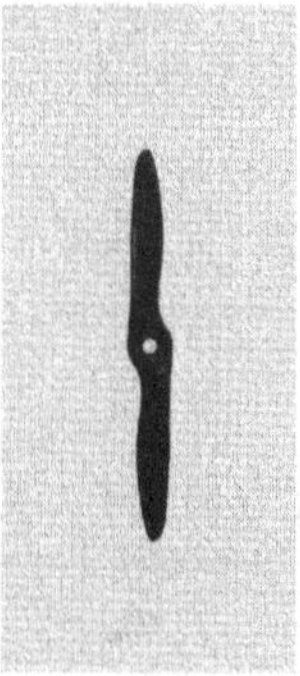	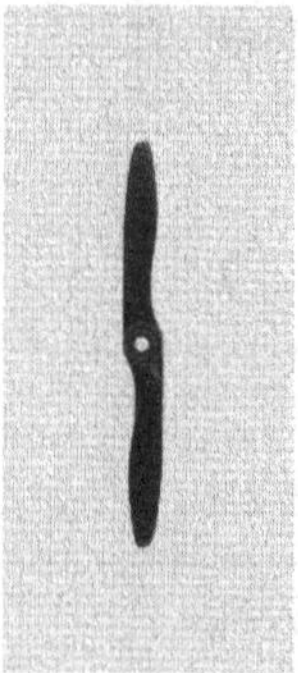	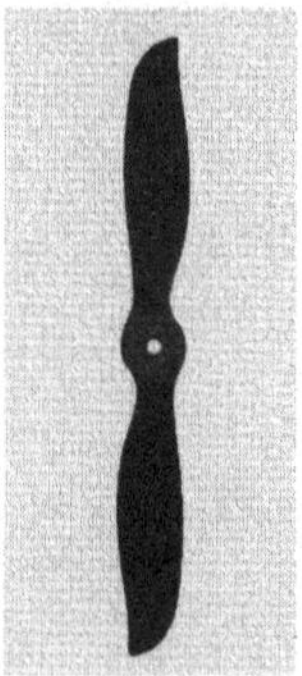
中心から羽根のはしまでの長さ（ｃｍ）	４．０	５．３	５．８	９．０

花子：モーターとプロペラの組み合わせをいろいろかえて，**実験２**をやってみましょう。

実験２で走りぬけるのにかかった時間は，**表５**のようになりました。

表５　５ｍ地点から１０ｍ地点まで走りぬけるのにかかった時間（秒）

		モーター			
		ア	イ	ウ	エ
プロペラ	E	3.8	3.1	3.6	7.5
	F	3.3	2.9	3.2	5.2
	G	3.8	3.1	3.1	3.9
	H	4.8	4.0	2.8	4.8

〔問題２〕 (1) **表５**において，車の模型が最も速かったときのモーターとプロペラの組み合わせを書きなさい。

(2) **表５**から，①の予想か②の予想が正しくなる場合があるかどうかを考えます。

太郎さんは，「①モーターが軽くなればなるほど，速く走ると思うよ。」と予想しました。①の予想が正しくなるプロペラはＥ～Ｈの中にありますか。

花子さんは，「②プロペラの中心から羽根のはしまでの長さが長くなればなるほど，速く走ると思うよ。」と予想しました。②の予想が正しくなるモーターはア～エの中にありますか。

①の予想と②の予想のどちらかを選んで解答らんに書き，その予想が正しくなる場合があるかどうか，解答らんの「あります」か「ありません」のどちらかを丸で囲みなさい。また，そのように判断した理由を説明しなさい。

太郎：モーターとプロペラを使わずに，ほを立てた車に風を当てると，動くよね。

花子：風を車のななめ前から当てたときでも，車が前に動くことはないのかな。調べる方法は何かありますか。

先生：**図５**のようにレールと車輪を使い，長方形の車の土台を動きやすくします。そして，**図６**のように，ほとして使う三角柱を用意します。次に，車の土台の上に**図６**の三角柱を立てて，次のページの**図７**のようにドライヤーの冷風を当てると，車の動きを調べることができます。

太郎：車の動きを調べてみましょう。

二人は先生のアドバイスを受けながら，次のページのような１～４の手順で**実験３**をしました。

図５　レールと車輪と車の土台

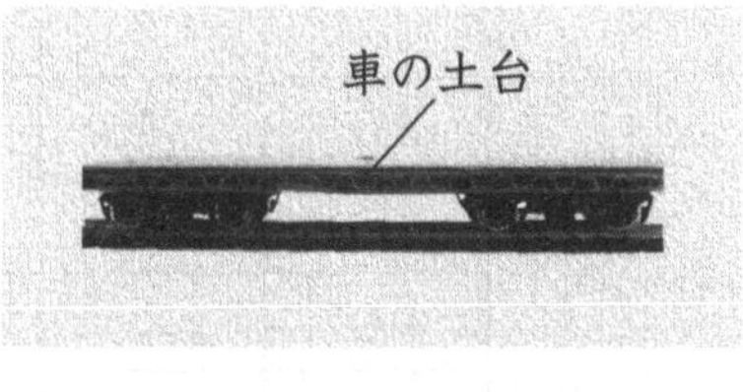

図６　ほとして使う三角柱

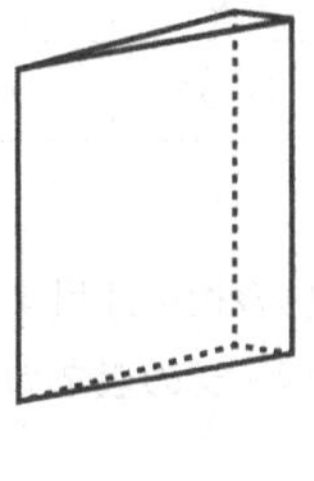

1　工作用紙で前のページの**図６**の三角柱を作る。その三角柱の側面が車の土台と垂直《すいちょく》になるように底面を固定し，車を作る。そして，車をレールにのせる。

2　**図８**のように，三角柱の底面の最も長い辺のある方を車の後ろとする。また，真上から見て，車の土台の長い辺に対してドライヤーの風を当てる角度を（あ）とする。さらに，車の土台の短い辺と，三角柱の底面の最も長い辺との間の角度を（い）とする。

3　（あ）が20°になるようにドライヤーを固定し，（い）を10°から70°まで10°ずつ変え，三角柱に風を当てたときの車の動きを調べる。

4　（あ）を30°から80°まで10°ごとに固定し，（い）を手順３のように変えて車の動きを調べる。

図７　車とドライヤー

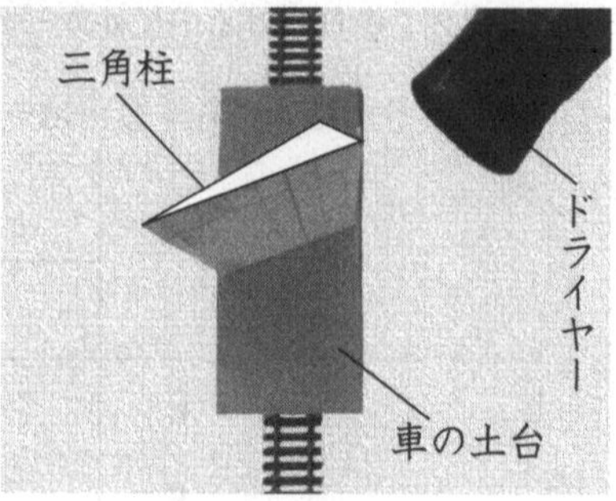

図８　**実験３**を真上から表した図

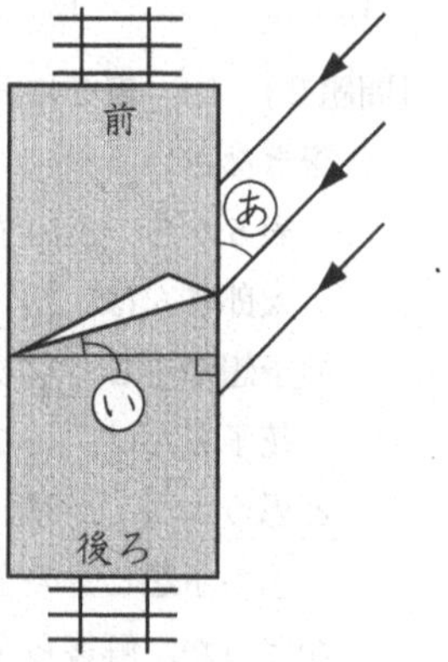

実験３の結果を，車が前に動いたときには○，後ろに動いたときには×，３秒間風を当てても動かなかったときには△という記号を用いてまとめると，**表６**のようになりました。

花子：風をななめ前から当てたときでも，車が前に動く場合があったね。

太郎：車が前に動く条件は，どのようなことに注目したら分かりますか。

表６　**実験３**の結果

		（い）						
		10°	20°	30°	40°	50°	60°	70°
（あ）	20°	×	×	×	×	×	×	×
	30°	×	×	×	×	×	×	×
	40°	×	×	×	×	△	△	△
	50°	×	×	×	△	○	○	○
	60°	×	×	△	○	○	○	○
	70°	×	△	○	○	○	○	○
	80°	△	○	○	○	○	○	○

先生：（あ）と（い）の和に注目するとよいです。

花子：次のページの**表７**の空らんに，○か×か△のいずれかの記号を入れてまとめてみよう。

表7　車の動き

		(あ)と(い)の和					
		60°	70°	80°	90°	100°	110°
(あ)	20°						
	30°						
	40°						
	50°						
	60°		★				
	70°						
	80°						

〔問題３〕　⑴　**表７の★に当てはまる記号を○か×か△の中から一つ選び，書きなさい。**

⑵　**実験３**の結果から，風をななめ前から当てたときに車が前に動く条件を，あなたが作成した**表７**をふまえて説明しなさい。

【適性検査Ⅲ】 (30分)　＜満点：100点＞

1 **りょう**さんは商店街の本屋で，宇宙《うちゅう》について特集した雑誌《ざっし》を買いました。その雑誌を**みさき**さんといっしょに読んでいます。

りょう：いつの日か，火星などに宇宙旅行ができる日が来るかもしれないね。

みさき：地球も火星も太陽の周りを回っていると書かれているね。

りょう：地球と火星とでは，太陽からのきょりや太陽の周りを１周するのにかかる時間がそれぞれ異《こと》なるから，地球と火星のきょりは時間とともに変化して，長くなったり短くなったりするそうだよ。

みさき：地球と火星のきょりは約３億9000万kmのときもあれば，約5700万kmのときもあると書かれているね。

りょう：となりのページには，光にも速さがあることが書いてあるよ。光はとても速くて，5700万km進むのにかかる時間が190秒だそうだよ。

みさき：地球と火星のきょりが３億9000万kmのときと，5700万kmのときでは，地球を出た光が火星に届《とど》くまでの時間にはどれだけの差があるのかな。

りょう：計算してみようよ。

〔問題１〕 計算してみようよ。とありますが，地球と火星のきょりが３億9000万kmのときと，5700万kmのときでは，地球を出た光が火星に届《とど》くまでの時間には何秒の差があるのか式を書いて求めなさい。ただし，光の速さは，5700万km進むのに190秒かかる速さであるとします。

りょうさんと**みさき**さんが話しているところに，**はるお**さんと**なつこ**さんがやってきました。

はるお：この前，家族で商店街に買い物に行き，電気屋で45型のテレビを買ったんだ。

りょう：45型のテレビってどれくらいの大きさなのかな。

はるお：テレビの画面が（図１）のような長方形だとして，その対角線の長さが45インチということだよ。

図１　テレビの画面

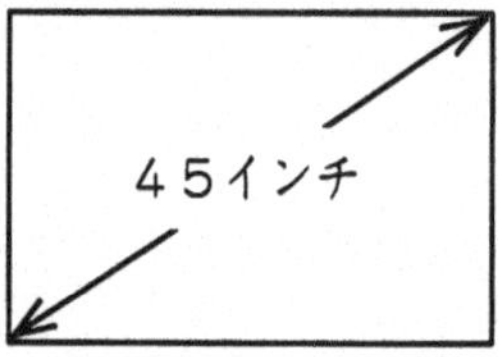

なつこ：アメリカ合衆国《がっしゅうこく》などでは「ヤード」「フィート」「インチ」といった長さを表す単位が使われていて，１ヤード＝91.44cm，１フィート＝30.48cm，１インチ＝2.54cmなんだよ。

りょう：すると，45型のテレビの対角線の長さは2.54×45＝114.3cmだね。

はるお：そう言えば，テレビで放送されるアメリカンフットボールやゴルフの試合では，「ヤード」や「フィート」という単位がよく使われているよ。

みさき：なつこさんの話から，１ヤード＝36インチで，１フィート＝12インチだと分かるね。

りょう：では，体育の授業でのソフトボール投げの記録（表１）を，「ヤード」「フィート」「インチ」という単位を使って表してみようよ。

表１　ソフトボール投げの記録

男子の平均	26.289m
女子の平均	17.272m

〔問題2〕 「ヤード」「フィート」「インチ」という単位を使って表してみようよ。とありますが，男子の平均または女子の平均のどちらかを選んで ◯ で囲み，その長さを◎ヤード△フィート◇インチのように表しなさい。ただし，◎，△，◇にそれぞれ整数を入れ，△フィートは1ヤードに満たないように，◇インチは1フィートに満たないようにして答えることとします。

はるお：商店街には電気屋と本屋，それからパン屋，薬局，たい焼き屋，花屋，あとは何屋さんがあったかなあ。

なつこ：美容院，クリーニング屋，コンビニエンスストア，洋服屋，ケーキ屋，それと魚屋だね。

りょう：商店街には二人が言った12のお店があるね。

みさき：商店街を（図2）のように表して，12のお店がある位置に①から⑫の番号を付けると，②の位置にはコンビニエンスストアがあるよ。

図2

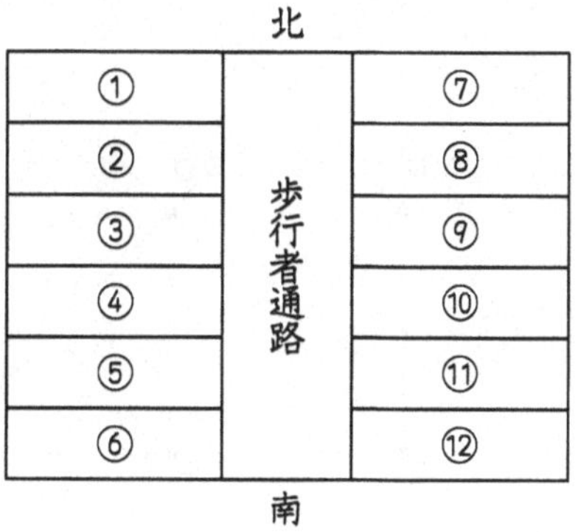

りょう：商店街を北から南に向かって歩くと，美容院の次が電気屋，本屋の次が洋服屋，魚屋の次がケーキ屋というふうに，これらはそれぞれとなりどうしにあるよ。

はるお：電気屋と本屋，パン屋と薬局，たい焼き屋と花屋は，それぞれ歩行者通路をはさんでたがいに向かい側にあるよ。

なつこ：商店街を南から北に向かって歩くと，右側に魚屋があり，さらに北に向かって歩くと，同じ側にパン屋もあるよ。魚屋とパン屋の間には二つのお店があるよ。

りょう：みんなの話をまとめると，この商店街にある12のお店がどの位置にあるのか，かなり分かってきたね。

みさき：でも，みんなの話だけでは，まだ位置がつかめていないお店もあるよ。

〔問題3〕 まだ位置がつかめていないお店もあるよ。とありますが，この商店街にある12のお店の位置をすべてつかむためには，どのような情報が不足していると考えられますか。解答らんに合うように答えなさい。ただし，お店の名前とお店の位置の番号を必ず用いることとします。

2 りょうさんとみさきさんが放課後に教室で話をしています。

りょう：パズルの本を読んでいたら，おもしろそうな問題を見つけたよ。

みさき：どんな問題なの。

りょう：（図１）のように，A《エー》，B《ビー》，C《シー》，D《ディー》，E《イー》，F《エフ》，G《ジー》，H《エイチ》，I《アイ》，J《ジェイ》，K《ケー》，L《エル》，M《エム》，N《エヌ》，O《オー》，P《ピー》の16個の点があるんだ。点Aを出発点として，ルールに従《したが》って移動していく問題で，ここに移動のルールが書かれているよ。

図１

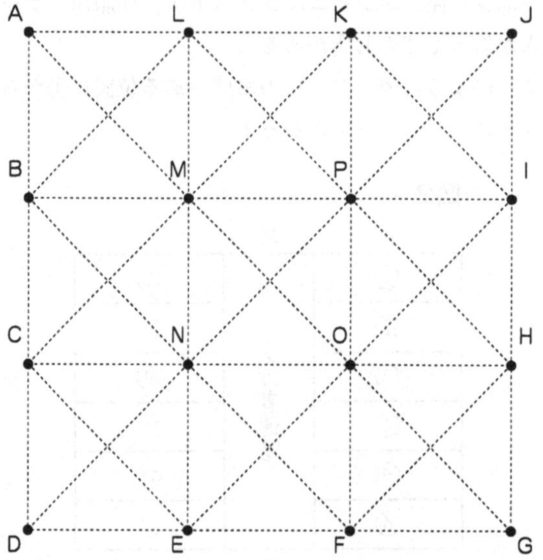

【移動のルール】

ルール１	１回の移動は（図２）の①から⑥までの６通りのいずれかとし，移動する前の点と移動した後の点を線で結んでいきます。
ルール２	移動は全部で16回行うものとし，（図１）の点Aを出発点として，残りの15個の点をすべて１度ずつ通って，最後は点Aにもどってくるものとします。
ルール３	16回の移動のなかで，（図２）の⑤と⑥のように，ななめに移動した回数を得点とします。

図２

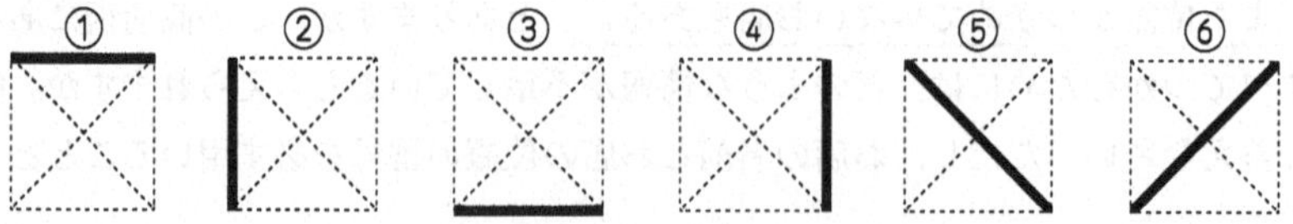

りょう：さっそく（次のページの図３）のような移動の仕方を見つけたよ。これは，

A→B→C→D→N→M→O→E→F→G→H→P→J→I→K→L→A

と移動したのだけれど，ななめの移動がD→N，M→O，O→E，H→P，P→J，I→Kの計６回あるから得点は６点だね。

みさき：私《わたし》も得点が６点になる（**図４**）のような移動の仕方を見つけたよ。これは，

A→B→C→D→E→O→M→K→J→I→H→G→F→N→P→L→A

と移動したのだけれど，移動した点と点を線で結んでできる形が，線対称《せんたいしょう》な形であり，点《てん》対称《たいしょう》な形でもあるよ。

図３

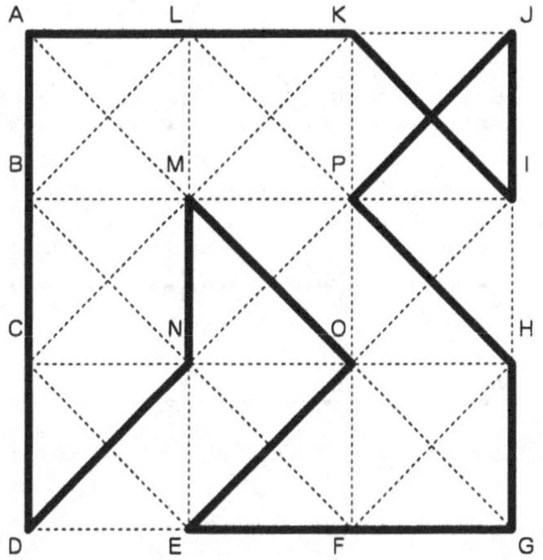

図４

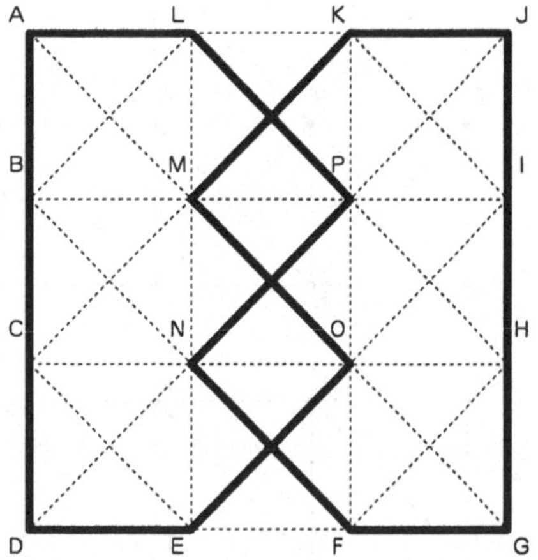

りょう：得点が６点となる移動の仕方のなかで，移動した点と点を線で結んでできる形が，線対称であるが点対称でない形になるものや，点対称であるが線対称でない形になるものもありそうだね。

みさき：いっしょに考えて見つけようよ。

〔問題１〕　いっしょに考えて見つけようよ。とありますが，得点が６点となる移動の仕方のなかで，移動した点と点を線で結んでできる形が，線対称《せんたいしょう》であるが点対称《てんたいしょう》でない形になるものか，点対称であるが線対称でない形になるもののどちらかを解答らんに一つ答えなさい。ただし，定規《じょうぎ》を用いて(**図３**)や(**図４**)のようにはっきりとした線で書きなさい。

みさき：このパズルの最高得点は何点なのかなあ。

りょう：もっといろいろな移動の仕方を調べてみようよ。

しばらくの間，二人はいろいろな移動の仕方と，そのときの得点を調べました。

みさき：得点が０点のものから12点のものまで，いろいろな移動の仕方を見つけたけれど，得点はすべて偶数《ぐうすう》になりそうね。

〔問題２〕　得点が０点のものから12点のものまで，いろいろな移動の仕方を見つけたけれど，得点はすべて偶数《ぐうすう》になりそうね。とありますが，得点が８点，10点，12点となる移動の仕方をそれぞれ一つずつ解答らんに合わせて答えなさい。ただし，定規《じょうぎ》を用いて（**図３**）や（**図４**）のようにはっきりとした線で書きなさい。

下書き用（ここは解答らんではありません。答えは解答用紙に記入しなさい。）

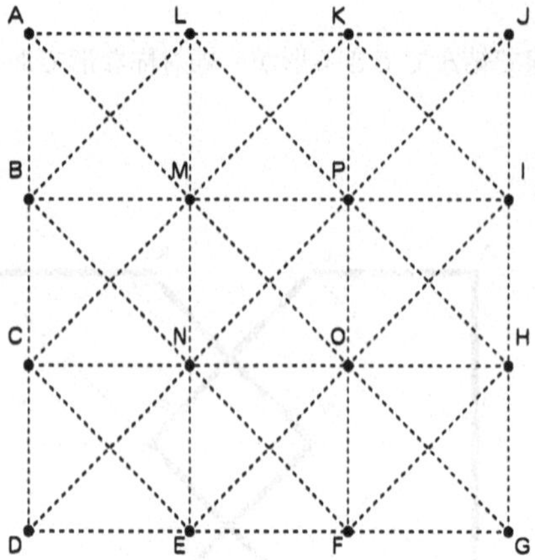

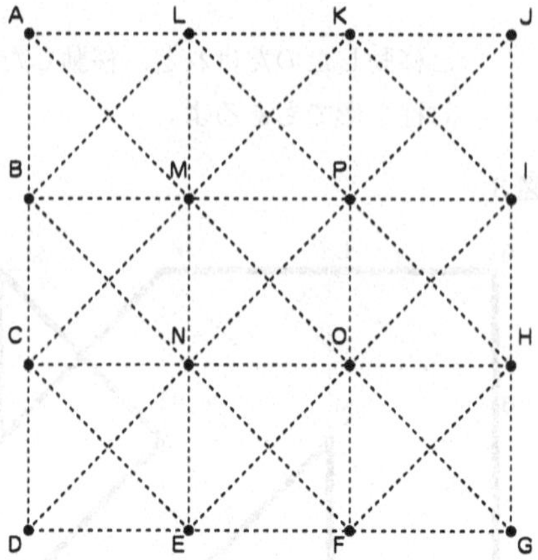

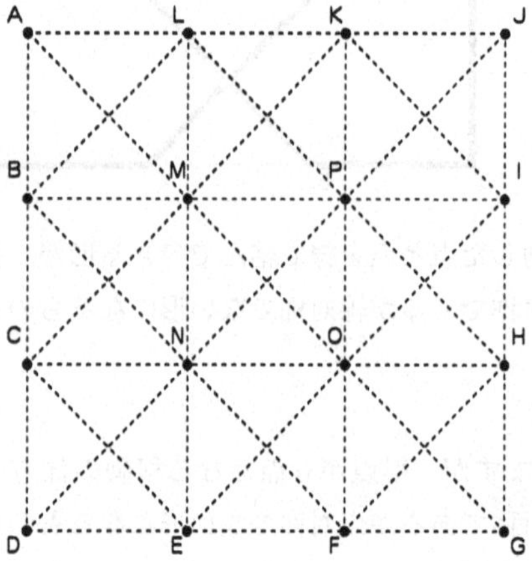

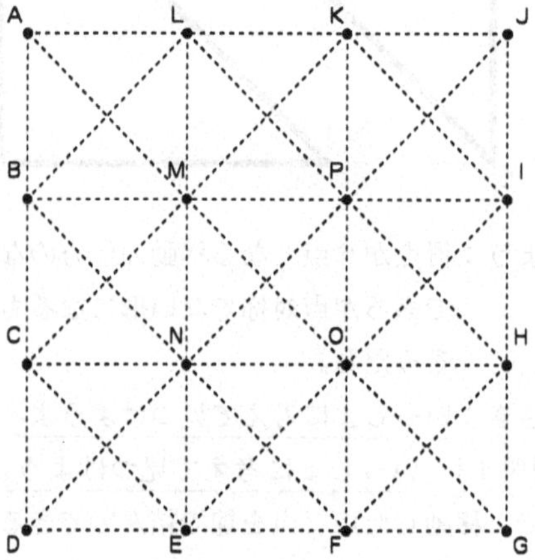

○各段落《だんらく》の最初の字は一字下げて書きます。
○行をかえるのは、段落をかえるときだけとします。
○、や。や」などもそれぞれ字数に数えます。これらの記号が行の先頭に来るときには、前の行の最後の字と同じますめに書きます。（ますめの下に書いてもかまいません。）
○。と」が続く場合には、同じますめに書いてもかまいません。この場合、。」で一字と数えます。
○段落をかえたときの残りのますめは、字数として数えます。
○最後の段落の残りのますめは、字数として数えません。

はそれでとてもおもしろかったし、そうすることで、不思議に広く深く、静かなものの見方ができるようになるだろう。

いきものは全部、いろいろあるんだな、あっていいんだな、ということになる。つまりそれが、生物多様性ということなのだと思う。

（日高敏隆《ひだかとしたか》「世界を、こんなふうに見てごらん」による）

〔注〕思考実験――（起こりにくいことが）もし実際に起こったらどうなるか、考えてみること。

エポフィルス――カメムシの仲間。水中に住みながら空気呼吸《こきゅう》をする。

節足動物――ガやクモなど、足にたくさんの節をもつ動物。

体節を連ねる外骨格《がいこっかく》の動物――体のじくに沿《そ》って連なった、からやこうでおおわれている動物。

腔腸動物《こうちょうどうぶつ》――クラゲやサンゴなど、口から体内までの空所をもつ、かさやつつのような形をした水中の動物。

生物多様性――いろいろなちがった種類の生物が存在《そんざい》すること。

生態系《せいたいけい》――生物とまわりの環境《かんきょう》とから成り立つ、たがいにつながりのある全体。

〔問題1〕㋐藤丸《ふじまる》、㋑藤丸さん　というように、同一の人物について、書き分けがされていますが、その理由について、四十五字程度で分かりやすくまとめなさい。

〔問題2〕　㋒いろんないきものの生き方をたくさん勉強するといいと思う。とありますが、筆者がそう思うのは、どのようなものの見方ができるようになるからでしょうか。**文章1** の表現を用いて、解答らんに合うよう四十字程度で答えなさい。

〔問題3〕　次に示すのは、**文章1** と **文章2** についての、**ひかる**さんと**かおる**さんのやりとりです。このやりとりを読んだ上で、あなたの考えを四百字以上四百四十字以内で書きなさい。ただし、左の条件と〔**きまり**〕にしたがうこと。

ひかる――**文章1** を読んで、「ちがい」ということについて、いろいろと考えさせられました。

かおる――「ちがい」という言葉が直接使われてはいませんが、**文章2** にもそういったことが書いてあると思います。

ひかる――わたしも、みんなはそれぞれちがっていると感じるときがあります。

かおる――学校生活のなかでも、「ちがい」を生かしていった方がよい場面がありそうですね。

条件　次の三段落構成《さんだんらくこうせい》にまとめて書くこと

①第一段落では、**文章1** 、**文章2** それぞれの、「ちがい」に対する向き合い方について、まとめる。

②第二段落では、「ちがい」がなく、みなが全く同じになってしまった場合、どのような問題が起こると思うか、考えを書く。

③第三段落には、①と②の内容に関連づけて、これからの学校生活のなかで「ちがい」を生かして活動していくとしたら、あなたはどのような場面で、どのような言動をとるか、考えを書く。

〔**きまり**〕

○題名は書きません。

○最初の行から書き始めます。

実際に、昼間飛ぶガもいる。それは夜飛ぶガの苦労はしていないはずだ。それでも夜飛ぶなら、昼間飛ぶよりどこがいいのだろう、などと考えているとますますなぜ夜飛ぶのか、わからなくなってくる。

それぞれに、それぞれの生き方があるのだ、といういいかげんな答えしか残らない。

それなりに苦労しているんだ、としかいいようがない。

しかし、それなりに、どういう苦労をしているのだろうということを、いろいろ考えてみるのがおもしろい。それは哲学的《てつがくてき》な＊思考実験に似ている。

＊エポフィルスにせよ、ガにせよ、苦労するには苦労するだけの原因があり、仕組みがある。それは何かということを探《さぐ》るのだ。

たとえば＊節足動物は、なぜ節足動物になってしまったか、ということから考える。たまたま祖先がそうだったから、彼《かれ》らは＊体節を連ねる外骨格《がいこっかく》の動物になっていった。

すると体の構造上、頭の中を食道が通《とお》り抜《ぬ》けることになり、脳《のう》を発達させると食道にしわ寄せがいくようになった。ではどうしたらいいか。

樹液《じゅえき》や体液、血液といった液状のエサを採ることにした。それが、その形で何とか生《い》き延《の》びる方法だった。節足動物といういきものは、そういう苦労をしている。

動物学では、現在の動物の形が必ずしも最善《さいぜん》とは考えない。

そうならざるをえない原因があり、その形で何とか生きているのだと考える。

なぜそういう格好をして生きているのか、その結果、どういう生き方をしているのか。そういった根本の問題を追究するのが動物学という学問なのだと思う。

いろいろないきものを見ていくと、こんな生き方もできるんだなあ、そのためにはこういう仕組みがあって、こういう苦労があるのか、なるほど、それでやっと生きていられるのか、ということが、それぞれにわかる。

わかってみると感激《かんげき》する。その形でしか生きていけない理由を、たくさん知れば知るほど感心する。

その感激は、原始的といわれるクラゲのような＊腔腸動物《こうちょうどうぶつ》でも、高等といわれるほ乳類《にゅうるい》でもまったく同じだ。

このごろ、よく、＊生物多様性はなぜ大事なのですかと聞かれる。ぼくは、簡単《かんたん》に説明するときはこんなふうにいう。

＊生態系《せいたいけい》の豊かさが失われると人間の食べものもなくなります。食べものも、もとは全部いきもので、人間がそれを一から作れるわけではないのですから、いろんなものがいなければいけないのです、と。

ただそれは少し説明を省略したいい方で、ほんとうは、あらゆるいきものにはそれぞれに生きる理由があるからだと思っている。

理由がわかって何の役に立つ、といわれれば、別に何の役にも立ちませんよ、というほかない。しかし役に立てるためだったら、こんな格好をしていないほうがいいというものがたくさんある。

人間も、今こういう格好をしているが、それが優《すぐ》れた形かどうかはわからない。これでも生きていけるという説明はつくけれども。

だからこそ動物学では、海の底のいきものも人間も、どちらが進化していてどちらが上、という発想をしない。

㋒いろんないきものの生き方をたくさん勉強するといいと思う。ぼく自分の理解が及《およ》ばないもの、自分とは異《こと》なる部分があるものを、すぐに「気味が悪い」「なんだかこわい」と締《し》めだし遠ざけようとしてしまうのは、私《わたし》の悪いところだ。ううん、人類全般《ぜんぱん》に通じる、悪いところかもしれない。本村はまたも反省した。人間に感情と思考があるからこそ生じる悪癖《あくへき》だと言えるが、「気味が悪い」「なんだかこわい」という気持ちを乗《の》り越《こ》えて、相手を真に理解するために必要なのもまた、感情と思考だろう。どうして「私」と「あなた」はちがうのか、分析《ぶんせき》し受け入れるためには理性と知性が要求される。ちがいを認《みと》めあうためには、相手を思いやる感情が不可欠だ。

植物みたいに、脳も愛もない生き物になれれば、一番面倒《めんどう》がなくて気楽なんだけど。本村はため息をつく。思考も感情もないはずの植物が、人間よりも他者を受容し、*飄々《ひょうひょう》と生きているように見えるのはなんとも皮肉だ。

それにしても、藤丸さんはすごい。と本村は思った。私がうだうだ考えているそばで、藤丸さんはサツマイモの葉っぱをあるがまま受け止め、イモの皮の色がそこに映《うつ》しだされていることを発見した。なんてのびやかで、でも鋭《するど》い観察眼なんだろう。きっと㋑藤丸さんは、だれかを、なにかを、「気味悪い」なんて思わないはずだ。一瞬《いっしゅん》そう感じることがあったとしても、「いやいや、待てよ」と熱心に観察し、いろいろ考えて、最終的には相手をそのまま受け止めるのだろう。おおらかで優《やさ》しいひとだから。

*感嘆《かんたん》をこめて藤丸を見ていると、視線《しせん》に気づいた藤丸が顔を上げ、照れたように笑った。

（三浦《みうら》しをん「愛なき世界」による）

〔注〕葉柄《ようへい》――葉の一部。柄《え》のように細くなったところ。（図1）

擬人化《ぎじんか》して――人間以外のものを人間と同じに見立てて。

隔絶《かくぜつ》した――かけはなれた。

微塵《みじん》も――すこしも。

葉脈――葉の根もとからこまかく分かれ出て、水分や養分の通路となっている筋《すじ》。（図2）

最前――さきほど。さっき。

飄々《ひょうひょう》と――こだわりをもたず、自分のペースで。

感嘆《かんたん》をこめて――感心し、ほめたたえたいような気持ちになって。

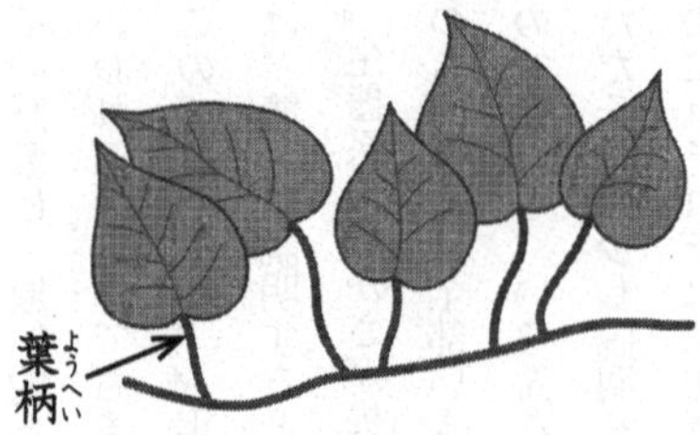

図1

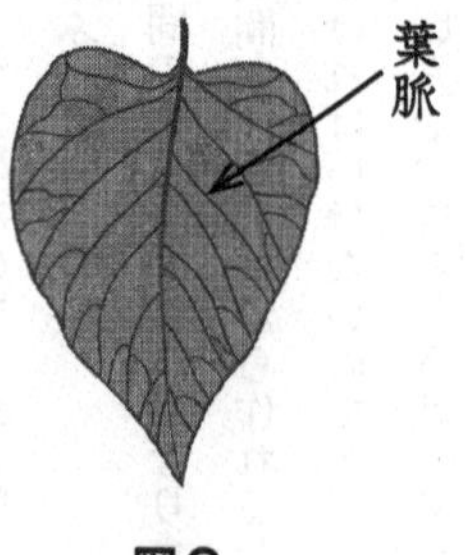

図2

文章2

ぼくは昔からガという虫が好きだ。そもそも、なぜ昼間飛ばないで夜飛ぶのだろうというところに興味がある。

昼間飛んだらいいじゃないか。暗いと敵がいなくて安全だというが、夜に出てきてエサを探《さが》す敵もいる。暗ければ安全とは決していえないだろう。

【適性検査Ⅰ】（四五分）〈満点：一〇〇点〉

1 次の 文章1 と 文章2 とを読み、あとの問題に答えなさい。
（*印の付いている言葉には、本文のあとに〔注〕があります。）

文章1

（　T大学で植物学の研究をしている本村紗英《もとむらさえ》は、研究室の仲間や出入りの洋食店店員である藤丸陽太《ふじまるようた》とともに、構内の植《う》え込《こ》みの一角に植えられているサツマイモの収穫《しゅうかく》を手伝うことになった。自分もこれまで何度となく目にしていた植え込みにサツマイモが植えられているとは思いもしなかったことに気づき、本村はもっと植物というものに敏感《びんかん》にならなければ、と考える。　）

反省した本村《もとむら》は、しゃがみこんで植《う》え込《こ》みのサツマイモの葉を眺《なが》めた。地表に近い場所で、大小の葉が一生懸命《いっしょうけんめい》に太陽へ顔を向けている。ひしめきあいながらも、互《たが》いの邪魔《じゃま》にならぬようにということなのか、*葉柄《ようへい》の長さはさまざまだ。長い葉柄を持ち、周囲の葉から飛びだしたもの。葉柄は短いけれど、ほかの葉のあいだからうまく顔を覗《のぞ》かせているもの。

けなげだ、とつい*擬人化《ぎじんか》して感情移入してしまう。頭がいいなあ、と感心もする。植物に脳《のう》はないから、頭もお尻《しり》もないわけだが、それでもうまく調和して、生存《せいぞん》のための工夫《くふう》をこらす。人間よりもよっぽど頭がいいなと思うことしきりだ。

だが、植物と人間のあいだの断絶も感じる。本村は人間だから、なんとなく人間の理屈《りくつ》や感情に引きつけて、植物を解釈《かいしゃく》しようとする癖《くせ》が抜《ぬ》けない。けれど、脳も感情もない植物は、本村のそんな思惑《おもわく》とはまったく*隔絶《かくぜつ》したところで、ただ淡々《たんたん》と葉を繁《しげ》らせ、葉柄の長さを互いに調節し、地中深くへと根をのばす。より多く光と水と養分を取りこみ、次代に命をつなぐために。言葉も表情も身振《みぶ》りも使わずに、人間には推《お》し量《はか》りきれない複雑な機構を稼働《かどう》させて。

そう考えると、どれだけ望んでも本村には永遠に理解できない、気味悪く得体《えたい》の知れぬ生き物のように、植物が思われてくるのだった。サツマイモの葉っぱのほうは、本村が「ちょっとこわいな」と思っていることなど、もちろんまるで感知していないだろう。これからイモを掘《ほ》られるとは*微塵《みじん》も予想せず、この瞬間《しゅんかん》も元気に光合成を行っている様子だ。

本村とは少し距離《きょり》を置き、㋐藤丸《ふじまる》もしゃがんでサツマイモの葉を眺めていた。「うお」と藤丸が小さく声を上げたので、本村は顔をそちらに向けた。

「葉っぱの筋《すじ》がサツマイモの皮の色してる。すげえ」

藤丸は独り言のようにつぶやき、よりいっそう葉に顔を近づけて、何《なん》枚《まい》かを熱心に見比べている。

本村は手もとの葉を改めて眺めた。言われてみれば、たしかに。ハート型の葉に張りめぐらされた*葉脈は、ほのかな臙脂色《えんじいろ》だった。「こういう色のイモが、土のなかで育ってますよ」と予告するみたいに。

血管のような葉脈を見ていたら、*最前感じた気味の悪さは薄《うす》らいだ。たしかに植物は、ひととはまったくちがう仕組みを持っている。人間の「常識」が通じない世界を生きている。けれど、同じ地球上で進化してきた生き物だから、当然ながら共通する点も多々《たた》あるのだ。

MEMO

大切なことはメモしておこうネ！

2020 年 度

解 答 と 解 説

《2020年度の配点は解答欄に掲載してあります。》

＜適性検査Ⅰ解答例＞

1 問題1　ふじ丸は作者から見た言い方で，ふじ丸さんは本村さんから見た言い方だというちがいをはっきりさせるため。

問題2　のびやかで，するどい観察眼を持ち，相手をそのまま受け止めるような，おおらかでやさしい(ものの見方)

問題3　(学校からの解答例はありません)

解答例

文章１では，自分とのちがいを受け入れるという向き合い方がかかれている。一方，文章２では，あらゆるいきものがそれぞれにちがっているという「多様性」が必要でありすばらしいものとして大切にしている。

私は，このような「ちがい」や「多様性」がない場合，新たな発想が生まれなくなってしまうという問題が起こると思う。なぜなら，自分とちがう考えがあればこそ，お互いに話し合い，さらにそれらがみがかれてより良い発想になると思うからだ。

そのような機会は，今後の学校生活でも起こると思う。例えば，みんなでひとつのものを作り上げる文化祭などでは，みんなが同じアイデアしか持ち合わせていなければ，そこから新しいものは生まれない。すると，見に来る人たちに目新しさや面白さは感じてもらえない。だからそのような場面では，みんなが自分のアイデアを気楽に言い合えるような空気を作るようにしたい。より多くのちがいがあることが，新しい発想を生み，結果としてみんながひとつになれると思う。

○配点○

1 問題1　10点，問題2　20点，問題3　70点　　　計　100点

＜適性検査Ⅰ解説＞

1 （国語：読解，作文）

基本 問題1　解答例にあるように，「藤丸」は作者の視点から物語全体を客観的に表す際の言い方であり，一方，「藤丸さん」は本村が藤村に対する尊敬をこめた心の中の呼び方である。文章Aは，主人公である本村の感情を作者が客観的な立場から観察する形でストーリーが進んでいく。しかし，文章中での本村の感情は，本村自身の心の中のセリフのような思いを，「　」や(　)を使わずに作者から見た様子のうちに組み込まれているのでわかりにくい。

問題2　設問で聞かれていることは「どのようなものの見方ができるようになるから」かである。文章2の下線部㋒の直後に注目すると，「ぼくはそれでとてもおもしろかったし，そうすることで，不思議に広く深く，静かなものの見方ができるようになるだろう。」とある。
あとは文章1の中からこのことと同じようなことを表現している箇所を探すと，いきものは全部，いろいろあるんだな，あっていいんだな，ということになる。

最終的には相手をそのまま受け止めるのだろう。

やや難 問題3　段落構成およびそこで書く内容はすでに提示されているのだが，しっかりと設問の求めていることを把握することが重要である。第１段落では「ちがい」に対する向き合い方をまとめること，第２段落では「ちがい」がなく，みなが同じになってしまった場合，どのような問題が起こると思うか，第3段落では学校生活の中で「ちがい」を生かして活動していくとしたら，どのような場面で，どのような言動をとるか，というように，かなり細かく指定されている。よってキーワードが使われていても，求められた内容とズレがある場合は大きな減点や得点にならないということになる。

★ワンポイントアドバイス★

2つの文章が与えられる問題では，「共通点と相違点」を意識して読むことが大切である。その共通点に作問者のメッセージが込められている。

＜適性検査Ⅱ解答例＞

1 問題1　①　25cm　②　10cm　③　15cm　④　10cm

問題2　〔必要なパネルの台数〕　4台

〔説明〕

横向きの画用紙は，パネル1面に最大で8まいはることができるので，1面に8まいずつはると，4面で32まいはることができる。残りの6まいは，1面ではれるので，合わせて5面使う。

たて向きの画用紙は，パネル1面に最大で9まいはることができるので，1面に9まいずつはると，2面で18まいはることができる。残りの3まいは，1面ではれるので，合わせて3面使う。

したがって，すべての画用紙をはるのに8面使うから，パネルは4台必要である。

問題3　〔アに入る数〕　4点　〔イに入る数〕　2　〔ウに入る数〕　3

〔エに入る数〕　2　〔オに入る数〕　4

2 問題1　〔選んだ図〕　図2

〔あなたの考え〕

2001年度に国の制度が改められたことで，新しくバスの営業を開始しやすくなり，2000年度ごろまでにみられた減少が止まり，2001年度から2015年度にかけて実際に走行したきょりは，大きく減少することなく増加している。

問題2　〔設計の工夫〕　出入口の高さ　固定ベルトの設置

〔期待されている役割〕

ベビーカーを利用する人にとって，出入り口の高さが低くつくられていることと，車内に固定ベルトが設置されていることにより，乗りおりのときや乗車中に，ベビーカーを安全に利用できる。

問題3　〔課題〕　バス以外の自動車で混み合う道路がうまれる可能性がある。

〔あなたの考え〕

時こく表に対するバスの運行状きょうが向上していることをせん伝して，バス以外の自動車を使う人にバスを利用してもらい，混み合う道路が少なくなるように働きかける。

3 問題1 〔選んだプロペラ〕 A

〔示す値のちがい〕 13.3 g

問題2 (1) モーター （ ウ ） プロペラ （ H ）

〔選んだ予想〕 （ ① ）の予想

〔予想が正しくなる場合〕 ありません

〔理由〕 E，F，G，Hのどのプロペラのときでも，アとイのモーターの結果を比べると，アのモーターの方が軽いのに，かかった時間が長くなっているから。

問題3 (1) ×

(2) 車が前に動く条件は，㋐が50°から80°までのときで，さらに，㋐と㋑の和が100°か110°のときである。

〇配点〇

1 問題1 各2点×4，問題2 10点，問題3 12点

2 問題1 10点，問題2 8点，問題3 12点

3 問題1 6点，問題2 14点，問題3 10点 計100点

＜適性検査Ⅱ解説＞

1 （算数：ゲーム - 場合の数）

基本

問題1 〔約束〕に従って考える問題である。ここでは(1)～(6)を使って考えるが，この問題1は問題2を解くためのヒントとして出されたものである。難しくはないがしっかりと情報を把握しておくことが次の問題を解くにあたり重要である。

図4を参考にすると，縦長のパネルに縦向きの画用紙6枚を貼るのは，縦に3枚，横に2枚で考えるのがわかりやすいだろう。

(①と②について)横に2枚並べるのだから，①は2か所，②は1か所となる。パネルの横幅から紙の横幅の長さの合計を引き，①と②の合計を求める。

140－40×2＝60cm…間の長さの合計(①×2か所＋②×1か所)

①～④は5の倍数でなければならないので，①が最短の場合は5cmとなる。①が5cmの場合，①は左右合わせて2か所なので

60－5×2＝50cm…②の長さとなる。

同様に①を10cm，15cmと5の倍数で考えると，①と②の組み合わせは表1のあ～おのどれかであれば正解になる。

表1	①	②
あ	5cm	50cm
い	10cm	40cm
う	15cm	30cm
え	20cm	20cm
お	25cm	10cm
か	30cm	×

表2	③	④
き	5cm	20cm
く	10cm	15cm
け	15cm	10cm
こ	20cm	5cm
さ	25cm	×

表3	①	②
し	5cm	5cm

(③と④について)縦に3枚並べるので，③，④ともに2か所となる。同様の手順で求めると，200－50×3＝50cm…間の長さの合計(③×2か所＋④×2か所)

③を5cmとすると(50−5×2)÷2＝20cm…④の長さとなる。他の組み合わせとしては，表2のき～さのいずれかであれば正解。

他に「縦に2枚，横3枚」の組み合わせでも考えられる。この場合は①と②の組み合わせは表3の1組のみで，③と④の組み合わせは表4のす～にのいずれかであれば正解となる。

なお，「縦1枚，横6枚」と「縦6枚，横1枚」は不可能である。適性検査は時間との勝負なので，例えば①が5cmで②が50cmとバランスが悪くても，条件に合っていればOKだと考え，次の問題に取り掛かることが重要である。

表4	③	④
す	5cm	90cm
せ	10cm	80cm
そ	15cm	70cm
た	20cm	60cm
ち	25cm	50cm
つ	30cm	40cm
て	35cm	30cm
と	40cm	20cm
な	45cm	10cm
に	50cm	×

問題2　問題1で基本的な貼り方のルールは理解した上で，「パネルの台数を最も少なく」という条件に合うよう，まずはパネルの1面に貼ることができる画用紙の最大の枚数を考える。

(画用紙が横向きの場合)

横140÷50＝2枚→140−50×2＝40cm…①×2＋②×1→約束(6)の条件に合うOK

縦200÷40＝5枚→すき間が取れないので×，

4枚→200−40×4＝40cm…③×2＋④×3→約束(6)の条件に合うOK

2×4＝8枚…画用紙を横向きに並べるときのパネル1面の最大枚数

38÷8＝4余り4→4面と残り4枚→横向きに貼る面は5面必要

(画用紙が縦向きの場合)

横140÷40＝3枚→約束(6)の条件に合っているからOK

縦200÷50＝4枚→すき間が取れないので×，3枚→約束(6)の条件に合っているからOK

3×3＝9枚…画用紙を縦向きに並べるときのパネル1面の最大枚数

21÷9＝2余り3→2面と残り3枚→縦向きに貼る面は3面必要

5＋3＝8…全部で8面必要　パネルは両面使えるので　8÷2＝4　よって4台必要である。

やや難

問題3　さいころのそれぞれの目が出たときの余りを求め，進む竹ひごの数字を出しておくと右の表のようになる。

サイコロの目	計算	竹ひごの数字
1	(20＋1)÷4=5あまり1	1
2	(20＋2)÷4=5あまり2	2
3	(20＋3)÷4=5あまり3	3
4	(20＋4)÷4=6	0
5	(20＋5)÷4=6あまり1	1
6	(20＋6)÷4=6あまり2	2

アは，サイコロの目が1→2→5→1の順に出た。よって進んだ竹ひごの数字は1→2→1→1となりうの玉に2回目に到着して終了となるので，1＋2＋1＝4点。よって，アには4が入る。

イ，ウ，エ，オについては，4回でゲームが終わったということは，

A…4回目でかの玉に到着した場合→4つの玉の合計が7となる

B…4回目で一度通った玉に戻るような目が出た場合(3回目と4回目の数字が同じ)

→3つの数の合計が7となる

のどちらかで7点を得たことになる。

Aの場合…0，1，2，3の4つの数字を4つ使って合計が7になる組み合わせは

(0，1，3，3)，(0，2，2，3)，(1，1，2，3)，(1，2，2，2)の4つが考えられる。

これらを並べ替えると

(0, 1, 3, 3)…不可能(同じ数字が連続しないようにすると，かに到着しない)
(0, 2, 2, 3)…不可能(同じ数字が連続しないようにすると，かに到着しない)
(1, 1, 2, 3)…不可能(同じ数字が連続しないようにすると，かに到着しない)
(1, 2, 2, 2)…不可能(そもそも2が3つもあるので，必ず連続ができてしまうから×)

Bの場合…0, 1, 2, 3の4つの数字を3つ使って合計が7になる組み合わせは(1, 3, 3), (2, 2, 3)，の2つが考えられる。このとき，4回目は3回目の数字と同じになるサイコロの目かあまたは2回めに通った玉に行くようなサイコロの目を考えればよい。

(1, 3, 3)…不可能(同じ数字が連続しないようにすると3回でか到着)
(2, 2, 3)

3回目と4回目が同じ場合…2→3→2→2の順で竹ひごを通ればよい。よってサイコロの目は下の表aのいずれかなら正解となる。

あに戻る場合…2→3→2→0の順で竹ひごを通ればよい。よってサイコロの目は，下の表bのいずれかなら正解となる。

表a

イ	ウ	エ	オ
2	3	2	2
2	3	2	6
2	3	6	2
2	3	6	6
6	3	2	2
6	3	2	6
6	3	6	2
6	3	6	6

表b

イ	ウ	エ	オ
2	3	2	4
2	3	6	4
6	3	2	4
6	3	6	4

2 (社会：資料分析)

重要

問題1　折れ線グラフは，「推移(変化・流れ)」を表すグラフなので，図1または図2のグラフの中で大きな変化がみられる年に，表1の中にあるその年の直前のできごとを理由として関連づけて解答を作る。図1であれば，2006年から2007年にかけて乗り合いバスの合計台数が大きく増えている。ということは，2006年にその原因となるできごとがあるはずである。表1をみると，貸し切りバスで運行していたバスのサービスが乗り合いバスでの運行が認められるなど，国の制度が改められたとある。つまり，この制度改正によって，バスの台数が増えたと考えられる。同様に，図2であれば，2000年から2001年にかけて走行した距離が増えて以降，2004年まで増え続けている。表1をみると，2001年にバスの営業を新たに開始したり，新しい路線を開設したりしやすくする国の制度が改められたとある。つまり，この制度改正によって，走行距離が増えたと考えられる。

基本

問題2　工夫を2つ選んでから共通の役割を考えるよりも，工夫によってバスを利用しやすくなる「いろいろな人」，つまり工夫がなければバスを利用しにくい人を具体的に考えて，そのあと，その人たちにとって利用しやすい工夫を2つ選ぶとよい。例えば解答例であれば，ベビーカー利用者を先に想像し，その人たちにとって便利な工夫としては乗り降りする際の出入り口の高さ，乗ってから車内で動かないようにする固定ベルトを選ぶのである。

他にも以下のようなものから2つを選んで組み合わせてもよいだろう。

役割(対象)	工夫	効果
高齢者や足腰が弱い人	手すりの素材	しっかりつかまっていることができる
	出入り口の高さ	段差がなく乗り降りしやすい
	優先席の配置	乗ってから優先席まで行きやすい
車いす利用者	出入り口の高さ	段差がなく乗り降りしやすい
	車いすスペースの設置	車いすで乗っても場所が確保できている
	降車ボタンの位置	車いすに乗ったままでもボタンを押しやすい
	床の素材	車いすがすべらない

やや難 問題3　花子さんは「このままではよいとは言えないと思う」と言っているが，先生の話や資料からは，バスの運行状況にとってよくない点は見つからない。ということは，バスが優先されることによっておこるしわ寄せについて考えればよい。解答例では「バス以外の自動車で混み合う道路がうまれる可能性」を挙げているが，これはバス優先道路を避ける車両が増えることや，バス優先道路の青信号が延長され，赤信号が短縮されるということは，バス優先道路を横切る道路は反対に青信号が短縮され，赤信号が延長されることになるからだと考えられる。解決策として一般の自動車利用者に対しバスの利用を働き掛けることが挙げられている。これ以外に，バスの運行台数の少ない時間などへ時間をずらすなども考えられる。

3　(理科：実験・観察)

基本 問題1　プロペラを回す前の重さは，(台に固定したモーターの重さ)と(かん電池を入れた電池ボックス)と(表1の中から選んだプロペラの重さ)の合計である。表2のA～Dの値からこの求めた合計を引いたものが答えとなる。

(台に固定したモーターの重さ)＋(かん電池を入れた電池ボックス)　54.1＋48.6＝102.7g

(学校による解答例)

A：123.5－(102.7＋7.5)＝13.3 g

(その他の解答例)

B：123.2－(102.7＋2.7)＝17.8 g

C：120.9－(102.7＋3.3)＝14.9 g

D：111.8－(102.7＋4.2)＝4.9 g

問題2　(1)　表の中で走り抜けるのにかかった時間が最も短いものを選ぶと2.8秒である。これはモーターがウでプロペラがHの組み合わせのときである。

(2)　ポイントは，「条件をそろえる」ということである。モーターについて調べるときは同じプロペラでモーターごとの違い，プロペラについて調べるときは同じモーターごとのプロペラの違いをみる。

①の予想が正しいとしたら，プロペラがE，F，G，Hのどれを選んだときでも，モーターは最も軽いアのときにかかった時間が最も短くなるはずである。しかし，それぞれ最も短いのはEはイ，Fはイ，Gはイとウ，Hはウとなっているのだから，予想は正しくないということになる。

同様に，②の予想が正しいとしたら，モーターがア，イ，ウ，エのどれを選んだときでも，プロペラは最も軽いEのときにかかった時間が最も短くなるはずである。しかし，それぞれ最も短いのはアはF，イはF，ウはG，エはHとなっているのだから，予想は正しくないということになる。

問題3　(1)　表6の数字を使い，計算して表7を埋めればよい。よって★は×となる。

		(あ)と(い)の和					
		60°	70°	80°	90°	100°	110°
(あ)	20°	×	×	×	×		
	30°	×	×	×	×	×	
	40°	×	×	×	△	△	△
	50°	×	×	×	△	○	○
	60°		★×	×	△	○	○
	70°			×	△	○	○
	80°				△	○	○

(2)　表6では階段状になっているが，表⑦でまとめ直すことで，(あ)については，50° より下，(あ)と(い)の和については100° より右でという2つの条件がそろっているとき，前に進んでいることがわかりやすくなる。このとき，解答例のように表7からわかる範囲を指定するとより良い解答となる。

★ワンポイントアドバイス★

[1]は，それぞれの問題の関連が薄い。できるものからどんどん解いくことで，他の問題の時間的余裕を手に入れよう！

＜適性検査Ⅲ解答例＞

[1]　問題1　式　57000000÷190＝300000

390000000÷300000＝1300

1300－190＝1110

答え　1110秒

問題2　男子の平均を選んだ場合…28ヤード2フィート3インチ

女子の平均を選んだ場合…18ヤード2フィート8インチ

問題3　花屋とたい焼き屋の位置が⑥なのか⑫なのか　という情報が不足している。

[2]　問題1

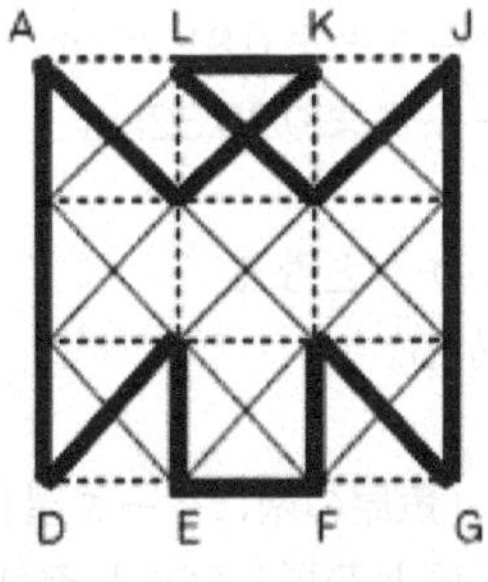

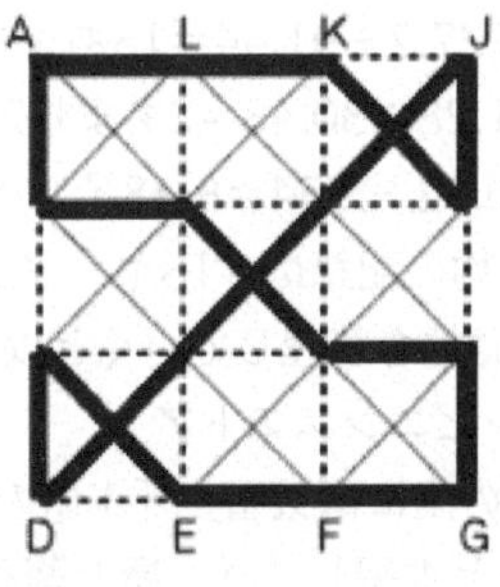

問題2

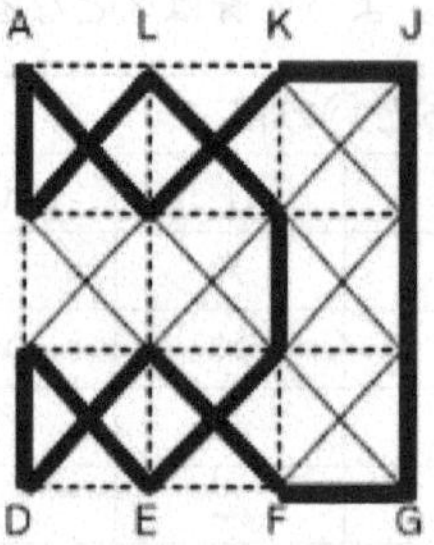

8点となる移動の仕方

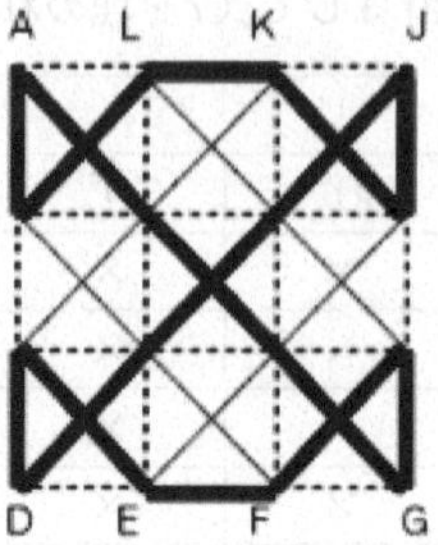

10点となる移動の仕方

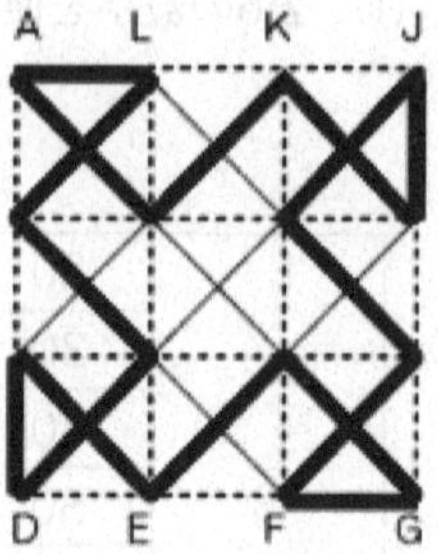

12点となる移動の仕方

○配点○

1　問題1　15点，問題2　10点，問題3　25点

2　問題1　20点，問題2　35点　　　計100点

＜適性検査Ⅲ解説＞

1　（算数：単位換算，条件整理）

基本　問題1　光が進む速さは5700万km進むのに190秒かかることから，

57000000÷190＝300000となり，秒速300000kmということが求められる。

次に，地球と火星の距離が3億9000万kmの場合にかかる時間を計算すると，

390000000÷190＝1300となり，1300秒かかるとわかる。

よって，かかる時間の差は1300－190＝1110となり，1110秒と求められる。

基本　問題2　会話文の中で，1ヤード＝91.44cm，1フィート＝30.48cm，1インチ＝2.54cmと書かれている。よって，男子または女子の記録をcmに直して，単位の大きいものから順に割っていけばよい。このとき商は整数までとし，あまった長さ(cm)を次の単位で割り，それぞれの単位ごとの数を求めていく。

○男子の平均の記録26.289m＝2628.9cm

・ヤード　：2628.9÷91.44＝28あまり68.58→28ヤードあまり68.58cm

・フィート：68.58÷30.48＝2あまり7.62→2フィートあまり7.62cm

・インチ　：7.62÷2.54＝3→3インチ

よって男子の平均の記録は「28ヤード2フィート3インチ」となる。

○女子の平均の記録17.272m＝1727.2cm

・ヤード　：1727.2÷91.44＝18あまり81.28→18ヤードあまり81.28cm

・フィート：81.28÷30.48＝2あまり20.32→2フィートあまり20.32cm

・インチ　：20.32÷2.54＝8→8インチ

よって女子の平均の記録は「18ヤード2フィート8インチ」となる。

重要　問題3　それぞれの発言を整理していくと以下のことがわかる。

A：②はコンビエンスストア

B：「美容院の南に電気屋」，「本屋の南に洋服屋」，「魚屋の南にケーキ屋」

C：「電気屋と本屋」，「パン屋と薬局」，「たい焼き屋と花屋」はそれぞれ向かい合っている

D：「魚屋は南から北へ向かって右側にあり，お店2つはさんで北にパン屋」

これらの中で，まずAから確定となる②のコンビニエンスストアをかき入れる。

次に選択の幅が少ないのはDなのでの魚屋とパン屋をかき入れる。このとき，可能性としては「魚屋⑫，パン屋⑨」，「魚屋⑪，パン屋⑧」，「魚屋⑩，パン屋⑦」，のいずれかである。しかし，Bには「魚屋の南にケーキ屋」とあるので，魚屋が⑫はありえず，「魚屋⑫，パン屋⑨」は除外される。また，Cには「パン屋と薬局は向かい合っている」とあるのでパン屋が⑧はありえず，魚屋→⑩，パン屋→⑦が確定し，そこからケーキ屋→⑪，薬局→①も確定する。

①薬局		⑦パン屋
②コンビニエンスストア		⑧
③		⑨
④		⑩魚屋
⑤		⑪ケーキ屋
⑥		⑫

ここまでくると，Cでまだ残っている「電気屋と本屋」，「たい焼き屋と花屋」が向かい合っているので，それぞれ「③と⑨」または「⑥と⑫」のどちらかである。またBから「美容院の南に電気屋」とあるので，「⑧が美容院，⑨が電気屋，③が本屋」または「⑤が美容院，⑥が電気屋，⑫が本屋」のどちらかの可能性が出る。しかし，Bで「本屋の南に洋服屋」とあるので，本屋が⑫になることはありえず，美容院→⑧，電気屋→⑨，本屋→③が確定。「⑥と⑫」に「たい焼き屋と花屋」が向かい合っているということになる。ということは，まだ入っていないケーキ屋の向かいがクリーニング屋ということになる。よってクリーニング屋→⑤が確定。しかし，これ以上の情報はないため，これが設問の「まだ位置がつかめていないお店」ということになる。よって，解答例のようにお店の名前とお店の位置の番号を忘れずに使い，「花屋とたい焼き屋の位置が⑥なのか⑫なのか」が不足していると答える。

図1

①薬局		⑦パン屋
②コンビニエンスストア		⑧美容院
③本屋		⑨電気屋
④洋服屋		⑩魚屋
⑤クリーニング屋		⑪ケーキ屋
⑥		⑫

2 **（算数：平面図形－線対称・点対称，道順）**

やや難 問題1　まずは問題文の図3と問題文の図4をしっかり分析しよう。すると，⑤と⑥の「交差」を上手く使うのがコツだと気づくはずだ。ここでは得点が6点で「線対称であるが点対称でないもの」か「点対称であるが線対称でないもの」を答える。そこで，なるべくシンプルな形で「全ての点を1度だけ通る線対称または点対称の形」または「得点が6点の線対称または点対称の形」を作り，「交差」を加えて調整する方法がよいだろう。オススメなのは線対称である。点対称は確認しにくいが，線対称は左右を見比べやすく解答しやすいからである。

例えば，「解答例の線対称だが点対称でないもの」であれば，次ページ図2のような形を作ると，点Dと点Gをそれぞれ通っていないので，それらも通るように両下端のマスを調整すると，次ページ図3のようになる。

図2
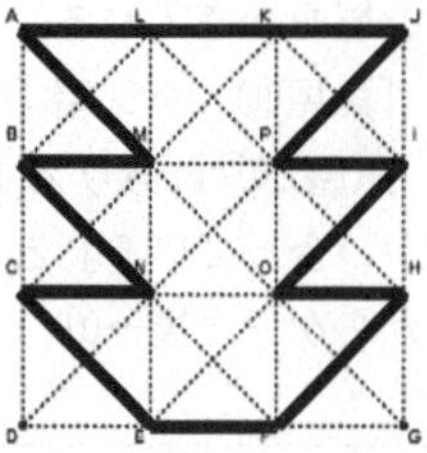

図3
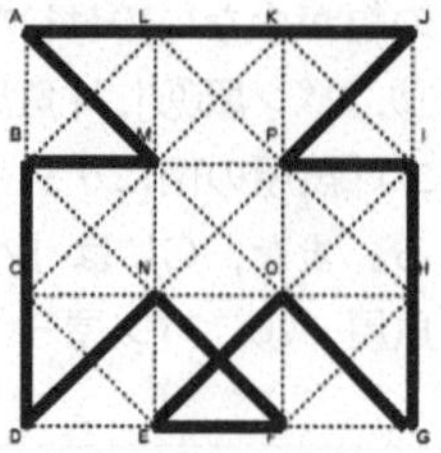

重要

問題2　問題1の解説の上図3から，「ねじる」ことによって1マスで2本の斜め線がふえて得点が2点増えることがわかる。そこで，ねじりやすい形を作って⑤，⑥の本数を増やし得点を調整すればよい。

8点の場合，下図4の形から「ねじる」を4か所すればよい。10点の場合，下図5の4すみのマスをねじると8点になり，あと2点足りない。そこで中央のマスを交差させれば解答例のようになる。12点の場合は得点が高いので，なるべく多くの斜め線が必要である。そこで，下図6-①の形から交差を使わずに4点を増やして下図6-②の形を作り，次に4すみをねじることで8点加えれば解答例のようになる。

図4
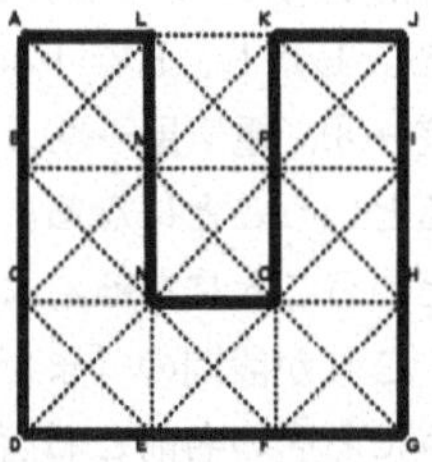

図5
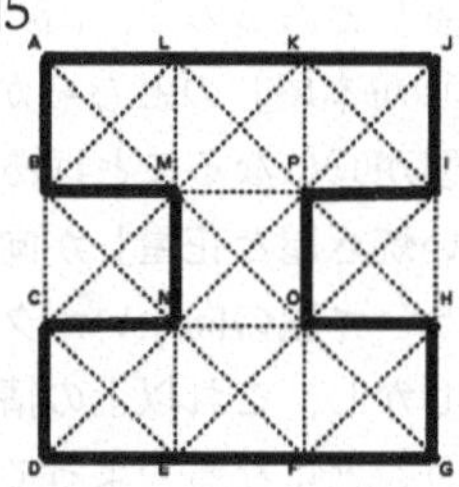

図6-①
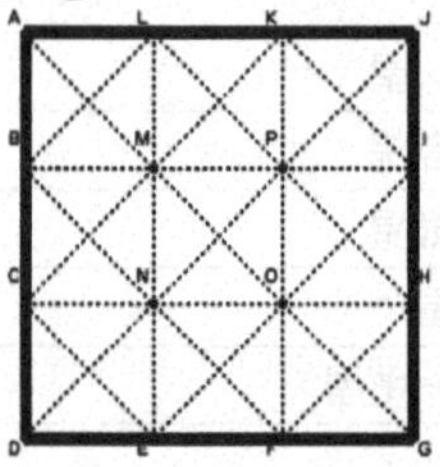

図6-②
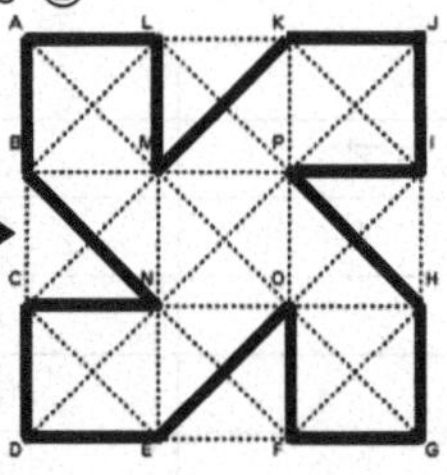

★ワンポイントアドバイス★

問題数が少ない分、1問に時間がかかるものがある。
まずは問題を見渡して、取れそうなものから手をつけよう！

2019年度

★★★★★★★★★★★★★★★★★★★★★★★★

入　試　問　題

2019年度

都立両国高等学校附属中学校入試問題

【適性検査Ⅰ】 (23ページから始まります。)
【適性検査Ⅱ】 (45分)　　＜満点：100点＞

問題を解くときに，問題用紙や解答用紙，ティッシュペーパーなどを実際に折ったり切ったりしてはいけません。

1　先生，太郎《たろう》さん，花子さんが，学校生活最後のお楽しみ会の準備をしています。

先生：お楽しみ会では，クラスのみなさんでできる遊びを行いましょう。遊び方をしおりにまとめて，クラスのみなさんに配ろうと思います。１枚《まい》の紙の片面《かためん》から左とじのしおり（**図１**）を作りましょう。

太郎：１枚の紙の片面からしおりを作ることができるのですか。

花子：しおりの作り方（**図２**）によると，１枚の紙を-----で折り，━━━を切って，折りたたむと，しおりを作ることができるみたいよ。

図１　左とじのしおり

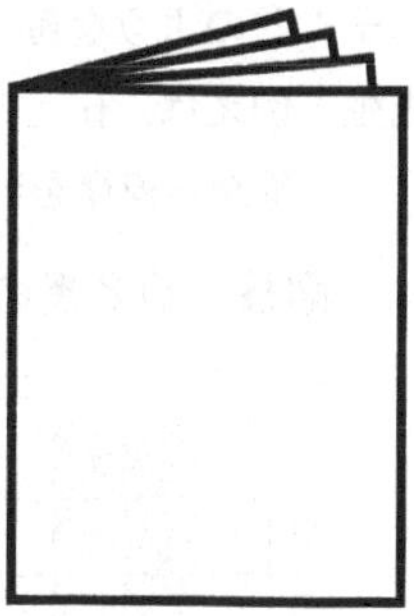

図２　しおりの作り方

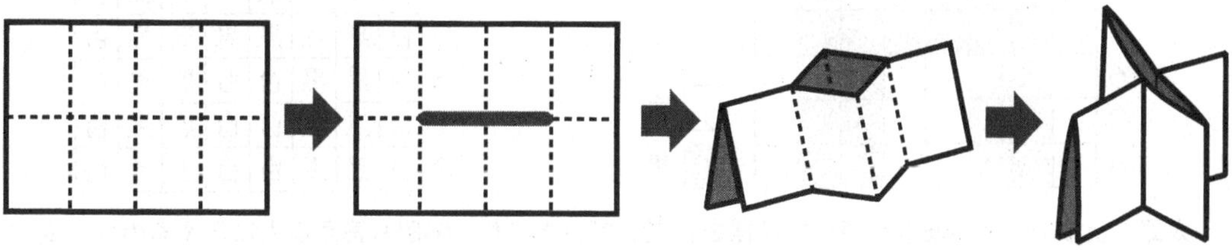

先生：お楽しみ会では二つの遊びを行います。しおりができたら，表紙を１ページとして，最初の遊びの説明を２ページから４ページに，次の遊びの説明を５ページから７ページにのせましょう。８ページは裏表紙《うらびょうし》になります。

太郎：折りたたみ方によって，しおりの表紙がくる位置や５ページがくる位置が変わってくるね。

花子：それに，文字の上下の向きも変わってくるね。しおりにしたときにすべてのページの文字の向きがそろうように書かないといけないね。

先生：そうですね。では，１枚の紙を折りたたみ，しおりにする前の状態（次のページの**図３**）で，しおりの表紙や５ページがどの位置にくるのか，またそれぞれ上下どの向きで文字を書けばよいのかを下書き用の用紙に書いて確かめておきましょう。

〔問題１〕　１枚の紙を折りたたみ，左とじのしおり（**図１**）を作るとき，しおりの表紙と５ページは，しおりにする前の状態（**図３**）ではどの位置にくるのでしょうか。また，それぞれ上下どちらの向きで文字を書けばよいですか。

解答用紙の図の中に，表紙の位置には「表」という文字を，５ページの位置には「五」という文字を図４のように文字の上下の向きも考え，書き入れなさい。

図３　しおりにする前の状態

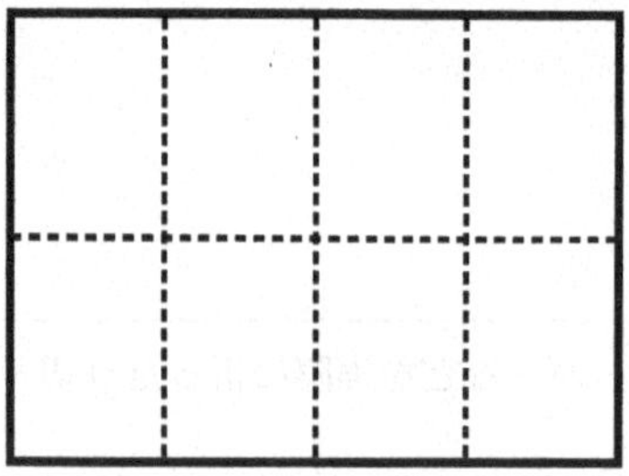

図４　文字の書き方

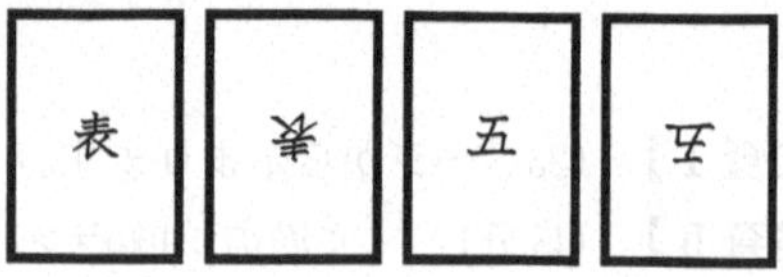

先生：しおりの２ページから４ページには，「白と黒の２色でぬられた模様《もよう》を漢字や数字で相手に伝える遊び方」の説明をのせます。

花子：どのような遊びですか。

先生：例えば，伝える人は模様（図５）を漢字で表現（図６）します。答える人は，伝えられた表現から模様を当てるという遊びです。横の並《なら》びを「行」といい，縦《たて》の並びを「列」といいます。

図５　白と黒の２色でぬられた模様《もよう》

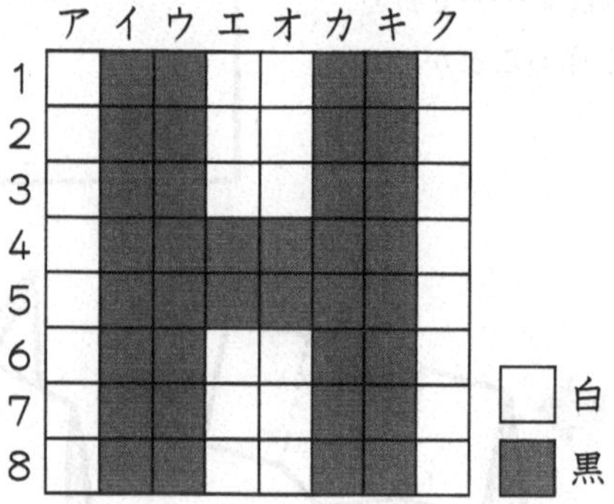

図６　漢字で表現した模様

	ア	イ	ウ	エ	オ	カ	キ	ク
1	白	黒	黒	白	白	黒	黒	白
2	白	黒	黒	白	白	黒	黒	白
3	白	黒	黒	白	白	黒	黒	白
4	白	黒	黒	黒	黒	黒	黒	白
5	白	黒	黒	黒	黒	黒	黒	白
6	白	黒	黒	白	白	黒	黒	白
7	白	黒	黒	白	白	黒	黒	白
8	白	黒	黒	白	白	黒	黒	白

太郎：全部で64個の漢字を使って模様を表現していますね。64個も答える人に伝えるのは大変ではないでしょうか。

先生：そうですね。ではここで，数字も取り入れて，１行ずつ考えていくと（ 約束１ ），より少ない漢字と数字の個数で模様を表現することができますよ。

> 約束１
>
> ①上から１行ごとに，左から順にますの漢字を見る。
>
> ②漢字が白から始まるときは「白」，黒から始まるときは「黒」と最初だけ漢字を書く。
>
> ③白または黒の漢字が続く個数を数字で書く。

花子：図６の模様については，１行めは白から始まるから，最初の漢字は「白」になりますね。左から白が１個，黒が２個，白が２個，黒が２個，白が１個だから，

白１２２２１

という表現になります。漢字と数字を合わせて６個の文字で表現できますね。２行めと３行めも１行めと同じ表現になりますね。

先生：そうですね。４行めと５行めは，白から始まり，白が１個，黒が６個，白が１個ですから，

白１６１

という表現になります。

太郎：６行めから８行めも１行めと同じ表現になりますね。そうすると，漢字と数字を合わせて44個の文字で前のページの**図６**の模様を表現できました（**図７**）。前のページの 約束１ を使うと**図６**よりも20個も文字を少なくできましたね。漢字と数字の合計の個数をもっと少なくすることはできないのかな。

図７　約束１ を使った表現

白１２２２１
白１２２２１
白１２２２１
白１６１
白１６１
白１２２２１
白１２２２１
白１２２２１

先生：別の約束を使うこともできますよ。今度は，１列ずつ考えていきます（ 約束２ ）。

約束２

①ア列から１列ごとに，上から順にますの漢字を見る。
②文字が白から始まるときは「白」，黒から始まるときは「黒」と最初だけ漢字を書く。
③白または黒の漢字が続く個数を数字で書く。

花子：**図６**の模様については，**図８**のように表現できるから，漢字と数字を合わせて20個の文字で模様を表現できました。 約束１ に比べて 約束２ を使ったほうが，24個も文字を少なくできましたね。
伝える人は， 約束２ を使って答える人に模様を伝えるのがよいと思います。

図８　約束２ を使った表現

白	黒	黒	白	白	黒	黒	白
8	8	8	3	3	8	8	8
			2	2			
			3	3			

先生：どのような模様であっても 約束２ で表現するのがよいのでしょうか。別の模様でも考えてみましょう。

〔問題２〕 **図９**はある模様を 約束１ で表現したものです。この模様を 約束２ で表現したとき，漢字と数字の合計の個数がいくつになるのかを答えなさい。

また， 約束１ と 約束２ のどちらを使ったほうが表現する漢字と数字の合計の個数が少なくできるのか答えなさい。さらに，少なくできる理由を説明しなさい。考えるときに**図10**を使ってもよい。

図９　約束１ を使った表現

白８
黒７１
黒１７
白１１６
白２１５
白１１６
黒１７
黒８

図10

	ア	イ	ウ	エ	オ	カ	キ	ク
1								
2								
3								
4								
5								
6								
7								
8								

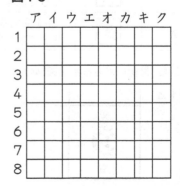

先生：しおりの5ページから7ページには，**図11**のような「磁石《じしゃく》がついているおもちゃ（てんとう虫型）を鉄製の箱の表面で動かす遊び方」の説明をのせます。
図12のように鉄製の箱の表面にはますがかかれていて，使う面は前面と上面と右面だけです。

図11

図12

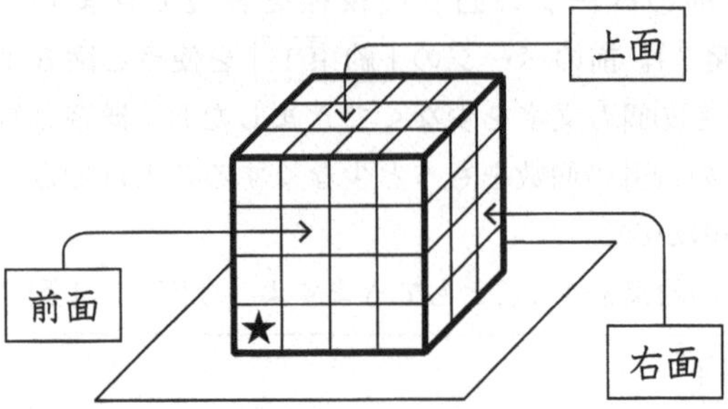

太郎：どのような遊びですか。
先生：**表1**にあるカードを使って，「★」の位置から目的の位置まで，指定されたカードの枚数でちょうど着くようにおもちゃを動かす遊びです。最初に，おもちゃを置く向きを決めます。次に，おもちゃを動かすカードの並べ方を考えます。同じカードを何枚使ってもかまいませんし，使わないカードがあってもかまいません。では，まずはカードの枚数を気にしないでやってみましょう。例えば，目的の位置を「う」の位置とします（**図13**）。**表1**をよく読んで，おもちゃの動かし方を考えてみてください。

表1

カード番号	カード	おもちゃの 動かし方
①		同じ面で 1ます前に動かす
②		同じ面で 2ます前に動かす
③		そのままで右に 90度回転させる
④		そのままで左に 90度回転させる
⑤		面を変えながら 1ます前に動かす

図13

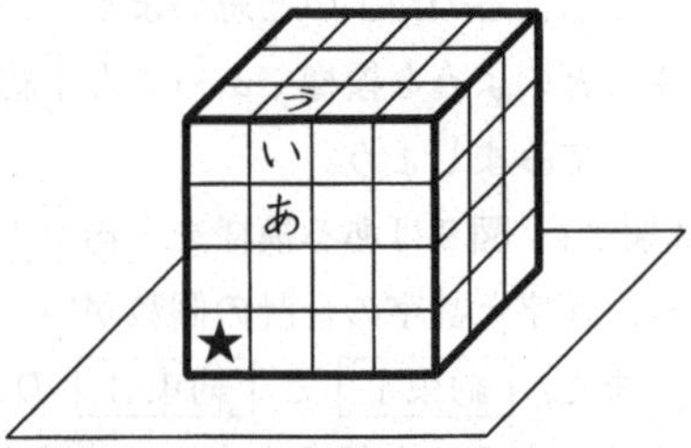

太郎：私《わたし》は，最初におもちゃを**図14**のように置いて，このように考えました。

図14

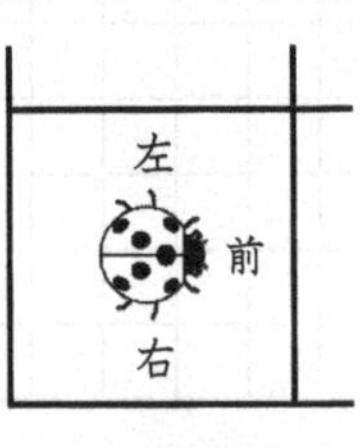

（カード番号　①　④　②　①　⑤　）

先生：そうですね。「あ」の位置でまず  のカードを使って「い」の位置に動かし，それから  のカードを使って面を変えながら１ます前に動かすことで「う」の位置にたどりつきます。

花子：私は，最初におもちゃを**図15**のように置いて，このように考えました。

図15

（カード番号　②　①　③　①　④　⑤　）

先生：そうですね。花子さんの並べ方では，「い」の位置でまず  のカードを使っておもちゃの向きを変え，それから  のカードを使って面を変えながら１ます前に動かすことで「う」の位置にたどりつきます。

花子：お楽しみ会ではカードの枚数を指定して遊びましょう。

太郎：お楽しみ会の日が待ち遠しいですね。

〔問題３〕　**図16**のように「★」の位置から「え」の位置を必ず通るようにして，「お」の位置までおもちゃを動かします。**表１**のカードを10枚使って，おもちゃを動かすとき，使うカードの種類とカードの並《なら》べ方を考えなさい。

最初に，「★」の位置に置くおもちゃの向きを**図17**から選び，解答用紙の（　）内に○をつけなさい。

次に，おもちゃを動かすカードの並べ方を，前のページの**表１**にある①から⑤のカード番号を使って左から順に書きなさい。

図16

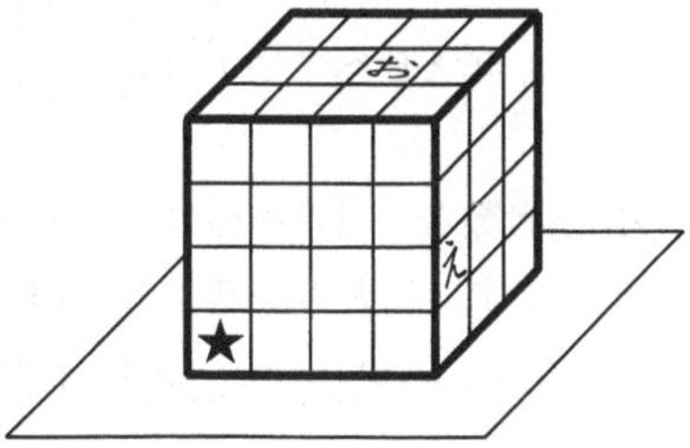

図17

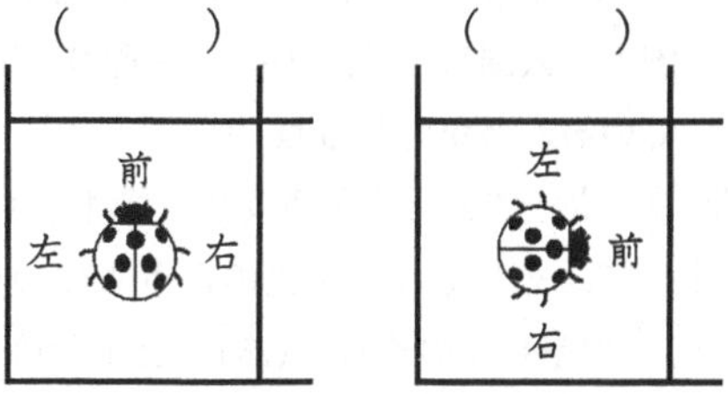

2　校外学習で昼食時におとずれた都立公園で**花子**さんと**太郎**《たろう》さんが，外国人旅行者について話をしています。

花子：都立公園には外国人が大勢見学におとずれているね。

太郎：先生も，最近は日本をおとずれる外国人の数が増えていると言っていたよ。

花子：日本をおとずれる外国人の数はいつごろから多くなってきたのかな。

太郎：私《わたし》たちが生まれたころと比べて，どのくらい増えているのだろうか。

花子：日本をおとずれる外国人の数の変化を調べてみようよ。

太郎：国外に行く日本人もたくさんいるだろうから，日本をおとずれる外国人の数と比べてみるのもおもしろそうだよ。校外学習から帰ったら，調べてみよう。

花子さんと太郎さんは，校外学習の後，図書館に行き，次ページの資料（**図１**）を見つけました。

図1　日本人の出国者数と、日本への外国人の入国者数の移り変わり

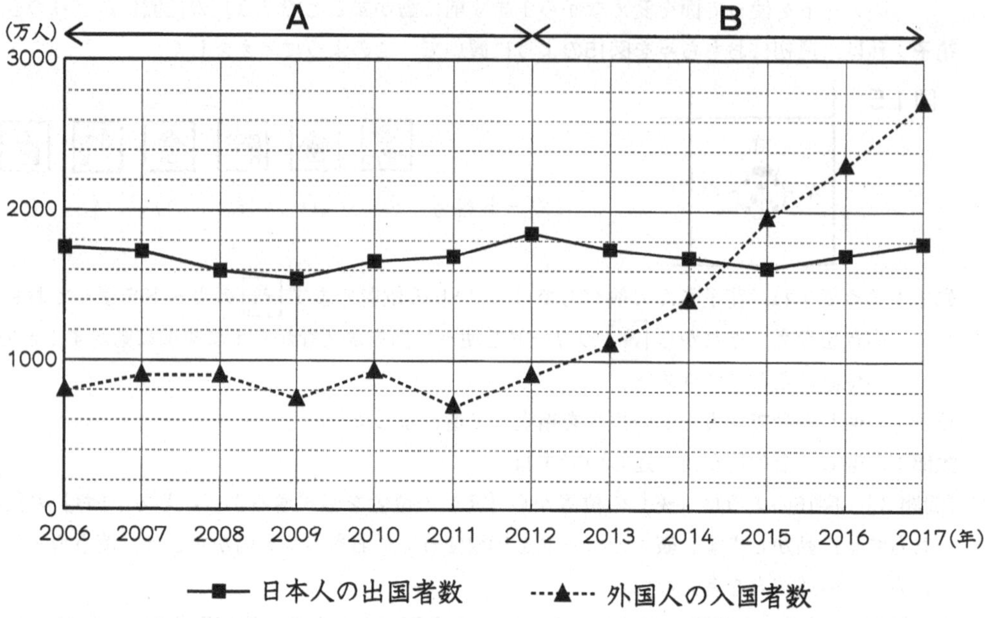

（法務省の資料より作成）

花子：2006（平成18）年から2012（平成24）年までの間（**図1**のAの期間）では，（あ）。2012（平成24）年は日本人の出国者数は，外国人の入国者数の約（い）倍であることが分かるね。

太郎：2012（平成24）年から2017（平成29）年までの間（**図1**のBの期間）では，（う）。外国人の入国者数は，2017（平成29）年には2012（平成24）年と比べて約（え）倍になっていることが分かるね。

〔問題1〕　花子さんと太郎さんは，**図1**をもとに日本人の出国者数と，日本への外国人の入国者数を比べて，それぞれの変化のようすについて話し合っています。二人の会話中の（あ）から（え）の空らんのうち（あ）と（う）には当てはまる文を，（い）と（え）には当てはまる整数を答えなさい。

花子：観光を目的として日本をおとずれる外国人旅行者について，調べてみようよ。

太郎：日本をおとずれる外国人旅行者について，こんな資料（次のページの**図2**）があったよ。この資料の「延《の》べ宿はく者数」は，例えば一人が2はくした場合を2として数えているよ。

太郎：外国人旅行者の延べ宿はく者数が2011（平成23）年には約1842万人だったのに対し，2016(平成28）年には約6939万人になっていて，約4倍に増えていることが分かるね。

花子：日本のどのような地域《ちいき》で外国人旅行者の延べ宿はく者数が増えているのかな。

太郎：こんな資料（次のページの**図3**）があったよ。これは，長野県松本市《ながのけんまつもとし》，岐阜県高山市《ぎふけんたかやまし》，和歌《わか》山県西牟婁郡白浜町《やまけんにしむろぐんしらはまちょう》という三つの地域における外国人旅行者の延べ宿はく者数の移り変わりを示しているよ。

花子：この三つの地域は，外国人旅行者の延べ宿はく者数がここ数年で大はばに増えた地域だね。

図2　外国人旅行者の延《の》べ宿はく者数の移り変わり

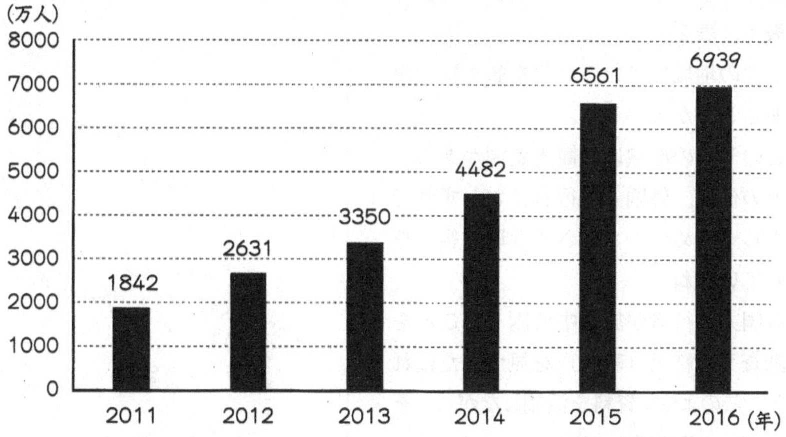

（観光庁《かんこうちょう》「宿泊《しゅくはく》旅行統計調査」より作成）

図3　三つの地域《ちいき》の外国人旅行者の延べ宿はく者数の移り変わり

長野県松本市《ながのけんまつもとし》

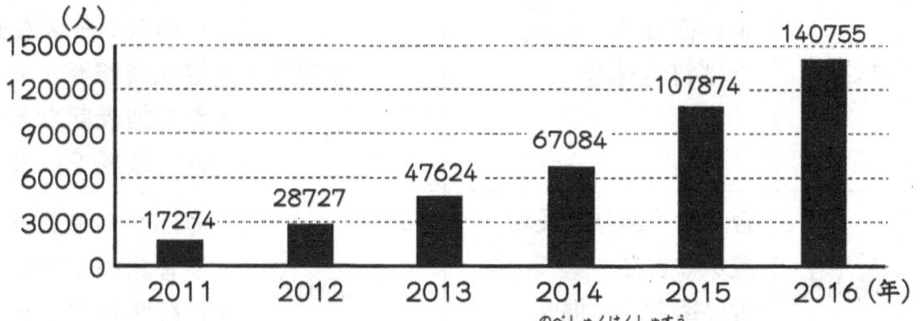

（長野県「長野県外国人延宿泊者数《のべしゅくはくしゃすう》調査結果」より作成）

岐阜県高山市《ぎふけんたかやまし》

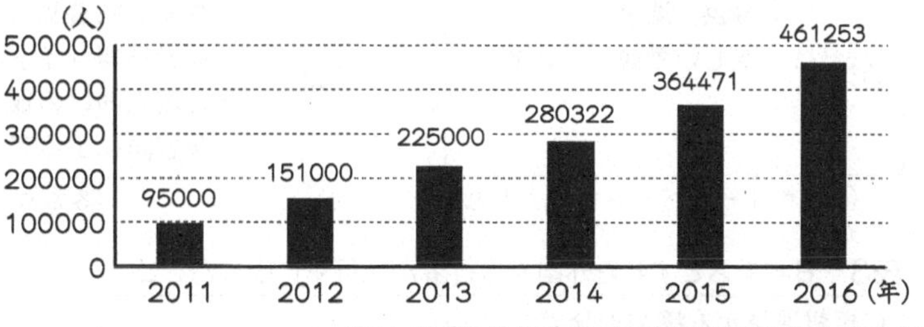

（高山市「高山市外国人観光客宿泊統計」より作成）

和歌山県西牟婁郡白浜町《わかやまけんにしむろぐんしらはまちょう》

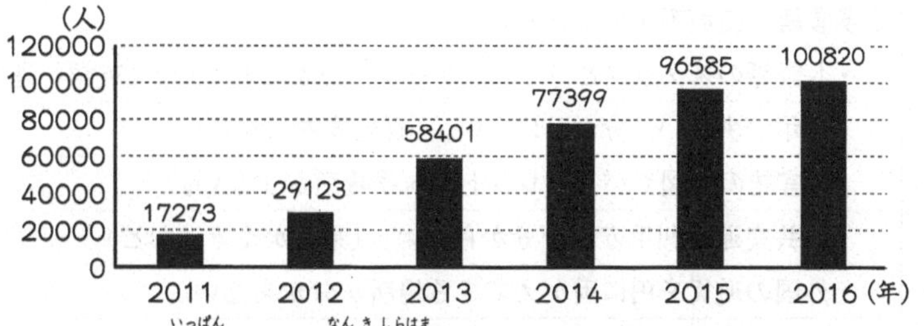

（一般《いっぱん》社団法人南紀白浜《なんきしらはま》観光局「平成３０年度事業計画」より作成）

地図上の位置や，どのような地域かなどをもう少し調べてみようよ。（図４，表１，表２）

太郎：三つの地域にはいろいろな観光資源《かんこうしげん》があることが分かるね。

花子：この三つの地域は，観光資源があることの他に，外国人旅行者におとずれてもらうために，さまざまな取り組みをしているね。

太郎：外国人旅行者が旅行中に困《こま》ったことを調査した結果（**表３**）を見つけたけれど，このような資料を活用しながら，それぞれの取り組みを進めているのかな。

図４

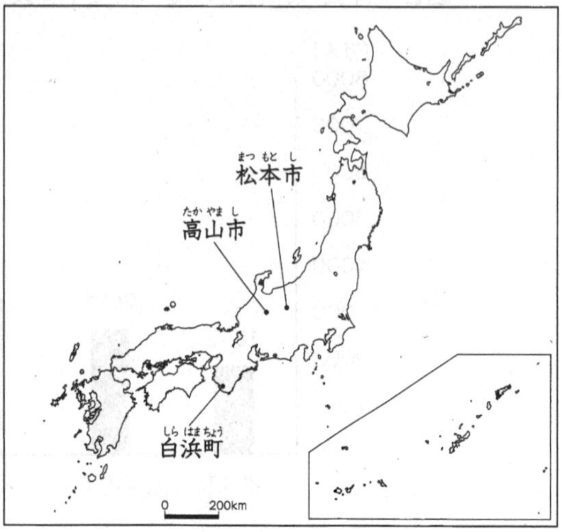

表１　花子さんが調べた三つの地域の主な観光資源《かんこうしげん》

松本市《まつもとし》	松本城《まつもとじょう》、スキー場、 古い街なみ、温泉《おんせん》、 そば打ち体験
高山市《たかやまし》	合しょう造りの民家、 豊かな自然、鍾乳洞《しょうにゅうどう》、 古い街なみ、温泉
白浜町《しらはまちょう》	砂浜《すなはま》、温泉、 美しい景観、パンダ

（各市町ホームページなどより作成）

表２　太郎《たろう》さんが調べた三つの地域が行っている外国人旅行者のための取り組み

松本市	・中部国際空港との連けい（鉄道やバスへのスムーズな乗りつぎなど） ・観光情報サイトのじゅう実 ・多言語表記などのかん境整備 ・観光産業をになう人材の確保と育成
高山市	・海外への職員派《は》けん ・多言語パンフレットの作成 ・伝統文化とふれ合う場の提供《ていきょう》 ・通訳《つうやく》案内士の養成
白浜町	・観光案内看板《かんばん》の多言語化 ・観光情報サイトのじゅう実 ・外国人向けの観光案内の動画作成 ・多言語によるアンケート調査

（各市町ホームページなどより作成）

表３　日本をおとずれた外国人旅行者が旅行中に困《こま》ったこと

○情報通信かん境が十分でない。
○クレジットカード支はらいが利用できない場所がある。
○多言語対応が不十分である。
・し設等のスタッフとコミュニケーションがとれない。（英語が通じないなど）
・表示が少ない。分かりにくい。（観光案内板など）
・多言語の地図やパンフレットの入手場所が少ない。
・公共交通の利用方法が分からない。（乗りかえ方法など）
・外国の通貨を円に両がえできる場所が分からない。

（観光庁「訪日《ほうにち》外国人旅行者の国内における受入環境《うけいれかんきょう》整備に関するアンケート結果」平成29年より作成）

〔問題２〕 松本市，高山市，白浜町の三つの地域から一つを選び，その地域で外国人旅行者の延べ宿はく者数がここ数年で大はばに増えているのは，観光資源があることの他にどのような理由が考えられるか，前のページの**表２**と**表３**をふまえてあなたの考えを書きなさい。

花子：外国人旅行者のためのパンフレットやガイドブックには，具体的にどのような工夫《くふう》がされているのかな。

太郎：東京駅では日本語と日本語以外の言語で書かれている駅構内・周辺案内図があって，もらってきたので日本語の案内図と比べてみようよ。

花子：案内図（**図５**，**図６**）には，いろいろなマークがたくさんかいてあるね。

太郎：このマークは案内用図記号というそうだよ。

図５　日本語の東京駅構内・周辺案内図の一部

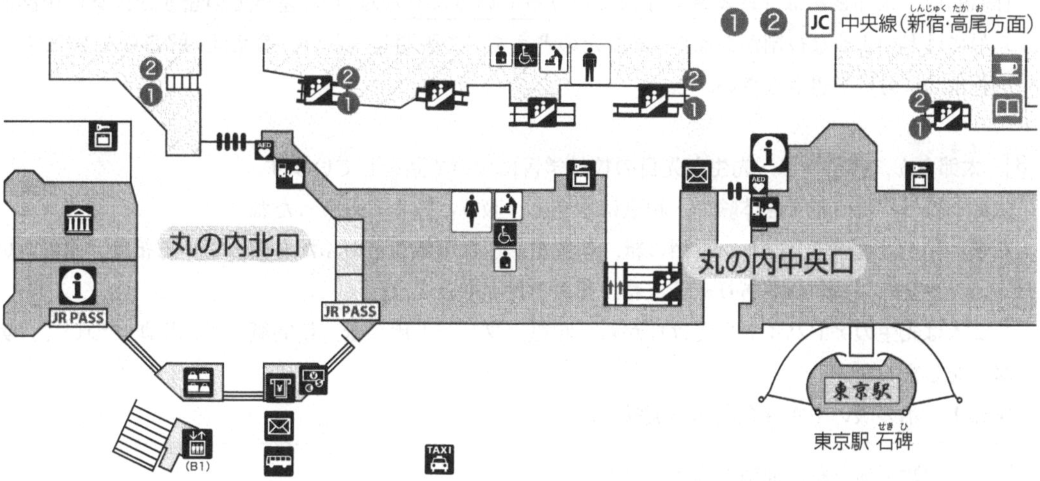

（東京ステーションシティー運営協議会「東京駅構内・周辺案内マップ」より作成）

図６　英語の東京駅構内・周辺案内図の一部

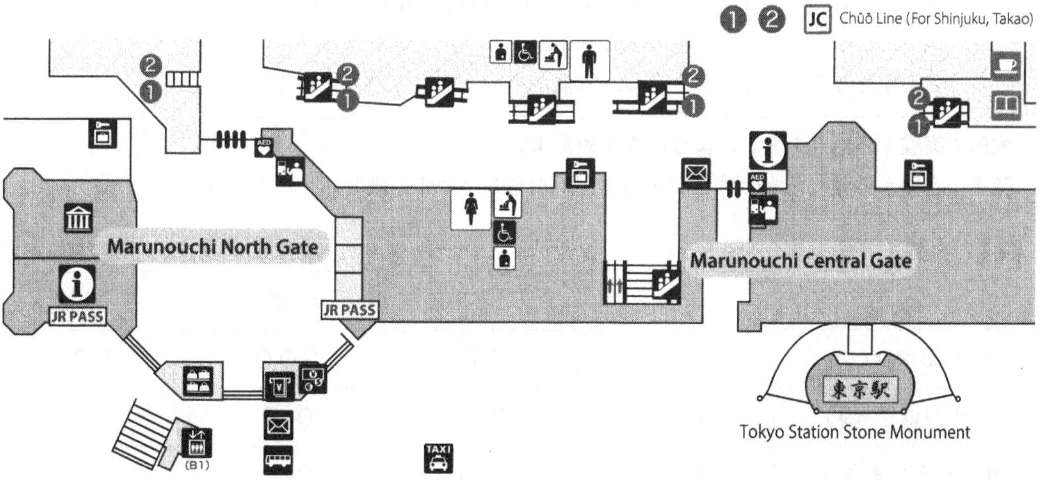

（東京ステーションシティー運営協議会「東京駅構内・周辺案内マップ」より作成）

花子：この案内図の中の「インフォメーションセンター（案内所）」,「エレベーター」,「郵便《ゆうびん》ポスト」,「バスのりば」を表すマーク（**図７**）は，今までに見かけたことがあるよ。

図７　花子さんが今までに見かけたことがあるマーク

太郎：このようなマークは外国人旅行者もふくめて，子供《こども》から高れい者まで，<u>さまざまな人に役立っているようだね。</u>

〔問題３〕　太郎さんは「<u>さまざまな人に役立っているようだね。</u>」と言っていますが，案内用図記号にはどのような役割《やくわり》があるか，あなたの考えを二つ説明しなさい。答えは，解答らんの役割１，役割２に分けて書きなさい。

3　**太郎《たろう》**さん，**花子**さん，**先生**が先日の校外学習について話をしています。

太郎：校外学習の紙すき体験で，和紙は水をよく吸《す》うと教えてもらったね。

花子：和紙と比べて，プリント用の紙，新聞紙，工作用紙などのふだん使っている紙は，水の吸いやすさにちがいがありそうだね。和紙と比べてみよう。

二人は先生のアドバイスを受けながら，和紙，プリント用の紙，新聞紙，工作用紙について，**実験１**をしました。

実験１　水の吸《す》いやすさを調べる実験

1　実験で使う紙の面積と重さをはかる。
2　容器に水を入れ，水の入った容器全体の重さを電子てんびんではかる。
3　この容器の中の水に紙を１分間ひたす。
4　紙をピンセットで容器の上に持ち上げ，30秒間水を落とした後に取り除《のぞ》く。
5　残った水の入った容器全体の重さを電子てんびんではかる。
6　２の重さと５の重さの差を求め，容器から減った水の重さを求める。

太郎：**実験１**の結果を**表１**のようにまとめたよ。

花子：容器から減った水の重さが多いほど，水を吸いやすい紙といえるのかな。

表１　**実験１**の結果

	和紙	プリント用の紙	新聞紙	工作用紙
紙の面積（cm^2）	４０	８０	２００	５０
紙の重さ（ｇ）	０.２	０.５	０.８	１.６
減った水の重さ（ｇ）	０.８	０.７	２.１	２

太郎：実験で使った紙は，面積も重さもそろっていないから，水の吸いやすさを比べるにはどちらか一方を基準にしたほうがいいよね。

花子：紙の面積と紙の重さのどちらを基準にしても，水の吸いやすさについて，比べることができるね。

〔問題１〕　和紙の水の吸いやすさについて，あなたが比べたい紙をプリント用の紙，新聞紙，工作用紙のうちから一つ選びなさい。さらに，紙の面積と紙の重さのどちらを基準にするかを書き，あなたが比べたい紙に対して，和紙は水を何倍吸うかを前のページの**表１**から求め，小数で答えなさい。ただし，答えが割《わ》りきれない場合，答えは小数第二位を四捨五入《ししゃごにゅう》して小数第一位までの数で表すこととする。

花子：紙すき体験では，あみを和紙の原料が入った液に入れて，手であみを前後左右に動かしながら原料をすくったね。

太郎：和紙の原料は，コウゾやミツマタなどの植物のせんいだったよ。

花子：**図１**を見ると，和紙は，せんいの向きがあまりそろっていないことが分かるね。

太郎：ふだん使っている紙は，和紙とどのようにちがうのですか。

図１　和紙のせんいの拡大写真《かくだいしゃしん》

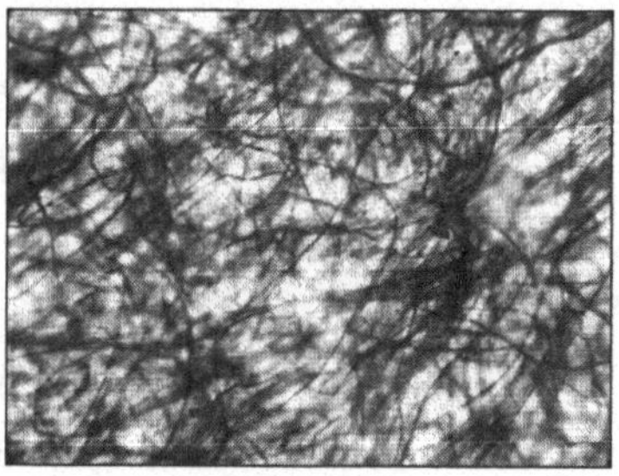

先生：学校でふだん使っている紙の主な原料は，和紙とは別の植物のせんいです。また，機械を使って，あみを同じ向きに動かし，そこに原料をふきつけて紙を作っています。だから，和紙と比べると，より多くのせんいの向きがそろっています。

花子：ふだん使っている紙のせんいの向きを調べてみたいです。

先生は，プリント用の紙，新聞紙，工作用紙のそれぞれについて，一つの角を選び，A方向・B方向と名前をつけて，**図２**のように示しました。

太郎：それぞれの紙について，せんいの向きがA方向とB方向のどちらなのかを調べるには，どのような実験をしたらよいですか。

先生：**実験２**と**実験３**があります。**実験２**は，紙の一方の面だけを水にぬらした時の紙の曲がり方を調べます。ぬらした時に曲がらない紙もありますが，曲がる紙については，曲がらない方向がせんいの向きです。

図２　方向の名前のつけ方

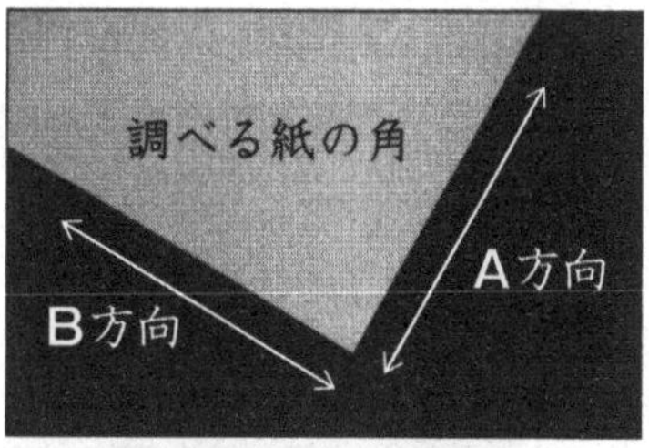

花子：それぞれの紙について，先生が選んだ一つの角を使って同じ大きさの正方形に切り取り，**実験２**をやってみます。

実験２の結果は，次のページの**図３**のようになりました。

花子：**実験３**はどのようなものですか。

図3　実験2の結果

プリント用の紙	新聞紙	工作用紙
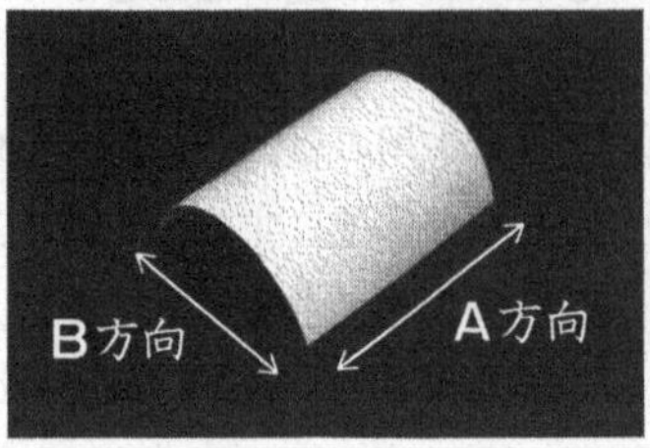	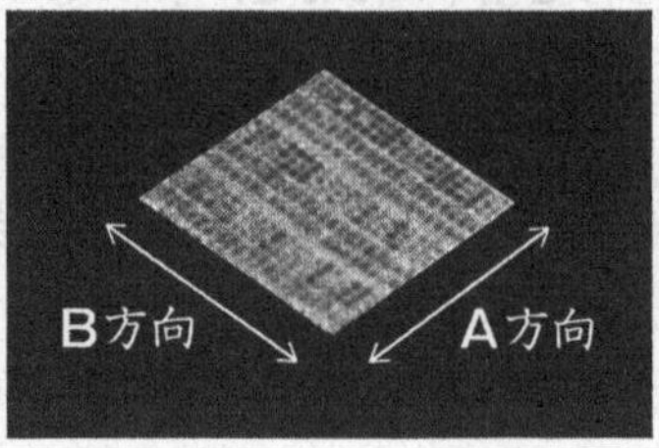	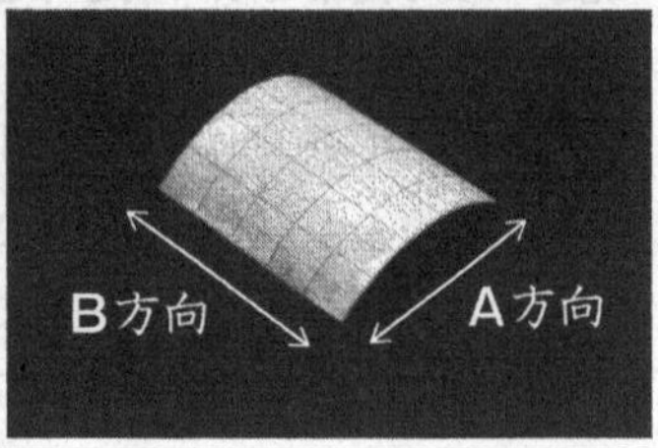

先生：短冊《たんざく》の形に切った紙の垂《た》れ下がり方のちがいを調べます。紙には，せんいの向きに沿《そ》って長く切られた短冊の方が垂れ下がりにくくなる性質がありますが，ちがいが分からない紙もあります。

太郎：短冊は，同じ大きさにそろえた方がいいよね。

花子：A方向とB方向は，紙を裏返《うらがえ》さずに前のページの図2で示された方向と同じにしないといけないね。

二人は，図2で先生が方向を示した紙について，図4のようにA方向に長い短冊Aと，B方向に長い短冊Bを切り取りました。そして，それぞれの紙について**実験3**を行いました。その結果は，図5のようになりました。

太郎：**実験2**と**実験3**の結果を合わせれば，プリント用の紙，新聞紙，工作用紙のせんいの向きが分かりそうですね。

図4　短冊《たんざく》の切り取り方

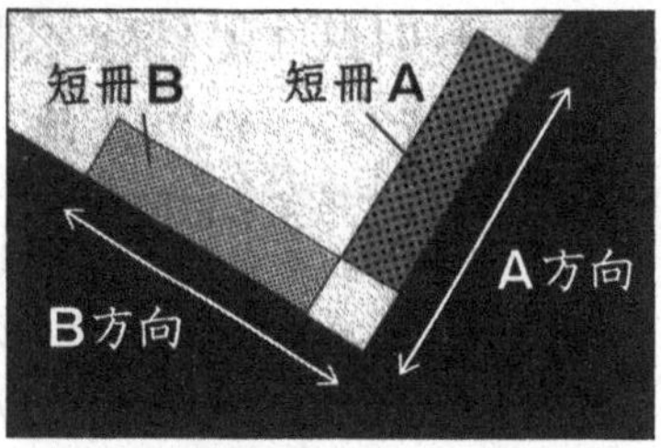

図5　実験3の結果

	プリント用の紙	新聞紙	工作用紙
短冊A			
短冊B			

〔問題２〕　プリント用の紙，新聞紙，工作用紙のうちから一つ選び，選んだ紙のせんいの向きは，**図２**（11ページ）で示された**A**方向と**B**方向のどちらなのか答えなさい。また，そのように答えた理由を**実験２**の結果と**実験３**の結果にそれぞれふれて説明しなさい。

太郎：私《わたし》たちが校外学習ですいた和紙を画用紙にはって，ろう下のかべに展示《てんじ》しようよ。

先生：昔から使われているのりと同じようなのりを使うといいですよ。

花子：どのようなのりを使っていたのですか。

先生：でんぷんの粉と水で作られたのりです。それをはけでぬって使っていました。次のような手順でのりを作ることができます。

〔のりの作り方〕

1　紙コップに２gのでんぷんの粉を入れ，水を加える。
2　割《わ》りばしでよく混ぜて，紙コップを電子レンジに入れて20秒間加熱する。
3　電子レンジの中から紙コップを取り出す。
4　ふっとうするまで２と３をくり返し，３のときにふっとうしていたら，冷ます。

太郎：加える水の重さは決まっていないのですか。

先生：加える水の重さによって，紙をはりつけたときのはがれにくさが変わります。

花子：なるべく紙がはがれにくくなるのりを作るために加える水の重さを調べたいです。

先生：そのためには，加える水の重さを変えてできたのりを使って，**実験４**を行うといいです。

太郎：どのような実験ですか。

先生：**実験４**は，和紙をのりで画用紙にはってから１日おいた後，**図６**のようにつけたおもりの数を調べる実験です。同じ重さのおもりを一つずつ増やし，和紙が画用紙からはがれたときのおもりの数を記録します。

花子：おもりの数が多いほど，はがれにくいということですね。

先生：その通りです。ここに実験をするためのでんぷんの粉が５回分ありますよ。はけでぬるためには，加える水の重さは１回あたり50g以上は必要です。また，紙コップからふきこぼれないように，150g以下にしておきましょう。

太郎：のりしろは５回とも同じがいいですね。

図６　**実験４**のようす
（横からの図）

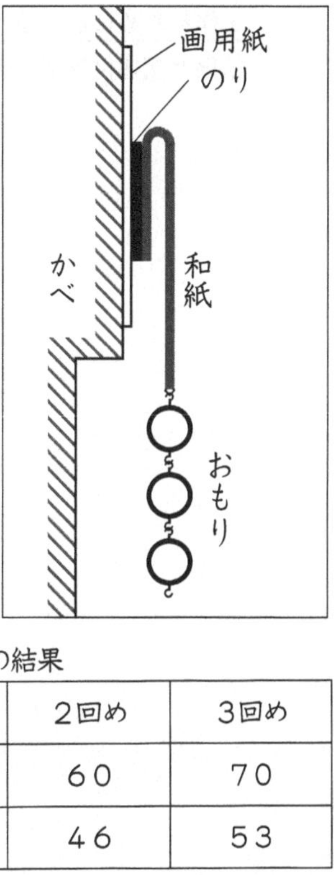

二人は，１回めとして，加える水の重さを50gにしてできたのりを使って，**実験４**を行いました。そして，２回めと３回めとして，加える水の重さをそれぞれ60gと70gにしてできたのりを使って，**実験４**を行いました。その結果は，**表２**のようになりました。

表２　１回めから３回めまでの**実験４**の結果

	１回め	２回め	３回め
加える水の重さ（g）	５０	６０	７０
おもりの数（個）	４４	４６	５３

花子：さらに加える水を増やしたら，どうなるのかな。たくさん実験したいけれども，でんぷんの粉はあと２回分しか残っていないよ。

先生：では，あと２回の実験で，なるべく紙がはがれにくくなるのりを作るために加える水の重さを何gにすればよいか調べてみましょう。のりを作る手順は今までと同じにして，４回めと５回めの**実験４**の計画を立ててみてください。

太郎：では，４回めは，加える水の重さを100gにしてやってみようよ。

花子：５回めは，加える水の重さを何gにしたらいいかな。

太郎：それは，４回めの結果をふまえて考える必要があると思うよ。

花子：なるほど。４回めで，もし，おもりの数が［（あ）］だとすると，次の５回めは，加える水の重さを［（い）］にするといいね。

先生：なるべく紙がはがれにくくなるのりを作るために，見通しをもった実験の計画を立てることが大切ですね。

〔問題３〕 ⑴　５回めの**実験４**に使うのりを作るときに加える水の重さを考えます。あなたの考えにもっとも近い［（あ）］と［（い）］の組み合わせを，次の**Ａ**～**Ｄ**のうちから一つ選び，記号で書きなさい。

Ａ　（あ）35個　　（い）80g

Ｂ　（あ）45個　　（い）110g

Ｃ　（あ）60個　　（い）90g

Ｄ　（あ）70個　　（い）130g

⑵　あなたが⑴で選んだ組み合わせで実験を行うと，なぜ，なるべく紙がはがれにくくなるのりを作るために加える水の重さを調べることができるのですか。前のページの３回めの**実験４**の結果と関連付けて，理由を説明しなさい。

【適性検査Ⅲ】（30分）　＜満点：100点＞

1　**みさき**さんと**りょう**さんが，保護者といっしょに両国高校《りょうごくこうこう》附属《ふぞく》中学校《ちゅうがっこう》の文化祭をおとずれました。

みさき：両国高校附属中学校の文化祭は劇《げき》や展示《てんじ》が盛《も》りだくさんだね。

りょう：すぐそこで料理クラブのみなさんが，手作りクッキーのはん売をしているよ。

みさき：ぜひ買って食べましょうよ。３枚《まい》入りのものと４枚入りのものが売られているね。

りょう：なぜ３枚入りと４枚入りの２種類を売っているのかな。

みさき：例えば３枚入りだけだと３枚，６枚，９枚というように３の倍数の枚数しか買うことができないけれど，３枚入りと４枚入りを組み合わせれば，ほしい枚数がほぼ買えるからだと思うよ。

りょう：なるほど，例えば13枚ほしいのなら，３枚入りを３個と４枚入りを１個買えばよいのだね。

みさき：３枚入りと４枚入りの２種類の組み合わせで買うことができない枚数は１枚，２枚，５枚だけで，６枚以上はすべて買えると思うよ。

りょう：これがもし5枚入りと７枚入りの２種類で売られていたとしたら，どうなるのかな。

〔問題１〕　５枚入りと７枚入りの２種類で売られていたとしたら，どうなるのかな。とありますが，５枚入りと７枚入りの２種類の組み合わせで買うことができない枚数をすべて答えなさい。ただし，クッキーが売り切れることはないものとします。また，単位の「枚」はつけずに「○○，△△，…」のように，数字と数字の間に点「，」をつけて答えることとします。

みさき：理科クラブは生き物についての展示をしているね。見に行きましょう。

二人は生き物の在来種と外来種についての展示に興味をもちました。

りょう：この水そうにはメダカがいるよ。

みさき：水そうの中に見える水草はオオカナダモだね。

りょう：メダカはもともと日本に生息している生き物，つまり在来種だけど，オオカナダモはもともと日本には生息していなかった生き物，つまり外来種なんだね。

みさき：外来種には，アライグマのようにペットやかん賞の目的で持ちこまれた生き物や，ウシガエルのようにもともとは食用として持ちこまれた生き物がいるんだね。

りょう：ニンジン，ナス，ジャガイモなど，野菜の多くも外来種なんだね。他にもクローバーとよばれているシロツメクサのように，外国からの荷物にまぎれこんで日本に入ってきた植物もあるそうだよ。

みさき：外来種が日本に入ってきた理由はいろいろあるけれど，共通して言えることがあるね。

〔問題２〕　共通して言えることがあるね。とありますが，外来種が日本に入ってきた理由として，共通して言える点は何が考えられますか。解答らんに合うように答えなさい。

りょう：この教室には美術クラブの作品がとてもきれいに展示してあるね。

みさき：教室にある作品の周りには，立ち入り禁止の目印となるラインがゆかに引いてあるよ。

りょう：係の中学生にたずねてみたら，この教室はたて９m，横14mである長方形の形をしているそうだよ。また，作品はすべて（図１）のように，一辺の長さが１ｍである正方形の形をした台11個の上に展示してあり，人が手をのばしても作品にふれないように，台から１ｍはなれた位置に立ち入り禁止のラインが引かれているみたいだよ。

図１

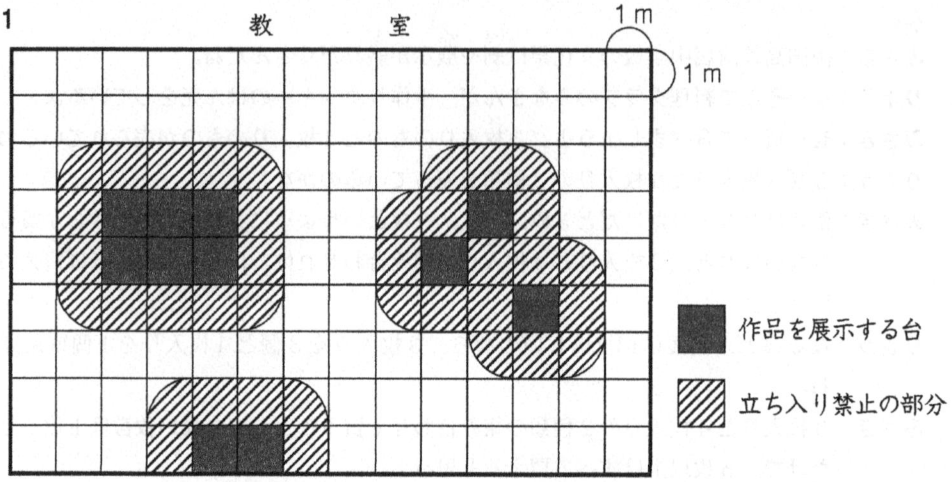

みさき：（図１）では，１ますの小さな正方形の一辺の長さが１ｍと分かっているので，立ち入り禁止の部分の面積を求めることができるね。

りょう：おもしろい問題を考えたよ。

りょうさんの考えた問題

> （図１）の教室と同じ形をした教室に，（図２）のように，作品を展示する台４個が置かれています。この教室にさらに作品を展示する台を２個追加して置いたところ，立ち入り禁止の部分の面積の合計が，22.28m^2になりました。いったいどの位置に台を置いたのでしょうか。ただし，作品を展示する台の部分の面積は立ち入り禁止の部分の面積にはふくまれないものとし，円周率は3.14とします。

みさき：考えてみるね。

図２

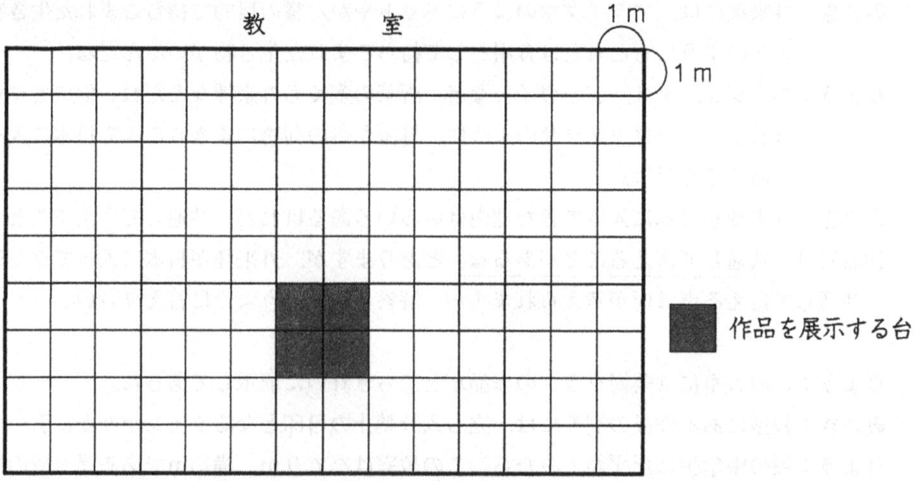

〔問題３〕 考えてみるね。とありますが，りょうさんの問題を考えて，作品を展示する台を追加して置いた位置を答えなさい。ただし，解答らんの適する２か所のますを黒くぬって答えることとします。

2 **りょう**さんと**みさき**さんが教室で**先生**と話をしています。

りょう：この前，自宅《じたく》のパソコンの暗証番号を忘《わす》れてしまって大変だったんです。

みさき：他の人にメモを見られても簡単《かんたん》には解読されないような，暗証番号の記録の仕方があると便利なのですが。

先　生：例えば1000から1999までの４けたの数でできた暗証番号を，次のように８けたまたは９けたの数にして記録できますよ。

記録の仕方

（ア）　４けたの暗証番号が偶数《ぐうすう》であるとき

まず，暗証番号に３をかけた数と，５をかけた数を求める。求めた２つの数の各位の数字を，３をかけてできた数の千の位の数字，５をかけてできた数の千の位の数字，３をかけてできた数の百の位の数字，のように左から交ごに並《なら》べていき８けたの数を作る。さらにその８けたの数に２をかける。

【例】　暗証番号が1236であるとき

1236×３＝3708 であり，1236×５＝6180 である。

各位の数字を交ごに並べてできる８けたの数は，36710880となる。

さらに２をかけて，36710880×２＝73421760

したがって記録する数は73421760である。

（イ）　４けたの暗証番号が奇数《きすう》であり，３の倍数であるとき

まず，暗証番号に２をかけた数と，５をかけた数を求める。求めた２つの数の各位の数字を，２をかけてできた数の千の位の数字，５をかけてできた数の千の位の数字，２をかけてできた数の百の位の数字，のように左から交ごに並べていき８けたの数を作る。さらにその８けたの数に３をかける。

【例】　暗証番号が1905であるとき

1905×２＝3810 であり，1905×５＝9525 である。

各位の数字を交ごに並べてできる８けたの数は，39851205となる。

さらに３をかけて，39851205×３＝119553615

したがって記録する数は119553615である。

（ウ）　４けたの暗証番号が奇数であり，３の倍数ではないとき

まず，暗証番号に２をかけた数と，３をかけた数を求める。求めた２つの数の各位の数字を，２をかけてできた数の千の位の数字，３をかけてできた数の千の位の数字，２をかけてできた数の百の位の数字，のように左から交ごに並べていき８けたの数を作る。さらにその８けたの数に５をかける。

【例】　暗証番号が1327であるとき

1327×２＝2654 であり，1327×３＝3981 である。

各位の数字を交ごに並べてできる８けたの数は，23695841となる。
さらに５をかけて，23695841×５＝118479205
したがって記録する数は118479205である。

先　生：実際にこのような記録の仕方が用いられていたりするのですよ。

みさき：これなら簡単には解読されないですね。

先　生：記録する数が116788320であるとき，もとの４けたの暗証番号を求めてみましょう。

りょう：分かりました。

りょうさんが行った計算

116788320÷５＝23357664
２つの４けたの数に分けると
2376と3564である。
2376を２で割《わ》ると 2376÷２＝1188
3564を３で割ると 3564÷３＝1188

りょう：もとの４けたの暗証番号は1188だと思います。

みさき：私はまだ計算していないから，正しいもとの暗証番号は分からないけど，りょうさんが行った計算を見ると，1188は正しいもとの４けたの暗証番号ではないと思うよ。

先　生：よく気がつきましたね。確かにりょうさんが行った計算では，どちらも1188で同じ結果になっていますが，1188は正しい暗証番号ではないですね。

〔問題１〕 1188は正しいもとの４けたの暗証番号ではないと思うよ。とありますが，みさきさんが1188は正しくないとすぐに気がついた理由を答えなさい。また，記録する数が116788320であるとき，正しいもとの４けたの暗証番号を，式を書いて求めなさい。

先　生：もう少し練習してみましょう。今度は記録する数が96000000から100000000までとなるような，もとの４けたの暗証番号を一つ求めてみてごらん。

〔問題２〕 もとの４けたの暗証番号を一つ求めてみてごらん。とありますが，記録する数が96000000から100000000までとなるような，もとの４けたの暗証番号を一つ答えなさい。

条件　次の三段落構成《さんだんらくこうせい》にまとめて書くこと

①第一段落では、**友だち**の発言の中で誤解《ごかい》をしていると思う点を指《し》摘《てき》する。

②第二段落では、①で示した点について、**文章1**と**文章2**にもとづいて説明する。

③第三段落には、①と②とをふまえ、**ひかる**さんがこれから本を読むときに心がけようと思っている点を書く。

〔きまり〕

○題名は書きません。

○最初の行から書き始めます。

○各段落《だんらく》の最初の字は一字下げて書きます。

○行をかえるのは、段落《だんらく》をかえるときだけとします。

○、や。や」などもそれぞれ字数に数えます。これらの記号が行の先頭に来るときには、前の行の最後の字と同じますめに書きます。（ますめの下に書いてもかまいません。）

○。と」が続く場合には、同じますめに書いてもかまいません。この場合、。」で一字と数えます。

○段落をかえたときの残りのますめは、字数として数えます。

○最後の段落の残りのますめは、字数として数えません。

容の深い次元の高いものに興味を発展《はってん》させ＊昇華《しょうか》してゆくものと、私は考えています。

二番目の総合性に関連していえば、個々の分野ではすばらしく深い＊精緻《せいち》な本が多いのですが、それらは分化し細分化されたまま、その本質や全体像が明示されていない＊うらみがありました。日本の科学技術の＊泣き所の一つに、やはり総合力のなさや＊学界の＊断層《だんそう》の問題が多くの方から指摘《してき》されています。したがって、こまかな個々の分野は他の方におまかせして、私はあまり他の方がおやりにならない総合性をめざしてみたいと考えているものです。

第三の発展性《はってんせい》については、今日の科学技術の＊様相を、ただ現状だけとか、いまいえる限りといったように＊静的に提示するだけでは十分でありません。なぜそのようになってきたかという姿勢《しせい》の延長《えんちょう》としての未来、どう臨《のぞ》むのが好ましいのかという態度、そうした科学観や社会への視点《してん》、未来への＊洞察《どうさつ》といった点が、これからの科学の本、しかも、㋑これからの将来《しょうらい》に生きる子どもたちのための本としては不可欠であると私は考えています。そのことは、好むと好まざるとにかかわらず、作者に態度を明確にすることを迫《せま》るでしょう。

（かこさとし『地球』解説　による）

〔注〕残念なきわみ――非常に残念。　くすぐり――笑わせようとすること。
昇華《しょうか》してゆく――高めてゆく。　精緻《せいち》な――くわしくて細かい。
うらみ――残念な点。　泣き所――弱点。　学界――学問の世界。
断層《だんそう》――意見などの食いちがい。　様相――ありさま。
静的に――変化のない、あるいは少ないものとして。
洞察《どうさつ》――見通し。

〔問題1〕㋐＊真っ当な面白《おもしろ》さにぶつかる とありますが、「真っ当な面白さにぶつかる」と、子どもはどうなるとかこさんは考えているでしょうか。文章2の中から探《さが》し、解答らんに合うように二十四字以上三十五字以内で答えなさい。（、や。も字数に数えます。）

〔問題2〕㋑これからの将来《しょうらい》に生きる子どもたちのための本 とありますが、そのためにかこさんはどのような態度で本を書いているのでしょうか。文章1のかこさんの発言の中から探《さが》し、解答らんに合うように二十四字以上三十五字以内で答えなさい。（、や。も字数に数えます。）

〔問題3〕次に示すのは、文章1と文章2を読んだ後の、**ひかる**さんとある**友だち**とのやりとりです。このやりとりのあと、**ひかる**さんが示したと思われる考えを、四百字以上四百四十字以内で書きなさい。ただし、次のページの条件と〔**きまり**〕にしたがうこと。

ひかる――文章1と文章2を読んで、科学の本を読んでみたくなりました。

友だち――たしかに、かこさんが、むずかしそうな専門《せんもん》知識《ちしき》まで調べた上で本を作っていることはよくわかりました。でも、それだと、私《わたし》たち子ども向けの本としてはつまらない本になってしまうと思います。

ひかる――それは誤解《ごかい》のような気がします。それに、私はかこさんの考えを知って、本を読むときに心がけたいこともできました。

友だち――そうですか。**ひかる**さんの考えをくわしく教えてください。

かこ　子どもさんに興味を持ってもらえればと思ってね。キャラクターを絵本に登場させたり、ギャグを*羅列《られつ》したりという方法もあるのでしょうけれど、僕はそういうやり方はあまり好きではありません。子どもさんといえど、㋐*真っ当な面白《おもしろ》さにぶつかると「もうやめなさい」とこちらが言いたくなるぐらいに熱中して、突《つ》き進《すす》んじゃう。それは子どもたちと接して見せつけられたものですから。

本来、人間の持つ「生きよう」という意気込《いきご》み、興味、好奇心《こうきしん》を*喚起《かんき》すれば、あとは子どもたちが自分の力でぐいぐい開拓《かいたく》していく。それが真っ当な科学教育なり、科学絵本の行く道だろうと思うんです。アニメにしたり漫画化《まんがか》すればいいだろうという、*ちゃちな教育姿勢《しせい》では、子どもさんの本当の意味での発達というか、伸《の》びていくための「*エンジン」にはならない、というのが僕の説ですね。

――具体的には、子どもたちはノミのことは知っていても、そのノミが身体の一〇〇倍以上も高く、遠くへ飛ぶことは知らない。その事実を見せることで子どもたちの関心や興味をひき、そこから高さや距離《きょり》へ広げていくというお考えだったのでしょうか。

かこ　それが子どもさんの*琴線《きんせん》に触《ふ》れるのではないかと思いました。なんとかしてそういう琴線に触れるような、真っ当なもので押《お》しながら、絵本にいろいろなものをちりばめていくというのが、当時の僕の考え方でしたね。

（かこさとし〔談〕・林公代〔聞き手〕「科学の本のつくりかた」による）

〔注〕　拝読《はいどく》した――読ませていただいた。
動的に――変化するものとして。
論文《ろんぶん》――意見や研究の結果を、筋道《すじみち》を立ててのべた文章。
プレートテクトニクス論《ろん》――地球のつくりに関する理論《りろん》。
妥当《だとう》――実情によく当てはまっていること。
学会――学問研究のための学者の団体やその会合。
仰《おお》せつかって――命じられて。　ことに――中でも。特に。
技術のことをかじった端《はし》くれ――技術のことを少しでも学んだ者。
原理原則――基本的な決まり。　匹敵《ひってき》する――同じ程度の。
羅列《られつ》したり――ならべたり。　真っ当な――まともな。
喚起《かんき》すれば――よび起こせば。
ちゃちな――いいかげんで内容がない。　エンジン――原動力。
琴線《きんせん》に触《ふ》れる――心の奥底《おくそこ》を刺激《しげき》し感動させる。

文章2

とかく科学の本というと、肩《かた》がこる、知識が覚えられる、学校の成績に少しでも役立つ――というような意識が先にたちがちですが、私《わたくし》の場合、（1）おもしろくて、（2）総合的で、（3）発展的《はってんてき》な内容を、これからの科学の本の軸《じく》にしたいと心がけています。

おもしろいというのは、一冊《さつ》の本をよみ通し、よく理解してゆく原動力になるだけでなく、もっとよく調べたり、もっと違《ちが》うものをよんだりするというように、積極的な行動にかりたてるもっとも大事なエネルギーとなるものです。よい本だけれど一頁《ページ》よんだらねむくなったとかいうのでは*残念なきわみなので、私は内容がよければよいほど、おもしろさというものが必要だと考えています。しかし、おもしろさと一口にいっても、子どもだからとて、いや子どもだからこそ、いつも下品でゲラゲラ*くすぐりだけをよろこぶわけではありません。必ずしだいに内ていたのではなはだ申しわけないし、それ以上に出版の意義がなくなる。科学の本であれば、＊ことに慎重であるべきです。ただ現状を述べただけなら、どなたでも現在の資料を集めればできるでしょうけれども、多少＊技術のことをかじった端《はし》くれとしては、それだけの見通しを持って皆《みな》さんに提供しないと申しわけない、というのが僕の書くときの心がけです。

――でも論文から、その理論が二〇年後通用するかどうか評価するのは難《むずか》しいことではないですか。

かこ　科学者としては当たり前のことです。そういう「実証的」なことをちゃんとやっておかないと、必ずどこかで問題が起こります。

――どんな話でも必ず事実を調べるのは、実証的・科学的な態度ですね。

かこ　それから、たとえば生き物を描くときに、ウサギがオオカミをかみ殺すことは逆であり、あり得ない。やっぱりオオカミがウサギを追いかけ回すのでなければならないだろう。私はたとえ童話であっても、「自然法則」に逆らわない範囲《はんい》で、子どもさんに楽しんでいただくものを書きたい。それを逆にするようなことは、とても私には書けません。

――童話でも、自然法則がその下敷《したじ》きにあるべきだと。

――実は先生にお話をうかがうにあたり、『宇宙《うちゅう》』を読み直しましたが、宇宙に関する＊原理原則や、壮大《そうだい》な宇宙の時間と空間をどうやってとらえればいいかが順序だてて描かれていて、これに＊匹敵《ひってき》する宇宙の本は今もないと改めて確信します。一九七八年のご出版ですから、約四〇年も読《よ》み継《つ》がれている本ですね。科学絵本がどのように生み出されるか、『宇宙』を例に具体的にお聞きしていいでしょうか。

かこ　はい、どうぞ。この本を作った一九七〇年代は人間の宇宙への進出がどんどん進んだ時代で、私は学者さんのご努力に応《こた》える意味で、しっかりとまとめなければいかんと思ってやりました。

――そもそも、なぜ宇宙の本を書こうと思われたのでしょう。この本の前に『海』（一九六九年）や『地球』という科学絵本が出ていますが、その延長《えんちょう》線上で「次は宇宙だ」と思われたのですか。

かこ　まあ単純《たんじゅん》に言えばそういうことです。しかし、ただ宇宙は大きくて、星があって、というだけの物語では本当の理解ということにはならない。どうして宇宙船《うちゅうせん》は落ちてこないのかなど、まず原理原則を子どもさんにわかるようにしてもらおうと考えました。

――まさしく、そこがこの本の特徴《とくちょう》ですね。

かこ　はい。（宇宙のように）遠くの場所へ行く乗り物は、速い速度を出さないといけない。それをわかってもらうために、まずは身近な昆虫《こんちゅう》なり、動物の速さから始めて、次に人間が作るものでは、鉄砲玉《てっぽうだま》や大砲《たいほう》も速いだろうと。それらをうんと速くすると、遠くへ遠くへ行って、ついに着地しないで地球をぐるっと回ってくるんじゃないかと。

――それが地球を回る人工衛星と同じなんだよと。

かこ　そういう説明の仕方をすれば子どもたちも理解してくださるだろうと考えて、速さについて順を追ってゆっくりと記述しながら、だんだんと遠い宇宙へ一緒《いっしょ》に旅をするということを心がけました。

だから、一番身近なところで始めるために、たくさんのノミがぴょんぴょん跳《は》ねるところから始めたのです。

――小さなノミが自分の大きさの何倍もジャンプするという事実から、想像力がふくらみます。

【適性検査Ⅰ】（四五分）〈満点：一〇〇点〉

1 次の **文章1** は、絵本作家のかこさとしさんと、聞き手である林《はやし》公代《きみよ》さんとの対話です。（——は林さんの発言を表します。）これと、あとに続く **文章2** を読んで、あとの問題に答えなさい。（＊印の付いている言葉には、本文のあとに〔注〕があります。）

文章1

——先生の本を＊拝読《はいどく》したところ、科学絵本を出すにあたって既《すで》に出版されている科学の本をお調べになり、他の本に欠けていて、かこ先生が実現したい点を三つ見出《みいだ》されたと書かれていました。「大事な原則を先に書き、例外を後にすること」、「過去から未来への科学の営みを＊動的にとらえること」、「個々《ここ》の科学だけでなく、科学の全体像を提《てい》供《きょう》すること」です。改めて、先生が科学絵本を書かれるとき何を大事になさっているか、お聞かせいただけますか。

かこ　今の三つのことをベースにして、さらに言うと、読んでくださる方は大人ではなくて子どもさんですから、少なくとも二〇年は私《わたし》よりも長生きするはずです。だから、その子どもさんが成人したときに、「なんだ、昔読んだ本と内容がちょっと違《ちが》うじゃないか」なんてことになったら、大変問題になります。ですから、二〇年後にも通用するという見通しを持って書かなければいかんと。

——二〇年後ですか。

かこ　はい。ところが学者さんというのは非常に慎重《しんちょう》で、仮説としてはいろいろとおっしゃるのですけれど、＊論文《ろんぶん》には確実でないことはなかなかお書きにならないですよ。だから論文などから読み取って、「二〇年後にはこうなるはずだ」ということを見越《みこ》して書かないといけない。ですから僕《ぼく》は、絵本を作るときの学説とは少々違うものも大《だい》胆《たん》に取り上げてね。

——科学絵本のために、論文まで読《よ》み込《こ》まれていたのですか。

かこ　そうです。一番苦心したのは、『地球』（一九七五年）という科学絵本で取り上げた＊プレートテクトニクス論《ろん》です。絵本を書いていた当時はまだ仮説でしたが、これ以外にいい理論《りろん》がなかったのです。いろいろな地球内部のことを説明するにはプレートテクトニクス論が一番＊妥当《だとう》であろうと。日本の＊学会ではプレートテクトニクス論が一九八〇年代まで、なかなか受け入れられなかったそうです。日本で唯一《ゆいいつ》、この理論を積極的に取り上げたのが、東京大学の竹内均《たけうちひとし》さんです。

——日本で一九八〇年代にようやく受け入れられた理論を、先生は一九七五年に絵本として出版されていたとは驚《おどろ》きです。竹内さんといえば、東大名誉教授《めいよきょうじゅ》で、のちに科学雑誌《ざっし》の編集長になられた方ですね。

かこ　はい。竹内均さんに最新の理論を聞いて、僕は納得《なっとく》して絵本にしたのです。竹内さんが、出来上がった『地球』をご覧《らん》になって、「絵本でも（プレートテクトニクス理論を）描《えが》く時代になったのか」ともすごく喜んでくださいました。当時、竹内さんは教育番組を多数持っておられて、その質問役を＊仰《おお》せつかって。

——なるほど。先生は科学絵本をお書きになるたびに、毎回たくさんの論文を読み込まれて、二〇年後も通用する理論だと見極《みきわ》めてから書かれるのですか。

かこ　子どもさんは「これが正しい」と思って読んでくださるのに、違っ

MEMO

大切なことはメモしておこうネ！

2019 年 度

解 答 と 解 説

《2019年度の配点は解答欄に掲載してあります。》

＜適性検査Ⅰ解答例＞

1 問題1　本を読み通すだけでなく，積極的に調べたり，違う本を読んだりする(ようになる。)

問題2　本の内容が二十年後にも通用するという見通しをもって書くようにする(という態度。)

問題3　友だちは難しいことはつまらないと考えている。しかしそれは子どもが感じるおもしろさの意味を誤解しているのだと思う。

　文章1でかこさんは，興味や好奇心を喚起するような「真っ当なおもしろさ」にぶつかれば子どもは熱中して突き進むと言っている。また，文章2でもおもしろさというのは，積極的な行動にかりたてるエネルギーであると書いている。つまりおもしろさとは，単に笑えるということではなく，興味を持ち熱中してその次元を高めていくことだ。

　このことから，私は本を読むときに二つ心がけたいと思う。一つは，じっくり読むことだ。途中で少し立ち止まり，いろいろな見方や考え方をしてみる。小説などは熱中して一気に読んでしまうこともある。でも，一度読み終えても時間を置いて改めて読む。すると違う考えに気づくかもしれない。もう一つはたくさんの本を読むことだ。本当に興味を持つことは数多くはないと思う。たくさんの本を読まなければ，本当に面白いと思えることとの出会いのチャンスを逃してしまうと思うからだ。

○配点○

1 問題1　10点，問題2　20点，問題3　70点　　計100点

＜適性検査Ⅰ解説＞

1 （国語，作文）

　今年度の出題では文章1と文章2は同じ筆者のものであり，文章1がインタビューであったのに対し，文章2は作品の解説である。同じ人物によって書かれた文章であり，よく出題される「同じテーマで違う視点」とは異なる出題であった。2つの文章を対比し，同じことを違う言葉で表している部分に注目して読むことが求められた。最後の作文につながるカギであり，問題1，問題2は作文を書くための手がかりであるといえる。

基本　問題1　言い換えの問題である。文章1の中で設問の答えを探し，文章2の中から同じようなことを表している(言い換えている)部分をまとめる。設問の指示に合うよう，文末を「～ようになる」と書き換えて答えればよい。

文章1　設問か所　真っ当な面白さにぶつかる→「もうやめなさい」とこちらが言いたくなるぐらいに熱中して突き進む

文章2　第2段落　おもしろいというのは，→積極的な行動にかりたてるエネルギー

⇒(具体的には)一冊の本をよみ通し，よく理解してゆく原動力になるだけでなく，もっとよく調べたり，もっと違うものを読んだりするというように…

基本　問題2　まず設問の「これからの将来～ため」というのがキーワードになる。同様のことを書いている箇所として，「二十年後／未来」という言葉が挙げられる。その周辺に「子どもたちのため」に作者がどのようにするべきと考えているかを探し，文末を設問の指示に合わせよう。

文章2　第3段落「これからの将来に生きる子どもたちのための本」

文章1　1ページ目上段　20年は私たちより長生きするはず，子どもたちが成人→将来・未来

「ですから」→二十年後にも通用するという見通しを持って~~書かなければならない~~。

書くという態度。

重要　問題3　今年の問題も段落構成について細かい条件が出ている。①～③で各段落の内容が指定されているのである。つまり，形式的な段落構成は自分で考える必要はなく，段落の論理性，文章の内容で採点するということである。特に今年度は①第1段落が今までのような「要旨」ではなく，友達の誤解を通して，作者のメッセージをくみ取る，②第2段落で作者のメッセージをまとめる，③では②をふまえて自分がひかるさんの立場に立って本を読むときに心がけることを書く。②と③が論理的につながっているかが最も大切となる。

★ワンポイントアドバイス★

適性検査の作文は「文章の伝えたいことを読み取れるか」,「論理的に考えられるか」をみるためのもの。「対話」をするつもりで書こう！

＜適性検査Ⅱ解答例＞

1　問題1　〔しおりにする前の状態〕

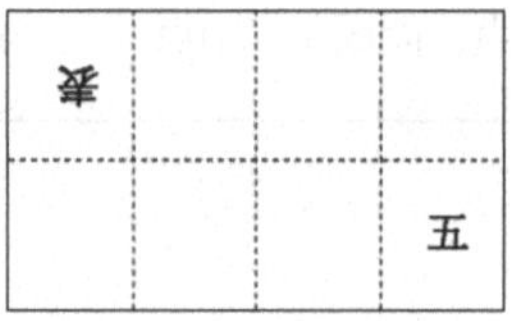

問題2　約束2で表現したときの漢字と数字の合計の個数……44個

漢字と数字の合計の個数が少ない約束　………………約束1

〔理由〕　このも様では，文字と数字でも様を表現するとき，列よりも行で表現したほうが，同じ色がより多く連続するため

問題3　〔「★」の位置に置くおもちゃの向き〕　　〔カードの並べ方〕

（ ○ ）

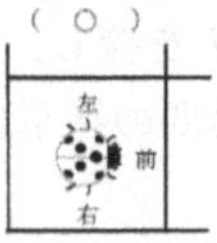

①②⑤④①②⑤①③①

2　問題1　（あ）　日本人の出国者数も，外国人の入国者数も大きな変化がない。

(い)　2倍
(う)　日本人の出国者数は大きな変化がないが，外国人の入国者数は増加した。
(え)　3倍

問題2　〔選んだ地域〕　松本市
〔あなたの考え〕　多言語対応が不十分で外国人旅行者がこまっているので，多言語表記などのかん境整備をしているから。

問題3　〔役割1〕　外国人旅行者にとって，日本語が分からなくても，どこに何があるかが分かるようなほ助となっている。
〔役割2〕　その場で案内用図記号を見て地図と照らし合わせることで，自分がどこにいるかが分かるようなほ助となっている。

3　問題1　〔比べたい紙〕　プリント用の紙
〔基準にするもの〕　紙の面積
〔和紙は水を何倍吸うか〕　2.3倍

問題2　〔選んだ紙〕　新聞紙
〔せんいの向き〕　B方向
〔理由〕　実験2の結果ではどちらの方向にも曲がっていないのでせんいの向きは判断できないが，実験3の結果より短ざくBの方のたれ下がり方が小さいから，せんいの向きはB方向だと考えられる。

問題3　⑴　A
⑵　4回めのおもりの数が3回めより少ないので，なるべく紙がはがれにくくなるのりを作るために加える水の重さが，3回めの70gと4回めの100gの間にあると予想できるから。

○配点○

1　問題1　6点，他　各12点×2
2　問題1　8点，問題2　6点，問題3　26点
3　各10点×3　　　計100点

＜適性検査Ⅱ解説＞

1　(算数：平面図形の対称，データの圧縮，立体図形上の移動)

問題1　冊子作りの問題。1枚の紙を折って冊子を作るにあたり，まず上半分を折り返すので(次ページの図)上の部分(色のついた部分)の文字は下の部分(色の無い部分)と上下逆さまになる。冊子の形になったら表紙をどこにするかを決める。問題の図2において冊子の形になったもの(図)が与えられているので，(次ページの図)矢印で示したA，B，C，Dのどこかを表紙とするのが考えやすい。表紙の位置が決まれば次にページを考える。問題で先生の発言の中に「表紙を1ページとして，最初の遊びの説明を2ページから4ページに…」とあるので，表紙の裏は2ページになることに注意をしなければならない。

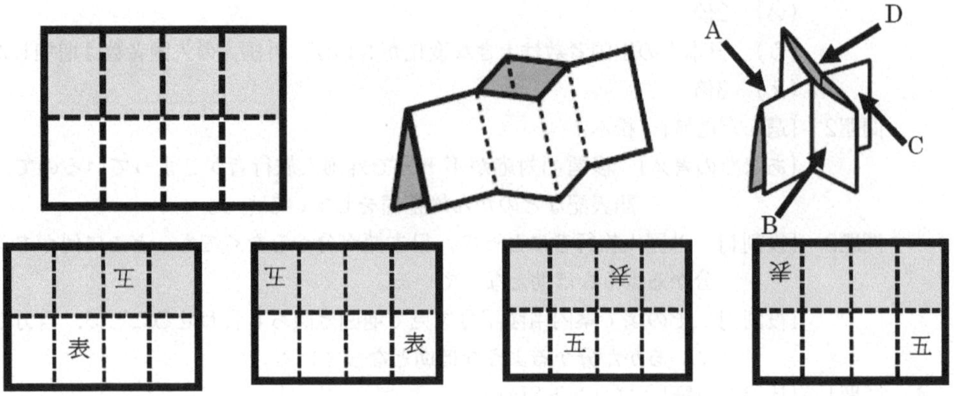

基本

問題2　FAXのデータ圧縮を題材にした問題である。図5→図6にあるように，模様の色を漢字に直し，与えられた「行」や「列」の使い分けや，約束1および約束2で提示されたルール従って数字に変えていけばよい。約束1であれば図7，約束2であれば図8のようになる。この作業を自分でやってみて仕組みを確認した上でさかのぼって考える。図9の約束1の表現→漢字の表現に戻した上で約束2を使った表現に直して，漢字と数字の個数を比べればよい。また，理由を考えるには，漢字の表現を色分けした模様まで直す方が，特徴がつかみやすい。問題自体は難しくないが，仕組みの素早い理解と手早い作業がポイントになる。色分けをすれば横につながる箇所が多いことがすぐわかるので，約束1の方が少ない文字数で表すことができるとわかる。下の図から個数はわかる。

白	白	白	白	白	白	白	白
黒	黒	黒	黒	黒	黒	黒	白
黒	白	白	白	白	白	白	白
白	黒	白	白	白	白	白	白
白	白	黒	白	白	白	白	白
白	黒	白	白	白	白	白	白
黒	白	白	白	白	白	白	白
黒	黒	黒	黒	黒	黒	黒	黒

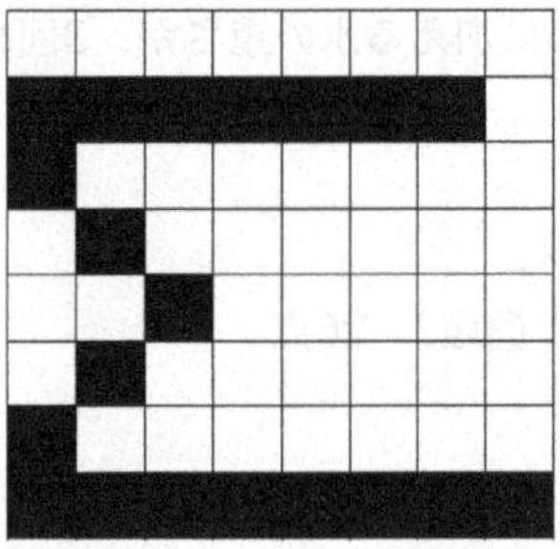

白	白	白	白	白	白	白	白
1	1	1	1	1	1	1	7
2	1	1	1	1	1	1	1
3	1	2	5	5	5	5	
2	1	1	1	1	1	1	
	1	2					
	1	1					
	1						
	1						

やや難

問題3　「★」から「え」を通り「お」まで進むには最短で10ます進まなければならない。しかし表1のカードで③と④のように方向転換をするカードはますを進むことができない。「★」から「え」，「え」から「お」の間に各1回の計2回の方向転換で到着するためには8枚のカードで10ます進まなければいけないことになるので②のカードを2回使わなければいけないことになる。

おもちゃの向き	カードの並べ方
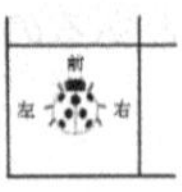	「★」から「え」→① ③ ② ① ⑤ または ① ③ ① ② ⑤ 
	「え」から「お」→① ④ ② ⑤ ① のみ 
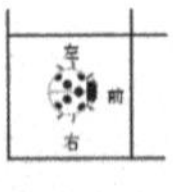	「★」から「え」→① ② ⑤ ④ ① または ② ① ⑤ ④ ① 
	「え」から「お」→② ⑤ ① ③ ① のみ 

2 （社会：観光・外国人旅行者，案内用図記号）

基本 問題1　花子と太郎の会話のうち(あ)～(え)が含まれている部分では花子の発言が「日本人の出国者数は，外国人の入国者数の…」となっているので，外国人の入国者数を基準に(い)の数値を求める。一方，太郎の発言は「2017年には2012年の」となっているので，2012年の外国人の入国者数を基準にして(え)の数値を求める。(あ)と(う)については，日本人と外国人の旅行者の人数がどのように変化したかを答える。ただし，Aの期間とBの期間を比較しているので，(あ)と(う)は対照的な表現になるだろうと予測ができるはずである。

問題2　「表2と表3をふまえて」ということは，表3にある外国人が困ったこと(問題点)に対し表2の取り組み(改善点)という対応ができていることで3つの地域はどこも外国人旅行者の延べ宿泊数が増えていると考えられる。よって，どの地域を選んでもよいので表2と表3の情報を結びつけて考えの理由付けができればよい。

	問題点(表3)	改善点(表2)
松本市	○多言語対応が不十分 ・し設スタッフとのコミュニケーション ・観光案内板など表示	・多言語表記などの環境整備 ・観光産業をになう人材の確保と育成
高山市	○多言語対応が不十分 ・多言語の地図やパンフレット ・し設スタッフとのコミュニケーション	・多言語パンフレットの作成 ・通訳案内士の養成
白浜町	○多言語対応が不十分 ・表示が少ない。わかりにくい(観光案内板など)	・観光案内看板の多言語化

問題3　図7のようなマークを「ピクトグラム」という。文字ではなく単純な絵にすることで，言語(文字)を知らなくても表しているものを理解できるのが特徴である。これらのマークは図5，図6のように使われている。図5と図6を比べると，日本語と英語の違いはあるが，言語の違いを気にすることなくどこに何があるかがわかる。また，太郎さんの発言に「外国人旅行者もふくめて，子供から高齢者まで，さまざまな人に役立っている」とある。よって，「誰に対し→どのような役割をはたすのか」を挙げるのがよいだろう。

3 （理科：紙の性質，比較実験）

重要 問題1　会話中の太郎の発言に「面積も重さもそろっていない」とあるように，比べるためには面積または重さをそろえなければならない。面積であれば$1cm^2$あたり，重さなら1gあたりで比較してもよいが，例えば和紙とプリント用紙の面積をそろえるなら$80cm^2$でそろえるのが手早くできる。また，数値は「比べたい紙に対して，和紙は何倍～」となっているので，(和紙の減った水の量÷選んだ紙の減った水の量)で求める。比べたい紙を選ぶ際には1つだけ選べばよいのだから，そろえやすい数字のものを選ぶべきである。下の表にあるように，プリント用の紙か新聞紙を面積を基準に比べるのがよいだろう。あとは数値の処理を間違えないよう気をつけること。

(和紙とプリント用の紙を面積を基準にする場合)→$80cm^2$でそろえる
和紙の減った水の量…0.8×2＝1.6g，プリント用の紙…0.7g
1.6÷0.7＝2.2857…→2.3倍

	プリント用の紙	新聞紙	工作用紙
面積を基準	80cm^{2}でそろえる 1.6÷0.7＝2.285…→2.3倍	200cm^{2}でそろえる 4÷2.1＝1.904…→1.9倍	200cm^{2}でそろえる 4÷8＝0.5倍
重さを基準	1gでそろえる 4÷1.4＝2.857…→2.9倍	0.8gでそろえる 3.2÷2.1＝1.523…→1.5倍	1.6gでそろえる 6.4÷2＝3.2倍

問題2　先生の発言に「ぬらした時に(中略)曲がる紙については，曲がらない方向がせんいの向き」とある。つまりせんいに平行な方向には曲がらず，せんいに垂直方向には曲がることがわかる。実験2と実験3を照らし合わせると以下になる。(※矢印はせんいの方向)

実験 2

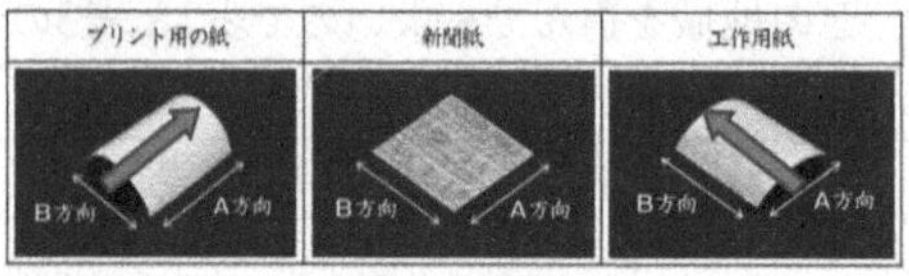

実験 3

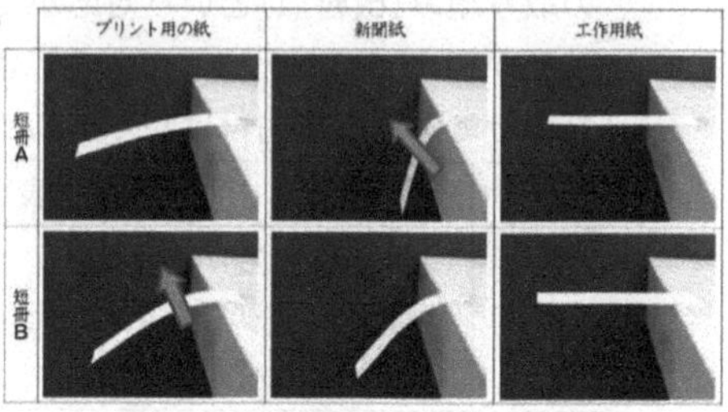

実験2と実験3からわかること

	プリント用の紙	新聞紙	工作用紙
実験2	A方向	不明	B方向
実験3	短冊Bに対し垂直方向 →A方向	短冊Aに対し垂直方向 →B方向	不明

重要　問題3　(1)・(2)　1回め50g，2回め60g，3回め70gと水の量を10gずつ増やすと，だんだんおもりの数が増えているので，今のところ水の重さが増えるにつれてはがれにくくなっているといえる。

4回めは水を100gまで一度に30g増やしている。ここで2つの場合について分けて考える。4回目のおもりの数が3回目より増えている場合，水の量が増えるほどはがれにくくなることになるので，5回めではさらに水の量を増やせばよい。このとき選ぶのはDとなる。

4回目のおもりの数が3回目より減っている場合，70gと100gの間にもっともはがれにくくなる水の量があるはずなので，5回めでは水の量を70gと100gの間にすればよい。このとき選ぶのはAとなる。

★ワンポイントアドバイス★

複数のものの中から1つ選んで比較するときは計算しやすいものを選ぶことで時間短縮！

＜適性検査Ⅲ解答例＞

1　問題1　1，2，3，4，6，8，9，11，13，16，18，23

問題2　人間の活動にともなって日本に入ってきているという点。

問題3

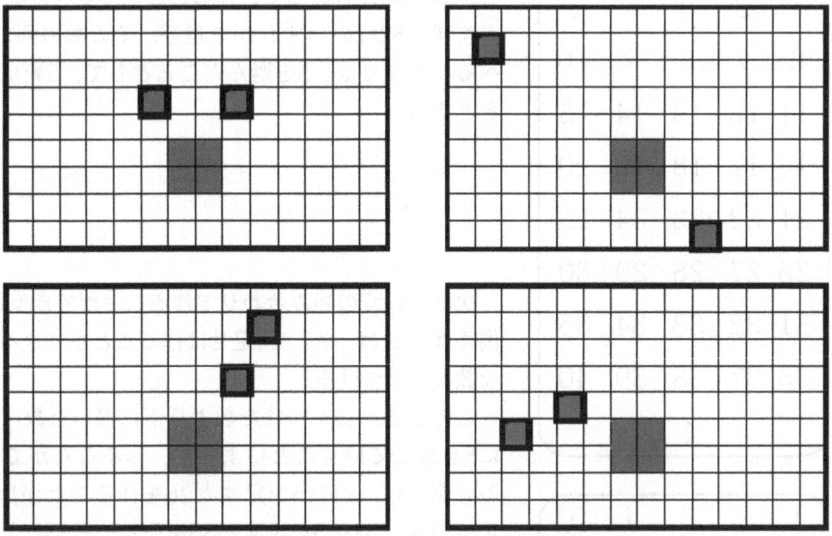

2　問題1　【理由】　りょうさんの手順で求めたもとの4けたの暗証番号は「き数であって3の倍数でない数」であるはずだが，「1188」はぐう数であり，それに当てはまらない数である。

【式】　116788320÷2＝58394160

2つの4ケタの数字に分けると5346と8910である。

5346を3で割ると　5346÷3＝1782

8910を5で割ると　8910÷5＝1782

【正しいもとの4けたの暗証番号】　1782

問題2　1600以上1666以下のぐう数の中から一つ答える。

○配点○

1　問題2　10点，他　各20点×2

2　問題1　30点，問題2　20点　　　計100点

＜適性検査Ⅲ解説＞

1 （算数：数の組み合わせ，論理，平面図形）

問題1

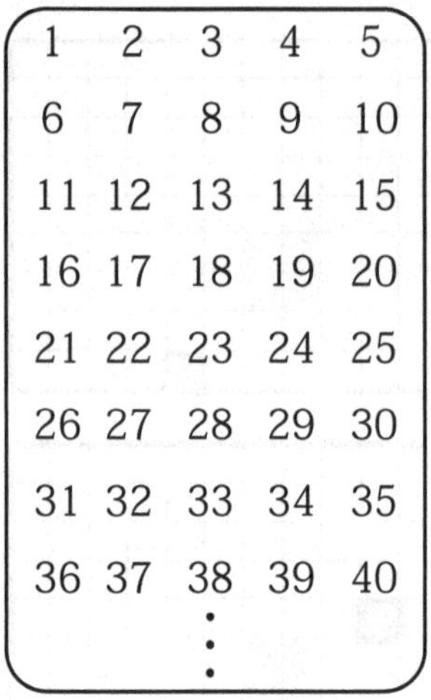

5と7の組み合わせで，作ることができない数を考える。

まず，5と7のいずれかを選び，その数の列に1から数字を並べる。ここでは，5を選んだこととして，5列に並べて考えることとする。

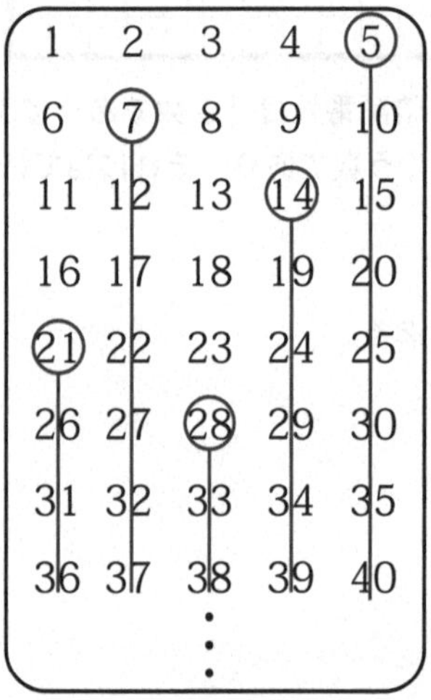

次に，5と7の組み合わせで作ることができる数に丸をつける。例えば，21は，7を3回足せば作ることができるので，このような数に○をつける。

このとき，○をつけた数より下に書いた数は，○をつけた数に5を足していくことによって，作ることができることがわかる。例えば，21に5を足すと26を作ることが出き，26に5を足すと31を，31に5を足すと36を作ることができる。つまり，「1つ作ることができる数がわかれば，その下に書いた数は全て作ることができる」とわかるので，○をつけた数の下に書いた数に作ることができるものとして印(ここでは，たて線)をつける。

したがって，○をつけた数とたて線をつけた数は全て5と7の組み合わせによって作ることができるので，作ることができない数は，

各列の○印より上に書いた数である，1，2，3，4，6，8，9，11，13，16，18，23の12個とわかる。

問題2　外来種が入ってきた理由として，みさきさんが述べている「ペットやかん賞の目的で持ちこまれた」ことと「食用として持ちこまれた」こと，りょうさんが述べている「外国からの荷物にまぎれこんで日本に入ってきた」ことの3つの共通点を考える。このとき，みさきさんが述べている2つの理由は,「持ちこまれた」ことが共通していることから，外来種が日本に「持ちこまれた」ことと，りょうさんが述べている理由の共通点を考えればよい。

そして，ペットやかん賞，食用の目的で外来種を日本に持ちこむことができるのはだれか，外国から日本への荷物に外来種をまぎれこませることができるのはだれかを考えると，どちらも人間しかいないことがわかるので，人間の活動がみさきさんとりょうさんが考える外来種が日本に入ってきた理由に共通している点であると言える。

問題3

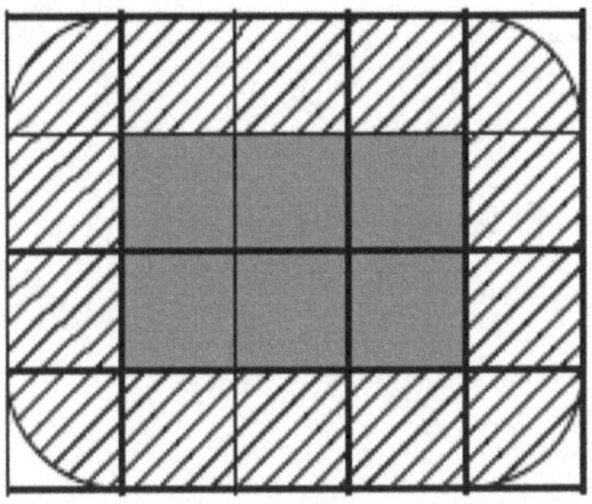

まず，図1の左上の台(左図)をもとに，立ち入り禁止の部分の各ますの面積を考える。

左図の立ち入り禁止の部分の各ますのうち，4か所ある角の面積はいずれも，半径が1mの円の面積の4分の1であることから，

$1\times1\times3.14\div4=0.785\text{m}^2$　である。

そして角以外の部分の各ますの面積は，1辺の長さが1mの正方形の面積であることから，$1\times1=1\text{m}^2$である。

立ち入り禁止の部分の面積の合計が22.28m^2となるためには，面積が0.785m^2の角のますと面積が1m^2の角以外のますを組み合わせて22.28m^2となるような組み合わせを考えることになるが，その組み合わせは

$0.785\times8+1\times16=22.28$　より，角のますを8個，角以外のますを16個とした場合の1組のみである。

つまり，図2に台を2個追加して置いて，立ち入り禁止の部分のうち，角のますが8か所，角以外のますが16か所になるような置き方を考えることとなる。

ここで，図2より，すでに置かれている4個の台の立ち入り禁止の部分には，角のますが4か所，角以外のますが8か所あることがわかる。そのため追加して置く2個の台は，立ち入り禁止の部分の角のますが4か所，角以外のますが8か所増えるように置く必要があると考えることができる。

また，図2の立ち入り禁止の部分に重ならないように，追加で1個の台を置くことによって，立ち入り禁止の部分は，新たに角のますも角以外のますもそれぞれ4か所ずつ増えることがわかる。

したがって，追加して2個の台を置くときには，

① すでに置かれている4個の台の立ち入り禁止の部分の角のます4か所と，2個の台を追加することによって新たにできる立ち入り禁止の部分の角のます8か所の合計12か所のうち，4か所が，全6個の台を置くことによってできる立ち入り禁止の部分のいずれかと重なり，角のますが全部で8か所となる。

② すでに置かれている4個の台の立ち入り禁止の部分のうち角以外のますと，追加する2個の台の立ち入り禁止の部分のうち角以外のますが，たがいに重ならないようにし，立ち入り禁止の部分の角以外のますが全部で16か所となる。

という2つの条件を満たすような置き方を考えればよい。

2 （算数：暗証番号のしくみ）

重要

問題1 【理由】 りょうさんは，記録する数をまず5でわっている。記録の仕方(ア)～(ウ)の最後の計算を見ると，8けたの数に(ア)は2を，(イ)は3を，(ウ)は5をかけていることから，りょうさんが行った計算は，(ウ)の記録の仕方を逆に(手順をさかのぼり，数字をかけたところは，同じ数字でわる)行っているものであることがわかる。

すると，正しい暗証番号はき数であり，3の倍数ではない数字となるはずだが，りょうさんが求めた1188はぐう数なので，正しい暗証番号ではないとわかる。

【式】 りょうさんが行った計算から，(ウ)の記録の仕方では正しい暗証番号が求められないことがわかったので，(ア)，(イ)のいずれかの記録の仕方を逆に行うことで正しい暗証番号を求める。

(ア)の記録の仕方の場合

116788320÷2＝58394160
2つの4けたの数に分けると，5346と8910である。
5346を3でわると5346÷3＝1782
8910を5でわると8910÷5＝1782
求められた1782は，ぐう数なので，(ア)の条件に合う。
(イ)の記録の仕方の場合
116788320÷3＝38929440
2つの4けたの数に分けると，3994と8240である。
3994を2で割ると3994÷2＝1997
8240を5で割ると8240÷5＝1648
求められた数が異なるため，(イ)の記録の仕方では，正しい暗証番号が求められないことがわかる。したがって，(ア)の記録の仕方を逆に行うことによって求められた1782が，正しい4けたの暗証番号である。

やや難 問題2　(ア)の記録の仕方の場合で，96000000から100000000の間になったと仮定する。
最後に2をかける前は，48000000から50000000の間であった。このとき，4けたの数の千の位が2であると考え，その中で最も小さな数字の2000で8けたの数(2を掛ける前)を作ると，70000000となり，条件の範囲を超えてしまうので，4けたの数の千の位は1であることがわかる。同様に百の位は1，2，3，4，5であると条件の範囲を下回り，7，8，9であると上回るので，百の位は6であることがわかる。ここから，1600で8けたの数(2を掛ける前)，を作ると48800000となり，範囲内にあることがわかる。なお，1666で8けたの数(2を掛ける前)，を作ると48939380となり範囲内にあるが，1666で8けたの数(2を掛ける前)を作ると，58030440となり，範囲を超えてしまう。

★ワンポイントアドバイス★

30分の制限時間を意識して，時間をかける場所を見極めましょう。

平成30年度

★★★★★★★★★★★★★★★★★★★★★★★★

入　試　問　題

平成30年度

都立両国高等学校附属中学校入試問題

【適性検査Ⅰ】　(20ページから始まります。)

【適性検査Ⅱ】　(45分)　　＜満点：100点＞

1　**太郎**《たろう》さんと**花子**さんがさいころについて話をしています。

図1　さいころ

太　郎：面が六つあるさいころは，それぞれの面に１から６までの目がかいてあるね（**図１**）。それぞれの面をスケッチしてみたよ（**図２**）。

図２　さいころの面のスケッチ

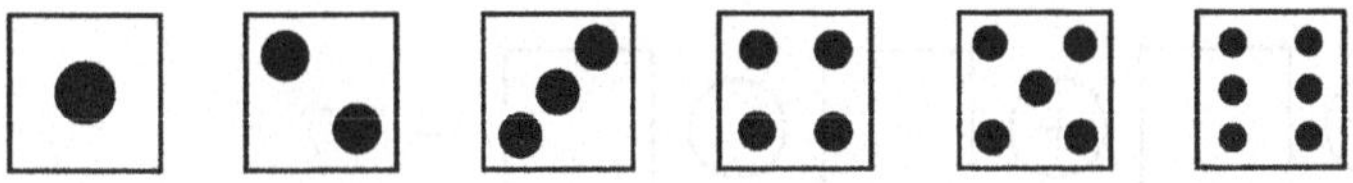

花　子：このさいころは，向かい合う面の目の数の和が，７になるように作られているよ。

太　郎：本当だ。１の目の面と向かい合う面の目の数は６だね。確かに，足すと７になるね。

〔問題１〕　**図１**のさいころを立方体の展開図《てんかいず》から作るとき，解答用紙の展開図のそれぞれの面に１から５までの目をかきなさい。ただし，展開図にかく１から５までの目は**図２**のさいころの面のスケッチを用いること。

〔展開図《てんかいず》〕

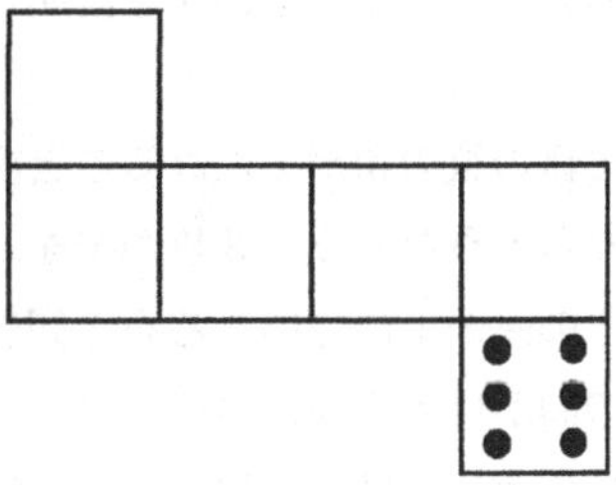

花　子：さいころの面にかかれた目の数の１から６までの整数を使って，答えが７になる式を作ることができるかな。

太　郎：例えば，１＋２＋４＝７　や，１＋１＋１＋１＋１＋１＋１＝７　など，いろいろな式が作れそうだよ。

花　子：それでは，今回は次のようなルールで考えてみよう。

> **〔ルール〕**
>
> ①　１から６までの整数からいくつかの整数を使って，計算結果が７になるような式を作る。
> ただし，同じ整数は一度しか使うことができない。
>
> ②　計算記号はたし算の＋，かけ算の×，わり算の÷から選んで使う。
> ただし，同じ計算記号は一度しか使うことができない。
>
> ③　計算に（　）は使わない。

花　子：まずは整数を三つ，計算記号を二つ使って，式を作ってみようよ。□に整数を，○に計算記号を入れてね（図３）。

太　郎：こんな式を作ってみたよ（図４）。同じ整数や同じ計算記号が使えないと，式を作るのはなかなか難《むずか》しいんだね。

花　子：そうね。では次に，整数を四つ，計算記号を三つ使う場合はどうなるかな。ただし，たし算の＋は，計算記号を入れる○の二つめに入れる場合を考えてみてね（図５）。

図３　整数を三つ、計算記号を二つ使う場合の式

□ ○ □ ○ □ ＝ 7

図４　太郎さんが作った式

[1] ⊕ [2] ⊗ [3] ＝ 7

図５　整数を四つ、計算記号を三つ使う場合の式

□ ○ □ ⊕ □ ○ □ ＝ 7

〔問題２〕〔ルール〕にしたがって，１から６までの中から異《こと》なる整数を四つと，計算記号を三つ全て使って，計算結果が７になるような式を作りなさい（図５）。

解答用紙の式の□には整数を，○には計算記号を入れ，たし算の＋は計算記号を入れる○の二つめに入れることとする。

また，どのように考えて式を作ったのかを説明しなさい。

花　子：向かい合う面の目の数の和が７になることを同時に見ることができないかな。

太　郎：鏡を使ってみたらどうだろう。３枚《まい》の鏡を，どの２枚の鏡も面と面が垂直《すいちょく》になるようにはり合わせて，その鏡の上にさいころを１個置いてみたよ。

花　子：本当だ。２組の向かい合う面については，それぞれ向かい合う面を同時に見ることができるね。見る方向によっては，３枚の鏡にさいころが映《うつ》って，実際に置いた１個のさいころと鏡に映って見える７個のさいころを合わせて，見かけ上８個のさいころがあるように見えるね（次のページの図６）。不思議だね。

太　郎：鏡の上に置いたさいころの置き方をいろいろ変えてみると，おもしろいことに気づいたよ。

花　子：おもしろいことってどのようなことなのかな。

太　郎：さいころを１の目の面が上に，２と３の目の面が手前になるように鏡の上に置いて，見かけ上８個のさいころの見えている面の目の数を合計してみて。

花　子：見えている面の目の数を合計すると60になったよ。

太　郎：そうだね。では１の目の面を上にしたままで，さいころの置き方を変えて合計してみようよ。

〔問題３〕　１の目の面を上にしたままで，手前に見えている二つの面の目の数が２と３の組み合わせとならないようにさいころの置き方を変える。このとき，さいころの手前に見える二つの面の目の数の組み合わせを一つ答え，その場合の見かけ上８個のさいころの見えている面の目の数の合計を求めなさい。

また，太郎さんが気づいたおもしろいことを，「1の目の面を上にした」と「目の数の合計」という言葉を使って説明しなさい。

図6　3枚《まい》の鏡をはり合わせてさいころを1個置いたときの見え方

（実際の写真を一部加工したもの）

2　**太郎《たろう》**さんと**花子**さんが調べ学習について話をしています。

太　郎：日本のくらしの変化について考えてみよう。東京オリンピック・パラリンピック競技大会が開かれるまであと2年だね。1964（昭和39）年に東京で大会が行われたころと，どう変わったのかを調べてみてはどうだろう。

花　子：各家庭のテレビやラジオに電波を送るために，1964（昭和39）年の東京大会の少し前の1958（昭和33）年に建設されたのが東京タワーだね。

太　郎：お姉さんがとってきたこの写真（次のページの**図1**）を見て。634mの東京スカイツリーと333mの東京タワーが，同じくらいの高さに見えているよ。お姉さんは，散歩のとちゅうに立ち止まって歩道からとったと言っていたよ。

花　子：そうなんだ。地上からでも同じくらいの高さに見えるんだね。東京スカイツリーは，くらしの変化とともに都心に高いビルが増えて電波が届《とど》きにくくなったので，新たに建設されたものだよね。東京スカイツリーは東京タワーの約2倍の高さがあるのに，どうして同じくらいの高さに見えるのかな。

太　郎：どんなときに同じくらいの高さに見えるのか考えてみよう。

図1　同じくらいの高さに見える東京スカイツリーと東京タワー

〔問題1〕　どんなときに東京スカイツリーと東京タワーが同じくらいの高さに見えるのでしょうか。二人の会話を参考にして，見る場所から東京スカイツリーまでのきょりと，見る場所から東京タワーまでのきょりに着目して説明しなさい。

ただし，東京スカイツリーが建っている場所，東京タワーが建っている場所，東京スカイツリーと東京タワーを見る場所のそれぞれの海面から測った土地の高さは，同じであるとします。

太　郎：東京タワーが完成した次の年から工事が始まり，1964（昭和39）年の東京大会の開会より少し早く開業したのが東海道《とうかいどう》新幹線だよ。

図2　花子さんが作った開業当時の東海道《とうかいどう》新幹線の路線図

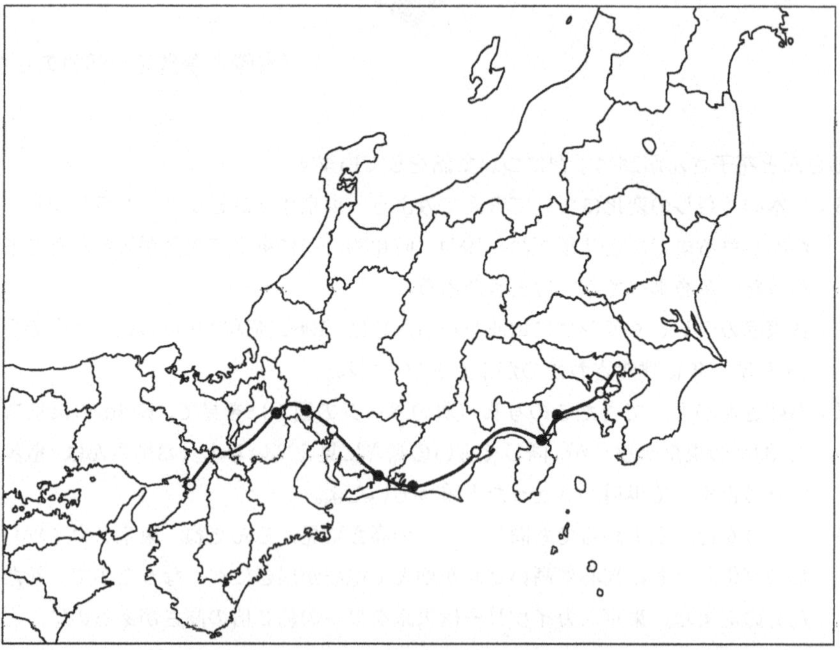

花　子：開業当時の東海道新幹線の路線図（前のページの**図2**）を作ったよ。○と●が停車駅よ。
○は都府県庁《とふけんちょう》のある都市にある駅で，●はそれ以外の都市にある駅よ。

太　郎：東海道新幹線の路線がつないでいる都市や地域《ちいき》には，どのような特ちょうがあるのだろう。都市や地域における人口や産業が関係しているのかな。

花　子：それを考えるために，資料を集めてみよう。

太郎さんと花子さんは，資料（**表1**・**表2**）を集めました。

表1　1960（昭和35）年における人口が多い上位8都市（単位　千人）

順位	都市	人口	順位	都市	人口
1	東京《とうきょう》23区《く》	8310	5	京都市《きょうとし》	1285
2	大阪市《おおさかし》	3012	6	神戸市《こうべし》	1114
3	名古屋市《なごやし》	1592	7	福岡市《ふくおかし》	647
4	横浜市《よこはまし》	1376	8	川崎市《かわさきし》	633

（総務省統計局「国勢調査」より作成）

表2　1960（昭和35）年におけるおもな工業地帯・地域《ちいき》の製造品出荷額《しゅっかがく》（単位　億円）

順位	工業地帯・地域（ふくまれる都府県）	出荷額
1	京浜《けいひん》（東京都《とうきょうと》、神奈川県《かながわけん》）	38504
2	阪神《はんしん》（大阪府《おおさかふ》、兵庫県《ひょうごけん》）	32520
3	中京《ちゅうきょう》（愛知県《あいちけん》、三重県《みえけん》）	16835
4	瀬戸内《せとうち》（岡山県《おかやまけん》、広島県《ひろしまけん》、山口県《やまぐちけん》、香川県《かがわけん》、愛媛県《えひめけん》）	12483
5	関東内陸《かんとうないりく》（群馬県《ぐんまけん》、栃木県《とちぎけん》、埼玉県《さいたまけん》）	6809
6	北九州《きたきゅうしゅう》（福岡県《ふくおかけん》）	6465
7	東海《とうかい》（静岡県《しずおかけん》）	6183
8	北陸《ほくりく》（新潟県《にいがたけん》、富山県《とやまけん》、石川県《いしかわけん》、福井県《ふくいけん》）	6153

（経済《けいざい》産業省「工業統計表」より作成）

〔問題2〕　東海道新幹線の路線がつないでいる都市や地域《ちいき》の特ちょうとして，資料からわかることを説明しなさい。なお，説明は，「説明の書き方」にしたがって書きなさい。

「説明の書き方」

①　説明で用いる資料は「**図2**と**表1**」または「**図2**と**表2**」のどちらかの組み合わせとします。**表1**と**表2**のどちらを選んだかを，解答用紙に書きなさい。

②　「**図2**と**表1**」を選んだ時は，**図2**の新幹線が通っている**表1**の都市のうち，異《こと》なる都市を二つ以上，説明の文の中で使いなさい。

「**図2**（4ページ）と**表2**（前ページ）」を選んだ時は，**図2**の新幹線が通っている**表2**の工業地帯・地域のうち，異なる工業地帯・地域を二つ以上，説明の文の中で使いなさい。

花　子：新幹線の路線が日本のいろいろな場所に広がってきたように，時がたつにつれて人々のくらしも変わってきたと思う。

太　郎：くらしの変化をもう少しくわしく見るために，比べる年を決めよう。

花　子：1964（昭和39）年の東京大会の翌年《よくねん》の1965（昭和40）年と25年後の1990（平成2）年ではどうかな。

太　郎：くらしの変化を見るために，どんなことにお金を使っていたかについて比べてみるのはどうだろう。こんな表（**表3**）を見つけたよ。

表3　働いている人がいる世帯のおおよその消費支出（1か月あたりの平均）（単位　円）

	食料	住居	光熱	衣類	その他	合計
1965年	17900	2400	2400	4900	21700	49300
1990年	80000	16500	16800	23900	194400	331600

（総務省統計局「家計調査年報」より作成）

花　子：「働いている人がいる世帯」とは働いている人がいる一つの家庭のことで，「消費支出」とは日常の生活のために実際に使ったお金のことね。表の中の「光熱」には電気代やガス代や水道代が入っていて，「衣類」には服の他にくつ等のはき物も入っているよ。

太　郎：時がたつにつれて全体的にものの値段《ねだん》も高くなっているから，1965（昭和40）年と1990（平成2）年では全体の消費支出の金額はずいぶんちがっているね。

花　子：二つの年を比べるために，計算してグラフにしてみよう。私《わたし》は1965（昭和40）年の数字を計算してグラフにするから，太郎さんは1990（平成2）年の数字を計算してグラフにしてね。

図3　花子さんと太郎さんが作ったグラフ

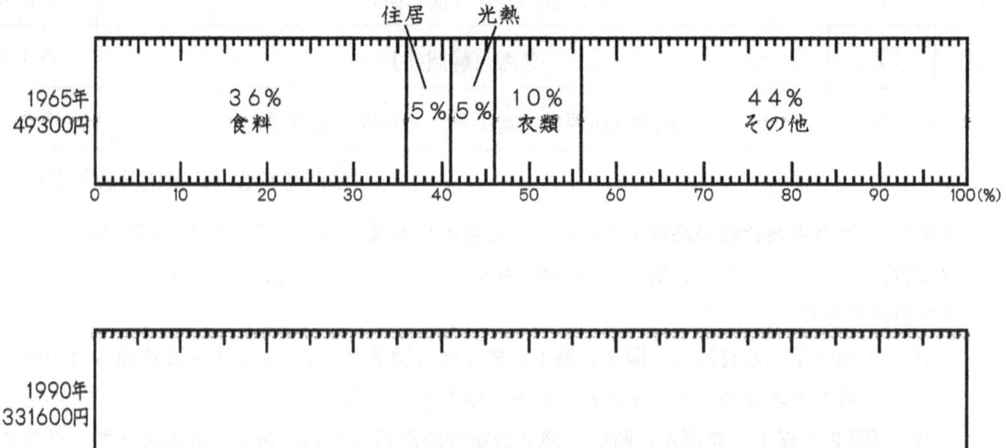

花　子：くらしの変化を考えるために，私たちが作ったグラフ（前のページの**図3**）に他の資料もあわせて，どのようなことにお金を使うようになっていったのか，考えてみようよ。

太　郎：この資料（**図4**）を使って考えよう。

図4　家庭電化製品と乗用車の普及《ふきゅう》の様子

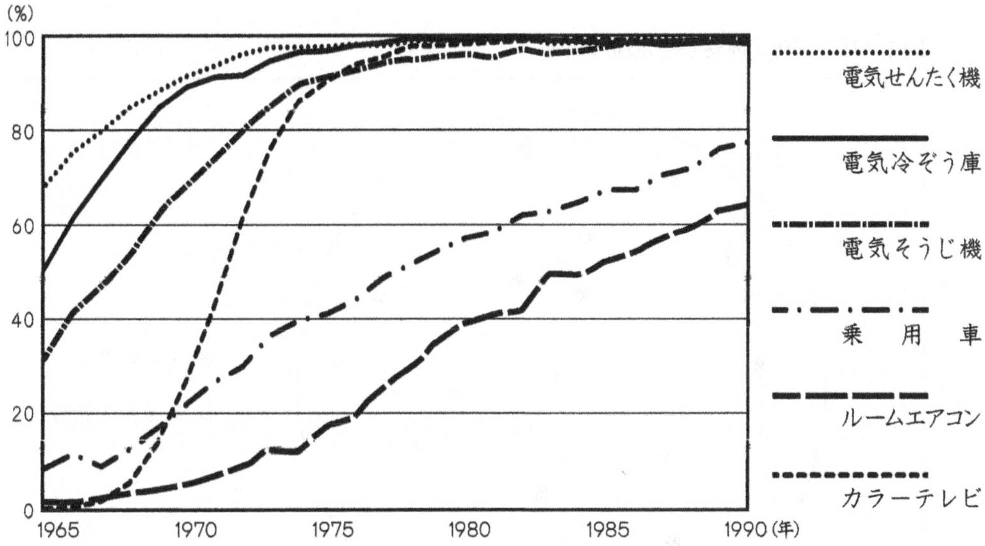

（内閣府《ないかくふ》「家計消費の動向」より作成）

〔問題３〕　花子さんが作成した1965（昭和40）年のグラフを参考にして，前のページの**表３**の1990（平成２）年の数字を計算し，解答用紙の**図３**の1990（平成２）年のグラフを完成させなさい。そのとき，「グラフの書き方」にしたがって作成しなさい。

あわせて，1965（昭和40）年から1990（平成２）年までの25年間のくらしの変化の中で，人々のお金の使い方はどのように変わっていったのでしょうか。完成させた**図３**と**図４**から読みとれることを説明しなさい。

「グラフの書き方」

① 割合《わりあい》は，小数第３位を四捨五入《ししゃごにゅう》して，小数第２位まで求める。（1965年の食料の場合，17900を49300で割《わ》ったものを0.36と表す）

② ①で求めた割合を百分率で表す。（1965年の食料の場合，①で求めた0.36を36％と表す）

③ 左から順に直線定規で線を引いて区切り，何を表しているかと何％かを記入する。

④ 何を表しているかをグラフの中に書けない場合は，1965（昭和40）年の「住居」「光熱」のように線を引いて，グラフの外側にはっきり書く。

3　**太郎**《たろう》さん，**花子**さん，**先生**が教室で話をしています。

太　郎：春になるとスギの花粉が多く飛ぶね。

花　子：実際はどのくらいの数の花粉が飛んでくるのかな。調べてみたいな。

先　生：飛んでいる花粉を数えるのは難《むずか》しいですが，スライドガラスにワセリンという薬品をぬって外に置いておくと，そこに花粉が付くので，その数を数えることならできますよ。

太　郎：花粉は小さいので，数えるときはけんび鏡を使うのですか。

先　生：そうですね。けんび鏡で見えているはん囲は全体の一部なので，どのような倍率がふさわしいか考えて観察することが大切ですよ。

二人は先生のアドバイスを受けながら，次のページのような方法で花粉の数を調べました。

図1　けんび鏡で観察した花粉の様子

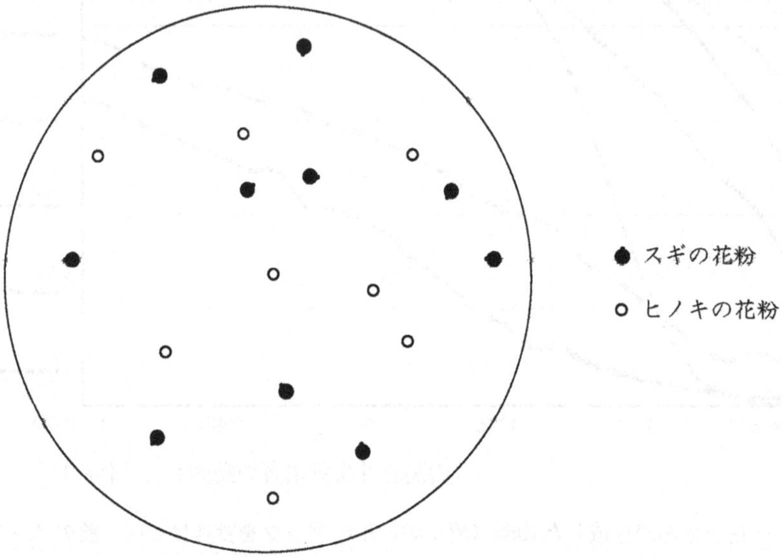

花子さんが観察した花粉の様子（見えているはん囲の面積　４ｍｍ^2）

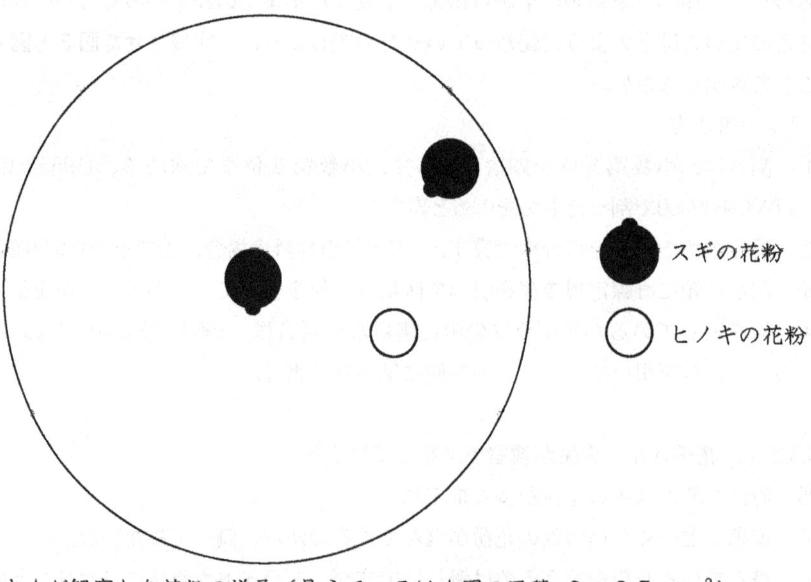

太《た》郎《ろう》さんが観察した花粉の様子（見えているはん囲の面積　０．２５ｍｍ^2）

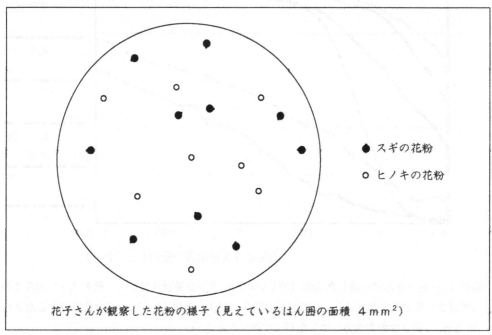

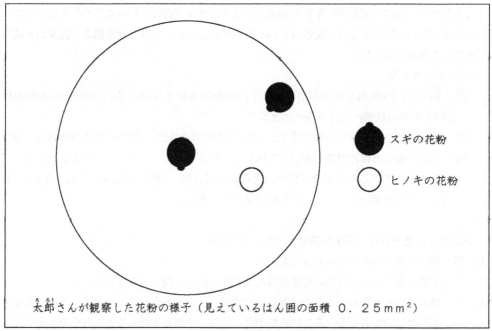

1　スライドガラスにワセリンをぬる。

2　屋上へ行き，平らな台の上にスライドガラスを置き，飛ばされないように固定する。

3　24時間後に，スライドガラスを回収《かいしゅう》する。

4　ワセリンに付いた花粉をけんび鏡で観察して，１cm^2あたりの花粉の数を計算で求める。

前のページの**図１**は二人がけんび鏡で観察した花粉の様子です。

花　子：二種類の花粉が観察できました。形がちがいますが，それぞれ何の花粉ですか。

先　生：とっ起のある方がスギの花粉，とっ起のない方がヒノキの花粉です。

太　郎：スギだけでなく，ヒノキの花粉も飛んでいるのですね。

先　生：二人は，どのような倍率で観察しましたか。

花　子：私《わたし》は広いはん囲を見るために低い倍率で観察しました。花粉の付き方は均一ではないかもしれないので，広いはん囲の花粉の数を数えた方が良いと思います。

太　郎：ぼくは高い倍率で観察しました。倍率を高くすると，それぞれの花粉が大きく見えて良いと思います。

〔問題１〕　花子さんと太郎さんの観察のうち，花粉の数を求めるのにふさわしいと思う方を選び，スギかヒノキのどちらかについて，１cm^2あたりの花粉の数を求めなさい。また，それをどのように求めたのかを数と言葉を使って説明しなさい。

太　郎：春は花粉だけでなく，砂《すな》も飛んでいるね。

花　子：黄砂《こうさ》のことだよね。この砂も花粉と同じようにけんび鏡で調べられますか。

先　生：この砂は，ユーラシア大陸から飛ばされてくるものです。日本まで飛ばされてくる砂の大きさは花粉よりもずっと小さいので，みなさんがけんび鏡で調べるのは難しいです。環境《かんきょう》省《しょう》などでは，ライダーという特しゅな観測装置《かんそくそうち》で黄砂の観測をしています。

太　郎：どのようにして観測するのですか。

先　生：では，観測の仕組みを説明しましょう。次のページの**図２**の**Ａ１**のように，地上の観測装置から上空に向けて特別な光を出します。光は上空に向かってまっすぐに進みますが，上空に砂がある場合には，砂に当たってはね返ります。この装置では，はね返ってきた光の量と，光がはね返ってくるまでの時間を計測しています。

太　郎：光が進むのに，時間がかかるのですか。

先　生：そうですよ。例えば，太陽の光が地球まで進むのに８分以上かかります。

花　子：はね返ってきた光の量と，はね返ってくるまでの時間から何が分かるのですか。

先　生：もう一度，**図２**を見てください。ここでは光はどんなきょりを進んでも弱くならないものとし，上空の砂は同じ高さに並《なら》んでいるものとします。**図２**の**Ａ１**のように砂がある場合の計測結果が**Ａ２**のグラフになります。グラフの横軸《よこじく》の数が大きいほど，砂に当たってはね返ってきた光の量が多いことを示します。

花　子：なるほど。**Ｂ１**のように砂がある場合の計測結果が**Ｂ２**のグラフで，**Ｃ１**のように砂がある場合の計測結果が**Ｃ２**のグラフということですね。

先　生：その通りです。計測結果から上空の砂についてどのようなことが分かるか，説明できますか。

太　郎：はい。はね返ってきた光の量が多いほど　(あ)　ということが分かります。

花　子：光がはね返ってくるまでの時間が長いほど　(い)　ということも分かります。

図2　上空の砂《すな》の様子と観測装置《かんそくそうち》を使った計測結果

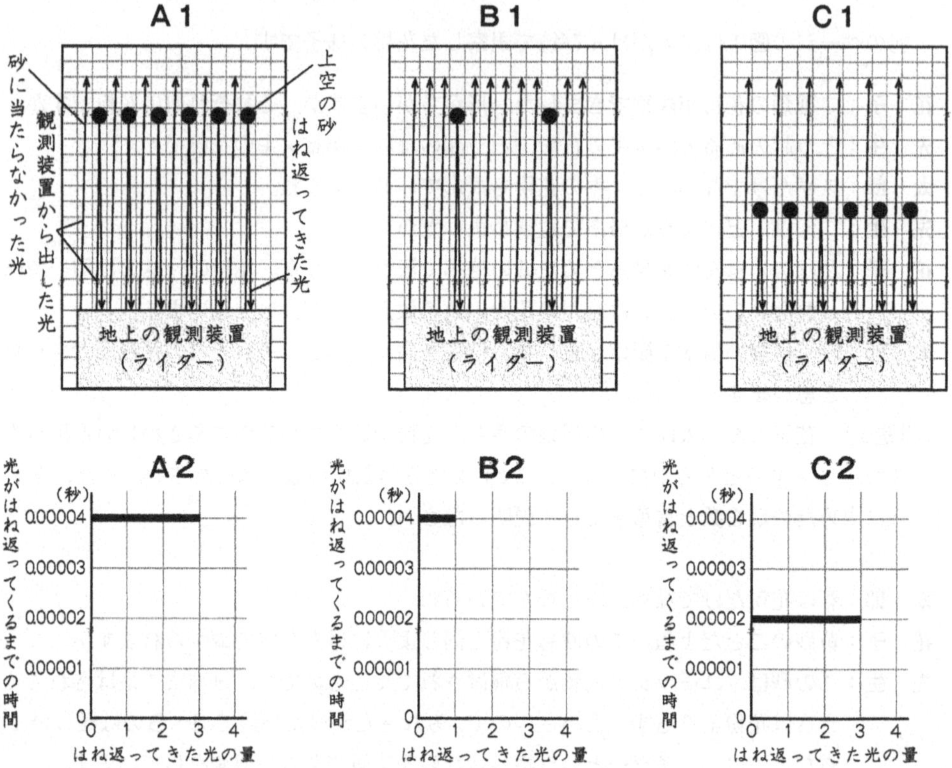

〔問題2〕

(1)　会話の中の　(あ)　と　(い)　に当てはまる文章を答えなさい。

(2)　①か②の図のどちらかについて，その計測結果を示すグラフを次のページの**ア**～**エ**の中から一つ選び，記号で答えなさい。ただし，①と②のます目は**図2**のます目と同じ大きさを表すものとします。

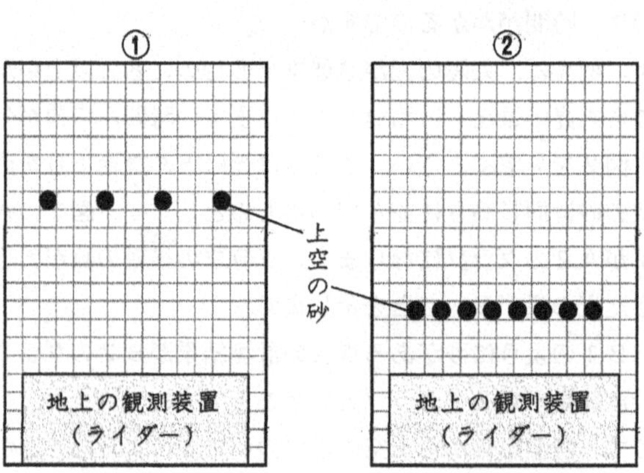

ア

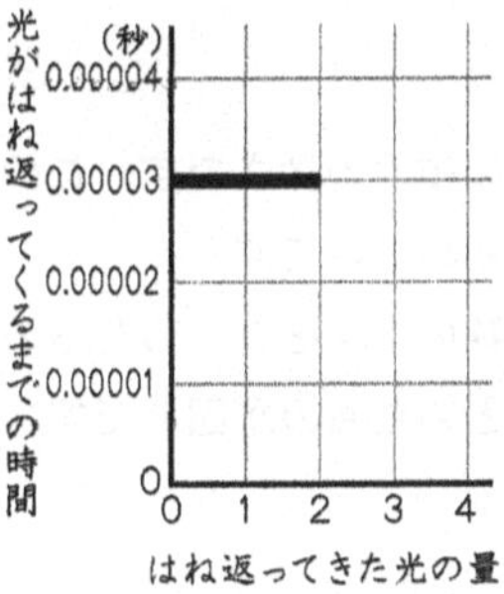

イ

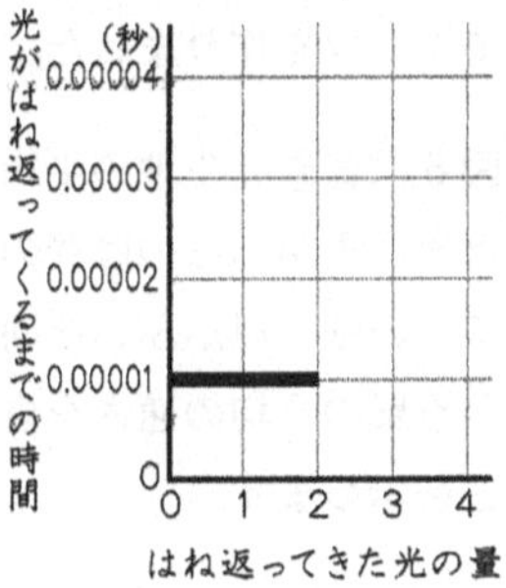

ウ

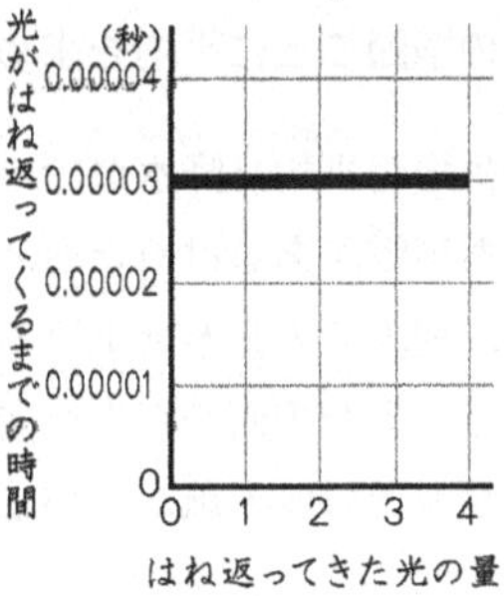

エ

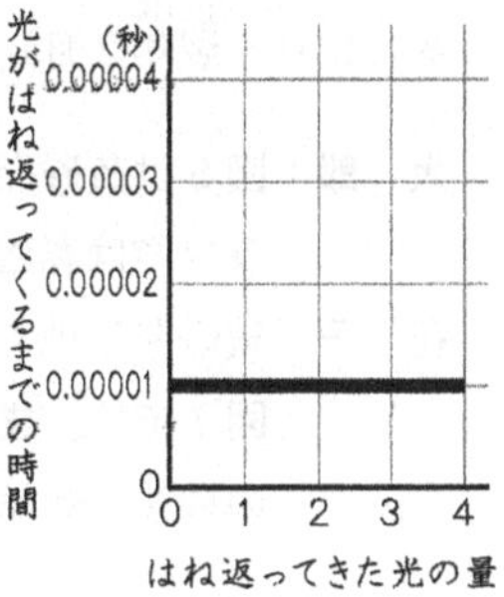

太　郎：黄砂という現象はどのようにして起こるのですか。

先　生：**図3**を見ると黄砂が起こる様子が分かりますよ。

太　郎：なるほど。**図3**のようにして運ばれた砂の一部が日本付近に落ちてくるのですね。

花　子：黄砂は春に起こることが多いと思うのですが，他の季節には起こらないのですか。

先　生：**図4**を見ると，日本で黄砂が観測された日数が，春に多く，夏になると少なくなっていることが分かりますね。

図3　黄砂《こうさ》が起こる様子

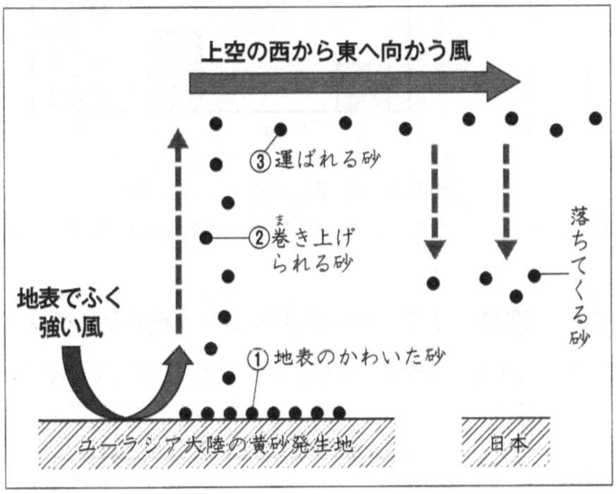

図4　日本で黄砂が観測された平均日数

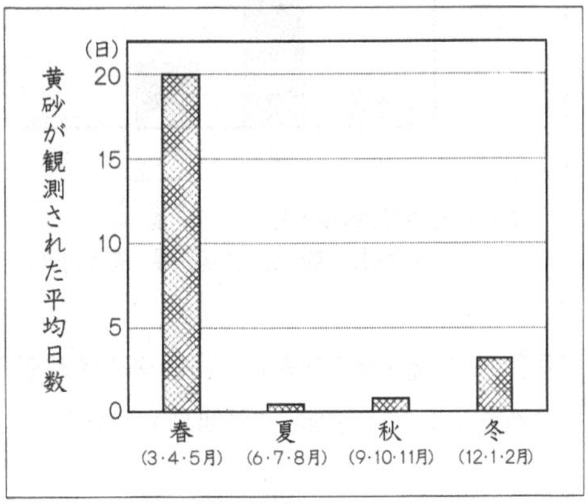

（気象庁《きしょうちょう》ホームページより作成）

太　郎：どうして夏になると黄砂が観測された日数は少なくなっているのですか。

先　生：では，日本で黄砂が観測された日数にえいきょうをあたえる要因を，次の三つにしぼって考えてみましょう。

〔三つの要因〕

①　黄砂発生地（ユーラシア大陸のある地域《ちいき》）の地表にあるかわいた砂の量。（**図3**①）

②　黄砂発生地の地表でふく強い風で，巻《ま》き上げられる砂の量。（**図3**②）

③　上空の西から東へ向かう風で，運ばれる砂の量。（**図3**③）

花　子：黄砂発生地の気象や上空の風について，季節によるちがいを調べれば，黄砂が観測された日数が夏になると少なくなっている理由が分かりそうですね。

太　郎：図書室で調べてみよう。

二人は図書室で見つけた資料をもとに，春（３月～５月）・夏（６月～８月）・秋（９月～11月）・冬（12月～翌年《よくねん》２月）の季節ごとに平均を求めてグラフを作りました。

太　郎：**図５**は黄砂発生地の平均月降水量《へいきんつきこうすいりょう》で，**図６**は黄砂発生地の平均の積雪の深さです。このグラフでは春にも積雪があるけれども，実際に雪があるのは春の初めだけです。

花　子：黄砂発生地で，地表の砂を巻き上げるくらい強い風がふいた回数の平均をまとめたものが**図７**です。また，上空の西から東へ向かう風の平均の速さをまとめたものが**図８**です。風の秒速の数値《すうち》が大きいほど風が強いことを示します。

図５　黄砂発生地の平均月降水量《へいきんつきこうすいりょう》

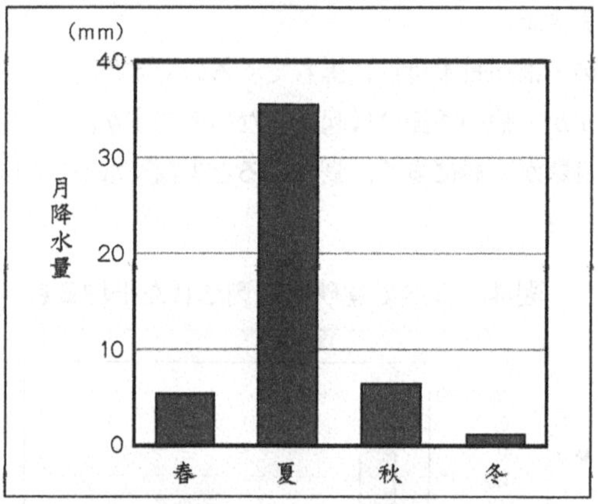

（鳥取《とっとり》大学乾燥地《かんそうち》研究センター監修《かんしゅう》
「黄砂—健康・生活環境《かんきょう》への影響《えいきょう》と対策《たいさく》」より作成）

図６　黄砂発生地の平均の積雪の深さ

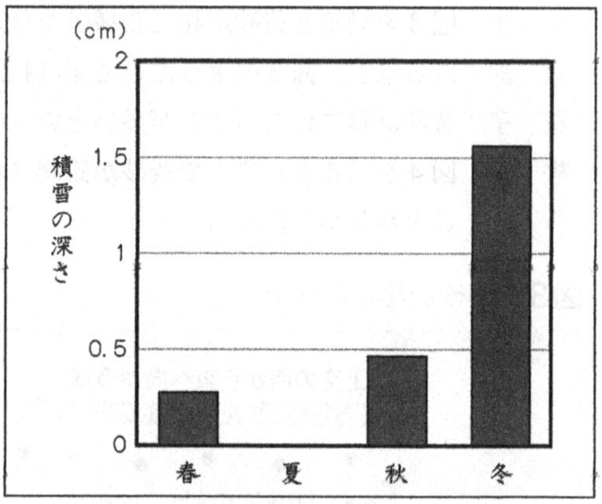

（鳥取大学乾燥地研究センター監修
「黄砂—健康・生活環境への影響と対策」より作成）

図７　黄砂発生地の地表でふく強い風の平均観測回数
（風の強さは１日に８回、３時間おきに観測している。）

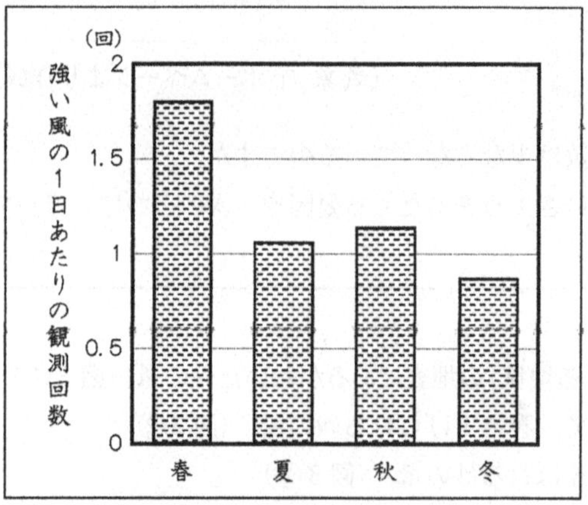

（鳥取大学乾燥地研究センター監修
「黄砂—健康・生活環境への影響と対策」より作成）

図８　上空の西から東へ向かう風の平均の速さ
（秒速を１秒間に進むきょり（m）で表している。）

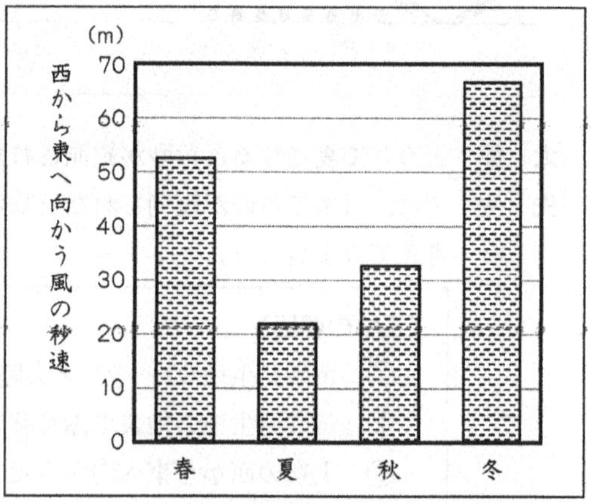

（気象庁ホームページより作成）

先　生：二人がまとめたグラフから，日本で黄砂が観測された日数が，春に比べて夏になると少なくなっている理由が説明できそうですね。

〔問題３〕　前のページの**図５**～**図８**の中から二つを選び，日本で黄砂が観測された日数が，春に比べて夏になると少なくなっている理由として考えられることを，それぞれ11ページの**〔三つの要因〕**①～③のうちの一つと関連付けて説明しなさい。

【適性検査Ⅲ】（30分）　＜満点：100点＞

1 **りょう**さん，**みさき**さんが話をしています。

りょう：先週の日曜日に友達と鉄道の博物館に行ってきたよ。昔のいろいろな車両を見学したり，運転シミュレータで運転士の体験ができたりして楽しかったよ。

みさき：その博物館はＥ駅の近くにあるから，Ａ駅から電車をつかって行ったのね。

りょう：そうなんだ。ぼくたちが乗ったのは各駅停車の先頭車両で，始発駅であるＡ駅を出発して，と中でＢ駅，Ｃ駅，Ｄ駅の順に停車して終点のＥ駅に着いたんだ。

みさき：日曜日だったので混んでいたでしょう。

りょう：それほど混んでいなかったので，Ａ駅からＥ駅の各駅で，ぼくたち以外で先頭車両に乗った人数と降《お》りた人数を友達と協力して数えてみたら（**表１**）のようになったよ。

表１

駅名	乗った人数	降りた人数
A駅	３０	
B駅	５	３
C駅	８	２
D駅	９	１５
E駅		３２

みさき：と中でりょうさんたちが乗っていた車両から他の車両に移動したり，他の車両からりょうさんたちが乗っていた車両に移動してきた人はいなかったの。

りょう：それはいなかったよ。

みさき：そうだとすると，りょうさんたち以外にもＡ駅からＥ駅までずっと乗っていた人がいることが分かるわね。

りょう：（**表１**）から計算してみると，Ａ駅からＥ駅までずっと乗っていた人が，少なく考えても［ア］人はいたことになるね。

〔問題１〕（**表１**）から計算してみると，Ａ駅からＥ駅までずっと乗っていた人が，少なく考えても［ア］人はいたことになるね。とありますが，［ア］に当てはまる数を式を書いて求めなさい。ただし，式には（**表１**）に書かれている数字のみを用いることとします。

みさき：Ａ駅からＥ駅までずっと乗っていた人が，少なく考えても［ア］人はいたことが分かるなら，今度は逆に一番多い場合を考えてみましょうよ。

りょう：それも（**表１**）から分かるのかなあ。

みさき：ちょっと考えてみましょうよ。

二人はしばらくの間考えて，計算に取り組みました。

りょう：（**表１**）から計算してみると，Ａ駅からＥ駅までずっと乗っていた人が，一番多い場合を考えると［イ］人になるね。

みさき：私《わたし》も同じ結果になったわ。

〔問題２〕 前のページの（**表１**）から計算してみると，Ａ駅からＥ駅までずっと乗っていた人が，一番多い場合を考えると イ 人になるね。とありますが， イ に当てはまる数を式を書いて求めなさい。ただし，式には（**表１**）に書かれている数字のみを用いることとします。

りょう：鉄道の博物館のおみやげに，電車のペーパークラフトを買ってきたよ。

みさき：ありがとう。ペーパークラフトって１枚《まい》の紙を素材として作る立体模型《りったいもけい》のことね。ペーパークラフトを作ると，学校で学んだ立体の展開図《てんかいず》の復習にもなるわね。

りょう：そういえば，そのおみやげ売り場に，駅ビルのペーパークラフトの完成品が展示《てんじ》してあったんだけど，おもしろい形をしていたよ。

みさき：どんな形なの。

りょう：（**図１**）のように立方体を３個組み合わせたような形なんだ。

みさき：（**図１**）の立体の表面は，合計14個の正方形で囲まれているから，展開図はそれらの辺と辺をつなげていくとかけるわね。

りょう：立方体１個の展開図でも（**図２**）のますを黒くぬった部分のようにいろいろあるから，（**図１**）の立体の展開図も何通りもありそうだね。

図１

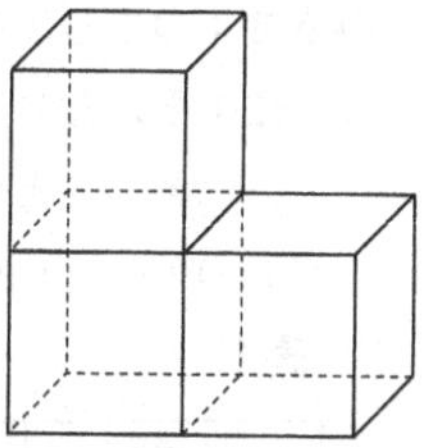

図２

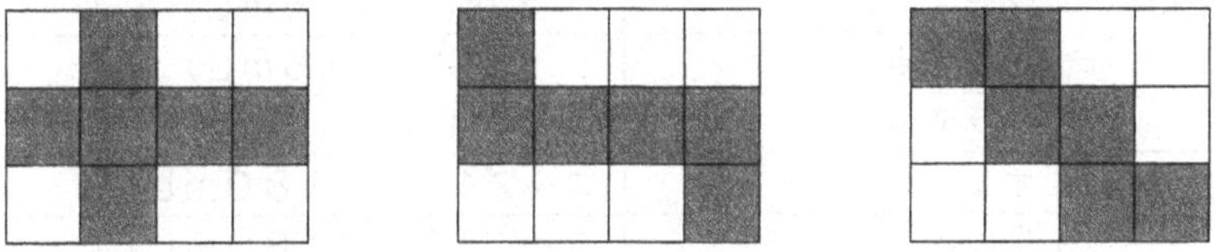

〔問題３〕 展開図はそれらの辺と辺をつなげていくとかけるわね。とありますが，（**図１**）の立体の展開図を，次の４つのルールにしたがって，解答らんのあたえられたわくの中におさまるようにかきなさい。

ルール１	（**図２**）のように展開図になる部分のますを黒くぬって答える。
ルール２	解答らんには，あらかじめ５個のますが黒くぬられています。それらをふくめた14個のますをぬって答える。
ルール３	解答らんのわくを増やしてはいけません。
ルール４	黒くぬった部分の内側は切らずに，周りだけを切れば組み立てられるものを答える。

2 勤労感謝《きんろうかんしゃ》の日の前日，**りょう**さん，**みさき**さん，**先生**が教室で話をしています。

みさき：明日は家族といっしょに，とんかつとご飯とみそしるを作るつもりです。

先　生：それはよいお手伝いができますね。油をたくさん使うでしょうから，気をつけてくださいね。

りょう：ぼくも明日は家族のために，洗《せん》たくや食器洗《あら》いを手伝おうと思っています。

先　生：それも良いことですね。勤労感謝の日に限らず，お手伝いはどんどんするようにしましょうね。

みさき：そういえば，食器を洗うときに，調味料や洗ざいを流すと，水がよごれてしまうのですよね。

先　生：そうです。家庭から出るはい水は処理場《しょりじょう》できれいにされてから川に流されますが，処理されずによごれたまま川に流されてしまったらどうなるでしょうか。

りょう：水がよごれて，川に住む生き物にえいきょうがあると思います。

先　生：川に住むび生物は，川のよごれ（生物のフンや人間の食べ物や生活はい水など）を食べて生きています。び生物はよごれが多いと活発に活動するので，その分たくさん呼吸《こきゅう》するのです。

みさき：つまり川の水のよごれが多いと，び生物はたくさんの酸素を必要とするのですね。

先　生：そのとおりです。その必要な酸素の量を※1BODといいます。BODが大きいほどよごれが多いことになります。この（**表１**）を見てごらん。

※1　BOD　正式名しょうは生物化学的酸素要求量といい，川のよごれを調べるめやす。

表１

分類	品名	量	BOD（mg）
調味料	マヨネーズ	大さじ１（15mL）	20000
	トマトケチャップ	大さじ１（15mL）	1200
	ソース	大さじ１（15mL）	3500
	しょう油	大さじ１（15mL）	2600
	サラダ油	大さじ１（15mL）	26000
飲み物	オレンジジュース	コップ１ぱい（180mL）	15000
	牛にゅう	コップ１ぱい（180mL）	20000
しる	ラーメンのしる	１ぱい（200mL）	5400
	みそしる（具なし）	１ぱい（200mL）	3800
洗ざいなど	シャンプー	１回分（6mL）	2500
	リンス	１回分（6mL）	500
	台所用洗ざい	１回分（6mL）	1200

（環境省《かんきょうしょう》「生活雑排水対策推進指導指針《ざつはいすいたいさくすいしんしどうししん》」、東京都環境局ホームページより作成）

みさき：きれいな水でないと住めない魚も多くいますよね。

先　生：そうです。魚が住めるようなきれいな水のめやす（**表２**）があるから見てごらん。

表２

魚の種類	水１L中のBOD
ヤマメ	2mg以下
アユ	3mg以下
コイ	5mg以下

（環境省「生活雑排水対策推進指導指針」、東京都環境局ホームページより作成）

りょう：（**表１**）と（**表２**）からどんなことがわかりますか。

先　生：例えばコップ２はい分のオレンジジュースのBODは前のページの（**表１**）から15000×２＝30000（mg）です。コイが住めるようなきれいな水のBODはいくつですか。

りょう：前のページの（**表２**）から水１Ｌにふくまれる BODが５mg以下です。

先　生：つまり30000mgのBODに水を加えて，コイが住めるようなきれいな水にもどすためには，30000÷５＝6000（Ｌ）の水が必要になるということです。

りょう：ものすごい量の水が必要なんですね。

先　生：おふろに入れる水でいうと，約30回分になります。

みさき：例えば明日とんかつを食べた後で，ソース大さじ２と，サラダ油大さじ１が食器に残り，それを台所用洗ざい１回分を使って洗うとすると，これらを水でうすめて，アユが住めるようなきれいな水にもどすためにはどれだけの水が必要なのかなあ。

りょう：それも同じように計算すれば求められるね。

〔問題１〕　アユが住めるようなきれいな水にもどすためにはどれだけの水が必要なのかなあ。とありますが，ソース大さじ２，サラダ油大さじ１，台所用洗ざい１回分のBODの合計から，アユが住めるようなきれいな水にもどすためには，何Ｌの水が必要なのかを式を書いて求めなさい。

先　生：BODについて分かりましたか。

みさき：はい。明日は私《わたし》なりにかん境のことを意識しながら料理したいと思います。

りょう：ぼくは魚つりが好きで川によく行くのですが，魚によって住める場所や住めない場所がある理由が分かりました。

先　生：食事は必要なだけ作り，食べ終わった後の食器のよごれが減るように工夫するなど，一人ひとりができることから取り組んでいくことが大切ですね。

〔問題２〕　魚によって住める場所や住めない場所があるとありますが，（**表１**）の中にある調味料５種類のうちの２種類を混ぜたものに，3000Ｌの水を加えたら，ヤマメは住めないがアユは住めるような水になるという。考えられる調味料の名前２種類とそれぞれ大さじいくつであるかを解答らんに答えなさい。ただし，量については大さじ１，大さじ２のように整数で答えることとします。

あいにく――つごうが悪く、残念なようす。
キャンバス――油絵をかくのに使う、布。
自己形成《じこけいせい》――自分自身をかたちづくること。
醍醐味《だいごみ》――ものごとのおもしろさや楽しさ。

〔問題1〕 ①子どものころからずっと、外国のいろいろな土地を旅してみたいと思ってきました。とありますが、筆者が「旅」に期待していたことは何ですか。文章1から読み取ったことを、四十字以上五十字以内で書きなさい。（、や。などもそれぞれ字数に数えます。）

〔問題2〕 ②彼《かれ》らにたいして、申しわけないという思いがつのってきます。とありますが、筆者が「申しわけない」と思うにいたったインディオたちの行動を、文章1のことばを使って、三十字以上四十字以内で書きなさい。（、や。などもそれぞれ字数に数えます。）

〔問題3〕 ③会わない時間に努力した跡《あと》は、友だち同士ならば、すぐにわかる。とありますが、「友だち同士ならば、すぐにわかる」のはなぜですか。その理由と考えられることを、文章2のことばを使って、二十字以上三十字以内で書きなさい。（、や。などもそれぞれ字数に数えます。）

〔問題4〕 文章1 文章2は、どちらも「成長」をテーマに、筆者の体験や意見が書かれています。二つの文章を読んで、あなたは自らを「成長」させるためには何が大切だと考えましたか。次の二つの条件を満たしながら、三百五十字以上、四百字以内で書きなさい。

条件1 第一段落《だんらく》には、文章1 文章2の要点をまとめること。
条件2 第二段落からは、あなたの経験をふまえた考えを書くこと。

記入上の注意
○題名、名前は書かずに一行目から書き始めること。
○書き出しや段落をかえたときの空らんや、や。や「などもそれぞれ一字に数えること。
○段落の最初は、一字下げて書くこと。

こうして南米大陸の魅力にとりつかれたことがきっかけで、ぼくはいま、人類の足どりをたどる旅に出発することになったのです。

（関野吉晴《せきのよしはる》「嵐《あらし》の大地《だいち》　パタゴニア　グレートジャーニー　人類《じんるい》5万《まん》キロの旅《たび》①」による）

（注）辺境地帯――国の中心から遠くはなれた土地。
南米大陸《なんべいたいりく》――南アメリカ大陸。
休学――学業を休むこと。
インディオ――南アメリカに以前から住んでいた民族。
居候《いそうろう》――他人の家に世話になっている人。

文章2

友情の関係における「待つ」ということについては、「三日会わざれば*刮目《かつもく》して待つべし」という言葉がある。これは、三日会わずにいれば相手はその三日のうちに成長しているだろうから、それを見逃《みのが》さずに*心して会うようにすべきだという意味だ。

「こんなものだろう」という*たかをくくった見方を捨《す》てて、相手が常に向上する人間だという前提で見るということである。

お互《たが》いの成長を見逃さないような気持ちで「待つ」友がいるという気持ちが、互いを成長させるのだ。

「今度会うときに成長した自分を見せることができるようにしておこう」という気持ちが、友が心に住むということだ。③会わない時間に努力した跡《あと》は、友だち同士ならば、すぐにわかる。

僕《ぼく》が中学生のときに聞いた話だが、二人の画家の友人同士がいて、しばらく会わなかったが、ひさしぶりに片方《かたほう》が会いに訪《たず》ねてきた。しかし、*あいにく友人の画家はるすで、部屋にはだれもいない。このまま帰ろうかと思ったが、みると何も描《か》いていない*キャンバスがたてかけてある。彼は何を思ったか、そこで、絵筆をとり絵の具をつけて、たてにまっすぐ一本の線を引いて、そのまま帰った。

しばらくして、友人の画家が部屋にもどってみると、キャンバスに線が引いてある。それをみて、画家は、「ああ、あいつが来てたのか、会えなくて残念だったな。ずいぶん、あいつは上達したな」と思ったそうだ。

一本の線を見ただけで上達がわかるなんて、かっこいい関係だ。ただ、絵画にくわしいからわかるんじゃなくて、お互いの今までの歴史をしっていて、しかも両方が向上しているからわかるんだと思う。

自分の向上を見逃さないでわかってくれる友の存在《そんざい》は、やる気をかきたててくれる。

予想しなかった新しい何かが生まれたり、別れた後に、元気が出て向上心がわくような関係は、それほどむずかしいことじゃないし、特別才能に恵《めぐ》まれた人たちだけのものじゃない。ふりかえれば、だれにでも、そういう関係はあったはずだ。

友情は、「向上心」を柱にして、お互いが「*自己形成《じこけいせい》」の*醍醐味《だいごみ》を味わう関係だ。「ともに高めあう関係」をつくり、自己形成の道を一緒《いっしょ》に歩んだ友情の関係性は、何ものにもかえがたい生涯《しょうがい》の宝《たから》だと、僕は信じている。

（齋藤孝《さいとうたかし》「スラムダンクな友情論《ゆうじょうろん》」による）

（注）刮目《かつもく》――目をこすってよく見ること。注意して見ること。
心して――十分に気をつかうこと。
たかをくくった見方――たいしたことはないと、相手を軽く見ること。

【適性検査Ⅰ】（四五分）〈満点：一〇〇点〉

1 次の **文章1** と **文章2** を読み、あとの問題に答えなさい。

（＊印のついている言葉には、本文のあとに〔注〕があります。）

文章1

①子どものころからずっと、外国のいろいろな土地を旅してみたいと思ってきました。

大学生になってまもなく、ぼくは夢の実現にむけて行動を開始しました。なかまを集めて、探検部《たんけんぶ》をつくったのです。同じような夢をもつなかまが十人以上も集まりました。

まずはみんなで、本格的な探検にむけて、国内の山登りや川下りの練習をつみます。海外遠征《かいがいえんせい》を目標に、一年間に百日以上も山や川ですごしたこともありました。

トレーニングを続けながら、外国の＊辺境地帯を探検した人に会っては、いろいろと話をきき、本を読んでは情報を集めました。自分で資金をつくるために、さまざまなアルバイトもしました。とにかく探検にでて、いままでとちがう環境《かんきょう》に自分をおいてみたかったのです。自然環境もそのほかの文化も、日本とはまるでちがうところへ行って、いままで知らなかった世界を見てみたい、そこに自分をほうりこむことで、いままで気づかなかった、意外な自分自身が見えてくるのではないだろうか、そんなふうに思っていました。

やがて、ぼくの心の中に、目的地が見えてきました。地球上でもっとも未知な部分を残している、＊南米大陸《なんべいたいりく》を流れる世界最大の大河《たいが》アマゾンです。アマゾン探検の実現を目標に、大学を一年＊休学して現地に入ったのは、大学三年生、一九七一年のことでした。

この最初の旅で、ぼくは南米大陸の魅力《みりょく》にとりつかれました。以来、二十年以上も、南米大陸に通いつづけることになりました。

ギアナ高地、パタゴニア、アマゾン、オリノコといろいろな場所をおとずれ、いくつもの村をたずねました。狩《か》りにつれていってもらったり、魚を捕《と》りにいったり。畑仕事に参加し、祝いの席ではともに歌い、踊《おど》ります。

彼《かれ》ら＊インディオたちにとって、ぼくは、日本というどこか遠い所からやってきた、なんの役にもたたない＊居候《いそうろう》です。でも、彼らはぼくを受けいれ、安全にすごせるように気を配ってくれました。食べ物も、「さあ、これを食べてみろ、うまいぞ」と、いちばんおいしいところをわけてくれます。

こんなに親切にしてもらっても、ぼくはなにもしてあげられない。②彼らにたいして、申しわけないという思いがつのってきます。なにかぼくにできることはないだろうか。

そんなときに、病気で苦しむ子どもの姿《すがた》が目にはいりました。村の生活でぼくのいちばんの友達《ともだち》は子どもたちでした。いっしょに森にはいって、木の実やフルーツ集めをしたり、魚を捕ったり、虫を捕ったり。好《こう》奇《き》心《しん》いっぱいの子どもたちは、いろいろなことを教えてくれます。

その子たちが、日本でならば、薬ですぐに治るような病気で苦しみ、ひどいときには命さえも失っているのです。医者になって、この子たちを救いたい——ぼくは医者になることを決意しました。

そして、また受験勉強をして、医学部にはいりました。医学部の学生時代も、医者になってからも、もちろん南米大陸に通いつづけたのです。

平 成 30 年 度

解 答 と 解 説

《平成30年度の配点は解答欄に掲載してあります。》

＜適性検査Ⅰ解答例＞

1 問題1 いままでとはまるでちがうかん境に身をおくことで，いままで知らなかった意外な自分自身に出会うこと。

問題2 自分はなにもしてあげられなかったのに，親切にしてもらったこと。

何の役にも立たない自分を受け入れ，安全に過ごせるよう気を配ってくれたこと。

問題3 お互いの歴史をしっている二人が，ともに成長しているから。

問題4 文章1では，ある時点で無力であっても，他人の力になろうとすることで人は成長するということが述べられており，文章2では，友情関係が自分と相手を成長させるということが述べられている。どちらの文章でも，人は一人で成長するのではなく，他人とのかかわりで成長するのだということが書かれている。

私は友人と，どちらが先に問題を解けるか競い合うことがよくある。先に解き方を思いつけたときはうれしいし，先に解かれてしまったときはくやしい。そんなある日の授業中に，先生に解き方をほめられるということがあった。以前の私は，難しい顔をしてなかなか手が動かなかったが，最近の私は粘り強さが増したと言われた。この時，私一人で成長したのではなく，友人との関係が私を成長させたのだと感じた。

○配点○

1 問題1 16点 問題2 14点 問題3 10点 問題4 60点 計100点

＜適性検査Ⅰ解説＞

1 （国語 文章読解，作文）

問題1 「期待していたことは何ですか」とある。つまり，旅をする前に，筆者が考えていた「旅を通じて自分が得られる何か」が書かれている部分が答えとなる。したがって，4段落目の最後の文中の「いままで気付かなかった，意外な自分自身がみえてくるのではないか」の箇所に着目し，この部分をまとめる。

問題2 「申し訳ない」という気持ちは，自分が相手に対して悪いことをしてしまったと反省するときにわき起こったりするが，文章1の筆者は相手に手間をかけさせてしまい，そのお返しができなかったため，一方的に恩を受けたことについて「申し訳ない」と感じている。その受けた恩について具体的に書かれている箇所が8段落の「彼らはぼくを受けいれ，安全にすごせるように気を配ってくれました」の部分だ。その受けた恩に対してお返しができないことについて直接書かれているのが，傍線②の直前の文の「こんなに親切にしてもらっても，ぼくはなにもしてあげられない。」の文である。これらの箇所をそれぞれまとめる。

なお，設問に「文章1の言葉を使って」という指示があるので，別の言葉に言いかえたりしてはならない。

問題3 なぜ，友だち同士であれば会っていない間の努力の跡がわかるのかについて「理由として考えられること」が問われている。ここで，注目するべき設問の指示は「考えられること」の部分だ。つまり，この「なぜ」という疑問に対する絶対的に正しいただ一つの理由が求められているのではなく，「正しいと考えられる意見はいくつもあるだろうけれども，その中の一つを答えなさい」ということだ。さらに，「文章2のことばを使って」という指示から，答えは限られていく。筆者の考えるこの疑問の回答である，7段落の最後の文の「お互いの今までの歴史をしっていて，しかも両方が向上しているから」の箇所を抜き出す。

問題4　設問では，文章1と文章2は「成長」がテーマだと書かれているが，文章1では，自分が医者になろう(＝成長しよう)と決意したきっかけが，他者との交流の中にあったことが書かれ，文章2では，自分が成長していく喜びは，友情関係の中にあることが書かれている。つまり，成長には自分以外の誰かを必要とするということが読み取れる。

　あなた自身の「成長」を感じた時に，友人などの他の人の存在が必要だったと思える経験をふまえた考えを書こう。

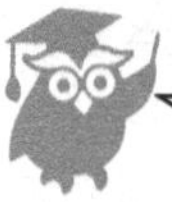

★ワンポイントアドバイス★

2つの文章の要点をまとめるためには「共通するテーマ」を強調しよう！

＜適性検査Ⅱ解答例＞

1　問題1

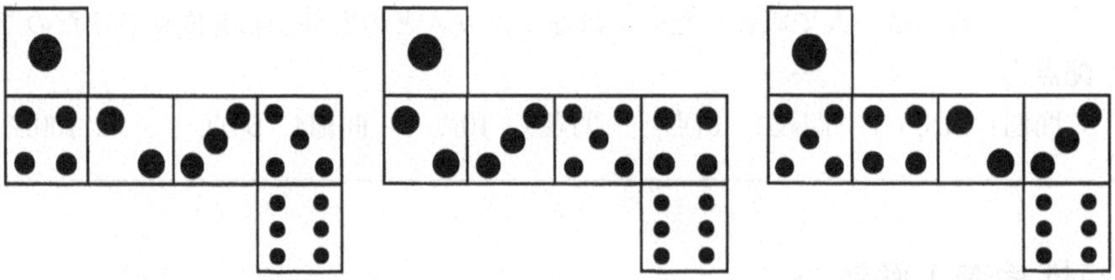

問題2　〔式〕　4⨸2⊕1⊗5＝7

〔説明〕　⊕の前の部分と後ろの部分に着目して，和が7になる二つの数の組み合わせを考えると，2と5がある。異なる四つの数を使って，4÷2＝2，1×5＝5となるから。

問題3　〔手前に見える二つの面の目の数の組み合わせ〕　2と4　〔合計〕　60

〔太郎さんが気づいたおもしろいこと〕　1の目の面を上にしたままで，さいころの置き方をいろいろ変えても，見かけ上8個のさいころの見えている面の目の数の合計は60になること。

2　問題1　見る場所から東京スカイツリーまでのきょりが，見る場所から東京タワーまでのきょりの約2倍であるとき。

問題2　〔選んだ表〕　表1

〔説明〕　東海道新幹線がつないでいる都市は，東京23区，横はま市，名古屋市，京都市，大さか市といった人口が多いところである。

問題3

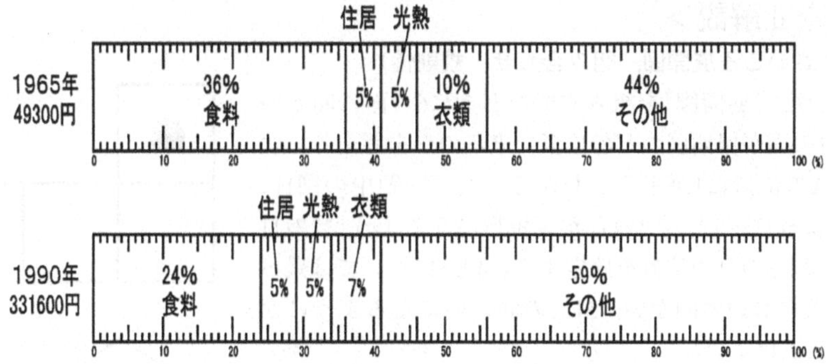

〔説明〕 図3からは，1965年から1990年までの25年間で消費支出の中で食料がしめるわり合が減ったことがわかる。図4からは，この25年間で，家庭電化製品や乗用車のふきゅうが進んだことがわかる。これらの資料から，家庭電化製品や乗用車を買うなど，くらしの変化の中で食料以外のものにも多くのお金を使うようになったと読みとれる。

3 問題1 〔選んだ観察〕 花子（さんの観察）

〔選んだ花粉〕 スギ（の花粉）

〔$1cm^2$あたりの花粉の数〕 250個

〔説明〕 見えているはん囲の面積は$4mm^2$で，そこにスギの花粉が10個ある。$1cm^2=100mm^2$で，$100mm^2$は$4mm^2$の25倍である。よって$1cm^2$あたりの花粉の数は，10個の25倍で250個となる。

問題2 (1)(あ) 上空のすなの量が多い　（い） 上空のすなが高いところにある

(2)〔選んだ図の番号〕 ①　〔グラフの記号〕 ア

問題3 〔選んだ図〕 図5

〔説明〕 図5によると，春に比べて夏は平均月こう水量が多い。そのため，要因①のかわいたすなの量が少なくなり，日本で黄さが観測された日数が，春に比べて夏になると少なくなっていると考えられる。

〔選んだ図〕 図7

〔説明〕 図7によると，春に比べて夏は地表でふく強い風の観測回数が少ない。そのため，要因②のまき上げられるすなの量が少なくなり，日本で黄さが観測された日数が，春に比べて夏になると少なくなっていると考えられる。

○配点○

1 問題1　6点　他　各12点×2

2 問題1　8点　問題2　6点　問題3　26点

3 各10点×3　計100点

＜適性検査Ⅱ解説＞

1 （算数：さいころ展開図，組み合わせ，規則性）

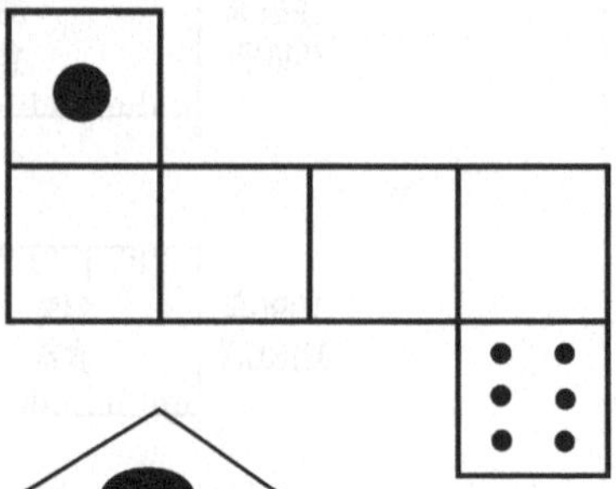

基本　問題1　まず，〔展開図〕を組み立てたときに6の面に向かい合う1の面が展開図のどの位置に来るのかを考える。するとAの位置に1が来るとわかる。次に問題中の図1にあるように，1と2と3の目が三角形になるように2の目の位置と3の目の位置を確定する。4と5については残った位置に4は3の向かい，5は2の向かいになるようにかき入れればよい。

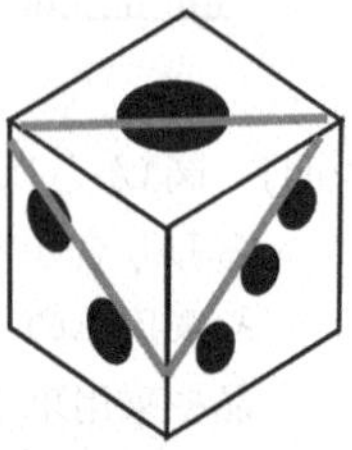

基本　問題2　4つの数字の真ん中に＋があるので，まず＋の前後の□2つずつの数字を計算した結果の組み合わせは「6と1」，「5と2」，「4と3」に絞られる。次に，前後の2つの数字の組み合わせを使って「＋」以外の「×」，「÷」，でそれらの数字を考えていけばよい。「6と1」の組み合わせの場合，1を作るには，□×□または□÷□で1になる組み合わせは1×1か同じ数字どうしの割り算しかないので不可能である。よって1は引き算でしかできない。また□÷□で6になる組み合わせも作れないことから，かけて6になる組み合わせとなる。このように絞り込むが，「6と1」では作れないことがわかる。このように絞り込んでいくと「5と2」，「4と3」の組み合わせなら計算式が成立する。解答例に挙げたもの以外に「4×1＋6÷2」，「6÷2＋4×1」なども考えられる。

問題3　1の面が上に来るように置くということは，1の向かい合う6は常に見えないということになる。図6にもあるように，同じ目の面はそれぞれ4面ずつ見えるようになっている。ということは，6以外の数字をそれぞれ4つずつたしたものの合計を考えればよい。よって，1が4面，2が4面・・・と地道に計算してもよいが，(1＋2＋3＋4＋5)×4＝60というように計算できれば時間も短縮できる。

2 （算数，社会：割合計算，グラフ作成，特徴）

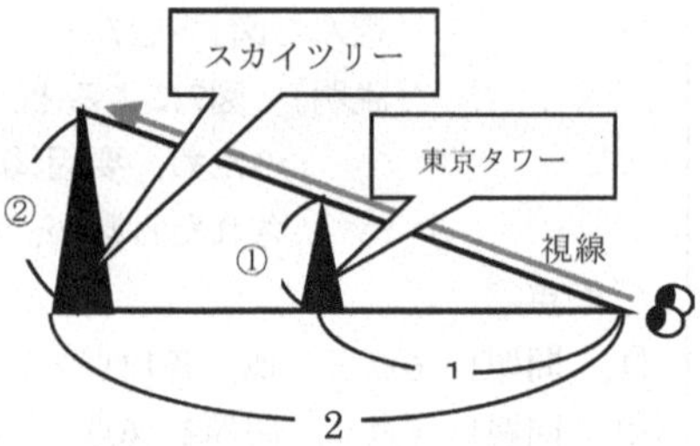

基本　問題1　「拡大・縮小の関係」である。

会話中に「東京スカイツリーは東京タワーの約2倍の高さがあるのに，どうして同じくらいの高さに見えるのかな。」と書いてある。ということは，見ている場所から東京スカイツリーまでの距離も東京タワーまでの2倍になれば，それぞれのてっぺんは同じ視点の延長上に見えることになる。

やや難　問題2　図2を見ると，停車駅は●と○が6個ずつの合計12駅。そのうち○が表している都府県庁は「東京」，「横浜」，「静岡」，「名古屋」，「京都」，「大阪」である。これと表1を選んで組み合わせると，上位5都市が該当しているので，そのうち2つ以上の都市名を挙げて「人口が多い都市を通ること」を理由として説明をすればよい。また，表2と組み合わせる場合，路線は製造品出荷額1位から3位までの「京浜」，「阪神」，「中京」の3つの工業地帯がある都府県を通っているので，このうち2つ以上の工業地帯名(この問題では3つとも書く方がよいだろう)を挙げて「製造品出荷額が多い工業地帯を」理由に説明すればよい。

やや難 問題3 「グラフの書き方」の中に計算の仕方と数字の処理が指示されているので従うこと。

食料：80000÷331600＝0.241…→0.24　24％

住居：16500÷331600＝0.049…→0.05　5％

光熱：16800÷331600＝0.050…→0.05　5％

衣類：23900÷331600＝0.072…→0.07　7％

その他：194400÷331600＝0.586…→0.59　59％

グラフは1965年と同じ順番で項目をそろえて上下で比較しやすいようにかき入れる。「住居」・「光熱」の割合は変化がないが，「食料」と「衣服」の割合が減り，「その他」が増えていることがわかる。次に図4をみると，1965年と比べ，1990年には6つのすべての項目で普及率がとても高くなっていることがわかる。これらを組み合わせると，「その他」に該当するのが家電製品や乗用車であると考えられる。つまり，これらに使う金額の割合が増えたのだといえる。

3 （理科：計算，実験・観察，考察）

基本 問題1 花子さんの「花粉の付き方は均一ではないかもしれないので，広い範囲の花粉の数を数えた方が良い」という発言がヒントになる。$1cm^2$あたりの花粉の数を聞かれているが，花子さんの観察の見えている範囲は$4mm^2$である。つまり図1の花子さんの観察した様子で選んだ花粉の個数を数え，$1cm^2 = 1cm \times 1cm = 10mm \times 10mm = 100mm^2$なので，100÷4＝25倍をすればよい。よって，スギ…10×25＝250個，ヒノキ…8×25＝200個となる。

重要 問題2 (1) まずA1，B1，C1の計測結果から2つずつ3通りを比較する。比較するときのポイントは「共通点と相違点」である。A1とB1の様子を比較するとどちらも観測装置からの距離(高さ)は12目盛なのに対し，上空の砂の個数はA1が6個でB1が2個である。次にA1とB1のグラフをみると，光がはね返ってくるまでの時間は同じ0.00004だが，はね返ってきた光の量はA1が3に対しB1は1である。A1とC1を比較すると，どちらも上空の砂の個数は6個であるが観測装置からの距離(高さ)はA1が12目盛に対しC1は6目盛である。グラフを比べると，はね返ってくる光の量は同じく3だが，光がはね返ってくるまでの時間はA1が0.00004に対しC1は0.00002である。同様にB1とC1も比較すると，図2からは「上空にある砂の高さに比例して光がはね返ってくるまでの時間は長くなり，上空にある砂の量に比例してはね返ってきた光の量は多くなる」ということがわかる。よって(あ)…「上空のすなの量が多い」，(い)…「上空のすなが高いところにある」が答えとなる。

(2)〔①を選んだ場合〕 B1と比較をすると，B1と①の高さの比は12：9＝4：3なので，光がはね返ってくるまでの時間も4：3となる。よって4：3＝0.00004：0.00003となる。また，上空の砂の個数の比はB1が2個に対し①は4個なので，はね返ってきた光の量は2倍となり2ということになる。よって選ぶグラフはアということになる。

〔②を選んだ場合〕 B1と②の高さの比は12：3＝4：1なので，光がはね返ってくるまでの時間は0.00001となる。また，上空の砂の個数の比はB1が2個に対し②は8個なので，はね返ってきた光の量は4。よって選ぶグラフはエということになる。

やや難 問題3 黄砂が起こる三つの要因として①地表にあるかわいた砂の量，②地表でふく強い風，③運ばれる砂の量，が挙げられている。また設問では「日本で黄砂が観測された日数が，春に比べて夏になると少なくなる理由」を聞かれているので，①～③の要因を参考にしながら図5～図8それぞれの春と夏を比較すると，

図5…春より夏は平均月降水量が非常に多い→地表がかわいてないので夏は黄砂が少ない。

図6…春は0.3cm積雪があるが「実際に雪があるのは春のはじめだけ」，一方夏はない→条件はあまり違わず，理由として成立しないので×

図7…春の方が夏より地表でふく強い風が多い→春の方が地表から砂が多く巻き上げられるので黄砂は多い。

図8…「西から東へ向かう風」は合っているが，速さは砂の量と直接関係しないので×

よって図5と図7を選べばよい。

★ワンポイントアドバイス★

2のめんどうな割合計算を素早く正確に！そして他の問題に時間をかけられるようにすること!!

＜適性検査Ⅲ解答例＞

1 問題1 30－(3＋2＋15)＝10　10人

問題2 30－3－{(2＋15)－(5＋8)}＝23　23人

問題3

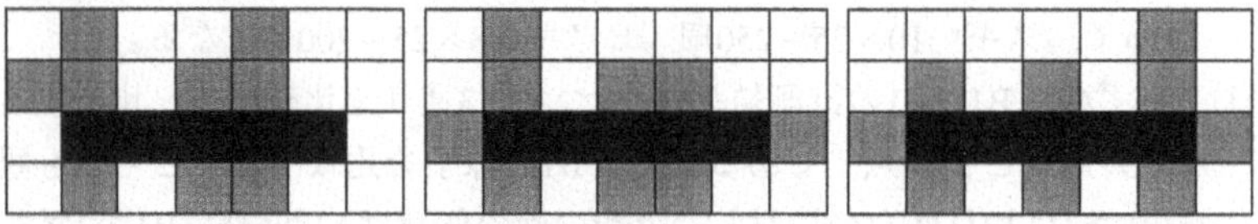

2 問題1 (3500×2＋26000＋1200)÷3＝11400

問題2 しょう油を大さじ1と，トマトケチャップを大さじ3
しょう油を大さじ1と，トマトケチャップを大さじ4
しょう油を大さじ1と，トマトケチャップを大さじ5
しょう油を大さじ2と，トマトケチャップを大さじ1
しょう油を大さじ2と，トマトケチャップを大さじ2
しょう油を大さじ2と，トマトケチャップを大さじ3
しょう油を大さじ3と，トマトケチャップを大さじ1
ソースを大さじ1と，トマトケチャップを大さじ3
ソースを大さじ1と，トマトケチャップを大さじ4
ソースを大さじ1と，しょう油を大さじ1
ソースを大さじ1と，しょう油を大さじ2
ソースを大さじ2と，トマトケチャップを大さじ1

○配点○

1 各20点×3

2 各20点×2　　計100点

＜適性検査Ⅲ解説＞

1 （算数：論理，立体図形）

基本 問題1　A駅からE駅までずっと乗っていた人が最も少ない場合というのは，B～D駅で降りた人が全員A駅から乗った人である場合を考えれば良い(図1)。すなわち，B駅，C駅，D駅の降りた人数の合計が3＋2＋15＝20(人)であるから，A駅から乗った30人との差がA駅からE駅までずっと乗っていた人数が最も少ない場合となる。

(図1)

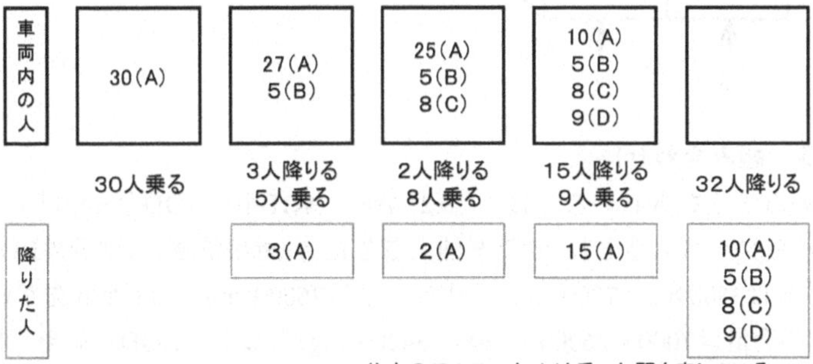

()内のアルファベットは乗った駅を表している

基本 問題2　A駅からE駅までずっと乗っていた人が最も多い場合というのは，C駅で降りた人はB駅で乗った人であり，D駅で降りた人はC駅で乗った人である場合を考えれば良い。(B駅で降りた人がB駅で乗った人のはずはないので，A駅で乗った人である。)しかし，D駅で降りた人数は，C駅で乗った人数より多いので，D駅で降りた人の中に，B駅で乗った人のうち，C駅で降りなかった人が全員D駅で降りたと考えると，A駅からE駅までずっと乗っていた人が最も多い場合となる(図2)。すなわち，A駅で乗った30人のうち，B駅で降りなかった人は，30－3＝27人である。B駅で乗った5人のうち，2人がC駅で降りた。D駅で降りた15人のうち，8人はC駅から乗り，B駅で乗ってC駅で降りずにD駅で降りたのは5－2＝3(人)である。15人とこれら8人と3人との差がA駅から乗ってD駅で降りた最少人数である。

(図2)

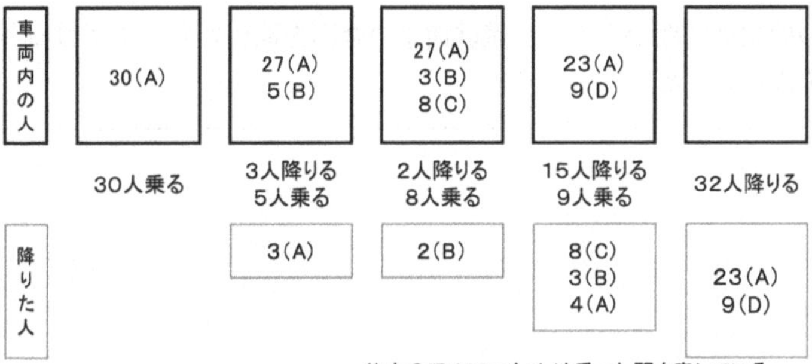

()内のアルファベットは乗った駅を表している

問題3　解答らんにあらかじめ黒くぬられた5個のますを，立体のどの連続した面の部分になるようにするかを任意に決めて，1から5の数字を書き入れる。続いて，他の面に6から14の数字をかき入れると下の(図3)のようになる。立体の展開図に1から14の数字を書き入れると(図4)のようになる。

（図3）

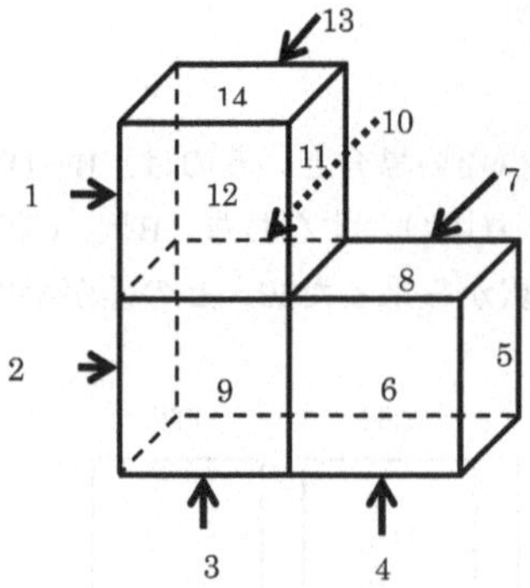

（図4）

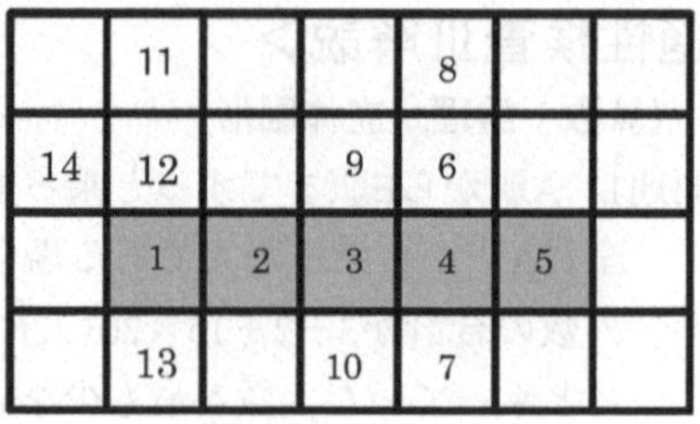

2 （理科：数値計算，組み合わせ）

基本 問題1　アユが住めるようなきれいな水は，（表2）から，水1L中のBODが3mg以下であることがわかる。（表1）からソース大さじ2，サラダ油大さじ1，台所用洗ざい1回分のBODをそれぞれ求めると，ソースは3500×2＝7000（mg），サラダ油は26000（mg），台所用洗ざいは1200（mg）であり，それらの合計は7000＋26000＋1200＝34200（mg）となる。BODの値を目標とする水1L中のBODの値で割れば，必要な水の体積が求められることが対話文中にあるので，
34200÷3＝11400（L）が導ければ良い。

やや難 問題2　ヤマメは住めないがアユは住めるような水1L中のBODの値は，（表2）から，2mgより大きく，3mgより小さいことがわかる。3000Lの水を加えてこの値にするには，2×3000＝6000（mg），3×3000＝9000（mg）より，6000mgより大きく，9000mg以下の調味料の組み合わせが本問の解答となる。

例えば，しょう油大さじ1（2600mg）とソース大さじ1（3500mg）の合計が6100mgとなるので，条件を満たすこととなり，考えられる解答のひとつとなる。ほかの考えられる組み合わせは，解答例に示したとおりである。

★ワンポイントアドバイス★
後半の問題は時間がかかる。試験開始の合図を聞いたら，まずは全体を見て時間配分を決めること！

平成29年度

入　試　問　題

平成29年度

都立両国高等学校附属中学校入試問題

【適性検査Ⅰ】　(22ページから始まります。)
【適性検査Ⅱ】　(45分)　　＜満点：100点＞

1　明日は近所の保育園との交流会です。**太郎**《たろう》君と**花子**さんが教室で保育園児をむかえる準備をしています。太郎君はボールハウスを組み立てています。花子さんはゆかにフロアマットを並《なら》べようとしています。

太　郎：花子さん，ボールハウスの骨《ほね》組《ぐ》みができたよ。

花　子：ボールハウスというと，子どもが中に入って遊ぶ，ボールがたくさん入った箱型の室内遊具ね。このボールハウスは，立方体の形をしているのね。あとはカバーをかぶせるだけで完成ね。

太　郎：同じ長さの棒《ぼう》を２本つなぎ合わせたものを支柱にして，立方体の形を組み立ててみたよ。

花　子：棒と棒をつなぐつなぎ目は，全部で20個あるわね。

太　郎：つなぎ目による支柱の長さのちがいはないものとして，このつなぎ目を点と考えて20個の点の中から異《こと》なる３個を選んで直線で結ぶと，いろいろな三角形ができるね。

花　子：本当だわ。点の選び方によって，いろいろな形や大きさの三角形ができて，面白《おもしろ》いわね。正三角形もできるわね。

〔問題１〕　**図１**のように組み立てた立方体の20個ある点にそれぞれ**ア**～**ト**と名前をつけることにします。

この20個の点の中から異なる３個を選び，直線で結んだときにできる正三角形のうち，大きさが異なるものを二つ答えなさい。

答え方は，例えば，点**ア**と点**イ**と点**サ**を選んだときにできる三角形は「三角形」のあとに，三つの点を表すカタカナを並べて「三角形**アイサ**」と書くこととします。

図１

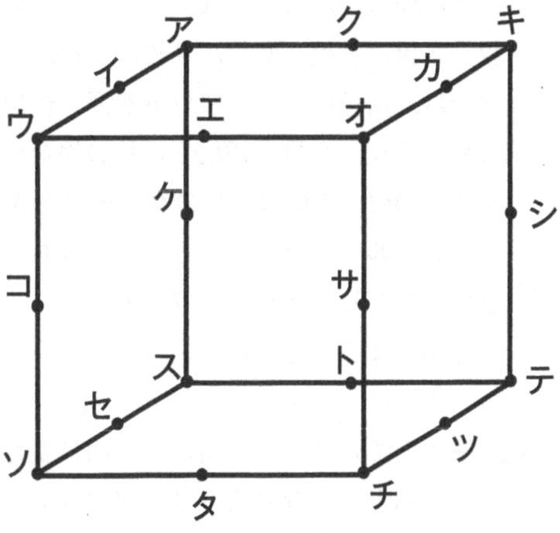

太　郎：花子さん，フロアマットはどんなふうに並べるの。

花　子：フロアマットは，１辺が20cmの正三角形の形をしていて，色は白色と黄色の２種類があるのよ。白色のフロアマットと黄色のフロアマットの両方を必ず使って，大きな正三角形になるようにすき間なく並べようと思うの。並べたフロアマットの模様《もよう》もきれいに見えるようにしたいわ。

太　郎：まずは16枚《まい》のフロアマットを使って大きな正三角形を作るときの設計図（次のページの**図２**）を書いて考えてみようよ。並べた正三角形のフロアマットの位置には，**あ**～**た**と名前をつけるよ。

花　子：そういえば算数の授業で，正三角形は線対称《せんたいしょう》な図形だと習ったわね。

太　郎：そのとき，先生は，「正三角形には対称《たいしょう》の軸《じく》が３本ある」とおっしゃっていたよ。

花　子：その性質を，きれいな模様作りに生かせるかしら。

太　郎：そうだね。大きな正三角形で，１本の直線を折り目にして二つ折りにしたとき，フロアマットの白色と白色，黄色と黄色がそれぞれぴったり重なるようにすると，線対称な模様になってきれいかもしれないね。

図２

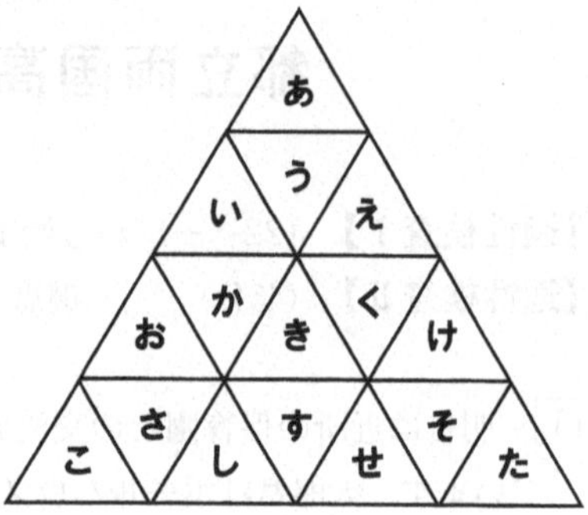

花　子：例えば，４枚のフロアマットを並べる場合，**あ**と**う**の位置に白色のフロアマット，**い**と**え**の位置に黄色のフロアマットを並べると，対称の軸が１本の線対称な模様になるわ（**図３**）。

　対称の軸が３本あるような線対称な模様にすれば，きれいに見えるわね。

太　郎：16枚のフロアマットを使って大きな正三角形を作るとき，対称の軸が３本ある線対称な模様になるようにフロアマットを並べるにはどうしたらいいのかな。

図３

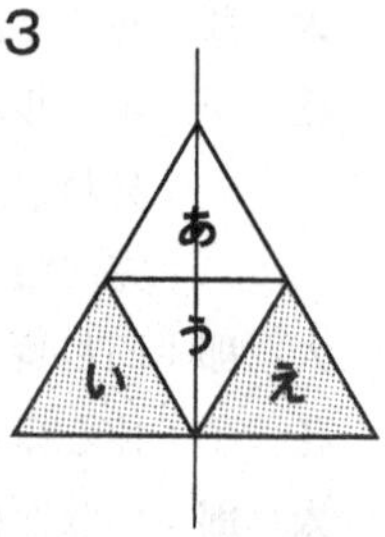

対称《たいしょう》の軸《じく》
（折り目の直線）

〔問題２〕　16枚のフロアマットを使って大きな正三角形の模様を作るとき，対称の軸が３本ある線対称な模様になるようなフロアマットの並べ方は，黄色のフロアマットの枚数《まいすう》に注目すると，１枚，３枚，４枚，６枚，７枚，９枚，10枚，12枚，13枚，15枚の場合があります。この10通りの場合は，黄色のフロアマットを置く位置のちがいで，１枚，４枚，７枚，10枚，13枚の場合と，３枚，６枚，９枚，12枚，15枚の場合の二つのグループに分けることができます。１枚，４枚，７枚，10枚，13枚の場合のグループをＡグループ，3枚，６枚，９枚，12枚，15枚の場合のグループをＢグループとして，どのようなちがいで，ＡグループとＢグループに分けたのかを説明しなさい。ただし，ＡグループとＢグループで黄色のフロアマットを置く位置がどのようにちがうかが分かるように書くこと。

花　子：ところで，正三角形には同じ長さの辺が３本あるけれど，フロアマットをすき間なく並べると，となり合うフロアマットでぴったり重なる辺ができるわよね。

太　郎：そうだね。例えば４枚のフロアマットを，**あ**，**い**，**う**，**え**の位置に並べて大きな正三角形を作ると，**あ**と**う**の位置にあるフロアマットはとなり合っているから，ぴったり重なる辺が１本あるね。同じように，**い**と**う**の位置，**う**と**え**の位置にあるフロアマットもそれぞれとなり合っているから，ぴったり重なる辺は，全部で３本あるということになるね。これらの辺をそれぞれ１本と数えると，大きな正三角形にはフロアマットの長さ20cmの辺が12本ではなく，９本あると見ることができるね。

花　子：ええ。となり合うフロアマットの重なる辺は１本と数えることにして，フロアマットを並べてできた大きな正三角形にあるフロアマットの長さ20cmの辺の数を「見かけ上の辺の数」

ということにしましょう。このようにして，並べたフロアマットの数と，「見かけ上の辺の数」には何か関係があるかしら。

太　郎：では，さきほどの設計図で，並べたフロアマットを上から**1段目《だんめ》**，**2段目**，**3段目**，**4段目**とするよ（**図4**）。このようにして，並べたフロアマットの数と「見かけ上の辺の数」の関係を考えてみよう。例えば，**3段目**まで並べたときは，フロアマットの数は9枚，「見かけ上の辺の数」は18本だね。

図4

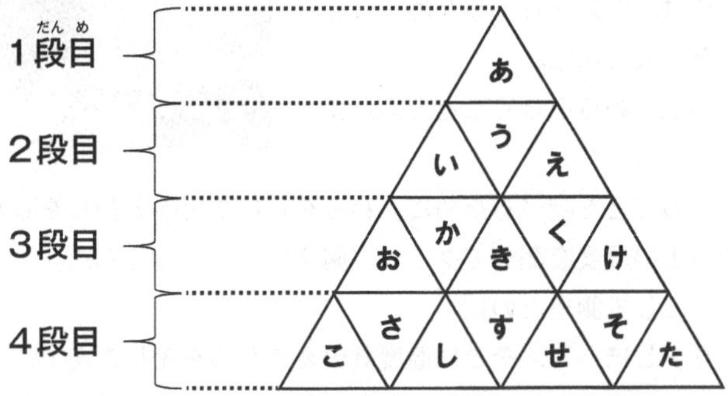

花　子：**2段目**以降《いこう》を並べるときは，フロアマットの向きのちがいで，例えば**図4**では，**あ**，**い**，**え**，**お**，**き**，**け**，**こ**，**し**，**せ**，**た**のような「上向きの正三角形」と，**う**，**か**，**く**，**さ**，**す**，**そ**のような「下向きの正三角形」があるわね。並べたフロアマットの数，「上向きの正三角形」の数，「下向きの正三角形」の数，「見かけ上の辺の数」をまとめると**表1**のようになったわ。

表1

	並べたフロアマットの数	「上向きの正三角形」の数	「下向きの正三角形」の数	「見かけ上の辺の数」
1段目	1	1	0	3
2段目まで	4	3	1	9
3段目まで	9	6	3	18
4段目まで	16	10	6	30
⋮	⋮	⋮	⋮	⋮
10段目まで	100	55	45	

太　郎：並べたフロアマットの数からは，「見かけ上の辺の数」はすぐには分からないけれど，「上向きの正三角形」の数，「下向きの正三角形」の数も考えると，並べたフロアマットの数と「見かけ上の辺の数」の関係が分かりそうだよ。この関係を使えば，フロアマットをたくさん並べたときの「見かけ上の辺の数」も簡単《かんたん》に計算できるね。

〔問題3〕　並べたフロアマットの数と「見かけ上の辺の数」の関係を，「上向きの正三角形」と「下向きの正三角形」という言葉を使って説明しなさい。また，その関係を使って**10段目**まで並べたときの「見かけ上の辺の数」を式を書いて求めなさい。

2 **花子**さんと**太郎《たろう》**君が，野菜をテーマにした調べ学習について話をしています。

花　子：太郎君はどんなことを調べてきたの。

太　郎：ぼくはお父さんが野菜を育てている家庭菜園について調べてきたんだ。この写真（**図１**）を見て。

花　子：家庭菜園の畑の土の上にしかれているのは何かしら。

太　郎：これはわらだよ。畑の土の上にわらをしく方法は，野菜を育てるために行われてきた工夫《くふう》なんだ。

花　子：畑の土の上にわらをしくことで何が変わるのかしら。

図１　家庭菜園の畑の土の上にしかれたわら

太　郎：ぼくはそのことを調べるために，わらをしいた場所とわらをしかなかった場所，それぞれの場所の土の温度を測ってグラフ（**図２**）にしてみたんだ。

花　子：どのようにして測ったの。

太　郎：畑の土を少しほって，そこに温度計のえきだめを差しこんで，土をかけて測ったんだ。

花　子：わらをしいた場所とわらをしかなかった場所では土の温度に差が出るのね。

太　郎：この日の気温の変化もグラフ（**図３**）にしてみたよ。

花　子：二つのグラフを比べて，太郎君のお父さんが畑の土の上にわらをしいた理由を説明するこ

図2　東京都内にある太郎君のお父さんの家庭菜園の土の温度の変化
（2016（平成28）年８月９日観測）

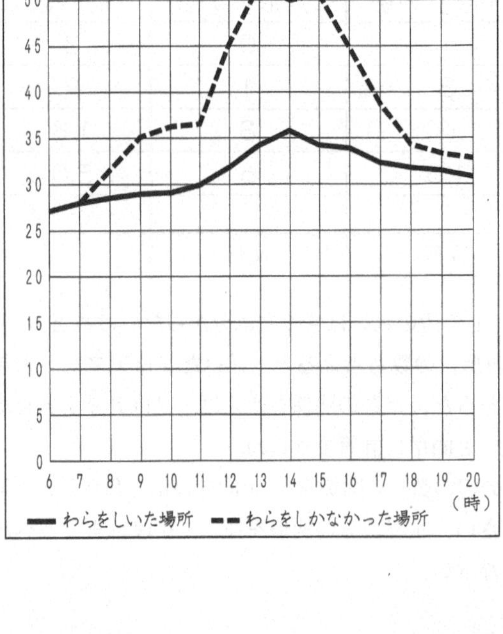

図3　東京の１日の気温の変化
（2016（平成28）年８月９日観測）

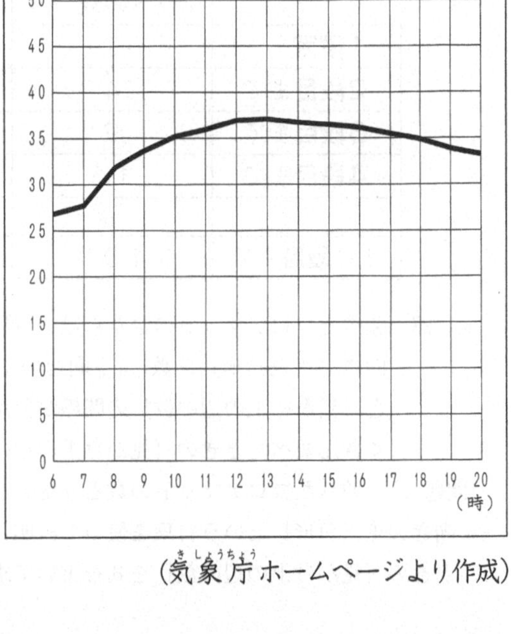

（気象庁《きしょうちょう》ホームページより作成）

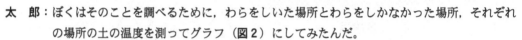

とにしましょう。

〔問題1〕 前ページの**図1**の写真に見られるように，太郎君のお父さんが家庭菜園の畑の土の上にわらをしいた理由を，前ページの**図2**と**図3**をもとに説明しなさい。

花　子：お父さんはどんな野菜を育てているの。

太　郎：なすやきゅうりなど，たくさんの種類の野菜を育てているよ。

花　子：うらやましいわ。授業で先生がおっしゃったことを覚えている。日本の食料自給率は野菜に限ってみると80％近くあるのよ。

太　郎：日本の野菜はどんなところで生産されているのだろう。

花　子：私《わたし》はどの野菜がどこの都道府県で生産されているのか，野菜ごとの分布について調べて発表することを考えてみたの。この表（**表1**）は，なす，きゅうり，たまねぎ，ピーマンが多く生産される上位5位までの都道府県を示したものよ。

表1　なす、きゅうり、たまねぎ、ピーマンが多く生産される上位5位までの都道府県（2014（平成26）年）

なす	生産量（t）
高知《こうち》県	40000
熊本《くまもと》県	33600
群馬《ぐんま》県	21000
福岡《ふくおか》県	20900
茨城《いばらき》県	18100
全国	322700

きゅうり	生産量（t）
宮崎《みやざき》県	64000
群馬《ぐんま》県	46400
福島《ふくしま》県	41200
埼玉《さいたま》県	34600
千葉《ちば》県	33900
全国	548200

たまねぎ	生産量（t）
北海道《ほっかいどう》	691900
佐賀《さが》県	147100
兵庫《ひょうご》県	96700
愛知《あいち》県	30600
長崎《ながさき》県	29500
全国	1169000

ピーマン	生産量（t）
茨城《いばらき》県	34700
宮崎《みやざき》県	27700
高知《こうち》県	13400
鹿児島《かごしま》県	12100
岩手《いわて》県	7300
全国	145200

（「日本のすがた2016」より作成）

太　郎：野菜によって全国で生産される量がずいぶんちがうね。

花　子：割合《わりあい》を計算すれば，全国で生産される量がちがっていても，それぞれの野菜について比べてみることができるわ。私は，なすについて計算して表（**表2**）にしてみたの。

表2　花子さんが計算したなすが多く生産される都道府県の生産量の割合

高知県	熊本県	群馬県	福岡県	茨城県
12.4%	10.4%	6.5%	6.5%	5.6%

花　子：１位と２位を比べてみましょう。割合の差は大きくはないわ。

太　郎：高知県から茨城県までの割合を足しても，全国の41.4%の生産なんだ。なすの産地は，あちらこちらに分かれているんだね。

花　子：ほかの野菜についても割合を計算してみましょう。計算したことから，それぞれの野菜の産地の分布の特色を考えて，カードにまとめましょう。

二人は，たまねぎときゅうりが多く生産される上位３位までの都道府県の生産量の割合を計算し，発表の内容をたまねぎのカードときゅうりのカードにまとめました。

二人の作ったカード（たまねぎ）

・たまねぎの生産は、
　１位　北海道〔　①　〕%
　２位　佐賀県〔　②　〕%
　３位　兵庫県〔　③　〕%

・１位と２位の差は〔　④　〕%

・１位から３位までの
　割合の合計は〔　⑤　〕%

・①から⑤までの計算をしてみると、
　生産量の割合からみた、たまねぎの
　産地の分布は、
　〔　　　　⑥　　　　〕

　という特色があることがわかる。

二人の作ったカード（きゅうり）

・きゅうりの生産は、
　１位　宮崎県〔　①　〕%
　２位　群馬県〔　②　〕%
　３位　福島県〔　③　〕%

・１位と２位の差は〔　④　〕%

・１位から３位までの
　割合の合計は〔　⑤　〕%

・①から⑤までの計算をしてみると、
　生産量の割合からみた、きゅうりの
　産地の分布は、
　〔　　　　⑥　　　　〕

　という特色があることがわかる。

〔問題２〕　前ページの**表１**のたまねぎときゅうりのうちどちらか一つ作物を選んで，作物の生産量の割合を計算し，計算した数値《すうち》をもとに，作物の産地の分布の特色を考え，**二人の作ったカード（たまねぎ）と二人の作ったカード（きゅうり）**のどちらかを〔①〕から〔⑥〕までを記入して完成させなさい。

〔①〕～〔⑤〕について，計算で割《わ》りきれない場合は，小数第四位を四捨五入《ししゃごにゅう》して小数第三位まで求め，百分率で表しなさい。

太　郎：花子さんは，ほかにどんなことを調べてきたの。

花　子：各地で生産された野菜が東京に出荷《しゅっか》されて，私たちの手元に届くということを考えてみたの。私は東京で一番多く野菜を入荷《にゅうか》している大田市場《おおたしじょう》に，何月にはどの地域《ちいき》の野菜を入荷しているかを示しているグラフを準備したわ。これは，ピーマンの入荷を示したものよ（**図4**）。

太　郎：ピーマンが多く生産される上位3位までの県も示されているね。月ごとに入荷している量や，産地の県にちがいがあるんだね。

花　子：なぜ月ごとに入荷している産地が変わるのか，その理由を調べれば，大田市場に入荷しているピーマンの産地の特色が分かるはずよ。そのために，もっと表やグラフを作ることにしましょう。

太　郎：日本各地から野菜を東京に出荷するときに，トラックで輸送されることが多いことを授業で学習したね。ぼくはそれぞれの県の県庁所在地《けんちょうしょざいち》から東京までの道路の道のりを調べて表（**表3**）を作るよ。

花　子：日本は南北に長い国だから，気温にも差があるわ。私はグラフ（**図4**）に示されたそれぞれの県の県庁所在地の気温を表（次のページの**表4**）にしてみるわ。表とグラフを組み合わせてピーマンの産地の特色を説明することにしましょう。

太　郎：発表を聞いたみんなが，発表で取り上げた以外の野菜の育て方や産地の特色について考えてくれたらうれしいな。

図4　大田市場のピーマンの月別入荷量（2015（平成27）年）

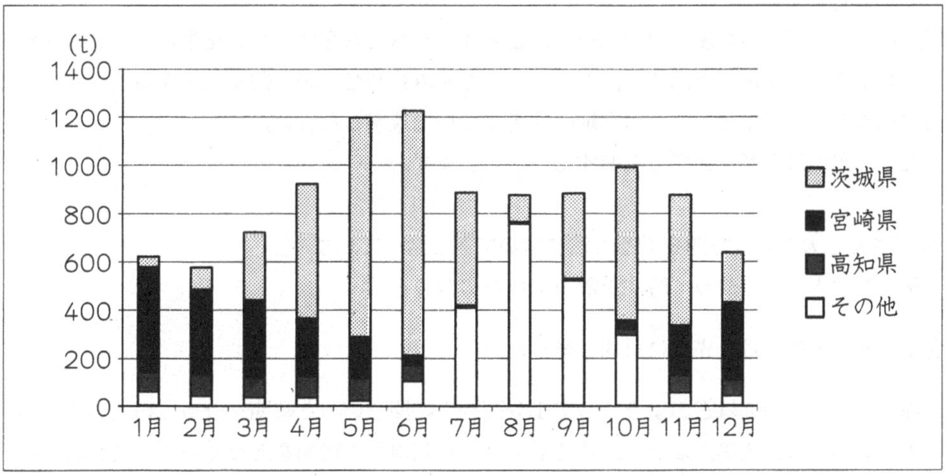

（東京都中央卸売《おろしうり》市場ホームページより作成）

表3　各県の県庁所在地から東京までの国道を使った最短の道のり（km）

茨城県水戸《みと》市　～　東京	108.9
宮崎県宮崎市　～　東京	1437.2
高知県高知市　～　東京	909.6

（国土交通省ホームページより作成）

表4　各県の県庁所在地の月別平均気温（℃）

	6月	7月	8月
茨城県水戸市	20.4	24.2	26.0
宮崎県宮崎市	23.1	27.3	27.2
高知県高知市	22.9	26.7	27.5

	12月	1月	2月
茨城県水戸市	6.1	3.7	4.4
宮崎県宮崎市	9.6	7.5	8.6
高知県高知市	8.5	6.3	7.5

（気象庁ホームページより作成）

花　子：毎日食べている野菜について，みんながもっと興味をもってくれるような調べ学習の発表にしましょう

〔問題３〕　二人が作った**表３**（前ページ）と**表４**のうちどちらか一つ表を選んで，あなたが選んだ表と花子さんが準備した**図４**（前ページ）とを組み合わせ，表と図から考えることができる大田市場に入荷しているピーマンの産地の特色について説明しなさい。

なお，説明は県名をあげて説明することとします。

3　**花子**さんと**太郎《たろう》**君は時間を計る方法について話し合っています。

花　子：昔の人はどうやって時間を計っていたのかしら。

花子さんと太郎君は，**先生**に質問しました。

太　郎：先生，昔の人はどのようにして１分間や１時間といった時間を計っていたのですか。

先　生：昔の人は，太陽，ふり子，ろうそくなどを利用して時間を計っていたと言われています。これらの動きや性質は，時間を計るのに適しているからです。

太　郎：そうなのですね。

〔問題１〕　先生が示した「太陽，ふり子，ろうそく」の中から一つを選び，それが時間を計るのに適していると考えられる理由を，その動きや性質にふれて説明しなさい。

花　子：時間を計る道具といえば，砂《すな》時計は今でも見かけるわね。

太　郎：砂の量や砂を入れる容器の形などによって，砂が落ちるまでにかかる時間が変わるか調べてみたいな。

花　子：でも，砂時計を自分たちで作るのは大変そうね。先生，どのように実験したらよいですか。

先　生：そうですね。大きさ，形，重さが均一なプラスチック球（**図1**）を砂に見立てて実験するのはどうでしょうか。いろいろと条件を変えて実験をする前に，まずは落ちたプラスチック球の量とかかった時間との関係を調べておくとよいですよ。

図1

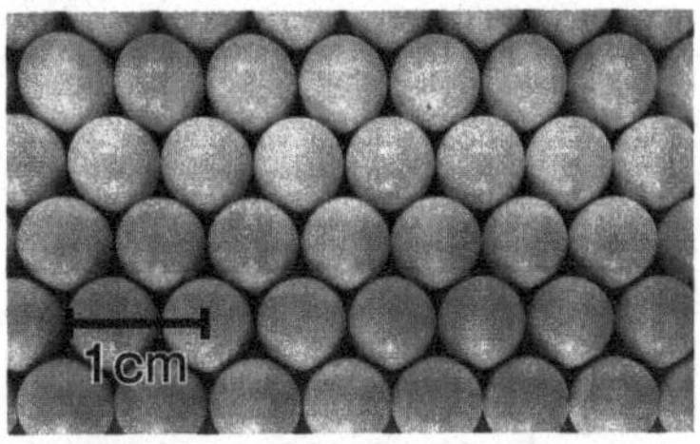

先生のアドバイスで花子さんと太郎君は，**実験1**を**図2**のようにして行い，結果を**表1**のようにまとめました。

実験1

①円柱形の容器の底の中心に，円形の穴《あな》をあけ，板の上に乗せる。
②プラスチック球2000gを円柱形の容器に入れる。
③はかりの上に受け皿を置き，はかりの目盛《めも》りを0に合わせる。
④スタンドを用いて，プラスチック球を入れた容器を板の上に乗せたまま，受け皿の真上に固定する。
⑤合図と同時に，容器の下の板をはずしてプラスチック球を受け皿の中に落とし，決めた量のプラスチック球が落ちるのにかかった時間を計る。これをくり返す。

図2

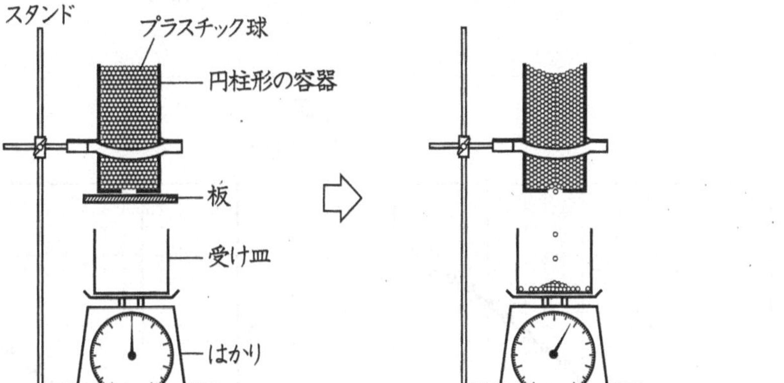

表1

落ちたプラスチック球の量（g）	かかった時間（秒）
0	0
100	1.1
200	2.2
300	3.3
400	4.4
500	5.5
600	6.6
700	7.7
800	8.8
900	9.9

落ちたプラスチック球の量（g）	かかった時間（秒）
1000	11.0
1100	12.1
1200	13.2
1300	14.3
1400	15.4
1500	16.5
1600	17.6
1700	18.8
1800	20.9

※ただし、容器に入れたプラスチック球は、最後まで落ち切らずに残った。

〔問題２〕　前のページの**表１**の結果をグラフにするとどのようになるか，次の**ア**～**エ**の中から一つ選び記号で答えなさい。また，選んだグラフについて，落ちたプラスチック球の量とかかった時間との関係を説明しなさい。

ア

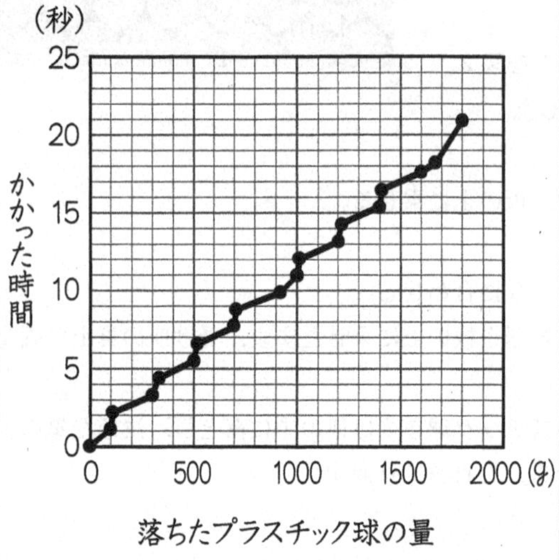

イ

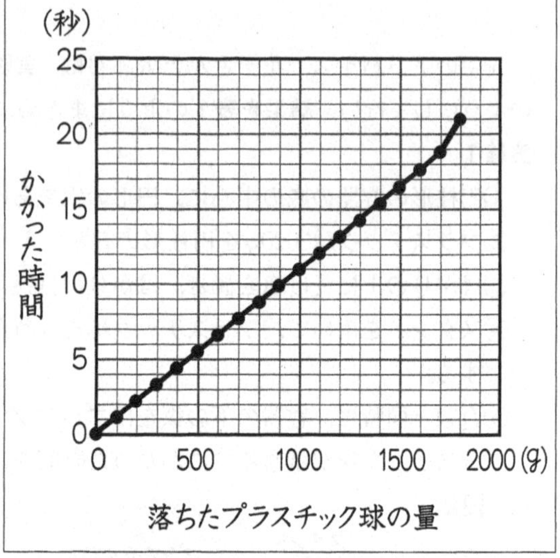

ウ

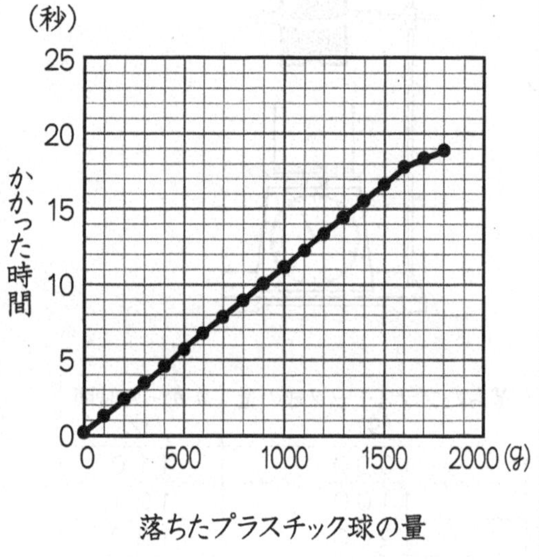

エ

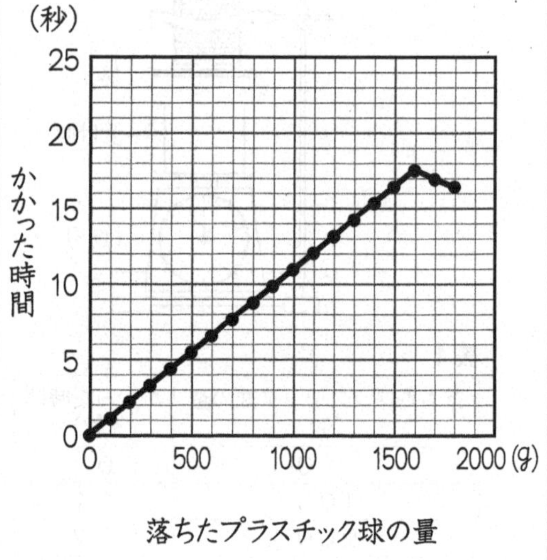

花　子：容器の中に残っているプラスチック球の量が少なくなるまでは，落とすプラスチック球の量を決めれば，かかる時間が分かりそうね。

太　郎：そうしたら，どういう条件だとプラスチック球100ｇが落ちるのにかかる時間が変わるのか調べてみよう。

花子さんと太郎君は，**実験２**を**図３**の容器を使って行い，結果を**表２**のようにまとめました。

実験２

実験１と同じ方法で，決めた量のプラスチック球が落ちるのにかかった時間を計る。実験に使う容器と入れるプラスチック球の量は，次の**条件Ａ～Ｃ**をそれぞれ組み合わせて行う(**実験ア～ク**)。

・**条件Ａ**：容器の底面積（20㎠または95㎠）
・**条件Ｂ**：容器の底にあけた穴の形（円形または正三角形，穴の面積は等しい）
・**条件Ｃ**：入れるプラスチック球の量（1000ｇまたは2000ｇ）

図３

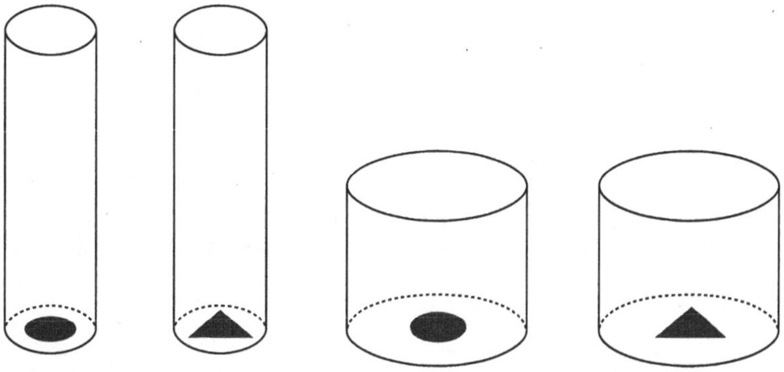

表２

実験	**条件Ａ** 容器の底面積 (cm²)	**条件Ｂ** 容器の底にあけた穴の形	**条件Ｃ** 入れるプラスチック球の量（ｇ）	落ちたプラスチック球の量 (ｇ)	かかった時間 (秒)
ア	20	円形	1000	500	1.2
イ	20	円形	2000	1000	2.4
ウ	20	正三角形	1000	500	2.2
エ	20	正三角形	2000	1000	4.4
オ	95	円形	1000	500	1.7
カ	95	円形	2000	1000	3.4
キ	95	正三角形	1000	500	2.7
ク	95	正三角形	2000	1000	5.4

花　子：プラスチック球100gが落ちるのにかかる時間にえいきょうする条件はどれかしら。

太　郎：たくさん実験をしたから分かりにくいね。

先　生：前のページの**表2**の**実験ア～ク**のうち，二つを選んでその結果を比べると分かりますよ。

〔問題3〕　**表2**と三人の会話を参考にして，プラスチック球100gが落ちるのにかかる時間にえいきょうする条件と，えいきょうしない条件を，**条件A～C**から一つずつ選びなさい。また，それぞれの条件を選んだ理由を，**実験ア～ク**のうち二つを比べて説明しなさい。

【適性検査Ⅲ】 (30分)　＜満点：100点＞

1　**りょう**君，**たろう**君，**みさき**さん，**はなこ**さんが教室で話をしています。

りょう：日本では選挙権《せんきょけん》が認《みと》められる年れいが，20さい以上から18さい以上に引き下げられたから，ぼくたちも6年後には投票することになるね。

たろう：そういえば，去年は参議院選挙や東京都知事選挙が行われたよね。ぼくたちも政治や世の中のしくみなどをもっと勉強しないといけないよね。

みさき：私《わたし》は去年の夏，「子ども体験学習講座《こうざ》」で日本の選挙制度について学んだわ。

はなこ：具体的にはどんなことを学んだの。

みさき：※1政党《せいとう》の得票数に応じて※2議席を割《わ》り当てる比例代表制についての話がおもしろかったわ。

たろう：もっとくわしく教えてよ。

みさき：参議院選挙などでも取り入れられている比例代表制では，ドント方式という方法を用いて議席を決定しているそうよ。

たろう：ドント方式とはどんなものなの。

みさき：簡単《かんたん》に言うと，各政党の得票数をそれぞれ1，2，3，・・・という数で割っていき，割った数の大きい政党の順番に議席が配分されるの。

たろう：例えば，定数5議席に対して，P党，Q党，R党，S党の4党が候補者《こうほしゃ》を立てているとき，総得票数48000票のうち，P党が24000票，Q党が15000票，R党が6000票，S党が3000票を得た場合はどうなるの。

みさき：計算すると下の表（**表1**）のようになるわね。

表1

総得票数48000票　　★1個につき1議席かく得したことを表す

	P党《とう》	Q党	R党	S党
得票数	24000	15000	6000	3000
1で割《わ》る	24000★	15000★	6000	3000
2で割る	12000★	7500★	3000	1500
3で割る	8000★	5000	2000	1000
4で割る	6000	3750	1500	750
5で割る	4800	3000	1200	600
議席数	3	2	0	0

たろう：もし，割り算をして割り切れない場合や，割った数が同じになった場合はどうするの。

みさき：割り切れない場合は四捨五入《ししゃごにゅう》せずに，小数点以下を切り捨《す》てるの。それから，複数の政党の得票数を割った数が同じになった場合は，ちゅう選によって，議席をかく得する政党を決めるのよ。

はなこ：この場合，P党は3議席をかく得し，Q党は2議席をかく得し，R党とS党のかく得する議席はなしになるのね。

たろう：そうだね。では定数５議席に対して，Ｐ党，Ｑ党，Ｒ党，Ｓ党の４党が候補者を立てて選挙を行った結果，Ｐ党が総得票数48000票のうち32400票を得た場合，Ｐ党は何議席をかく得できるかな。

りょう：それは他の政党の得票数によって変わりそうだよ。

はなこ：その場合は，４議席をかく得するか，５議席をかく得するかのどちらかになりそうね。

〔問題１〕 その場合は，４議席をかく得するか，５議席をかく得するかのどちらかになりそうね。とありますが，Ｐ党が４議席をかく得するようなＱ党，Ｒ党，Ｓ党の得票数の例を解答らんに書きなさい。また，Ｐ党が５議席をかく得するようなＱ党，Ｒ党，Ｓ党の得票数の例を解答らんに書きなさい。必要があれば，次の表（**表２**）を利用しなさい。

表２

総得票数４８０００票

	Ｐ党	Ｑ党	Ｒ党	Ｓ党
得票数	３２４００			
１で割る				
２で割る				
３で割る				
４で割る				
５で割る				

※１　政党の得票数　実際の選挙では、政党に属する候補者名での得票数と政党名での得票数の合計を表す場合もあります。

※２　議席　ここでは議員の数を表します。

たろう：Ｐ党がかく得する議席は，他の政党の得票数によって変わりそうだという，りょう君の意見を参考にして，問題をつくってみたよ。

はなこ：どんな問題なの。

たろう：次の文章中の，［ア］に当てはまる数を答える問題だよ。

たろう君のつくった文章

> 定数５議席に対して，Ｐ党，Ｑ党，Ｒ党，Ｓ党の４党が候補者を立てて選挙を行った結果，総得票数48000票のうち，Ｐ党が22800票を得ました。このとき，Ｑ党が２議席をかく得したとすると，Ｑ党は少なく考えても［ア］票を得たことになります。

はなこ：おもしろそうな問題ね。

みさき：たろう君の問題を参考にして，私もつくってみたわ。次の文章中の［イ］に当てはまる数のうち，一番小さい数を答える問題よ。

みさきさんのつくった文章

> 定数５議席に対して，Ｐ党，Ｑ党，Ｒ党，Ｓ党の４党が候補者を立てて選挙を行った結果，

> 総得票数48000票のうち，Ｐ党が22800票を得ました。このとき，Ｑ党の得票数が [イ] 票以上であれば，Ｑ党は必ず２議席以上をかく得します。

りょう：なるほど，みさきさんの問題は，Ｒ党やＳ党の得票数に関係なく，Ｑ党が２議席以上をかく得することが確定する場合を考えるんだね。

はなこ：たろう君とみさきさんの問題を，みんなで考えてみましょうよ。

〔問題２〕 たろう君とみさきさんの問題を，みんなで考えてみましょうよ。とありますが，たろう君の問題と，みさきさんの問題のどちらかを選んで○で囲みなさい。たろう君の問題を選んだ場合は，[ア] に当てはまる数を式を書いて求めなさい。みさきさんの問題を選んだ場合は，[イ] に当てはまる数のうち，一番小さい数を式を書いて求めなさい。必要があれば，次の表（**表３**）を利用しなさい。

表３

総得票数４８０００票

	Ｐ党	Ｑ党	Ｒ党	Ｓ党
得票数	２２８００			
１で割る				
２で割る				
３で割る				
４で割る				
５で割る				

みさき：去年の夏の「子ども体験学習講座」では，選挙のしくみの他にも様々なことが学べて，とても楽しかったわ。

りょう：そうだね。確か，月曜日から土曜日までの六日間にわたって，一日に一講座ずつ，毎日異《こと》なる講座（**表４**）が開講されていたよ。

表４　去年の夏休みに開講された「子ども体験学習講座」

Ａ	『プログラミングを学ぼう』
Ｂ	『選挙について知ろう』
Ｃ	『俳句《はいく》をよんでみよう』
Ｄ	『ロボットを組み立てよう』
Ｅ	『株《かぶ》のしくみを学ぼう』
Ｆ	『桜の開花日を予想しよう』

はなこ：希望者が多くて，ちゅう選に当選しないと受講できない講座もあったけれど，私たち四人は三講座ずつ受講できたのよね。

たろう：そうだよ。どの講座もぼくたち四人のうちの二人が受講したけれど，講座ごとに二人の組み合わせはちがっていたね。

はなこ：そうだったわね。私は確か金曜日と土曜日の講座を受講したけれど，あと一つは何曜日の講座だったかもう覚えていないわ。

たろう：ぼくがCの『俳句をよんでみよう』を受講した日は，習い事の水泳もあった日だから木曜日だったはずだよ。

みさき：私はBの『選挙について知ろう』を受講したのだけど，その日の帰り道にたろう君に出会ったら，たろう君は二日後にりょう君といっしょに何かの講座を受講するのだと言っていたわよ。

りょう：ぼくは希望者が一番多かったAの『プログラミングを学ぼう』は受講できなかったけれど，火曜日の講座を受講したことはまちがいないよ。

みさき：私もAの『プログラミングを学ぼう』は受講できなかったけれど，その前日のEの『株のしくみを学ぼう』は受講できて楽しく学べたのを覚えているわ。

たろう：ぼくも希望者が多かったFの『桜の開花日を予想しよう』を受講できなかったけれど，みさきさんといっしょにDの『ロボットを組み立てよう』を受講したよ。

りょう：ぼくはFの『桜の開花日を予想しよう』は受講できたけれど，それは水曜日に開講されたよ。

みさき：みんなの話から，月曜日から土曜日までの六日間，それぞれAからFまでのどの講座が開講されたのかが全て分かったわ。

〔問題3〕 月曜日から土曜日までの六日間，それぞれAからFまでのどの講座が開講されたのかが全て分かったわ。とありますが，月曜日から土曜日までの六日間，それぞれAからFまでのどの講座が開講されたかを，解答らんにAからFまでの記号で答えなさい。また，AからFまでの講座について，それぞれ受講した二人の名前を○で囲みなさい。

2 運動会の赤組になった**りょう**君，**みさき**さん，**たろう**君，**はなこ**さんが教室で話をしています。

りょう：みんなで運動会の障害物《しょうがいぶつ》リレーの作戦を考えよう。

みさき：もう一度ルールを確かめましょう。

りょう：コースは**図1**のようになっていて，赤組，青組，黄組の各組からそれぞれ代表の7人が出場する競技だよ。

図1 校庭の縮図《しゅくず》

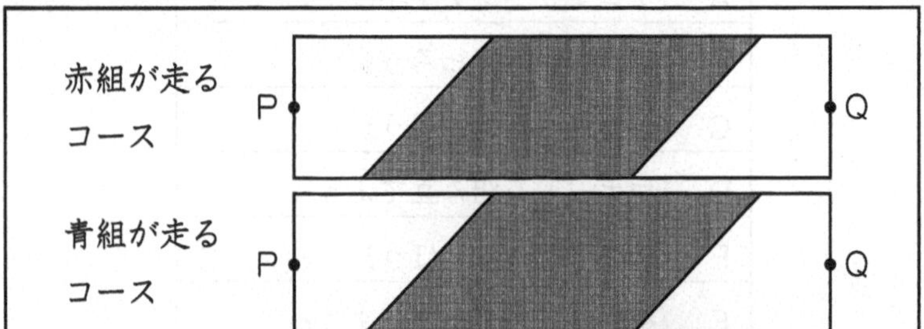

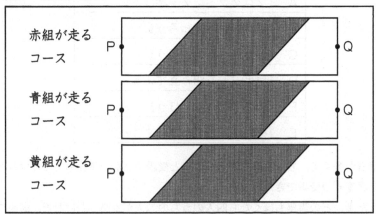

たろう：７人が一つのチームとなり，Ｐ地点とＱ地点の間を先に４往復したチームの勝利となるんだよね。

りょう：チームリーダーのぼくは，第一走者としてＰ地点からＱ地点まで走り，最後に第八走者としてＱ地点からＰ地点まで走るんだ。

はなこ：第二走者から第七走者までの６人は，Ｐ地点からＱ地点まで，またはＱ地点からＰ地点まで走ればいいのね。

りょう：かげのついた部分ではなわとびをしながら走らなければいけないんだよ。

みさき：第一走者はＰ地点からなわとび用のなわを手に持ってスタートし，それがリレーのバトンの代わりになるのよね。

りょう：そうなんだ。かげのついた部分以外では，なわとび用のなわを手に持って走ることになるよ。

りょう君たちは，走るメンバーと順番を決めました。そこへ**先生**が現れました。

先　生：何かいい作戦は見つかりましたか。

りょう：チームのメンバーと走る順番を決めたので，これからみんなでなわとびや走る練習をするつもりです。

先　生：走る道筋《みちすじ》を工夫《くふう》するとより短い時間で往復することができますよ。

みさき：そうなんですか。

先　生：前のページの**図１**のコースで練習する前に，**図２**に示したＡ地点とＢ地点の間を往復する５通りの道筋のうち，往復にかかる時間が最も短くなる道筋を，りょう君が実際に走って調べてごらん。

図２

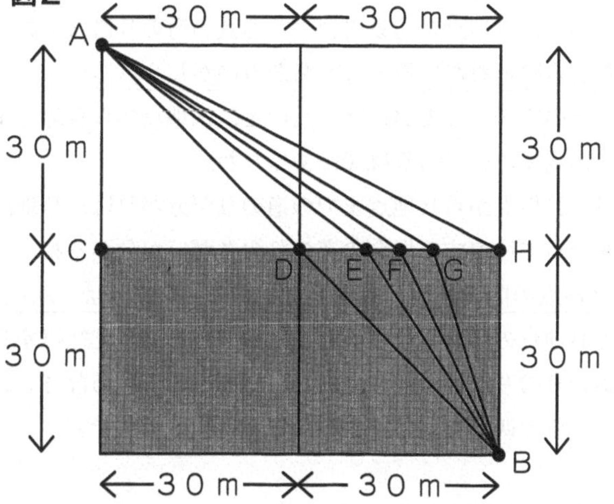

りょう：Ｆ地点はＤ地点とＨ地点の間を２等分する点ですね。Ｅ地点とＧ地点はどのような点ですか。

先　生：Ｅ地点とＧ地点は，Ｄ地点とＨ地点の間を３等分する点です。

りょう：往復の行きと帰りでは同じ地点を通るように走るのですね。やってみます。

前のページの**図２**において，りょう君がＡ地点とＢ地点の間を最も短い時間で往復できる道筋を，みんなで協力して調べることにしました。

りょう：16ページの**図１**のコースと**図２**が，どのように関係しているのか気になるね。

みさき：よく分からないけれど，先生のアドバイスに従《したが》って**図２**で調べてみましょうよ。

たろう：ぼくは，Ｄ地点を通って往復するのがいいと思うよ。

はなこ：私《わたし》は，なわとびをしながら走る時間ができるだけ短くなるように，Ｈ地点を通って往復するのがいいと思うわ。

みさき：はなこさんの考えでは，全体の道のりがあまりに長くなるので，往復する時間が一番短くなるとは限らないんじゃないかしら。

こうして測定が開始されました。測定のはじめに，りょう君の走る速さを調べたところ毎秒5.8mで，なわとびしながら走る速さは毎秒４mでした。次に，りょう君が５か所の地点をそれぞれ通過した場合の，往復時間の平均を**表１**にまとめました。

表１　りょう君が５か所の地点をそれぞれ通過した場合の往復時間の平均

通過した場所	往復時間の平均（秒）
Ｄ地点	３５．８
Ｅ地点	３５．２
Ｆ地点	３５．４
Ｇ地点	３５．９
Ｈ地点	３８．１

たろう：５か所の地点の中で往復時間が最も短くなるのがＥ地点だなんて，意外だな。

はなこ：Ｅ地点を通る場合はＤ地点を通る場合よりも長い道のりになるのにね。Ａ地点とＢ地点の間を往復したときにどれだけ道のりがちがうのかしら。

みさき：少し気になったので測定しておいたのだけど，Ａ地点からＤ地点までの道のりは42mで，Ａ地点からＥ地点までの道のりは50mあったわ。

たろう：ということは，Ｅ地点からＢ地点までの道のりが分かれば，Ｄ地点を通って往復する場合と，Ｅ地点を通って往復する場合の道のりのちがいが分かるね。

〔問題１〕　Ａ地点とＢ地点の間を往復したときにどれだけ道のりがちがうのかしら。とありますが，**図２**でＡ地点とＢ地点の間を往復するとき，Ｄ地点を通って往復する場合と，Ｅ地点を通って往復する場合の道のりのちがいは何mですか。式を書いて求めなさい。ただし，割《わ》り算をするときは，商を小数第二位で四捨五入《ししゃごにゅう》して，小数第一位までの数で表すこととします。

りょう君たちは，測定した結果を先生に伝えました。

りょう：ぼくが**図２**のＡ地点とＢ地点の間を往復するときは，次のページの**図３**のようにＥ地点を通ればいいことが分かりました。

先　生：**図１**の各コースは，次のページの**図４**のように，16個の合同な正方形に分けることができて，走り方を変える境界線が，ちょうどその正方形の対角線になっているんだよ。

みさき：このコースは点対称《てんたいしょう》な図形になっているのですね。

図3

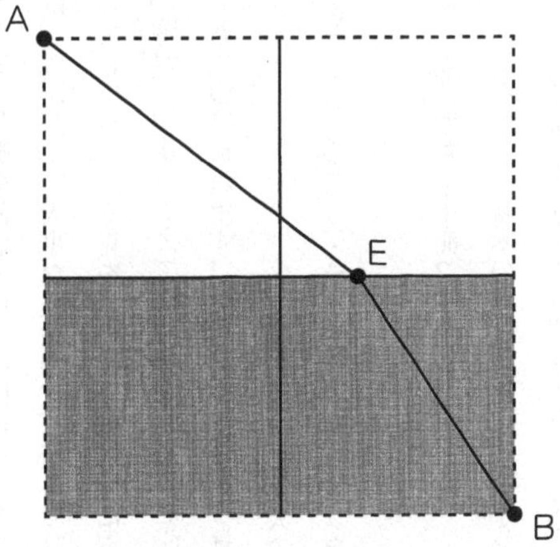

図4

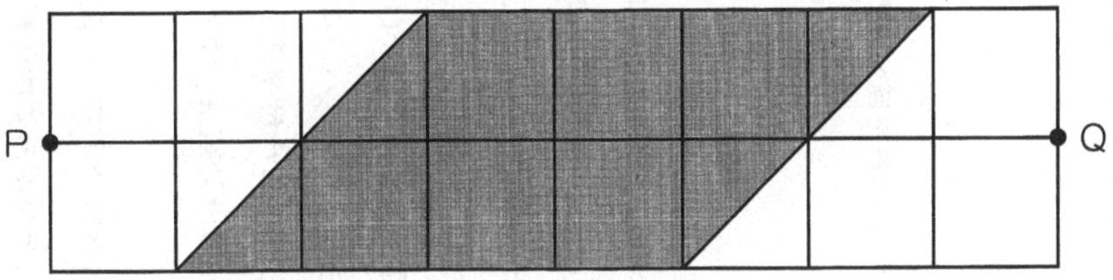

先　生：そのとおりです。できるだけ短い時間で走るためには，このコースが点対称であることをうまく利用することが大切です。

はなこ：図４のＰ地点とＱ地点の間を往復するときはどうすればいいのかな。

先　生：**図３**の点線部分の正方形が，**図４**のどの部分にあたるかを考えればいいのです。

みさき：なるほど，分かりました。

〔問題２〕　**図４**のＰ地点とＱ地点の間を往復するときはどうすればいいのかな。とありますが，**図４**のＰ地点とＱ地点の間を，りょう君ができるだけ短い時間で往復するためには，どのような道筋がよいか，解答らんの図に定規《じょうぎ》を用いてかき入れなさい。ただし，**図３**を用いた部分には，**図３**の点線部分の正方形をかいて示すこととします。

*抽象的《ちゅうしょうてき》な理解を手に入れました。そのときに常に頭のなかには、ある意味で分業を否定《ひてい》し、ゼロから自分たちで作ったこのキャンピング・テーブルがありました。家具店に行けば、仕上がりが立派《りっぱ》で、しかも値段も安いテーブルが売られています。それは工業的な分業の成果です。しかし分業の利益を理解するうえで、分業がない状況《じょうきょう》との比較《ひかく》があることが有益だったのです。

④たたみの上の水練のたとえではありませんが、どんな*些細《ささい》なものであっても、体験の価値というのは貴重《きちょう》なものです。誤解《ごかい》をおそれずにいえば、けがだって大事な経験です。転んでひざをすりむく、刃物《はもの》でけがをしてしまう、よそ見をしていて電信柱にぶつかることで、自然に危険《きけん》の*閾値《いきち》、つまりこえてはならない限界を学びます。体験の機会はどこにでも見つけられます。(斉藤淳《さいとうじゅん》「10歳《さい》から身につく問い、考え、表現する力 ぼくがイェール大で学び、教えたいこと」による)

〔注〕 キャンピング・テーブル——キャンプをする際に使う持ち運びできるテーブル。
寸法通り《すんぽうどお》——測った通り。
カンナ——材木の表面をけずってなめらかにする道具。
ラッカー塗装《とそう》——ラッカーというつやのある塗料《とりょう》で表面をぬってきれいにすること。
のこぎりを入れて——のこぎりで切って。
アダム・スミス——十八世紀のイギリスの学者。
経済学《けいざいがく》——物を生産したり売り買いしたりする働きやしくみについての学問。
規模《きぼ》の経済——生産する規模が大きくなるにつれ利益が増えること。
抽象的《ちゅうしょうてき》——頭の中で考えただけで実際からはなれている様子。
些細《ささい》な——ちょっとした。
閾値《いきち》——ここでは、限界値のこと。

〔問題1〕 ①疑《うたが》う力 とありますが、何を疑うのですか。文章1 の中のことばを使って、十字以上十五字以内で答えなさい。

〔問題2〕 ②まったく別の道 とはどのようなことですか。「……ということ」につながるような形で、文章1 の中のことばを十五字以内でぬき出して答えなさい。

〔問題3〕 ③分業の利益 とはどのようなことですか。文章1 の中から具体的なことがらをあげて説明しなさい。

〔問題4〕 ④たたみの上の水練 とありますが、このことわざはどのようなことの重要性を述べたものですか。文章2 の中のことばをぬき出して答えなさい。ただし、「水練」とは水泳の練習のことです。

〔問題5〕 Ⓐいまの日本はたくさんの「馬車」があふれている とありますが、あなたは「いまの日本」にはどのような「馬車」があると考えますか。また、あなたが考えたその「馬車」の問題を課題発見的に解決するためにはどうすればいいと考えますか。筆者が述べている「課題解決」や「課題発見」ということばの意味をふまえて、あなたの考えを三百五十字以上四百字以内で答えなさい。

記入上の注意

○ 題名、名前は書かずに一行目から書き始めること。
○ 書き出しや段落《だんらく》をかえたときの空らんや、や。や「 などもそれぞれ一字に数えること。
○ 段落の最初は、一字下げて書くこと。

動車を組み立てれば大量生産できることに気づいたのです。こうして自動車の価格は大はばに引き下げられ、馬車の代わりとなる自家用車が爆《ばく》発的《はってき》に普及していったのです。

もしもフォードが「課題解決タイプ」の人間だったら。つまり、「もっと速い馬」を探《さが》すような人間だったら。自動車の普及はおくれていたでしょう。それどころか、「流れ作業でたくさんつくる」というシステムそのものの誕生《たんじょう》がおくれ、重工業全体の発展《はってん》にも大きな影響《えいきょう》があったはずです。

もともと「発明王」トーマス・エジソンの会社に勤務《きんむ》していたフォードは、あたえられた課題を解決するタイプの人間ではありませんでした。みずからあたらしい課題を見つける「課題発見タイプ」の人間だったのです。

さて、そうやって考えると、Ⓐいまの日本はたくさんの「馬車」があふれていることに気がつくでしょう。ほんとうは抜本的《ばっぽんてき》な変化が必要なのに、みんなこれまでの延長《えんちょう》線上にある「もっと速い馬」のことしか考えていない。「課題解決」にしか、頭が回っていない。馬車を捨《す》てて、自動車に切りかえるような発想ができない。

みんなが「課題解決」ばかり考えてしまうのは、疑う力が足りないから。世間で常識とされていることを疑い、「課題発見」のできる人になりましょう。

（瀧本哲史《たきもとてつふみ》「ミライの授業」による）

〔注〕普及《ふきゅう》――社会一般《いっぱん》に広くいきわたること。
もっぱら――そのことばかりする様子。ひたすら。
ベルトコンベア――長くかけわたしたベルトの上に物を乗せ、ベルトを回して物を運ぶ装置。
バケツリレー――人々が一列になって水の入ったバケツを次々に手わたしすること。

文章2

ぼくは中学生のころに友人と二人で*キャンピング・テーブルを作ったことを思い出します。学校の宿題で、工作を一つ提出しなければならなかったのですが、どうせなら実際に使えるものを共同で作ろうということになりました。

まず地元の製材屋に行って、杉《すぎ》の丸太を一本買い、*寸法通《すんぽうどお》りに切り出してもらいました。それをかたに担《かつ》いで自転車で友人宅《ゆうじんたく》まで運び、のこぎりで加工し、*カンナをかけ、*ラッカー塗装《とそう》をほどこし、組み立てました。設計図はできあいのものを使ったのですが、丸太をゼロから加工しているということの意味をかみしめながら作ったのを覚えています。丸太の値段《ねだん》がいくらか知ること自体が社会科の勉強になりました。

単純《たんじゅん》な工作ですが、一日二時間、週に五回、二週間は友人の家に通って作業をしました。カンナが木の節にあたって大変だったり、寸法を間《ま》違《ちが》えて*のこぎりを入れてしまったり、失敗の連続でしたが、最終的には見事なテーブルができあがりました。

社会は複雑な分業によって成立しています。③分業の利益といえば、*アダム・スミスが例として用いたクギの製造過程が有名です。ひとりでクギを一本、最初から最後まで作るよりも、クギの先端《せんたん》を作る、頭を作る、それぞれの工程を多くの職人で分担《ぶんたん》したほうが作業がはかどる、つまり生産性が高いという主張です。

ぼくは後に*経済学《けいざいがく》を学んで、分業の利益や*規模《きぼ》の経済について

【適性検査Ⅰ】（四五分）〈満点：一〇〇点〉

1 次の **文章1** と **文章2** を読み、あとの問題に答えなさい。

（*印の付いている言葉には、本文のあとに〔注〕があります。）

文章1

みなさんのご両親が中高生だったころ、また、おじいちゃんやおばあちゃんが若《わか》かったころ、①疑《うたが》う力は、それほど重要視《じゅうようし》されていませんでした。むしろ当時は、「なんの疑いももたず、あたえられた課題をガンガンこなす人」が求められていました。数学の問題集をたくさん解いていくような、「課題解決」の力です。

それでは現在、みなさんにはどんな力が求められているのか？

答えはひとつ。「課題発見」の力です。

課題発見の意味について、わかりやすい事例を紹介《しょうかい》しましょう。

二十世紀の初頭に「自動車王」として一時代を築き、世界初の量産型大衆車《たいしゅうしゃ》を製造したアメリカの実業家、ヘンリー・フォードはこんな言葉を残しています。

「もしも人々になにがほしいかたずねたなら、かれらは『もっと速い馬がほしい』と答えていただろう」

自動車が*普及《ふきゅう》する前の時代、人々の乗り物は*もっぱら馬車でした。遠くに移動したい、もっと速く移動したい、と思ったとき、ほとんどの人々は「もっと速く走れる馬を手に入れよう」と考えました。「馬車」という常識にしばられ、それ以外の乗り物のことなんて、想像することさえできなかったのです。

しかし、フォードの発想はちがいます。

馬よりも速く、馬よりもつかれを知らない、もっと便利な「なにか」があるはずだ。

そう考えたフォードは、人間は馬車で移動するものだ、という当時の「あたりまえ」を疑い、②まったく別の道をさぐっていきました。そうしてたどり着いた答えが、ヨーロッパで発明されたばかりの自動車だったのです。

当時の自動車は、まだまだ数が少なく、一部の貴族《きぞく》やお金持ちにしか買えない「超《ちょう》ぜいたく品」でした。現在でいうなら、自家用ヘリコプターや自家用ジェット機のような感覚です。自動車が馬車の代わりになるなんて、だれも想像していませんでした。

フォードは、この「超ぜいたく品」である自動車を、どうすれば安く製造できるか考えました。あたりまえの話ですが、自動車にはエンジンがあります。これは複雑で、つくるのにかなりのお金がかかる装置《そうち》です。そしてその他の部品も、馬車とは比較《ひかく》にならないほど多くなります。このあたりのお金をけずるわけにはいきません。

それではどこをけずるのか？　フォードが目をつけたのは、「時間」でした。

ひとつの部品をつくるのに一時間かかっていたところを、五分でつくるようにすればいい。そうすれば一時間で十二個の部品ができる。一時間分のお給料で、十二倍の仕事をしてくれるようになる。

そこでフォードは、のちに「フォード・システム」と呼《よ》ばれる、*ベルトコンベアを使った流れ作業による大量生産システムを開発します。よく火災訓練のときにおこなう*バケツリレーのように、流れ作業で自

平成29年度

解答と解説

《平成29年度の配点は解答欄に掲載してあります。》

＜適性検査Ⅰ解答例＞

1 問題1　世間で常識とされていること

問題2　自動車が馬車の代わりになる（ということ）

問題3　ベルトコンベアを使うなどして仕事の生産性を高めること。

問題4　体験（の価ち）

問題5　私は「いまの日本」に「馬車」として考えられるものとして，買い物をした時の支払いの仕組みがあると考える。

　スーパーマーケットやコンビニエンスストアで買い物をした際に，店の混雑時には，支払いまで待たされることが今までに何度もあった。店側によって，レジの数を増やしたり，一つのレジに複数人を配置したりするなどの，混雑を緩和させようとする対応策は取られているが，それは「課題解決タイプ」の方法であると思う。この課題を，「課題発見的に解決」することができるのではないかと私は考える。

　一つ一つの商品にチップをつけて，出口を通過した際に，自動的に料金が引き落とされる仕組みを作るのはどうであろうか。これによって，会計の待ち時間をなくすだけでなく，レジのスペースを減らし，商品を並べる場所を広げることもできると考えられる。

○配点○

1 問題1，問題3　各12点×2　　問題5　60点　　他　各8点×2

計　100点

＜適性検査Ⅰ解説＞

1 （国語：読解・作文）

問題1　文章1の最後の文に「世間で常識とされていることを疑い」とある。設問に「何を疑うのですか」とあるので，「○○を疑う」につながるような形で解答をまとめる。

問題2 「速く移動するためには速い馬が必要である」という世間の一般的な考え方に対して，「速く移動するためには自動車が必要であり，それは馬車よりもすぐれている」というフォードの考え方を筆者は「別の道」と表現しているのである。

問題3　分業の利益とは何かについて，文章2の4段落目でクギの製造過程を例に説明がされている。つまり，それぞれの工程を多くの職人で分担した方が生産性が高いということである。一方，文章1では，「ベルトコンベアを使った流れ作業」について書かれている。「ベルトコンベアを使った流れ作業」によって，「大量生産ができるようになった」とあり，生産性が上がったことが述べられている。

問題4 「たたみの上の水練」とは，水中で行うものである水泳の練習を，水中でではなく畳の上で行っても水泳が上達しないという意味である。つまり，キャンピングテーブルを作るという「体験」を通じて得られるものの価値があるということを述べているのである。

問題5 「課題発見的に解決」する課題を見つけること(課題発見すること)から始める必要がある。身の回りの生活を通じて，自分自身が不便に感じていること，あるいはもっと便利になると良いと感じたことはないかをまず考えてみる。そこに，現実的になされている工夫とは別の方法での解決方法が考えついたら，テーマを発見できたと言えるだろう。自分自身が不便さを感じたことが思い当たらない場合，家族や友人などが不便さについて話していたことはないだろうかを考えてみるのも良い。この設問の出題によって「課題発見」型の考え方ができるような生徒を学校側は求めたということである。次年度以降，同じテーマの文章が出題されるとは限らないが，身の回りの出来事に「課題発見」できるものはないかを意識していくことは，重要なことである。

★ワンポイントアドバイス★

設問が5問あり，そのうち1つは作文である。作文の構成に時間がかかるテーマが出題されることが多いので，文章を速く正確に読む訓練と，問題1から問題4までを解答するのに時間をかけすぎないことが重要である。

＜適性検査Ⅱ解答例＞

1 問題1 三角形 イクケ と， 三角形 イシタ

問題2 〔説明〕 Aグループは，3本の対しょうの軸が交わるところにある「き」に黄色の正三角形のフロアマットを置く場合で，Bグループは，「き」に黄色の正三角形のフロアマットを置かない場合であるというちがい。

問題3 〔説明〕「下向きの正三角形」の辺は，全て「上向きの正三角形」の辺と重なっているので，「見かけ上の辺の数」は，ならべたフロアマットの数から「下向きの正三角形」の数をひいた「上向きの正三角形」の数の3倍になっている。

〔式〕 100－45＝55 55×3＝165 10段目まで並べたときの「見かけ上の辺の数」165本

2 問題1 〔説明〕 気温が高いときに，畑の土の温度が上がり過ぎないようにすることができるから。

問題2 〔選んだ作物〕 たまねぎ

〔①〕 59.2% 〔②〕 12.6% 〔③〕 8.3% 〔④〕 46.6% 〔⑤〕 80.1%

〔⑥〕 北海道の生産量が全国の半分以上をしめ，上位3位までの都道府県で全体の80%を生産している

問題3 〔選んだ表〕 表3

〔説明〕 東京への道のりが近いいばらき県で生産されるピーマンが，一番多く 東京の大田市場に入荷している。

3 問題1 〔選んだもの〕 ふり子 〔理由〕 同じ長さのふり子が1往復するのにかかる時間は一定であるので，その動きが時間の長さを計るのに適していると考えられる。

問題2 〔記号〕 イ 〔説明〕 落ちたプラスチック球の量が1600gまでは，プラスチック球が100g落ちるのにかかった時間は一定(1.1秒)であり，それ以こうは，プラスチ

ック球が100g落ちるのにかかった時間は長くなっている。

問題3　えいきょうする条件…〔条件〕 A　〔比べた実験〕 アとオ

〔理由〕 条件Bと条件Cが同じで，条件Aの容器の底面積がちがい，底面積が小さい方が，同じ量のプラスチック球が落ちるのにかかる時間が短いから。

えいきょうしない条件…〔条件〕 C　〔比べた実験〕 アとイ

〔理由〕 条件Aと条件Bが同じで，条件Cのプラスチック球の量がちがうが，プラスチック球の量が1000gでも2000gでも，プラスチック球100gが落ちるのにかかる時間は変わらないから。

○配点○

1　問題3　14点　他　各8点×2

2　問題1　6点　問題2　24点　問題3　10点

3　問題1　6点　問題2　10点　問題3　14点　計　100点

＜適性検査Ⅱ解説＞

1 （算数：図形の対称，規則性）

基本

問題1　まず，最もわかりやすい正三角形は立方体のそれぞれの正方形の対角線を1辺とする正三角形である。これらには，三角形ウキチ，ウキス，アオソ，アオテ，ソテア，ソテオ，スチキ，スチウの8つがあるので，このうちから1つ挙げればよい。次に，大きさの異なる正三角形を探す。これについては，「拡大・縮小の関係」を利用する。つまり，上に挙げた対角線の半分の長さを1辺とする正三角形を挙げればよい。例えばウキの長さの半分のイクを1辺とする正三角形であれば，三角形イクケが見つかる。同様に8通りの答えが可能である。また，少し見つけにくいが2つの面にまたがった三角形から考えることもできる。図のようにとなり合う面の中点どうしを空間上で結んだ辺を1辺とする正三角形もある。この場合三角形イシタ，イサト，クツコ，クサセ，カケタ，カコト，エシセ，エケツの8通りが答えられる。

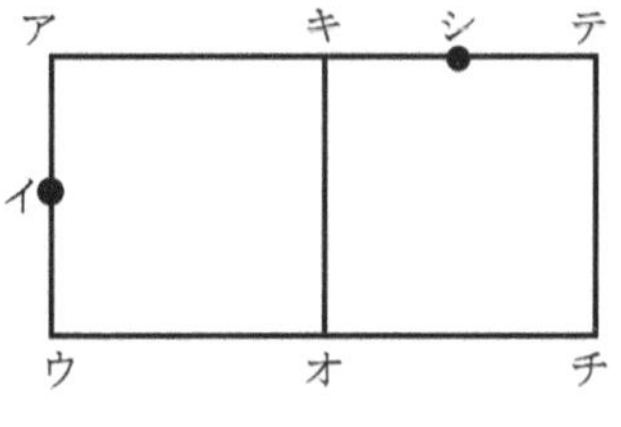

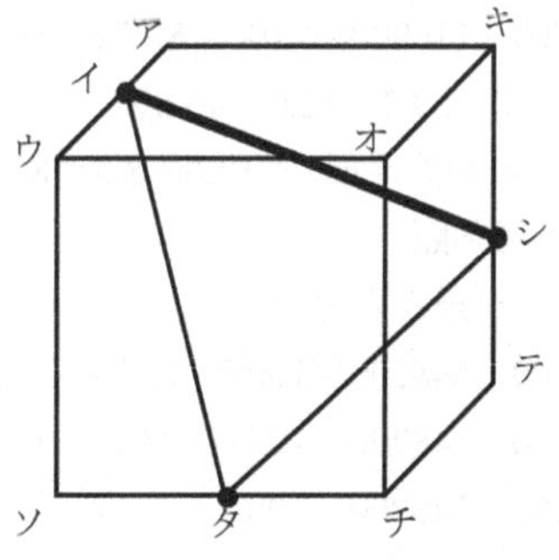

問題2　2つのグループを比べる。このとき表を使って情報をまとめてみることも有効である。

A	1	4	7	10	13
B	0	3	6	9	12

表を見ると，Bグループは3ずつ増えていることがわかり，Aグループはそれぞれ Bグループに1をたした数字であることがわかる。次に対象の軸が3本という点を考えると，正三角形の場合はそれぞれの頂点から軸がスタートするので，これらのことから，まずBグループは黄色のマットが一切おかれていないのが0枚であり，頂点を含むあ，こ，た，の3枚，またはう，さ，そに3枚置かれている場合が3枚となる，それ以降3方向で対称になるようにするとちょうど対称の軸が交わるきに黄色のマットを置くかどうかで1枚の差がつくことがわかる。これよ

りAグループはきに黄色いマットを置いた場合，Bグループが置かない場合ということがわかる。

問題3　表1をみるとまず気づくのが「上向きの正三角形」の数と「見かけ上の辺の数」の関係である。「上向きの正三角形」の数を3倍したものが「見かけ上の辺の数」となる。つまり，「上向きの正三角形」のマットを並べていけば，自動的に「下向きの正三角形」のマットの置く場所ができることがわかる。ということは，「並べたフロアマットの数」，つまりマットの合計は「上向きの正三角形の数」と「下向きの正三角形の数」の合計である。

この問題では「並べたフロアマットの数」と「見かけ上の辺の数」の関係を求めるのだから，「並べたフロアマットの数」から「下向きの正三角形」のマットの数をひくことで「上向きの正三角形」のマットの数を求めて3倍すれば「見かけ上の辺の数」が求められることがわかる。よって100－45＝55…上向きの正三角形の数　55×3＝165本となる。

2 （社会：グラフの読み取り・考察，割合計算）

基本　問題1　設問では「畑の土の上にわらをしいた理由」を説明することが求められている。

このことから，図2のわらをしいた場所としかなかった場所の違いを読み取り，図3をその理由とすればよい。図2ではわらをしいた方が図3の気温の変化と同じような変化をしている一方で，しかなかった場所は日中の温度がとても高くなっていることがわかる。つまり，わらをしいた目的は土の温度を上げないようにするためということになる。

基本　問題2　割合計算が正確に素早くできるかが要求される問題である。また，⑥についてはグラフからわかることを簡潔に書けるかどうかが求められる。「特色を答える」という設問の場合は，いろんな知識があってもそれを書かずに，「グラフの中からわかることだけ」を簡潔に書くようにしよう。

〔たまねぎを選んだ場合〕

①　691900÷1169000×100＝59.187…→59.2%

②　147100÷1169000×100＝12.583…→12.6%

③　96700÷1169000×100＝8.272…→8.3%

④　①－②＝59.2－12.6＝46.6%

⑤　①＋②＋③＝59.2＋12.6＋8.3＝80.1%

⑥　解答例参照

〔きゅうりを選んだ場合〕

①　64000÷548200×100＝11.674…→11.7%

②　46400÷548200×100＝8.464…→8.5%

③　41200÷548200×100＝→7.515…→7.5%

④　①－②＝11.7－8.5＝3.2%

⑤　①＋②＋③＝11.7＋8.5＋7.5＝27.7%

⑥　1位は宮崎県で九州地方だが，2位の群馬県，3位の福島県，4位の埼玉県，5位の千葉県など関東地方に近い県での生産が多い

基本　問題3　2つの資料を関連させて特色を答える問題である。とはいえ，「特色について説明しなさい」と指示されているので，この資料の中からわかることを並べることで関係を記述しなければならず，「なぜか」について知っている知識を答える問題と混同しないようにしなければならない。まず図4をみると，会話文で花子が言っているように月ごとに入荷しているピーマンの産地が変わっているが，春と秋については茨城県からの入荷が多く，冬は宮崎県からの入荷

が多いことがわかる。もう少し詳しくみると，夏の時期はその他の地域からの入荷が多いこともわかる。

〔表3を選んだ場合〕

表3をみると，茨城県，宮崎県，高知県の3県から東京までの国道を使った最短距離が提示されている。これをみると茨城県からの距離が最も短く，高知県や宮崎県からの距離は長いことがわかる。したがって，図4と表3を選んだ場合，これら2つのことを並べて記述すると都の発表した解答例のようになる。

〔表4を選んだ場合〕

表4をみると，各県の県庁所在地の月別平均気温を6，7，8月の夏の時期と12，1，2月の冬の時期に分けて比べている。図4と表4を関連させてみると夏の時期のうち6月は茨城県からの入荷が非常に多く，7月8月となるにつれて入荷量は減っている。気温をみると6月は20.4℃，7月は24.2℃，8月は26.0℃となっている。3県の気温を比べると，茨城県が最も低いこともわかる。つまり，ピーマンにとってちょうどよい気温があるということが言える。一方，冬の時期をみるとこの時期の入荷が最も多い宮崎県がどの月も最も温かく9.6℃，7.5℃，8.6℃となっている。このことから，表4を選んだ場合は以下のような解答となる。

〔解答例〕 大田市場に一番多くピーマンを入荷しているのは茨城県で，6月頃が最も多い。この時期茨城県は3県の中で最も平均気温が低く20.4℃で，7月8月になり暑くなるにつれ入荷量は減っていく。一方，寒い12月から2月の期間は3県の中で一番平均気温が高い宮崎県からの入荷が最も多くなる。

3 （理科：砂時計のしくみの観察）

問題1　ふり子の長さが長いほど，ふり子が1往復するのにかかる時間は長くなり，長さが短いほど，ふり子が1往復するのにかかる時間は短くなる。（おもりの重さや，ふれはばはふり子が1往復するのにかかる時間にえいきょうしない。）このふり子の性質が時間を計るのに適している。

また，日時計のように，太陽の（見かけ上の）動きと，それによってできる影を利用したり，ろうそくが一定の割合で溶けることを利用することも時間を計るのに適している。

問題2　表1から，プラスチック球が1600g落ちるまでは，100g落ちるのに1.1秒ずつかかっていて，落ちたプラスチック球とかかった時間は比例関係にある。さらに，1600g落ちた後，1700g落ちるまでにかかる時間は18.8－17.6＝1.2（秒）であり，1700g落ちた後，1800g落ちるまでにかかる時間は20.9－18.8＝2.1（秒）であることが読み取れる。選択肢のグラフは，縦じくがかかった時間，横じくが落ちたプラスチック球の量を表している。グラフが右上がりになっているということは，落ちたプラスチック球の量が多いほど，かかった時間が長いということを意味する。また，グラフが直線になっているということは，両者が比例関係になっているということを意味する。

このことから，アのグラフは，比例関係にあることを表していないので誤りである。ウのグラフは落ちたプラスチック球が1600gを越えて1700g落ちるまでにかかった時間と1700gを越えて1800g落ちるまでにかかった時間が，それまでの100g落ちるのにかかる時間より短くなっていることを示しているため，誤りである。エのグラフは，プラスチック球が1600g落ちるのにかかった時間より，1700g落ちるのにかかった時間が短くなっているため誤りである。

重要　問題3　A，B，Cのいずれの条件が，プラスチック球100gが落ちるのにかかる時間にえいきょうするかを表から読み取る。3つの条件の中で，条件の2つが同じであり，1つだけが異なっているもの同士で比べないと，原因が何であるか判別できない。

実験アと実験オは，条件Aの「容器の底面積」のみが異なっており，条件Bの「容器の底にあけた穴の形」と条件Cの「入れるプラスチック球の量」は同じである。実験アでプラスチック球100gが落ちるのにかかる時間は1.2÷500×100＝0.24(秒)であり，実験オでプラスチック球100gが落ちるのにかかる時間は1.7÷500×100＝0.34(秒)である。

実験アと実験イは，条件Cの「入れるプラスチック球の量」のみが異なっており，条件Aの「容器の底面積」と条件Bの「容器の底にあけた穴の形」は同じである。実験アでプラスチック球100gが落ちるのにかかる時間は1.2÷500×100＝0.24(秒)であり，実験イでプラスチック球100gが落ちるのにかかる時間は2.4÷1000×100＝0.24(秒)である。

これらのことから，「えいきょうする条件」「えいきょうしない条件」を読み取ることができる。

また，条件Bについては，実験アと実験ウを比べて，同様に計算すると，「容器の底にあけた穴の形」が正三角形であるより，円形であるほうがプラスチック球100gが落ちるのにかかる時間が短いことが読み取れる。

＜適性検査Ⅲ解答例＞

1 問題1

	P党	Q党	R党	S党
P党が4議席をかく得する場合	32400 票	10000 票	2800 票	2800 票
P党が5議席をかく得する場合	32400 票	5200 票	5200 票	5200 票

問題2 〔選んだ問題〕 たろう君の問題

〔式〕 (48000－22800)÷2＝12600

〔アに当てはまる数〕 12600

〔選んだ問題〕 みさきさんの問題

〔式〕 22800÷3×2＝15200　15200＋2＝15202

〔イに当てはまる数のうち，一番小さい数〕 15202

問題3

月	火	水	木	金	土
D	B	F	C	E	A

A	りょう	**たろう**	みさき	**はなこ**
B	**りょう**	たろう	**みさき**	はなこ
C	**りょう**	**たろう**	みさき	はなこ
D	りょう	**たろう**	**みさき**	はなこ
E	りょう	たろう	**みさき**	**はなこ**
F	**りょう**	たろう	みさき	**はなこ**

2　問題1　〔道のりのちがい〕　4m

〔式〕　D地点を通ってA地点とB地点の間を往復する場合の道のりは42×4＝168(m)　E地点を通ってA地点とB地点の間を往復する場合，りょう君がA地点からE地点まで走るのにかかる時間は50÷5.8＝8.62…より約8.6秒である。
表1により，りょう君がE地点からB地点まで走るのにかかる時間は
35.2÷2－8.6＝9(秒)となるから，E地点からB地点までの道のりは
4×9＝36(m)　これより，E地点を通ってA地点とB地点の間を往復する場合の道のりは(50＋36)×2＝86×2＝172(m)
したがって，道のりのちがいは172－168＝4(m)

問題2

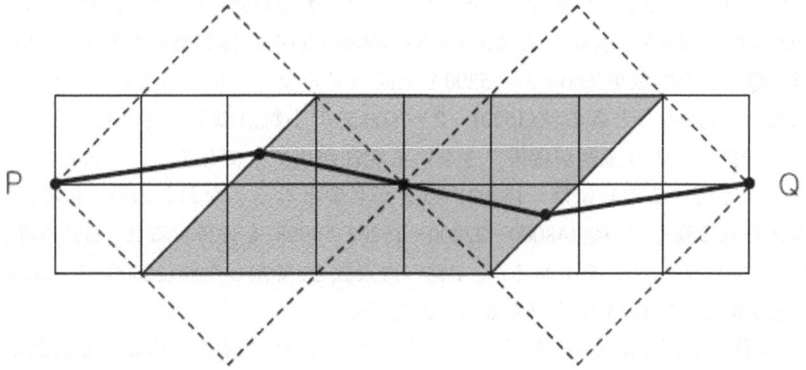

○配点○

1　問題1　10点　　問題2　20点　　問題3　30点

2　各20点×2　　計　100点

＜適性検査Ⅲ解説＞

1　(算数・社会：投票制度と得票数)

問題1　32400票を得ているP党が定数5議席の中で4議席をかく得し，Q党，R党，S党のいずれかの政党が1議席をかく得するような場合を考える。仮に，Q党がP党の得票数を5で割った値(32400÷5＝6480)を上回ったとする。Q党の得票数は最大で15600票であり，この場合でも，2で割った値(15600÷2＝7800)がP党の得票数を4で割った値(32400÷4＝8100)を上回らないので，Q党が2議席かく得することはない。また，この場合Q党の得票数をR党かS党が上回ることもあり得るが，Q党，R党，S党のうちの2党以上が同時にP党の得票数を4で割った値(32400÷4＝8100)を上回ることはないため，これらの党で合計2議席以上かく得することはない。

すなわち，Q党，R党，S党のうちいずれか1党の得票数が6481票以上，15600票以下の場合にP党は4議席を獲得すると言える。また，残りの2党の得票数は，Q党，R党，S党の合計得票数15600票からその1党の得票数を引いた数を任意に振り分けることとなる。

次に，32400票を得ているP党が定数5議席の中で5議席を獲得し，Q党，R党，S等のいずれの政党も1議席も獲得できない場合を考える。この場合，Q党，R党，S党の得票数がいずれもP党の得票数を5で割った値(32400÷5＝6480)を下回っている必要がある。すなわち，Q党，R党，S党の合計得票数が15600票であり，いずれもが6479票以下になるように任意に振り分けることとなる。

やや難　問題2　(たろう君の問題)

Q党が2議席を獲得できる場合の，考えられるQ党の最も少ない得票数を考える。なお，「複数の政党の得票数を割った数が同じになった場合は，ちゅう選によって，議席をかく得する政党を決める」とあるので，ちゅう選によって選ばれたケースもふくめて考える必要がある。Q党がR党とS党の得票数を上回ると確実にいえるのは，Q党，R党，S党の3党の得票数の半数((48000－22800)÷2＝12600)の票をQ党が得たときである。この時，Q党の得票数を2で割った値(12600÷2＝6300)がP党の得票数を4でわった値(22800÷4＝5700)を上回っているので，Q党が2議席を獲得するといえる。

(みさきさんの問題)

Q党が確実に2議席を獲得する場合の，考えられるQ党の最も少ない得票数を考える。P党の得票数を3で割った値(22800÷3＝7600)がQ党の得票数を2で割った値が上回るためには，Q党の得票数が7600×2＝15200を上回っていなくてはならない。しかし，15201票の場合には，2で割ったときの値(15201÷2＝7600.5)の小数点以下を切り捨てられてしまうため，P党との抽選により議席が獲得できない可能性が出てきてしまう。このため，Q党が必ず2議席以上かく得するためには，15202票以上が必要となる。なおこの時，R党かS党のどちらかが考えられる最も多い票(48000－22800－15202＝9998)を獲得すると，Q党の得票数を2で割った値(15202÷2＝7601)を上回るが，P党の得票数を3で割った値(22800÷3＝7600)も上回るので，Q党は確実に2議席をかく得することができる。

やや難　問題3　条件を整理し論理的に組み合わせを考える問題である。このような問題は以下のような表に整理して考えると良い。

	りょう	たろう	みさき	はなこ	月	火	水	木	金	土
A										
B										
C										
D										
E										
F										
月										
火										
水										
木										
金										
土										

月曜から土曜までの6日間に，AからFまでの6つの講座が一日一講座ずつ，毎日異なる講座が開かれ，りょう，たろう，はなこ，みさきの4名がそれぞれ3講座ずつ受講し，受講者はどの講座も2人ずつで，その2人の組み合わせは講座ごとに異なっていたということが前提になる。

はなこさんは，金曜日と土曜日は受講をしたとあるので，表に○を入れる。

たろう君は，Cを受講し，Cが木曜日であったといっているので，表に○を入れる。さらに，Cは他の曜日の可能性がなくなったので，木曜以外のCのマスに×を入れる

同様に，発言を見ていくと以下のことが分かるので，○×を入れていく。

みさきさんは，Bを受講し，たろう君とりょう君がその日の2日後に受ける講座があると言

っている。Bの講座は金曜日と土曜日ではない。

りょう君はAを受講していないが，火曜日の講座を受講した。

みさきさんはAを受講しておらず，Aの前日にEを受講したとあるので，Aは月曜ではなく，Eは土曜でないことも分かる。

たろう君はFを受講していないが，みさきさんとDを受講した。

りょう君はFを水曜日に受講した。以上を表に入れると以下の【表1】のようになる

【表1】

	りょう	たろう	みさき	はなこ	月	火	水	木	金	土
A	×		×		×		×	×		
B			○				×	×	×	×
C		○	×		×	×	×	○	×	×
D	×	○	○	×			×	×		
E			○				×	×		×
F	○	×	×		×	×	○	×	×	×
月										
火	○									
水	○									
木		○								
金				○						
土				○						

【表1】から，Aを受講できたのは，たろう君とはなこさんだけだと分かる。

たろう君の受講した講座が三つ確定する。

EとAは，連続する2日間であるので，Eが金曜日，Aが土曜日であることが分かる。

りょう君とたろう君が同じ講座を水曜から土曜の間に受けたことがみさきさんの話から分かっているので，その講座は木曜日のCしかなく，Bが火曜日であり，Dが月曜日であることが分かる。

以上から，入りうる○と×を入れていくと以下の【表2】のようになる。

【表2】

	りょう	たろう	みさき	はなこ	月	火	水	木	金	土
A	×	○	×	○	×	×	×	×	×	○
B	○	×	○	×	×	○	×	×	×	×
C	○	○	×	×	×	×	×	○	×	×
D	×	○	○	×	○	×	×	×	×	×
E	×	×	○	○	×	×	×	×	○	×
F	○	×	×	○	×	×	○	×	×	×
月	×	○	○	×						
火	○	×	○	×						
水	○	×	×	○						
木	○	○	×	×						
金	×	×	○	○						
土	×	○	×	○						

2 （算数：最短距離と速さ）

問題1　A地点からD地点までの道のりは42mであるから，A地点からD地点を通ってB地点を往復する場合の道のりは42mの4倍である。

A地点からE地点までの道のりは，50mであるが，E地点からB地点までの道のりは問題文に書かれていないので，計算して求める必要がある。りょう君がA地点からE地点まで走るのにかかる時間を求めて，A地点からE地点を通ってB地点まで走るのにかかる時間との差から，E地点からB地点まで走るのにかかる時間を求める。この値になわとびをしながら走る速さをかけると，E地点からB地点までの道のりが求められる。

やや難

問題2　図2でC，Hと示された点を図3に書き入れると右図のようになる。これが図4のどの部分にあたるかを考えると，走り方を変える境界線の両端がC地点とH地点と一致すると考えることができる。

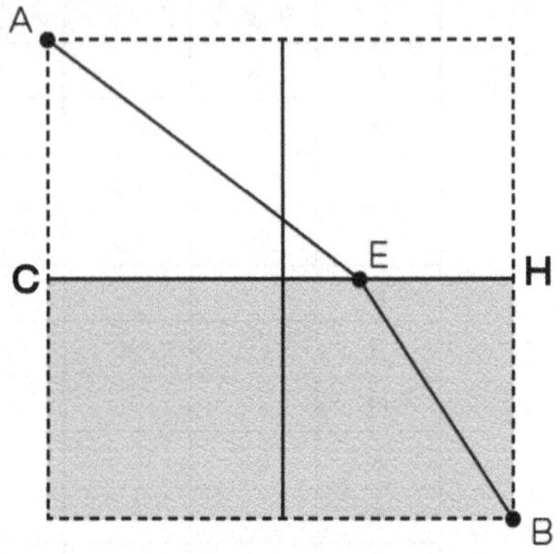

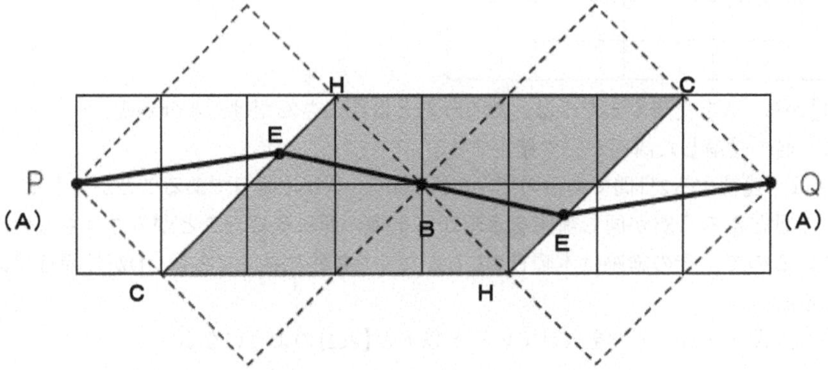

★ワンポイントアドバイス★

検査時間は30分と短い。多く得点することも重要ではあるが，簡単な問題での失点がないように気を付けよう。日ごろから，自分がやりがちなミスを分析してまとめておくのが効果的だ。

収録から外れてしまった年度の
解答解説・解答用紙を弊社ホームページで公開しております。
巻頭ページ＜収録内容＞下方のQRコードからアクセス可。

※都合によりホームページでの公開ができない問題については，
次ページ以降に収録しております。

平成28年度

都立両国高等学校附属中学校入試問題

【適性検査Ⅰ】（20ページから始まります。）

【適性検査Ⅱ】（45分）　＜満点：100点＞

1　**花子**さん，**先生**，**太郎**《たろう》君の３人が教室で話をしています。

花　子：お正月に車で出かけたときに道路が渋滞《じゅうたい》していましたが，渋滞はどうして起こるのですか。

先　生：信号が無い高速道路でも，前の車がブレーキをふんだり，速さが異《こと》なる車があったりすると渋滞が起こることがあります。

太　郎：どういうことですか。

先　生：それでは，渋滞について次のような場合を考えてみましょう。
次のページの**図１**のように，車が左から右へ進む道路に見立てたますが16個並《なら》んでいます。最初，車Ａ，車Ｂ，車Ｃは，それぞれ「走り出す前」のます目の位置に止まっていて，同時に動き出すことをスタートとします。

太　郎：車Ａが先頭，車Ｂが真ん中，車Ｃが一番後ろという順番ですね。

先　生：そうですね。車Ａ，車Ｂ，車Ｃは，同時にますを進み，そのときのルールは次の三つとします。

〔ルール〕
① スタートしたら車Ａ，車Ｂ，車Ｃは１回の移動でそれぞれ決まったますの数を進む。
　１回の移動で，車Ａは常に１ます進み，車Ｂと車Ｃのそれぞれが進むますの数は，最大で３ますとする。
② 後ろの車は，前の車を追いこすことはできない。
　後ろの車は，決まったますの数を進んでいなくても，前の車が進んだます目の一つ後ろのます目までしか進めない。
　後ろの車は，決まったますの数を進んでいてもいなくても，移動後に一つ前のます目に前の車がいることを前の車に追い付いたということにする。
③ 全ての車が10ます目を通過して，11ます目以降《いこう》に来ることをゴールとする。

太　郎：１回の移動で進むますの数が決まっているとは，どういうことですか。

先　生：例えば車Ｂは１回の移動で３ます，車Ｃも１回の移動で３ます進むものとしましょう。

太　郎：ということは，１回目の移動で車Ａは６ます目から７ます目に進み，車Ｂは３ます目から３ます進んで６ます目に来て車Ａに追い付き，車Ｃは１ます目から３ます進んで４ます目に来るのですね。

花　子：そうすると，２回目の移動で，車Ａは８ます目に進むけれど，車Ｂは７ます目までしか進めないわね。車Ｃは車Ｂに追い付いたので，６ます目までしか進めないということになるわ。

図1

	1ます目	2ます目	3ます目	4ます目	5ます目	6ます目	7ます目	8ます目	9ます目	10ます目	11ます目	12ます目	13ます目	14ます目	15ます目	16ます目
走り出す前	C		B			A										
1回目の移動後				C		B	A									
2回目の移動後						C	B	A								

〔問題1〕　車A，車B，車Cともに**図1**の「走り出す前」のます目の位置からスタートし，車Bは1回の移動で3ます，車Cも1回の移動で3ます進むものとします。

このとき，ゴールするまでに何回の移動が必要か求めなさい。

また，このときと同じ回数の移動でゴールできるような，車Bと車Cの1回の移動で進むますの数の組み合わせを一つ答えなさい。ただし，車Bと車Cの1回の移動で進むますの数が両方とも3である場合を除《のぞ》きます。

花　子：渋滞では，車が止まってしまい前の車が進んで間が空かないと進めないこともありました。

先　生：それでは，**〔ルール〕**①から③に次の**〔ルール〕**④を加えて問題を考えてみましょう。

> **〔ルール〕**　④　前の車に追い付いた車は，追い付いた回の次の回の移動のときには，1回進むことができないとする。

〔問題2〕　車A，車B，車Cともに**図1**の「走り出す前」のます目の位置からスタートして，ゴールするまでを考えます。

車Bと車Cそれぞれが1回の移動で進むますの数の組み合わせを一つ自分で決めて，そのときの車Bと車Cのそれぞれが1ます目から10ます目の間で進むことができなかった回数の合計を答えなさい。ただし，車Bと車Cの1回の移動で進むますの数が両方とも1である場合を除きます。

先　生：実際の渋滞は，ブレーキをかけてスピードを落としたり，止まったり，多くの車の動きがからみ合っていて複雑です。そこで分かりやすいように，速さを一定とし，スピードを落としたり止まったりすることを，後ろの車が前の車に追い付いたら追い付いた方の車はその位置に10分間停車することで表し，実際に近い問題を考えてみましょう。

〔問題3〕　18kmの長さの道があります。この道を，車①は10時に出発して60分かけて走り，車②は10時40分に出発して30分かけて走ります。また，車③は車①の後を追いかけて10時10分に出発します。後ろの車が前の車に追い付くと，追い付いた方の車はその位置に10分間停車するものとします。

このとき，この道を走り終えるまでに車③が車①には2回追い付き，車②には追い付かれないような車③の1時間当たりに進む道のりで表した速さ（時速）を，kmで表した場合にその値《あたい》が整数となるものを答えなさい。また，どうしてそのように考えたのかを説明しなさい。

ただし，車①，車②，車③の走る速さはそれぞれ一定で，三つの車の速さは全て異なるものとします。また，二つの車が同時に18km地点に達した場合も，後ろの車が前の車に追い付いたこととしてあつかいます。

下の**グラフ用紙**は，必要であれば利用して構いません。

グラフ用紙

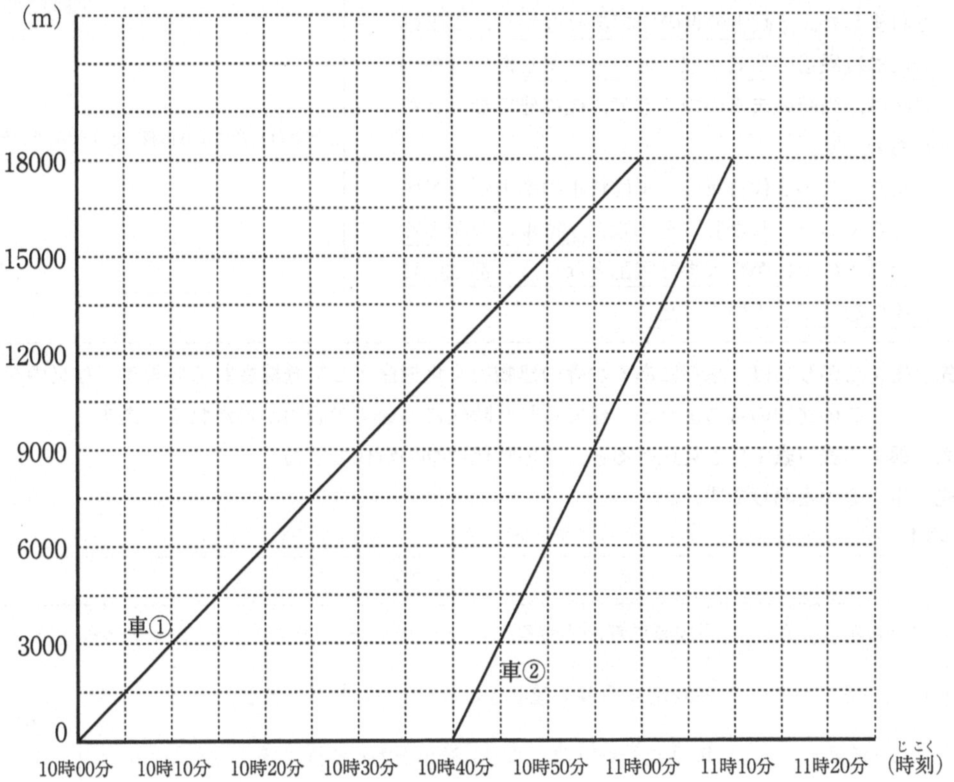

2 **太郎《たろう》君**と**花子さん**は，日本の世界遺産《せかいいさん》について調べ学習の準備をしています。

太　郎：昨年７月，新たに「明治日本の産業革命遺産《さんぎょうかくめいいさん》　製鉄・製鋼《せいこう》・造船・石炭産業」が登録されて，日本は世界遺産が19件になったんだよ。

花　子：日本の世界遺産には，文化遺産と自然遺産があるようね。

太　郎：それならば，文化遺産と自然遺産を１件ずつ取り上げて調べてみようよ。

花　子：そうね。でも，文化遺産は15件もあるけれど，どれを調べたらいいかしら。

太　郎：昨日，兄さんが京都の修学旅行から帰ってきたんだ。京都は，古い歴史をもっていて，文化遺産に登録されている建物がたくさんあると言っていたよ。

花　子：京都ならば，社会の授業でも学習したわね。どのように調べたらよいか，先生に相談してみましょう。

太郎君と花子さんは**先生**に相談に行きました。すると，先生は，太郎君と花子さんに京都にある文化遺産の建物について，次のページの写真と説明が書かれたカード（**図１**）と年表（**表１**）を見せてくれました。

図1

写真の建物は，この時代の３代将軍《しょうぐん》によって創建《そうけん》されました。①武士の世の中でありながら，１階部分には寝殿造《しんでんづくり》の形式が取り入れられました。現在の建物は，当時のままのつくりで，後に建てなおされたものです。

また，この３代将軍の政権《せいけん》は将軍の勢力が一番強いときでした。しかし，その後，②将軍につかえる武士同士の争いから大きな戦乱《せんらん》となり，京都は焼け野原になってしまいました。

※写真は都合により掲載できませんでした。

先　生：この写真は，京都にあるお寺の建物で文化遺産として登録されています。写真の左には，この建物の特ちょうと，建てられた時代についての説明が書かれています。

太　郎：年表（**表１**）と見比べると，この時代は［ウ］の時代ですね。

先　生：そのとおりです。

表１

年	できごと	
７９４年	平安京に都がうつる。	
〔１０世紀ころ〕	寝殿造《しんでんづくり》が貴族《きぞく》の屋しきの特ちょうとして広まる。	ア
１０１６年	藤原道長《ふじわらのみちなが》が摂政《せっしょう》となり、政治を動かす権力《けんりょく》をもった。	
１１９２年	源　頼朝《みなもとのよりとも》が将軍となり、鎌倉《かまくら》で武家政権《ぶけせいけん》を開く。	
１２１９年	３代将軍 源　実朝《みなもとのさねとも》が暗殺され、源氏《げんじ》の将軍が途絶《とだ》える。	イ
１２２１年	幕府《ばくふ》と朝廷《ちょうてい》が戦う承久《じょうきゅう》の乱《らん》が京都で起きる。	
１３３８年	足利尊氏《あしかがたかうじ》が将軍となり、京都で武家政権を開く。	
１３９４年	３代将軍足利義満《あしかがよしみつ》が朝廷を意識して貴族と同等な高い地位につく。	ウ
１４６７年	将軍のあとつぎ問題から、将軍の家来が京都で応仁《おうにん》の乱《らん》を起こす。	
１５７３年	室町幕府《むろまちばくふ》がほろびる。	
１５９０年	豊臣秀吉《とよとみひでよし》が全国を統一する。	
１６００年	徳川家康《とくがわいえやす》が美濃国《みののくに》(現在の岐阜《ぎふ》県)でおきた関ヶ原《せきがはら》の戦いに勝利する。	エ
１６０３年	徳川家康が将軍となり、江戸《えど》で武家政権を開く。	

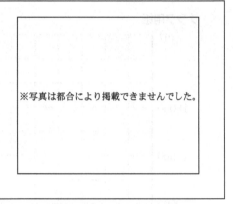

〔問題１〕 カード（**図１**）の説明文に書かれている３代将軍が，写真の建物に下線部①のような特ちょうを取り入れたことと同じ理由で行ったことは何か。また，年表（**表１**）のイとエの時代の戦乱が，カード（**図１**）の説明文の下線部②の戦乱とはちがう根きょになる点を書きなさい。

なお，「同じ理由で行ったこと」「根きょになる点」は，年表（**表１**）中のできごとの内容を用いて説明しなさい。

先生は，太郎君と花子さんに２種類の地図（**図２**）を見せました。

図２

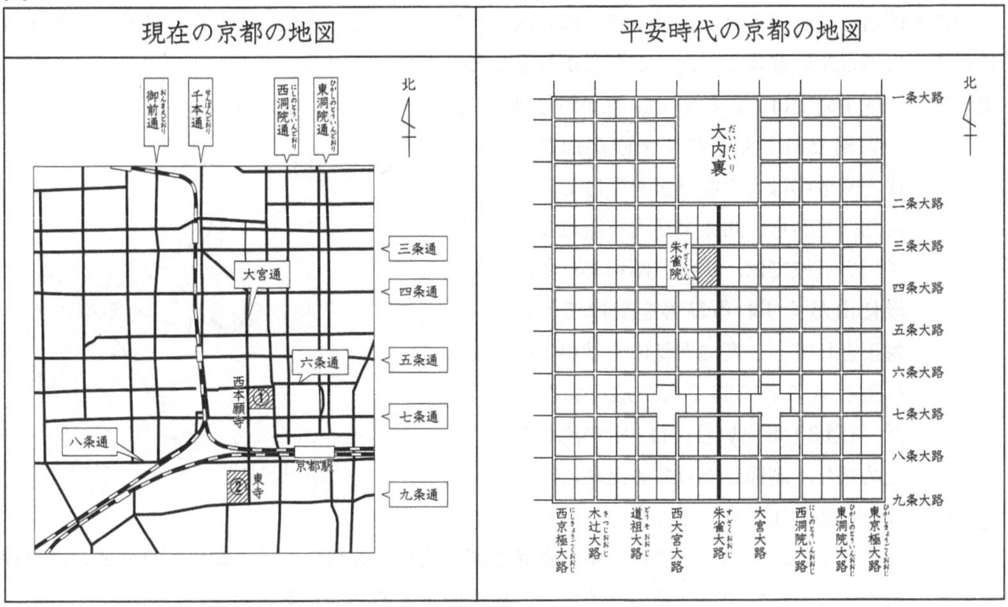

先　生：では，次に現在の京都の地図と平安時代の京都の地図（**図２**）を比べてみましょう。

花　子：平安時代に整備された碁盤《ごばん》の目のような道は今でも変わっていませんね。

太　郎：本当だ。平安京の中心を通る朱雀大路《すざくおおじ》は今の千本通と同じで，四条通は四条大路と同じだね。

先　生：よく気づきましたね。平安京では，この碁盤の目のような道を利用して建物の位置を表したのですよ。

花　子：どのように表したのですか。

先　生：では，いっしょに考えてみましょう。まず，大きく都を東西に分けましょう。平安京の中心を走る朱雀大路を境に東側を左京，西側を右京と呼《よ》びます。

花　子：なるほど，天皇《てんのう》がいる大内裏《だいだいり》から見た向きを基準に左と右を決めたのですね。

先　生：そのとおりです。次に，東西に通っている道の区画を考えてみましょう。大内裏を基準にして，北から「一条」，「二条」と表しました。例えば，二条大路と三条大路の間は，南側の大路の名前に合わせて「三条」と表します。

花　子：では，南北に通る道の区画はどのように表したのかしら。

先　生：今度は，その朱雀大路を基準に東西にはなれるごとに一つの区画を「一坊《いちぼう》」「二坊《にぼう》」と表しました。

太　郎：つまり，朱雀大路から大宮大路までは一坊，西大宮大路から道祖大路《どうそおおじ》までは二坊ですね。

先　生：そのとおりです。では，「朱雀院《すざくいん》」のある位置は，平安京の区分けを用いて表現するとどのように表せますか？

太　郎：「右京四条一坊」です。

〔問題2〕　先生と太郎君たちの会話を参考にして，現在の「①西本願寺」または「②東寺」のどちらかを選び，その位置を平安京の区分けを用いて表現するとしたらどのようになるか答えなさい。また，そのように表現した理由も説明しなさい。

次に太郎君と花子さんは，自然遺産では知床《しれとこ》について調べることにしました。すると，知床は条件付きで自然遺産に登録されたことが分かりました。

太　郎：知床半島では，これまでに何度か台風や大雨で山がくずれて土砂《どしゃ》が流れ，住宅《じゅうたく》や道路は大きなひ害を受けているんだ。だから，知床半島内を流れる赤イ川の流域《りゅういき》では，1980（昭和55）年前後に山がくずれるひ害を受けてその対策《たいさく》として，一度に大量の土砂が下流へ流れることを防ぐ堰《せき》が造られたんだ。（**図3**）堰というのは，水の流れを止めたり，調節したりするために，川などに造る仕切りのことをいうんだ。

図3　赤イ川に造られた堰

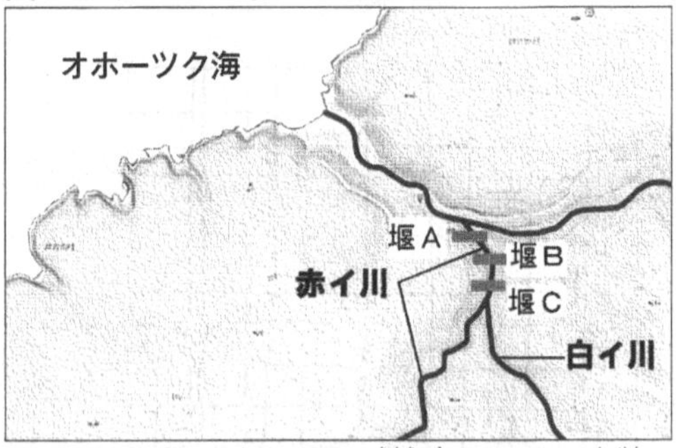

（「平成２５年度世界遺産保全緊急《きんきゅう》対策事業（河川《かせん》工作物改良の効果検証）報告書」より作成）

花　子：ところがね。2004（平成16）年に世界遺産を決める委員会から，知床が自然遺産に登録されるには，自然環境保護《しぜんかんきょうほご》のためにこの堰を改良する必要があると言われたの。

図4　赤イ川にある堰の様子

堰Bの様子	堰Cの様子	
１９８０(昭和５５)年　完成	１９８４(昭和５９)年　完成	イメージ
		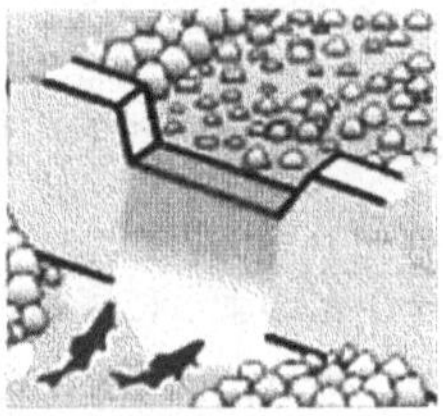
↓	↓	↓
２００９(平成２１)年　改良工事	２０１０(平成２２)年　改良工事	イメージ
		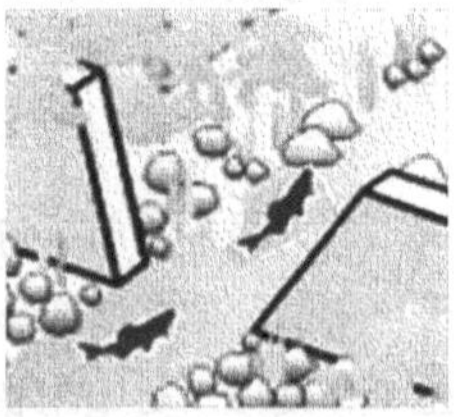

（「知床世界自然遺産地域内で改良した河川工作物の評価」より作成）

先　生：そうなんです。前のページの**図４**の写真を見てください。このように改良することを約束して，知床は翌年《よくねん》に自然遺産に登録されたのです。

太　郎：本当だ。堰の形がちがっているね。でも，改良工事した形だと土砂が下流に流れていきませんか。

先　生：この堰は，一定の土砂は流れていくけれど，一度に大量の土砂が流れることを防いでいます。そして，この改良により**表２**のように自然環境について変化が起きているんですよ。

表２　各区間で発見された*カラフトマスの数の変化

	①堰Ａと堰Ｂの間	②堰Ｂと堰Ｃの間	③堰Ｃと白イ川合流点の間
2009(平成21)年	31	0	0
2010(平成22)年	9	54	0
2011(平成23)年	16	141	207

（「平成２５年度世界遺産保全緊急対策事業（河川工作物改良の効果検証）報告書」より作成）

＊の付いた言葉の説明

＊カラフトマス…サケに似た魚。産卵《さんらん》の時期になると海から川をのぼって産卵する。

〔問題３〕　先生が**図４**にある堰の改良によって自然環境に変化が起きていると言っていますが，どのような変化が起きたのかを，**表２**の各年のカラフトマスの総数に着目し，数値《すうち》を挙げて説明しなさい。計算でわりきれない場合は，小数第二位を四捨五入《ししゃごにゅう》して小数第一位までの数値で表しなさい。

3　**花子**さんと**太郎**《たろう》君はアゲハの幼虫《ようちゅう》を育てて観察しています。

花　子：幼虫には，しょっかくやはねがないけれど，成虫のしょっかくやはねはどこからつくられるのかしら。

太　郎：ぼくは前に自由研究でモンシロチョウの体のつくりについて調べたことがあるよ。チョウの幼虫には，たくさんの節があって，それらの節からしょっかくやはねがつくられるんだ。

太郎君は花子さんにモンシロチョウについて調べた次のページの**資料１**を見せました。

花　子：アゲハの幼虫にもモンシロチョウと同じで14個の節があるわ。

〔問題１〕　**図１**はアゲハの幼虫のスケッチです。次のページの**資料１**から，アゲハの成虫の目・あし・はねは，幼虫のどの節からつくられると考えられますか。目・あし・はねの中から二つについて，それらがつくられると考えられる節を**図１**の１～14の中から全て選び，番号で答えなさい。ただし，アゲハの体のつくりは**資料１**に示したモンシロチョウの体のつくりと同じである。

図１

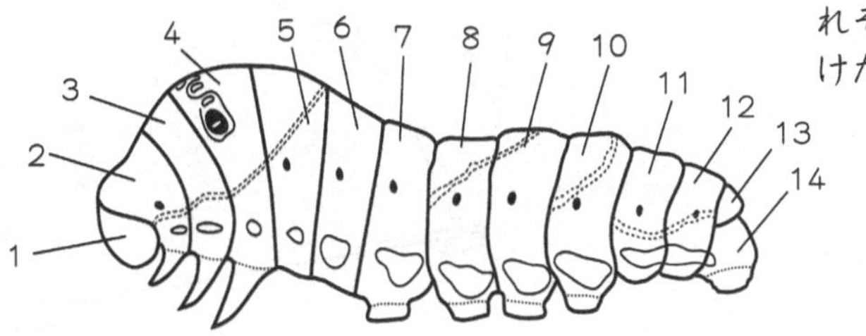

１～１４はアゲハのそれぞれの節に番号を付けたものである。

資料1

たまご
5月1日

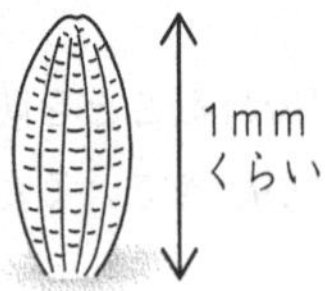

幼虫
5月14日

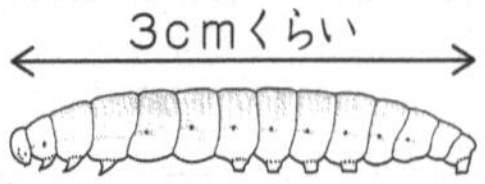

幼虫の体のつくり

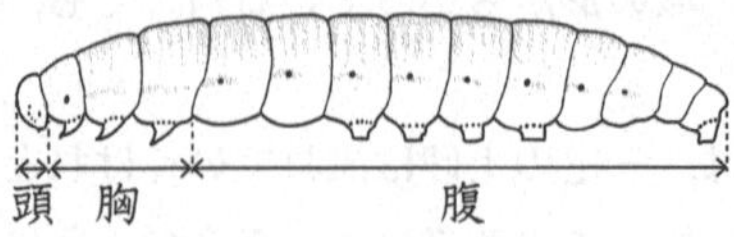

・幼虫の体には14個の節（頭の節は1個、胸《むね》の節は3個、腹《はら》の節は10個）がある。
・目は頭の節にある。
・あしは胸の全ての節に1組ずつ計6本、腹の節に5組計10本で、腹にあるあしは吸《きゅう》ばんのようになっている。

さなぎ
5月20日

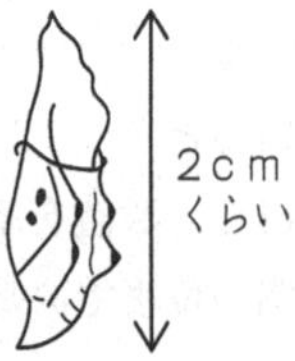

成虫の目やあし、はねなどがつくられる。

成虫
6月1日

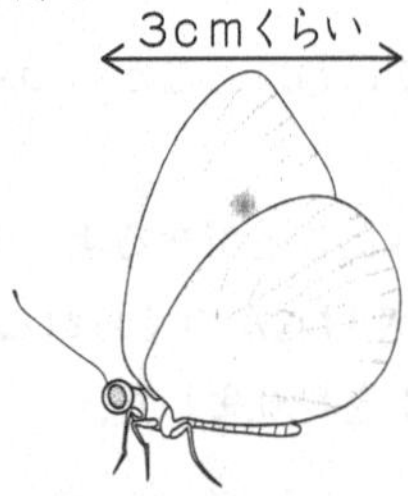

成虫の体のつくり

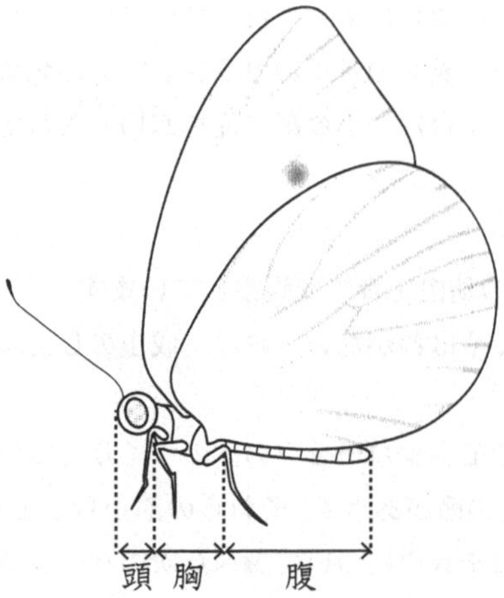

・成虫の体には14個の節（頭の節は1個、胸の節は3個、腹の節は10個）がある。
・目は頭の節にある。
・あしは胸の全ての節に1組ずつ計6本ある。
・はねは胸の3個の節のうち、腹に近い2個の節に1組ずつ計4枚《まい》ある。

アゲハの幼虫の観察を始めてから数日間たち，**図2**のように飼育ケース内のさまざまな場所に緑色のさなぎが見られるようになりました。

図2

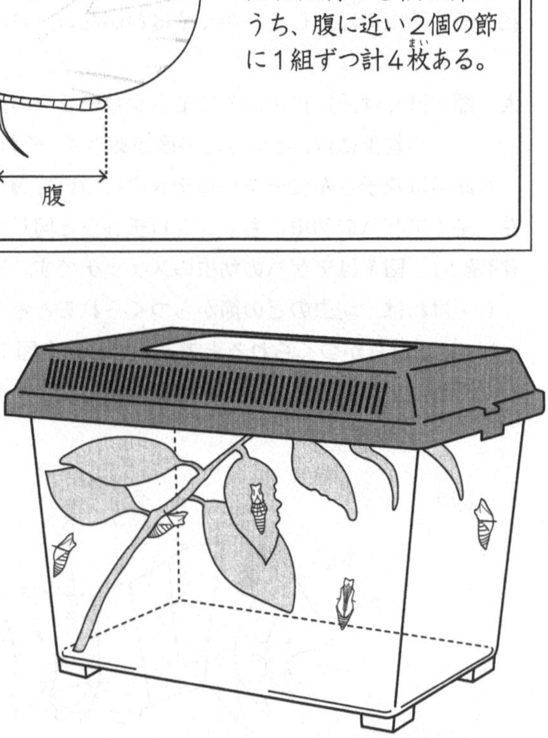

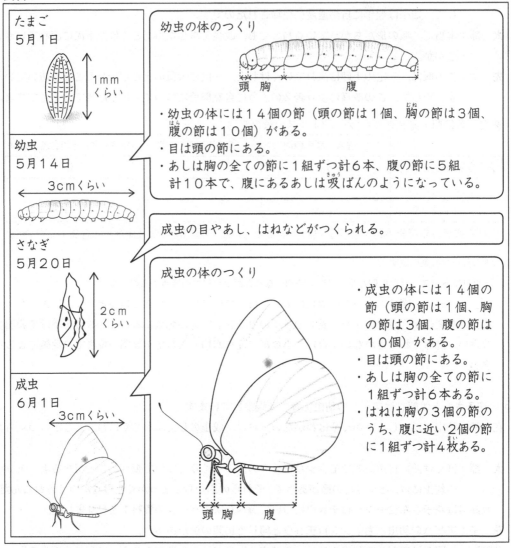

花　子：アゲハのさなぎは緑色なのね。

太　郎：前におじいちゃんの家のミカンの木で，茶色のさなぎを見たことがあるよ。

花　子：私《わたし》たちの育てたアゲハは，どうしてみんな緑色のさなぎになったのかしら。私も茶色のさなぎを見てみたいわ。

太　郎：どうしたら茶色のさなぎになるのかな。

二人は図書館に行き，アゲハのさなぎの色について，次のような**資料2**を見つけました。

資料2

実験1　さなぎになる直前の幼虫を，**図3**のように緑色もしくは茶色に色付けした写真用紙にとまらせた。数日後，それぞれの写真用紙の上にできた緑色と茶色のさなぎの数を調べた。写真用紙は表面がツルツルした紙である。実験は明るい部屋で行った。

結果1

緑色に色付けした写真用紙	緑色の数 5個、茶色の数 0個
茶色に色付けした写真用紙	緑色の数 5個、茶色の数 0個

図3

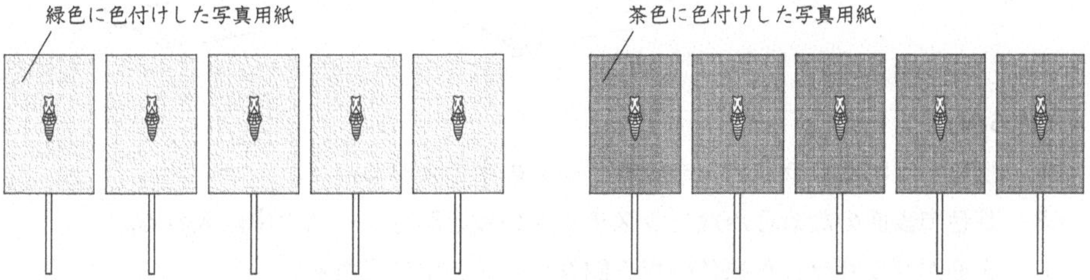

実験2　実験1と同様に，さなぎになる直前の幼虫を，色付けしない表面がツルツルした写真用紙と目のあらい紙やすりの二種類の用紙にとまらせた。数日後，写真用紙と紙やすりのそれぞれの上にできた緑色と茶色のさなぎの数を調べた。実験は明るい部屋と暗い部屋のそれぞれで行った。

結果2

写真用紙	明るい部屋	緑色の数１６個（約０．９）、茶色の数　２個（約０．１）
	暗い部屋	緑色の数　７個（約０．２）、茶色の数２３個（約０．８）
紙やすり	明るい部屋	緑色の数　０個（　０．０）、茶色の数２７個（　１．０）
	暗い部屋	緑色の数　１個（約０．１）、茶色の数１６個（約０．９）

（　　）内の数は、それぞれの色のさなぎの割合《わりあい》を小数第二位を四捨五入《ししゃごにゅう》して示す。

（「蝶《チョウ》・サナギの謎《なぞ》」などより作成）

〔問題２〕 **図４**のように５個のとう明な飼育ケースに全て同じ板を入れた。それぞれのケースに４ひきのアゲハの幼虫を入れ，合計20ひきを飼育ケースの明るさを同じ明るさにそろえて飼育した。数日後，飼育ケースのかべに10個，板の上に10個のさなぎができたとする。このとき茶色のさなぎが最も多くなると考えられる飼育環境《かんきょう》の組み合わせを**「入れる板」**，**「飼育ケースの明るさ」**の記号の中からそれぞれ一つずつ選びなさい。また，その理由を**資料２**の結果１，結果２をもとに20ひきの幼虫から考えられる茶色のさなぎができる割合や数を用いて説明しなさい。

図４

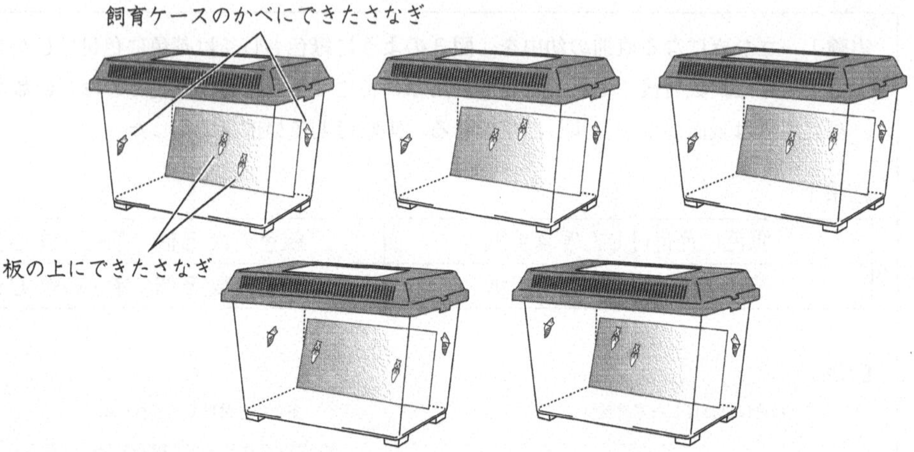

「入れる板」

Ａ　無色とう明なガラスの板を飼育ケースの中に入れる。

Ｂ　茶色で表面のなめらかなプラスチックの板を飼育ケースの中に入れる。

Ｃ　表面がザラザラした緑色の板を飼育ケースの中に入れる。

「飼育ケースの明るさ」

Ｄ　黒い布で飼育ケース全体をおおう。

Ｅ　ライトを飼育ケース全体に当てる。

数日後，アゲハのさなぎは成虫になったので自然に帰すことにしました。

花　子：冬になるとアゲハやモンシロチョウが見られないのはなぜかしら。

太　郎：冬の間はどうやって過ごしているのかな。

二人は先生に聞いてみることにしました。

先　生：モンシロチョウは，春や夏にさなぎになると１～２週間で成虫になるけれど，秋の終わりにさなぎになるとそのままで冬をこします。秋の終わりに見られるさなぎについて，次のような資料がありますよ。

先生は次のページの**資料３**を二人に見せました。

資料3

実験　秋の終わりにモンシロチョウのさなぎを集めてきて，次の**ア**～**エ**の条件で成虫になるまでの日数を調べた。

結果　それぞれの条件で成虫になった数を，成虫になるまでの日数ごとにグラフで表した。

ア
集めたさなぎを5℃で冷やさずに，25℃の部屋に置いた。

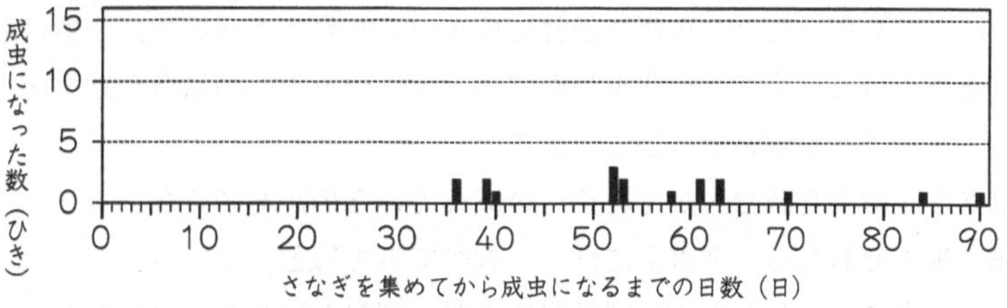

イ
集めたさなぎを5℃で3週間冷やし，その後，25℃の部屋に置いた。

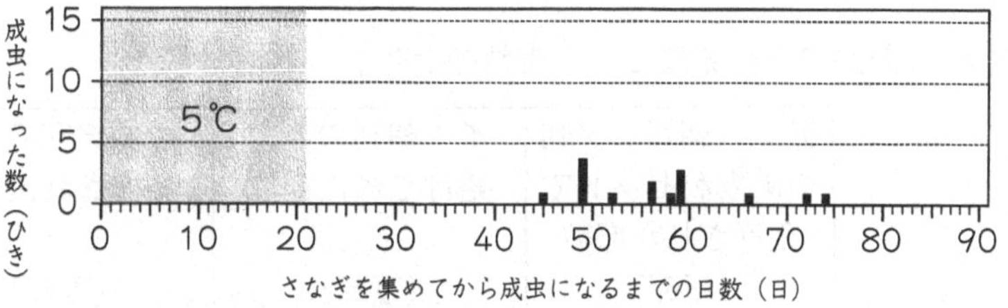

ウ
集めたさなぎを5℃で6週間冷やし，その後，25℃の部屋に置いた。

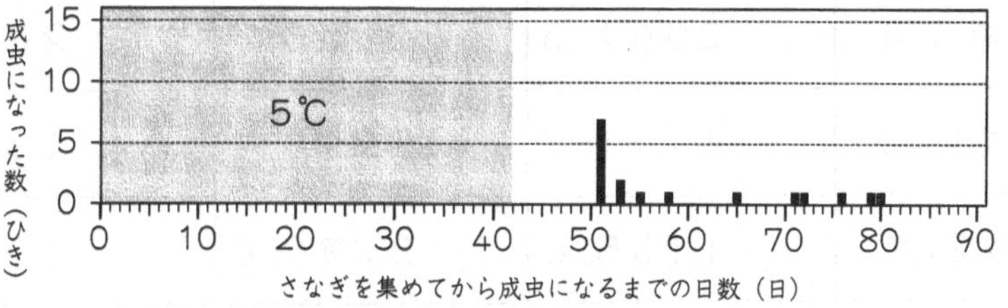

エ
集めたさなぎを5℃で9週間冷やし，その後，25℃の部屋に置いた。

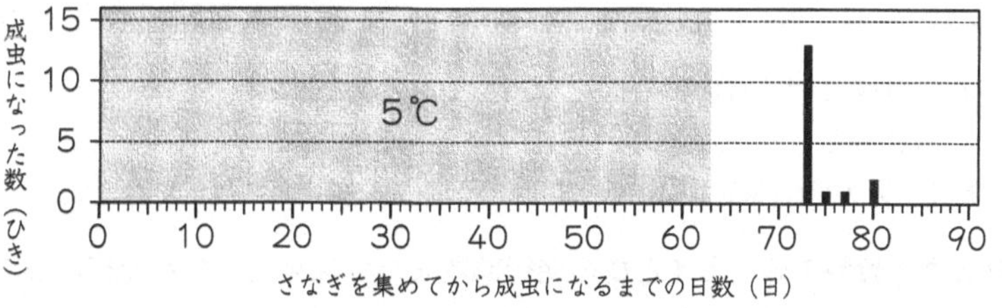

（機関誌《きかんし》「インセクタリゥム」より作成）

〔問題3〕　三人の会話と**資料3**の**ア**のグラフから春や夏に見られるさなぎと秋の終わりに見られるさなぎのちがいについて答えなさい。また，**資料3**の**ア**～**エ**のグラフを比べて，そこから考えられることを「5℃で冷やす日数が長くなるほど」に続けて説明しなさい。

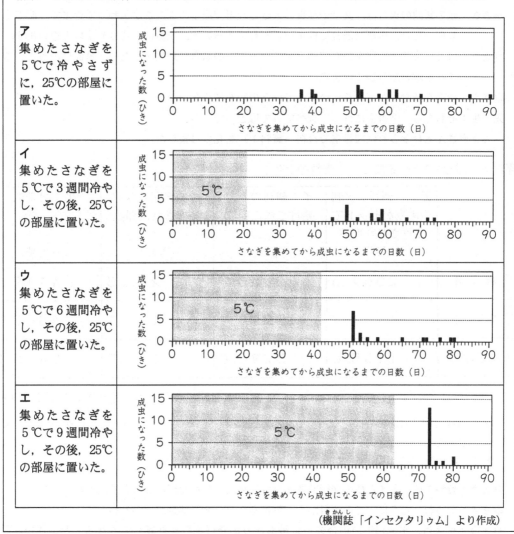

【適性検査Ⅲ】　(30分)　　＜満点：100点＞

1　**みさき**さんと**りょう**君が教室で**先生**と話をしています。

先　生：インターネットを利用して情報を得る人が増えている一方で，紙の新聞を手に取って読む人は減っているそうです。このことについて，みなさんはどう思いますか。

みさき：紙の新聞の場合は，文字や写真の大きさなどで記事の重大さが伝わってきます。記事を切り取ったり，重要な部分に線を引いたりできるので，記憶《きおく》にも残りやすいと思います。

りょう：ぼくは毎朝，新聞を読んでいます。サッカーの試合の結果を見たり，紙面にのっているパズルを解いたりしています。

みさき：新聞を読む人がどれくらい減っているのかを知りたいです。

先　生：それなら，図書室に行って調べてみてはどうですか。

みさきさんとりょう君は図書室で資料（**資料1**）を見つけました。

資料1　「新聞の発行部数と※1世帯数の変化」

	ア：※2朝刊と夕刊の両方がセットで発行された部数（万部）	**イ**：朝刊のみで発行された部数（万部）	**ウ**：夕刊のみで発行された部数（万部）	**エ**：世帯数（万世帯）
平成２年	2061.6	2926.9	202.3	4119.7
平成１４年	1761.7	3390.1	168.1	4863.8
平成２６年	1135.6	3298.0	102.7	5495.2

（日本新聞協会「日本新聞年鑑《ねんかん》」などより作成）

※1　世帯とは，同じ家に住み，家計（一家の収入《しゅうにゅう》と支出）をいっしょにして暮《く》らしている人の集まりのことです。

※2　**ア**の発行部数は，朝刊と夕刊のセットを一部として数えています。

りょう：**資料1**の**ア**と**イ**と**ウ**の発行部数を全て加えたものが発行部数の合計だよね。

みさき：そうね。さらに，この資料から一世帯あたりの発行部数が分かるわ。

りょう：例えば，平成14年の場合の一世帯あたりの発行部数を計算してみたら，およそ1.09部になったよ。

みさき：他の年についても同じように計算すれば，一世帯あたりの発行部数がどのように変化したのかを確かめることができるわね。

りょう：そうだね。それなら平成２年と平成26年の場合も計算してみよう。

〔問題1〕　平成２年と平成26年の場合も計算してみよう。とありますが，**資料1**をもとに，平成２年または平成26年のどちらかを選んで○で囲み，その年の一世帯あたりの新聞の発行部数を求めなさい。ただし，答えを小数で表すときには，小数第三位を四捨五入《ししゃごにゅう》して小数第二位までの数で表すこととします。

次の日，先生はみさきさんにその日の朝刊を１部わたし，みさきさんとりょう君に話しかけました。

先　生：新聞には国内や海外のニュース，政治，文化，スポーツなどさまざまな情報がのっていて，どのページからでも読むことができますね。

みさき：本のしょうかいなどの広告や天気予報ものっているわ。りょう君の好きなパズルも見つけたわよ。

りょう：パズルをやってみたいから，見せてくれないかな。

みさき：いいわよ。どうぞ。

みさきさんは新聞をめくり，パズルがのっている１枚《まい》をぬき出してりょう君にわたしました。

先　生：新聞には本のようにページ番号が書かれていることに気が付きましたか。

りょう：本当ですね。**図１**のように右上には12，左上には29とページ番号が書かれています。裏《うら》にもページ番号が書かれているので，１枚に４ページ分あるということですね。

図１

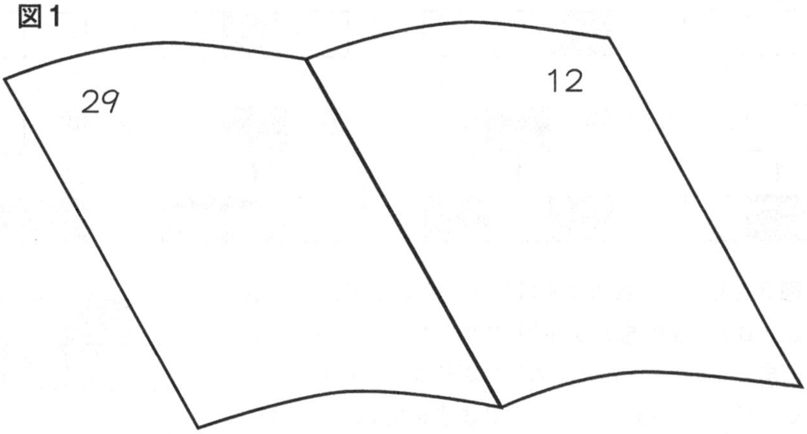

先　生：りょう君が言った12，29，４という数字を用いて計算すると，みさきさんの手元に残っている新聞紙の枚数を求めることができるのですよ。

りょう：数えなくても計算で求めることができるなんておもしろそうですね。

〔問題２〕 12，29，４という数字を用いて計算すると，みさきさんの手元に残っている新聞紙の枚数を求めることができるとありますが，りょう君に１枚わたした後に，みさきさんの手元に残っている新聞紙の枚数を，式を書いて求めなさい。ただし，式には12，29，４という三つの数字を全て用いることとします。

りょう君は，みさきさんからわたされた新聞にのっていたパズルを考えています。

みさき：どんなパズルなの。

りょう：まずルールを説明するね。**図１**のように，１段《だん》目《め》には５ます，２段目には３ます，１番上の３段目には１ますを積み上げた図があるんだよ。

みさき：１段目から３段目までの全てのますを合わせると９ますあるということね。

図１

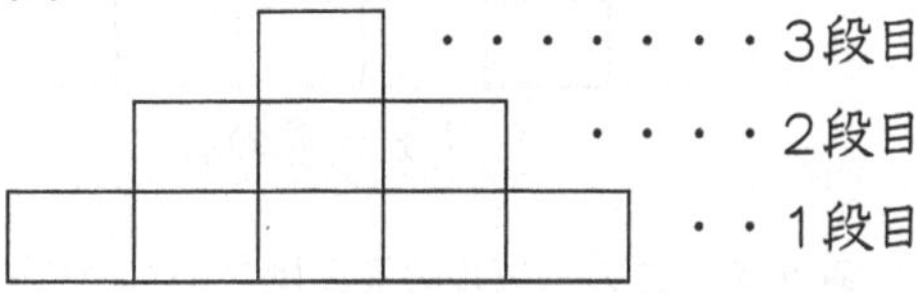

りょう：そうだよ。次に１段目の５ますのうち特定のますをえん筆でぬりつぶすんだ。ぬりつぶすますの数は自由で，５ます全部ぬりつぶしてもいいし，１ますもぬらなくてもいいんだよ。

みさき：１段目をぬってみるわね。

みさきさんは，１段目を**図２**のようにぬりました。

図２

みさき：この後はどうするのかしら。

りょう：**図３**を見てごらん。２段目，３段目のそれぞれのますをぬるかぬらないかは，そのますの真下のますとその両側をふくめた３個のますのぬられ方の状態によって，自動的に決まるんだよ。

図３

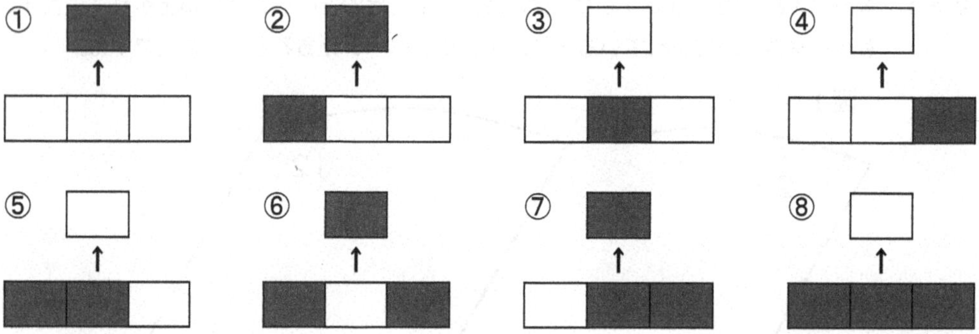

みさき：**図３**を見ると，Ａのますは⑦から判断してぬりつぶし，Ｂのますは⑤から判断してぬりつぶさないで，Ｃのますは⑥から判断してぬりつぶせばいいのかしら。

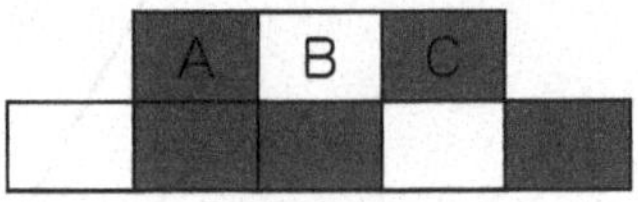

りょう：そうだよ。最後に，２段目の３ますを見て，３段目をぬるかぬらないかを判断するんだよ。

みさき：そうすると，この場合は⑥から判断して３段目はぬりつぶせばいいのね。

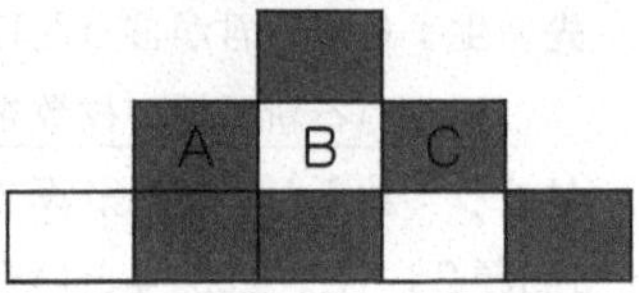

りょう：そのとおりだよ。

みさき：ルールは分かったわ。それでどんな問題なの。

りょう：３段目をぬらないような１段目と２段目のぬり方を答える問題だよ。

しばらくして，りょう君とみさきさんはそれぞれパズルの答え（**図４**）を見つけました。

図４

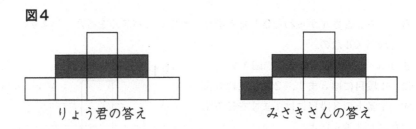

りょう君の答え　　　　みさきさんの答え

みさき：このパズルの答えはこの二つ以外にもありそうね。もう少し考えてみましょうよ。

〔問題３〕 このパズルの答えはこの二つ以外にもありそうね。とありますが，３段目をぬらないような１段目と２段目のぬり方を４通り答えなさい。ただし，**図４**の２通りはのぞくものとし，ますをぬるときは，**図５**のいずれかのように答えることとします。

図５

ますをぬりつぶす

ますに×を書く

2 コンビニエンスストアに買い物に来た**みさき**さんと**お母さん**は，アイスクリーム売り場のオープンショーケース（**写真１**）の前にいます。

写真１

みさき：このケースにはふたが無いのに，なぜアイスクリームがとけないのかな。

母　　：確かに不思議ね。

みさき：思い出したわ。確か，冷たい空気はあたたかい空気より重いと理科の授業で習ったわ。だから冷たい空気がにげないのよ。

母　　：学校で学んだ空気の性質が，こんなところにも利用されているのね。

次の日，みさきさんはお母さんとの会話の内容を**先生**と**りょう**君に話しました。

先　生：授業で学んだことをよく思い出しましたね。これをきっかけにして空気の性質について復習してみるといいですね。

りょう：教科書を開いてみると，空気の性質を使った乗り物として熱気球がのっていました。

先　生：熱気球はあたたかい空気が冷たい空気よりも軽いという性質を利用していますね。

りょう：空気の性質を利用したものは他にもありましたよね。

みさき：例えば，うき輪，ダウンジャケット（**写真２**），タイヤなどかしら。

先　生：そうですね。うき輪もダウンジャケットもタイヤも，それぞれ熱気球とは異《こと》なる空気の性質を利用していますね。

写真２

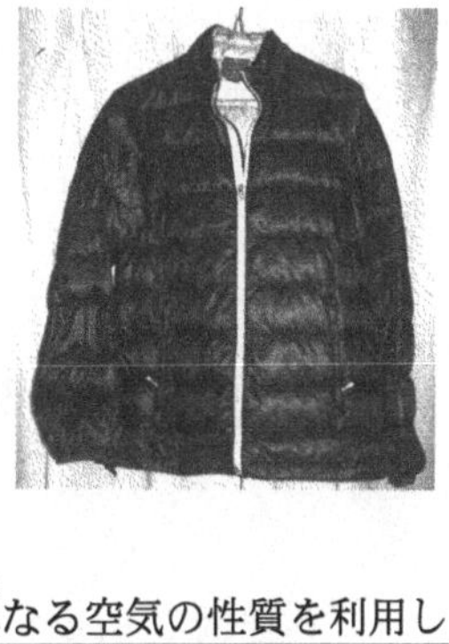

〔問題１〕 うき輪もダウンジャケットもタイヤも，それぞれ熱気球とは異《こと》なる空気の性質を利用していますね。とありますが，うき輪，ダウンジャケット，タイヤから一つを選んで○で囲み，それが空気のどのような性質を利用しているのかを解答らんに合うように書きなさい。また，その性質を利用していることが，最も大きな特ちょうになっているものを，次のページのわくの中から三つ選んで，それぞれを○で囲みなさい。

スポンジケーキ

かけぶとん

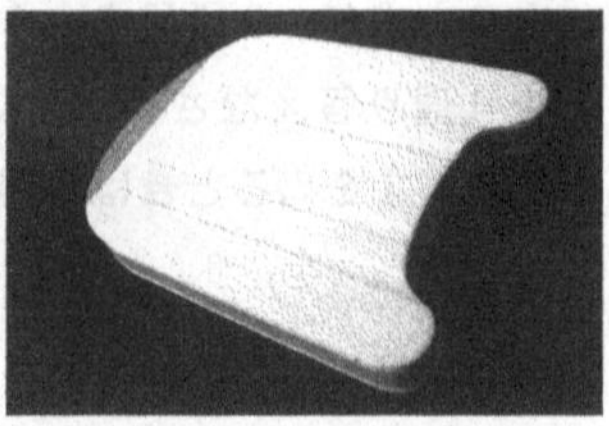
ビート板

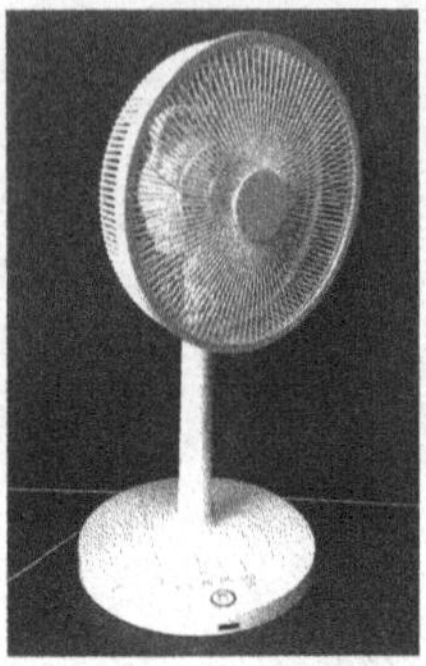
せん風機

発ぽうスチロールの容器

炭酸飲料

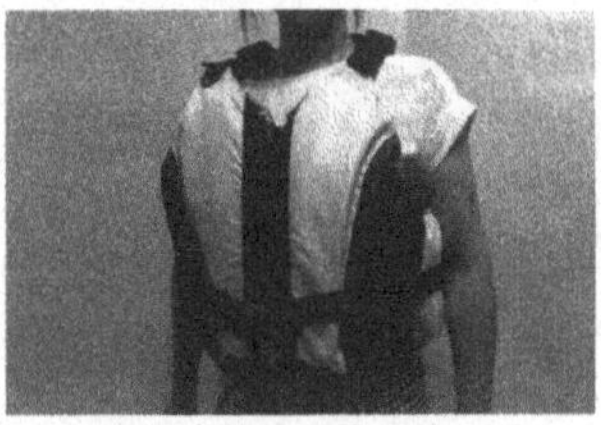
ライフジャケット
(救命どう衣)

サッカーボール

かさ

空気でっぽう

ゴムボート

なべつかみ

先　生：ところで，空気にはどのような気体がふくまれているか覚えていますか。

りょう：ほとんどがちっ素と酸素です。

みさき：確か，空気中の体積の割合《わりあい》は，ちっ素が約78％で酸素が約21％だと思います。

先　生：二人ともよく覚えていましたね。でも，残りの約１％にはどんな気体がふくまれているのか知っていますか。

りょう：はい。二酸化炭素がふくまれています。

みさき：ヘリウムもふくまれていると思います。

先　生：他にどのような気体がふくまれているのか，調べてみてはどうですか。

りょう君とみさきさんは空気にふくまれている気体にはどのようなものがあるのか，くわしく調べてきました。

みさき：空気には，ちっ素と酸素以外にも，いろいろな気体がごくわずかずつふくまれていることが分かりました。

りょう：例えば，アルゴン，二酸化炭素，ネオン，ヘリウム，メタン，クリプトン，水素などです。

先　生：よく調べてきましたね。教科書にはその他１％としか書いてありませんが，そのたった１％についても調べてみることは，とても大切だと思いますよ。

みさき：クラスの人たちはこれらの気体の名前を知っているかしら。

先　生：そうですね。二酸化炭素はもちろんですが，ネオン，ヘリウム，メタン，水素なども聞いたことがあるかもしれませんね。

先生の話を聞いた二人は，それぞれの気体がどの程度知られているのかに興味をもちました。そこで六年生を対象に，次のようなアンケートを実施《じっし》しました。

＜アンケート＞
あなたは，次の①～④の気体の名前を知っていますか。どちらかに○を付けて答えてください。
①　ネオン　　　知っている　・　知らない
②　ヘリウム　　知っている　・　知らない
③　メタン　　　知っている　・　知らない
④　水素　　　　知っている　・　知らない

アンケートには100人が答え，その結果をまとめると**表１**のようになりました。

表１　空気にふくまれている気体の名前を知っている人数の一らん

気体の名前	知っていると答えた人数　（人）
①　ネオン	１７
②　ヘリウム	４９
③　メタン	６１
④　水素	７９

みさき：結果を集計したら，四種類とも名前を知らないと答えた人は８人いたわ。

りょう：四種類とも名前を知らないと答えた人が８人いたということは，残りの92人は四種類のうちの一種類以上を知っているということだね。

みさき：そうね。その92人のうち79人は水素を知っていて，**92－79＝13**　という計算から，水素以外の三種類のうちの一種類以上を知っているのに，水素は知らないという人が13人いるということね。

りょう：メタンを知っている61人の中に，その13人全員がふくまれていたとしても，**61－13＝48**

という計算から，メタンと水素の両方を知っている人が，少なく考えても48人いるわけだね。

みさき：ネオンはあまり知られていないのね。

りょう：そういえば，四種類全てを知っている人はいなかったような気がするなあ。

みさき：でも，ヘリウム，メタン，水素の三種類を全て知っている人なら何人かいたと思うわ。

りょう：それならアンケートを見直さなくても，さっきと同じように考えれば分かるはずだよね。二人で計算してみようよ。

みさき：まず，メタンと水素の両方を知っている人が少なく考えても48人いるのよね。

二人はしばらくの間，計算に取り組みました。

りょう：計算してみたら，ヘリウム，メタン，水素の三種類を全て知っている人が，少なく考えても５人いるはずだよ。

みさき：私《わたし》も同じ結果になったわ。

りょう：今度はそれぞれの気体の性質についても調べてみようよ。

〔問題２〕　計算してみたら，ヘリウム，メタン，水素の三種類を全て知っている人が，少なく考えても５人いるはずとありますが，どのように考えて計算すれば分かりますか。解答らんに考え方と式を書いて説明しなさい。ただし，メタンと水素の両方を知っている人が少なく考えても48人いることは分かっているものとします。

文章2

※問題に使用された作品の著作権者が二次使用の許可を出していないため、問題を掲載しておりません。

〔問題1〕 ①目玉商品 とありますが、本文中ではなにを目玉商品としているのですか。五字以内で答えなさい。

〔問題2〕 **文章1** の中で②ベテラン と③素人《しろうと》 の観察のし方を次のようにまとめたとき、空らんに入る言葉をそれぞれ二十字以内で答えなさい。

ベテランはスズメを見ても　＿＿＿＿＿＿＿＿＿＿＿＿＿＿＿＿＿＿＿＿　スズメと言い当てられない。

素人はスズメを見ても　＿＿＿＿＿＿＿＿＿＿＿＿＿＿＿＿＿＿＿＿　スズメと言い当てられない。

〔問題3〕 ※都合により削除しました。

〔問題4〕 ※都合により削除しました。

〔問題5〕 **文章1** と **文章2** はどちらも「ものの見方」について書かれています。これらの文章を読んで、あなたは今後どのような「ものの見方」をしていきたいですか。次の二つの条件を満たしながら、三百五十字以上、四百字以内で書きなさい。

条件

1．二つの文章に書かれている「ものの見方」について、それぞれの筆者の考えをまとめること。

2．あなたがこれまでにやってきたことと、これからやりたいことをそれぞれ具体例として挙げること。

記入上の注意

○ 題名、名前は書かずに一行目から書き始めること。

○ 書き出しや段落《だんらく》をかえたときの空らんや、や。や「 などもそれぞれ一字に数えること。

○ 段落の最初は、一字下げて書くこと。

【適性検査Ⅰ】（四五分）〈満点：一〇〇点〉

1 次の **文章1** と **文章2** を読み、あとの問題に答えなさい。

（＊印の付いている言葉には、本文のあとに〔注〕があります。）

文章1

最初に日常のことと学問の関係から入ります。

野鳥の会が野鳥観察会を開いたときの話です。その話によると、ある観測会でこういうことがあったというのです。今日は①目玉商品をつくっておいた。おもしろいものが出て来《き》たら言うから、鳥の名を当ててくれ、とそう言っておいて、会員にいつもどおりの観察をそれぞれさせておいた。しばらくして、いま、あそこに目玉商品である鳥がいるから、何か当ててごらん、と言うと、みな、双眼鏡《そうがんきょう》を手に手に集まって来た。

もちろんそういう会に出ていて、しかも珍鳥《ちんちょう》の名をあててみようというぐらいの人ですから、かなり勉強した人でしょう。そういう人がたくさん出て来て、これは何とか鳥だ、いや、何とか鳥だと、いろいろ名前をあげた。それが全部ちがう。

結局のことを言うと、正解はスズメなのです。つまり、人が悪いんですが、その指導員は、目玉商品と言って珍鳥を＊想起《そうき》させておいて、正解に、スズメをおいた。それで野鳥観測に相当自信をもった②ベテランは―まさかスズメと思わないから―スズメに似てスズメでない珍鳥をそれぞれ思いうかべて、それをあげた。

この話は、大事な教訓をふくんでいるように思います。

私《わたくし》たちは、スズメにとりかこまれて住んでいて、ふだん＊見付けていながら、実はよく見ていない。慣れで見ているから、よく見ていない、ということにさえ気がつかない。だから、とんでもない状きょうの中で、③素人《しろうと》にはスズメをスズメだと言い切ることができない。

他方、素人でない＊観測ずれをしたベテランもまた、珍鳥に心をうばわれ、眼《め》をうばわれて、スズメをスズメと言い当てられない。

スズメをも、珍鳥を見るのと同じように正確に―学問的にいろいろなチェック・ポイントにそくして―見ていなければならないわけです。

その人は「キミたちはスズメも知らずにこんな難《むずか》しい鳥の名前ばかり覚えたってしょうがないではないか。それでは野鳥の会ではなくて、珍鳥の会になってしまう。スズメだって野鳥だろう。原点にもどれ。」という＊痛棒《つうぼう》を、まことに上手《じょうず》に、＊ユーモアをふくんであたえた。感心しましたが、他人事ではありませんね。珍鳥にこだわった学問の眼で見ると、スズメがそれに似た特ちょうをもつ珍鳥に見えてきて、スズメが見えない。といって、素人の眼では、やはりスズメをスズメと言い当てることはできない。下手《へた》をすると珍鳥の会になりかねないようなチェック・ポイントを勉強し＊駆使《くし》して、はじめてスズメを見ることができるはずです。つまり、学問の眼を、日常見聞きする現実に生かす、これが重要です。

（内田義彦《うちだよしひこ》「生きること　学ぶこと」による）

〔注〕想起《そうき》―思い起こすこと。

見付けて―見慣れて。

観測ずれ―観察したり測定したりすることに慣れきってしまっていること。

痛棒《つうぼう》―手厳《てきび》しくしかることのたとえ。

ユーモア―おもしろみ。

駆使《くし》―思いのままに使いこなすこと。

平成27年度

都立両国高等学校附属中学校入試問題

【適性検査Ⅰ】（20ページから始まります。）

【適性検査Ⅱ】（45分）　　＜満点：100点＞

1　**太郎**《たろう》君，**花子**さん，**先生**の３人が教室で話をしています。

太　郎：１年が365日ではない年があることを知っているかな。

花　子：知っているわ。うるう年といって，その年は366日あるのよね。いつもの年にはないはずの２月29日があるのよ。

太　郎：2020年に東京で行われるオリンピック・パラリンピックの年もうるう年だね。

〔問題１〕　東京オリンピック・パラリンピックが行われる2020年の2020のように，千の位と十の位が等しく，百の位と一の位が等しい４けたの数を考えます。例えば，他《ほか》には4343や9191などがあります。このような数のうち，４の倍数を三つ答えなさい。

太　郎：でも，どうしてうるう年は１年の日数が１日多いのかな。

花　子：先生，なぜうるう年があるのですか。

先　生：地球は太陽の周りをほぼ１年かけて１周しています。この時間は実際には約365.24日なので，１年を365日とするとずれが生《しょう》じてしまうのです。そこで，うるう年でずれを調整しているのです。

太　郎：どういうことですか。よく分かりません。

先　生：地球が太陽の周りを１周する時間を365.24日として計算してみましょう。地球が太陽の周りを１周するのにかかる時間から，１年を365日とした場合のずれを計算すると，

365.24日－365日＝0.24日

となるから，毎年0.24日ずつずれが生じます。

太　郎：ということは，４年で

0.24日×４＝0.96日

となるから，約１日ずれますね。それで４年に１度うるう年を定めて１日増やす必要がありますね。

花　子：ちょっと待って。うるう年を単純《たんじゅん》に４年に１度とするだけでは，まだ少しずれが生じないかしら。

太　郎：どういうことかな。

花　子：４年に１度うるう年を定めると，0.96日のずれを１日増やして調整することになるけど，それでは４年で

１日－0.96日＝0.04日

のずれが生じてしまうことになるわ。

太　郎：それくらい問題ないよ。

花　子：そんなことないわよ。だって100年たつと，25回うるう年があるので

0.04日×25＝１日

となって，今度は逆に１日多くなってしまうわ。

太　郎：一体どうしたらいいのかな。先生，教えてください。

先　生：二人とも，なかなかよいところに気が付きましたね。確かに，４年に１度うるう年を定めるだけでは逆に100年で１日余分にずれてしまいます。

そこで今度は，100年ごとに１度だけ，うるう年をやめればよいのです。

そうすればずれを調整できます。

太　郎：なるほど。そうすればいいですね。

花　子：うるう年の定め方はおもしろいわね。先生，うるう年の問題を何か出してくれませんか。

先　生：では，１日の時間が地球と同じで，太陽の周りを１周するのに2015.4日かかる星があるとします。この星の１年を2015日と定めると，太陽の周りを１周するのにかかる時間と，2015日と定めた１年との間にずれが生じますね。このずれを調整するためにどのようにうるう年を定めればよいでしょうか。

〔問題２〕　この星とありますが，この星が太陽の周りを１周するのにかかる時間と，2015日と定めた１年との間に生じるずれを調整するためには，どのようにうるう年を定めればよいですか。地球のうるう年の例を参考にして具体的に説明しなさい。ただし，うるう年にする年は１年を2016日とします。

太　郎：太陽の周りを１周するのにかかる時間と，定めた１年との間にずれがあると，うるう年が必要になるのですね。実際の星でも，太陽の周りを１周するのにかかる時間は，星によってちがいますよね。

先　生：そうですね。それでは火星について考えてみましょうか。地球の１日，すなわち太陽が真南に来て，その次に再び真南に来るまでの時間は24時間です。これに対し，火星の１日は地球の時間で約24時間40分，火星が太陽の周りを１周するのに地球の時間で約687日かかります。では，火星が太陽の周りを１周するのにかかる時間について計算してみましょう。

〔問題３〕　火星の１日は地球の時間で24時間40分，火星が太陽の周りを１周するのに地球の時間で687日かかるとします。このとき，火星が太陽の周りを１周するのに，火星の１日で数えると何日になるか，式をかいて答えを求めなさい。

　ただし，答えを小数で表すときには，小数第二位を四捨五入《ししゃごにゅう》して小数第一位までの数で表しなさい。

2　**花子**さんと**太郎**《たろう》君は，校外学習で江戸東京博物館《えどとうきょうはくぶつかん》を訪《おとず》れました。江戸・東京の歴史に関する展示《てんじ》の最後には，東京オリンピックに関連する資料が並《なら》んでいます。

花　子：東京で２回目のオリンピック・パラリンピックが開かれることになったけれど，1回目のオリンピック・パラリンピックが開かれたのは，約50年前の1964（昭和39）年だったのね。当時のパンフレットや記念品が展示されているわ。

太　郎：50年前の自動車や電気製品も展示されているよ。形が今のものとずいぶんちがっているね。

花　子：前回のオリンピック・パラリンピックの後の東京はずいぶん変化しているけれど，日本全

体の様子はどのように変わったのかな。

太　郎：学校にもどってからのまとめでは，そのことを調べてみようよ。

太郎君と花子さんは，校外学習のまとめをしています。

太　郎：先日，テレビのニュース番組で，50年後の日本の人口の予測のグラフを見たんだ。日本の人口は，５年ぐらい前から少しずつ減っているみたいだよ。

花　子：それまで，日本の人口はずっと増え続けていたのかな。50年前からの日本の人口の変化が分かる資料はないかしら。先生に相談してみましょう。

太郎君と花子さんは，先生に資料（**図１**）を見せてもらいました。

図１　日本の総人口の変化

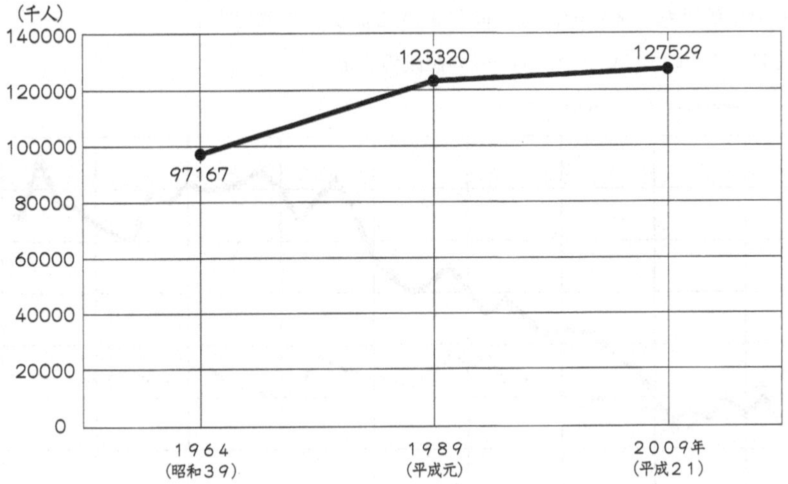

（総《そう》務《む》省《しょう》統《とう》計《けい》局《きょく》の資料より作成）

太　郎：約50年前の日本の人口は１億人より少なかったのですね。

先　生：人口について調べるときには，合計の人数だけではなく，世代別の分布を見ることも大切ですよ。

太　郎：それなら，世代別に分けたグラフ（**図２**）を作成してみます。

図２　世代別人口の変化

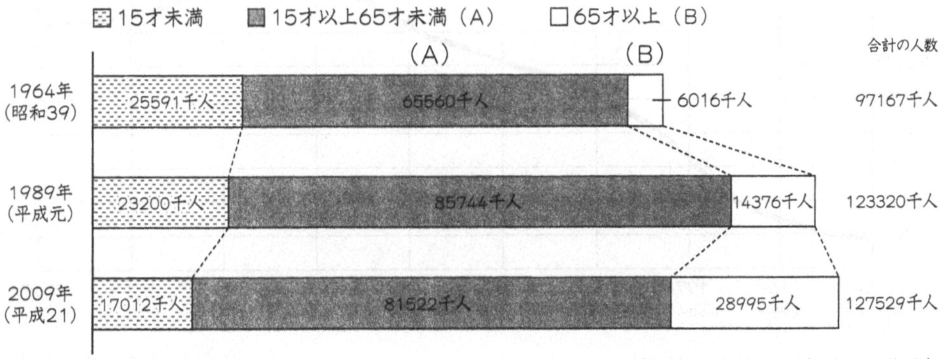

（総務省統計局の資料より作成）

〔問題１〕 1964（昭和39）年，1989（平成元）年，2009（平成21）年を比べたとき，日本の総人口の変化（**図１**）に対して世代別人口の割合《わりあい》がどのように変化したか，**図２**の15才以上65才未満（A）か65才以上（B）のどちらかを選び，数値《すうち》を挙げてその特ちょうを説明しなさい。割合は，小数第三位を四捨五入《ししゃごにゅう》して小数第二位まで求め，百分率で表しなさい。

太　郎：50年間で，日本の人口が大きく変わったということがよく分かりました。人口以外にも，社会の変化が分かる資料を見てみたいと思います。

先　生：では，ここに品物の値段《ねだん》の変化についての統計を示した資料があります。例えば，この資料にある郵便《ゆうびん》はがきの値段を見ると，今は１枚《まい》あたり52円ですが，1964（昭和39）年には５円だったことが分かります。

花　子：はがきがそんなに安かったなんて，おどろきました。

太　郎：食べものの値段も，50年前には，同じように安かったのですか。

図３　みかんとバナナの１キログラムあたりの値段の変化

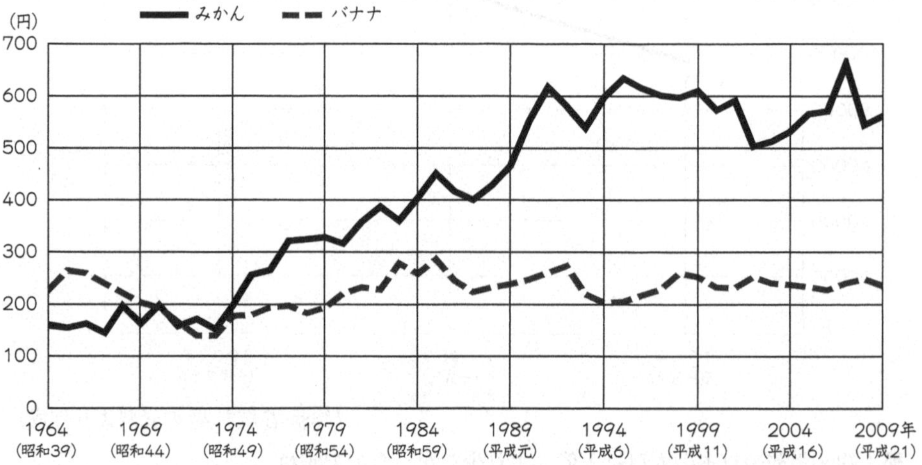

（総務省統計局の資料より作成）

図４　１年あたりの給料の平均額の変化

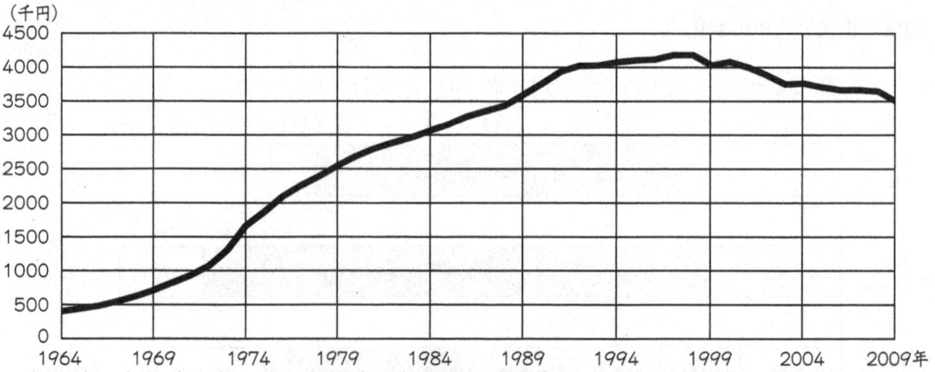

（国税庁《こくぜいちょう》の資料より作成）

先　生：値段が高くなった，安くなったということは，その品物の値段を見ただけではすぐには判断できません。

太　郎：それはどういうことですか。

先　生：この資料の中にあるみかんとバナナの値段の変化を示したグラフ（**図３**）と給料の平均額の変化を示したグラフ（**図４**）を見てください。（**図３**・**図４**は４ページにあります。）

〔問題２〕　**図３**に示したみかんとバナナの値段が，**図４**に示した給料の平均額のグラフと比べて，どのように変化しているか，みかんまたはバナナのどちらか一つを選んで説明しなさい。

花子さんと太郎君は，まとめの最後として，1964（昭和39）年から2014（平成26）年までの間にオリンピック・パラリンピックが開かれた都市についても調べてみました。

花　子：オリンピック・パラリンピックが開かれた都市は，世界各地に散らばっているわね。

太　郎：東京から遠い都市が多いね。そういえば，ぼくの好きな種目を見たくても，夜中に放送されたので，見られなくて残念だったことを覚えているよ。

花　子：東京から，オリンピック・パラリンピックが開かれた都市まで，どのくらいのきょりがあるのか測ってみましょう。社会科の教科書に，地球儀《ちきゅうぎ》を使って測る方法が出ていたわ。

太　郎：地球儀ではなく，この地図（**図５**）を使って測ってもいいんじゃないかな。

先　生：この地図（**図５**）できょりを測ろうとすると，正確に測ることができないんだよ。

花　子：それはどうしてなのですか。

先　生：では，ロンドンとメキシコシティの二つの都市を取り上げ，この地図（**図５**）と地球儀を使い，東京とのきょりを測ってみましょう。

【地図（**図５**）を使った手順】（8500万分の１の地図を使用）

①地図（**図５**）上にある二つの都市と東京との間の長さを測る。

②その長さを8500万倍しておよそのきょりを出す。

図５

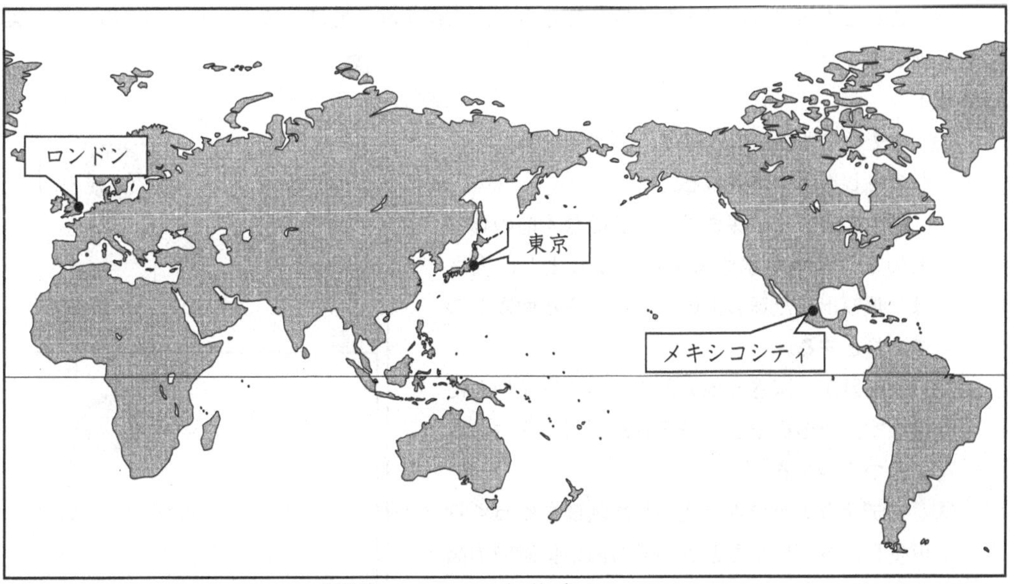

※8500万分の１の地図を約26.4％に縮小《しゅくしょう》して，けいさいしたものです。

【地球儀を使った手順】（5000万分の１の地球儀を使用）

①地球儀上にある二つの都市と東京との間に紙テープをはる。

②平らな場所で，その紙テープの長さを測る。

③その長さを5000万倍して，およそのきょりを出す。

花子さんと太郎君が，この地図（**図５**）と地球儀で調べた結果，**表１**のようになりました。

表１　オリンピック・パラリンピックが開かれた都市と東京とのきょり測定結果と実際のきょり

都市名	地図（**図５**）で測ったきょり	地球儀で測ったきょり	実際のきょり
ロンドン	約１５７２５km	約９４５０km	９５８５km
メキシコシティ	約１３５１５km	約１１４５０km	１１３１９km

（「理科年表」平成２６年などより作成）

花　子：確かに，この地図（**図５**）で測ると，実際のきょりと大きくちがうところが出てきてしまうわね。

太　郎：どうしてなのだろう。

〔問題３〕　**表１**で分かるように，地球上の二つの都市の間のきょりを測る場合，【地図（**図５**）を使った手順】は，【地球儀を使った手順】よりも，実際のきょりと大きくちがっていました。

地図（**図５**）のほうが地球儀よりも実際のきょりとのちがいが大きくなるのはなぜなのか，地図（**図５**）と地球儀とのちがいを挙げながら説明しなさい。

3　**花子**さんと**太郎**《たろう》君は**先生**とともに，水族館に行ってイルカが高く飛び出す様子を見ました。

花　子：水からものが飛び出す様子を調べるには，どんな実験をしてみたらいいかしら。

太　郎：水にうくものをしずめて，手をはなしたらどうかな。

先　生：そうですね。まずは，この発ぽうスチロール球を使って実験してみるといいですよ。

花子さんと太郎君は，先生から貸してもらった直径７cmの発ぽうスチロール球を用いて，**実験１**を計画しました。

実験１

①　水そうに水を入れ，深さと高さを測るためにものさしを水中に入れる。

図１のように，深さは，手をはなす前の球の上のところから水面までのきょりとし，高さは，飛び出した球の上のところから水面までのきょりとする。

②　太郎君が，深さ５cmのところから球を静かにはなす。その様子を，花子さんがビデオカメラでさつえいする。

③　ビデオカメラでさつえいした映像《えいぞう》をゆっくり再生し，飛び出したときの最も高い位置での高さを調べる。

図１

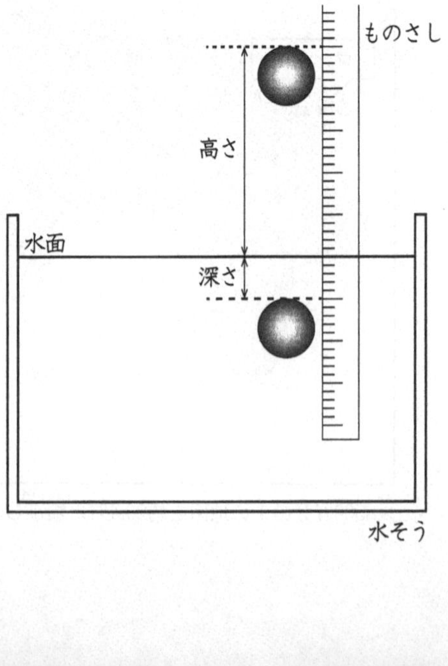

　ただし，球が飛び出す前と後では，水面の位置に変化はないものとする。

花　子：初めての実験は，うまくいくかしら。

太　郎：失敗するかもしれないけれど，とにかく何回かやってみよう。

表１　実験１の結果

実験の回数［回目］	1	2	3	4	5	6	7	8
高さ［cm］	24	12	25	23	21	22	10	23
水面から飛び出した球の様子								

花　子：何回かまっすぐ飛び出さなかったけれど，この結果をどうまとめたらいいかしら。

太　郎：算数の授業で学習した平均を求めればいいと思うよ。このまま全《すべ》ての結果を平均すると20cmになるね。

先　生：平均を使う考えはいいですね。ただし，水面から飛び出した球の様子も考えて，平均の求め方をくふうしたほうがいいのではないですか。

〔問題１〕　先生は，「平均を使う考えはいいですね。ただし，水面から飛び出した球の様子も考えて，平均の求め方をくふうしたほうがいいのではないですか。」と言っています。あなたならどのような平均の求め方をしますか。水面から飛び出した球の様子について述べて，あなたの考える具体的な平均の求め方を答えなさい。

花　子：水中から発ぽうスチロール球をはなすと，飛び出すことが分かったね。

太　郎：どうしたらもっと高く飛び出させることができるかな。

花　子：発ぽうスチロール球をはなす深さを変えてみたらどうかしら。

太　郎：そうだね。ぼくは，発ぽうスチロール球をはなす深さが深くなればなるほど，高く飛び出すと予想するよ。

　花子さんと太郎君は，先生から新たに貸してもらった直径10cmの発ぽうスチロール球を用いて，**実験１**と同様に，**実験２**を行いました。

実験２

①　直径10cmの発ぽうスチロール球を，**図２**のように深さ０cmのところから静かに手をはなし，飛び出す高さを調べた。

②　球をはなす深さを，０cmから20cmのところまで２cmずつ深くしていきながら，飛び出す高さを調べた。

図２　深さ０ｃｍの様子

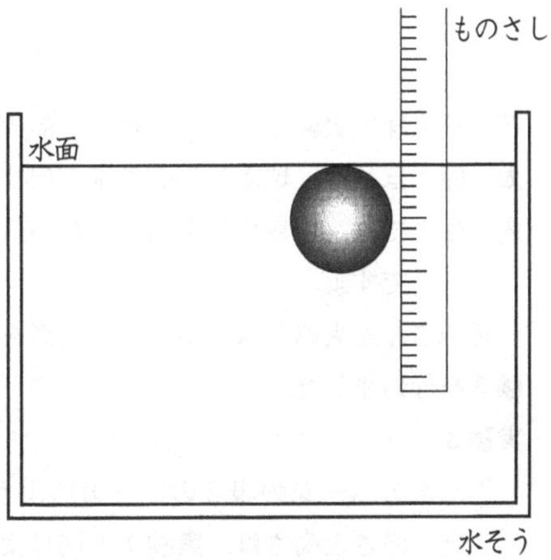

表2　実験2の結果

深さ [cm]	0	2	4	6	8	10	12	14	16	18	20
高さ [cm]	31	36	38	43	46	49	47	44	42	37	24

※**表2**の高さは，くふうした平均の求め方を用いて得られたものです。

〔問題2〕　太郎君の予想と比べ，**実験2**の結果がどうだったのか，文章で説明しなさい。必要であるならば，下のグラフ用紙を用いて考えても構いません。

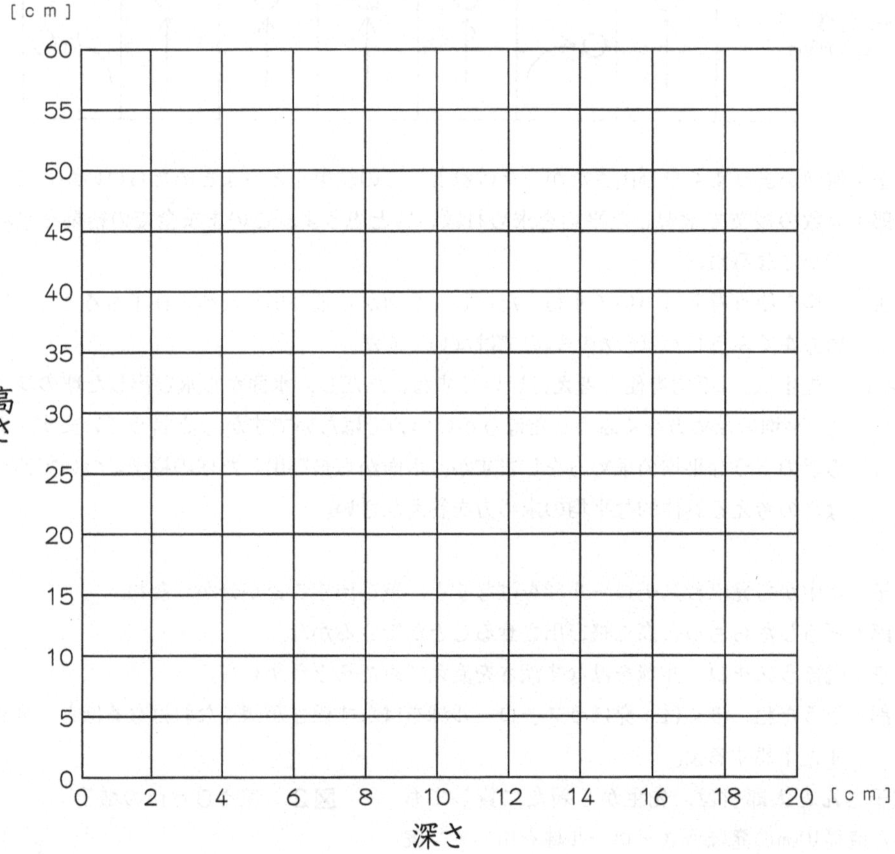

花　子：球で実験してみたけれど，他《ほか》の立体だとどうなるのかしら。

太　郎：ぼくは，球よりも高く飛び出す立体を作ってみたいな。

先　生：では，理科室にある，いろいろな形をした発ぽうスチロールを使って実験してみるといいですよ。

花子さんと太郎君は，いろいろな形をした発ぽうスチロールを用いて，飛び出す高さを調べる**実験3**を行いました。

実験3

① 次のページの**表3**の**ア**～**カ**のように，発ぽうスチロールでできた同じ体積の立体を用意した。深さと高さは，**実験1**と同じように測ることにした。

② それぞれの立体を，立体の上下を**表3**の図の向きのままにして，**図2**のように深さ0㎝のところから静かに手をはなし，飛び出す高さを調べた。

③ それぞれの立体を，立体の上下を**表3**の図の向きのままにして，深さ20㎝のところから静かに手をはなし，飛び出す高さを調べた。

表3　実験3の結果

	ア	イ	ウ	エ	オ	カ（球）
用いた発ぽうスチロールの形と向き	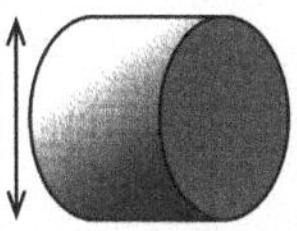	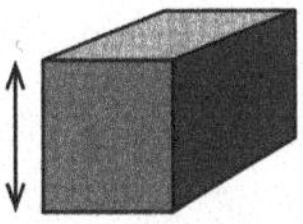	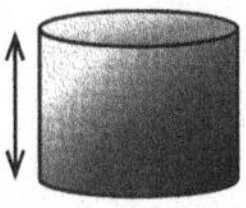	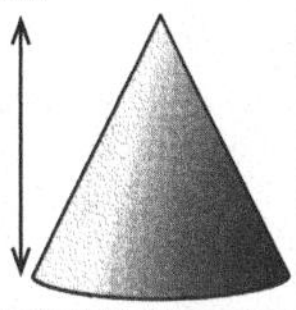	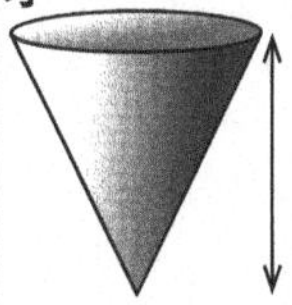	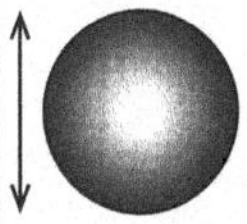
上の図に矢印で示したおおよその長さ[cm]	7	5	5	9	9	7
深さ0cmのときの飛び出す高さ[cm]	11	5	5	9	62	21
深さ20cmのときの飛び出す高さ[cm]	7	5	5	9	9	16

※**表3**の高さは，くふうした平均の求め方を用いて得られたものです。

花　子：**実験3**のそれぞれの形の特ちょうを生かして，2個を組み合わせてより高く飛び出す新しい立体を作れないかしら。

太　郎：**表4**のような新しい立体を考えてみたけれど，どれが高く飛び出すかな。

表4

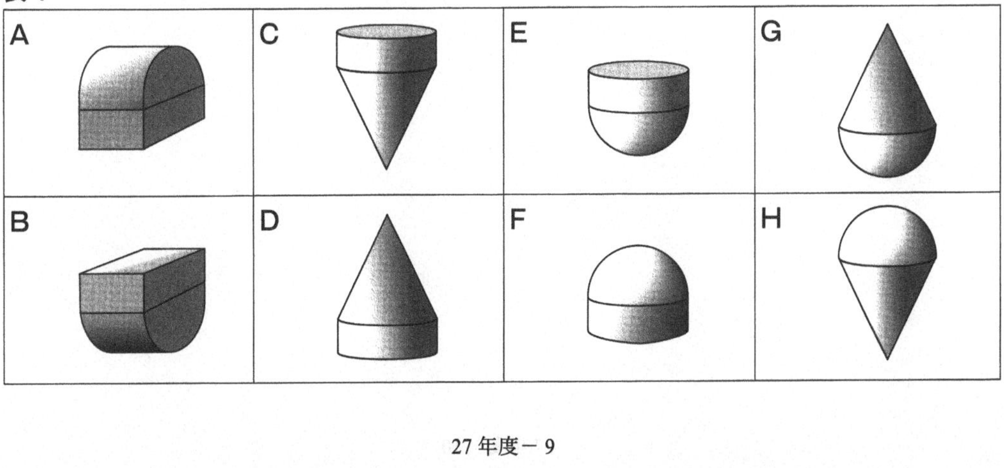

先　生：**実験３**の結果と比べるためには，**実験３**で用いた立体とＡ～Ｈのそれぞれの立体の体積は同じにしたほうがいいですね。

花　子：はい。分かりました。同じ体積であることを確認《かくにん》してから，実験することにします。

〔問題３〕　**表４**のＡ～Ｈの立体を，立体の上下を**表４**の図の向きのまま深さ20㎝のところから静かに手をはなしたときに，あなたはどれがより高く飛び出すと考えますか。**実験３**の結果をもとに，Ａ～Ｈの中より記号を一つ選び，そのように考えた理由を答えなさい。

【適性検査Ⅲ】 (30分)　＜満点：100点＞

1　**りょう**君と**みさき**さんは，**写真**1のようなチョウを放し飼いにしている施設《しせつ》を訪《おとず》れ，**飼育員**と話をしています。

写真1

りょう：広い施設だね。太陽の光もよく入るように工夫《くふう》されているし，暖《だん》ぼうも効いているよ。

みさき：室内なのに，雨が降《ふ》ったように蒸《む》していますね。

飼育員：この施設には，チョウの天敵となる生き物はいませんし，外からも入ってきません。

みさき：そのおかげで，一年中《いちねんじゅう》チョウを観察できるのね。それにしてもたくさんのチョウがいるわ。いったいこの施設には，何匹《なんびき》のチョウがいるのかしら。調べることはできますか。

飼育員：正確な数を求めることは難《むずか》しいのですが，割合《わりあい》の考え方を使って，およその数を計算する方法があります。

みさき：どうやって求めるのか知りたいです。

飼育員：まず，新たに50匹のチョウに「しるし」を付けて放します。次の日，チョウをあみで集め，飼育箱に入れます。その中の「しるし」を付けたチョウの割合から，施設にいるチョウの数を計算します。

りょう：なぜ次の日なのですか。

飼育員：できるだけ正確にチョウの数を計算するためには，「しるし」を付けたチョウが他《ほか》のチョウと十分に混ざる必要があります。そのために，時間をおくというわけです。

みさき：チョウがこの施設内を自由に飛び回るから，「しるし」の付いたチョウと他のチョウが混ざるというわけね。

飼育員：チョウが混ざることによって，飼育箱の中のチョウの割合はこの施設にいるチョウの割合と等しくなると考えられます。

りょう：実際に試《ため》してみたいです。

飼育員：では，今日新たに「しるし」を付けたチョウを50匹放しておきますので，あしたまた来てください。

次の日，再びりょう君とみさきさんは施設を訪れました。

飼育員：この施設に何匹のチョウがいるか調べてみましょう。では，二人でそれぞれ100匹ずつチョウを集めてください。終わったら，「しるし」の付いているチョウの数を数えましょう。

それぞれ100匹ずつ集め終わった後，りょう君とみさきさんは，「しるし」の付いているチョウの数を飼育員に報告しました。

みさき：私《わたし》が集めた100匹のチョウの中には，「しるし」の付いているチョウが２匹いました。

りょう：ぼくの方は３匹でした。

飼育員：二人で集めた200匹のうち，「しるし」の付いているチョウは５匹ですね。

みさき：この割合から，施設にいるチョウのおよその数が求められるわ。

りょう：でも，その割合から求めた数には，調べるために放した「しるし」の付いた50匹のチョウの数もふくまれているね。

〔問題１〕 その割合から求めた数には，調べるために放した「しるし」の付いた50匹のチョウの数もふくまれているね。とありますが，この施設にいるチョウのうち，計算で求められる「しるし」の付いていないチョウの数を求めなさい。

りょう君とみさきさんは，理科の授業で，モンシロチョウの育ち方について調べることになりました。二人は，図書館で資料を探《さが》しています。

りょう：ぼくの見つけた資料（**資料１**）によると，モンシロチョウの卵《たまご》のうち，成虫になれる数はとても少ないことが分かったよ。

みさき：私は，こんな資料（次のページの**資料２**）を見つけたわ。この資料を見ても，モンシロチョウが成虫になるのは大変だということが分かるわ。

資料１　モンシロチョウの生存《せいぞん》個体数

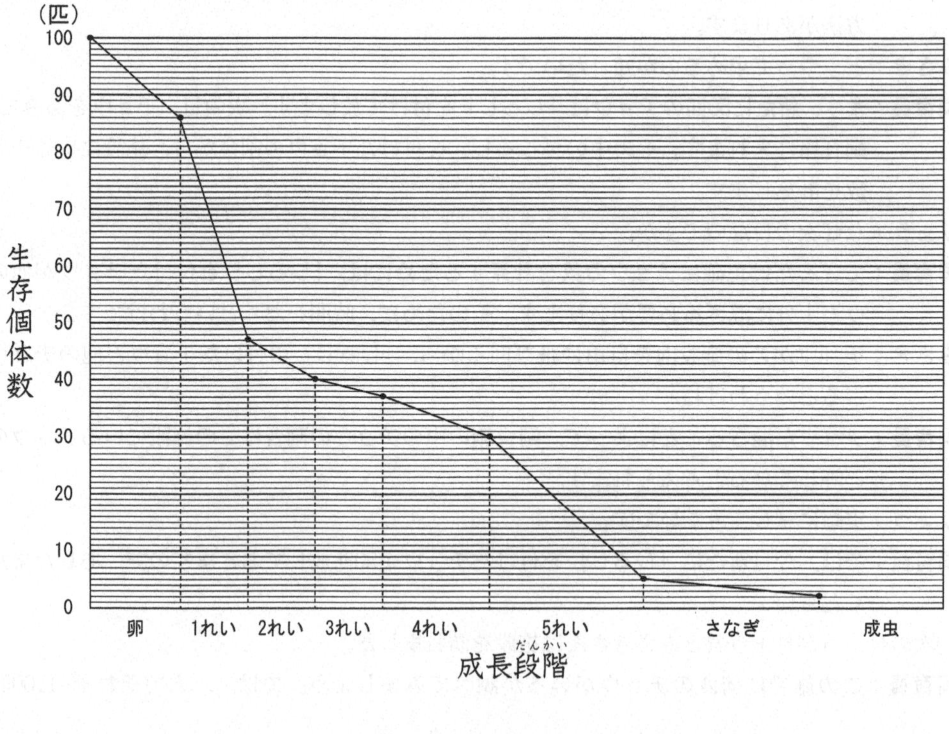

資料２　モンシロチョウの１日あたりの減少個体数

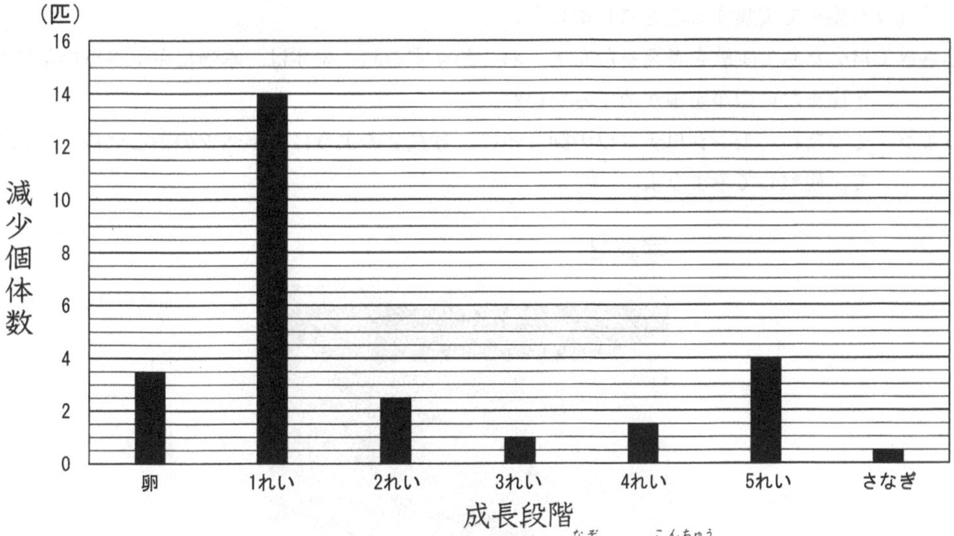

（ＮＨＫライブラリー「謎《なぞ》とき昆虫《こんちゅう》ノート」より作成）

みさき：グラフにある「１れい」とか「２れい」の「れい」とは何かしら。

りょう：モンシロチョウの幼虫《ようちゅう》は成長するたびに古い皮をぬぐのだけど，卵からかえってまだ一回も皮をぬいでいない幼虫を「１れい幼虫」というんだよ。この幼虫が一回皮をぬいだら，「２れい幼虫」になって，さらに皮をぬぐと「３れい幼虫」になるんだよ。

みさき：**資料１**によると，モンシロチョウは１れい幼虫の時期に最も数が減ってしまうのね。

りょう：さらに，**資料２**によると，１れい幼虫は，１日あたり14匹減っていることが分かるよ。

みさき：それぞれの資料から読み取れることを組み合わせると，モンシロチョウの育ち方について新たなことが分かりそうよ。

りょう：例えば，卵から成虫になるまでの日数は分かるかな。

みさき：それなら，二つの資料から，それぞれの成長段階の日数が計算できるから，その日数を合計すれば分かるわね。

〔問題２〕　二つの資料から，それぞれの成長段階の日数が計算できるとありますが，モンシロチョウの２れい幼虫，または５れい幼虫の段階は，何日間ですか。**資料１**と**資料２**を使って，２れい幼虫，または５れい幼虫のどちらかを選び，日数を求めなさい。ただし，答えは「日」の単位で表し，小数になる場合はそのまま答えることとします。

りょう君とみさきさんは，学校でモンシロチョウを飼育することになりました。学校の菜園でモンシロチョウを探したところ，キャベツの葉の裏《うら》に，モンシロチョウの卵を見付けました。

りょう：キャベツの他にも様々な野菜が栽《さい》ばいされているね。どの野菜の葉にもモンシロチョウの卵はあるのかな。

みさき：にんじんとセロリの葉には，卵はないよ。でも，モンシロチョウはどのようにキャベツの葉と他の植物の葉を区別しているのかな。

りょう：きっと何か理由があるはずだ。

りょう君とみさきさんは，キャベツの葉についていたモンシロチョウの卵の他に，数匹のモンシロチョウも集めて実験することにしました。

みさき：自分たちで実験を考えるなんて，わくわくするね。まずは，本当にキャベツの葉にしか卵を産まないのかを確かめてみたいわ。

りょう：そうだね。モンシロチョウの飼育箱に，**写真2**のようにキャベツの葉とセロリの葉を入れて，観察してみようよ。

写真2

数日後，りょう君とみさきさんは飼育を続けたモンシロチョウがどの葉に卵を産んでいるのかを観察しました。

みさき：キャベツの葉とセロリの葉を取り出して調べてみましょう。

りょう：キャベツの葉には卵があるけど，セロリの葉にはないよ。

みさき：本当だわ。でも，キャベツの葉とセロリの葉をどう区別しているのかしら。

りょう：葉の形を比べているとは考えられないかな。もしそうだとしたら，四角い形に切ったキャベツの葉には，卵を産まないはずだよね。

りょう君の予想と，その予想を確かめるための実験をまとめると，次の**表1**のようになりました。

表1

予　想	キャベツの葉の形によって、キャベツの葉と他の植物の葉を区別している。
実　験	飼育箱に、四角い形に切ったキャベツの葉と、そのままのキャベツの葉を入れて、それぞれのキャベツにモンシロチョウが卵を産むかどうかを観察する。

〔問題3〕 モンシロチョウはどのようにキャベツの葉と他の植物の葉を区別しているのかな。とありますが，モンシロチョウはキャベツの葉の何によって，キャベツの葉と他の植物の葉を区別しているのでしょうか。あなたの予想と，その予想が正しいかどうかを確認《かくにん》するための実験方法を，それぞれ解答らんに合うように書きなさい。ただし，予想と実験はりょう君が考えたものとは別のものを答えることとします。

2　**りょう**君と**みさき**さんが，走る速さについて話しています。

りょう：ぼくは，東京マラソンを見に行ったことがあるけれど，マラソン選手は走るのが速いよね。

みさき：マラソンで世界記録を出した選手は，およそ42kmのできょりを２時間くらいで走っていると聞いたことがあるわ。りょう君や私《わたし》の短きょり走での速さとマラソンで世界記録を出した選手の速さを比べることはできるかしら。

りょう：ぼくの50m走の記録から速さを計算したら，秒速625cmになったよ。

みさき：私は，校庭を一周走るのに28秒かかったわ。

りょう：校庭は，一周140mだったよね。

みさき：このままだと，速さを比べることができないから，速さの表し方をそろえる必要があるね。

〔問題１〕　速さの表し方をそろえる必要があるね。とありますが，三人の速さを，**時速何km**または**分速何m**のどちらか一つにそろえて，それぞれ表しなさい。ただし，マラソンで世界記録を出した選手は42kmのきょりを走るのに２時間かかるものとします。

りょう：ところで，今度の運動会で，ぼくは新しい競技に参加することになったよ。

みさき：どんな競技なの。

りょう：一年生二人と六年生三人の合計五人が，チームを組んで参加する競技だよ。まっすぐなコースを行ったり来たりしながら，一つのたすきを受けわたしてゴールするまでの時間を競《きそ》うんだ。

みさき：おもしろそうね。

りょう：分かりやすくするために，四人チームの場合で，ルールを説明するね。

りょう君は次のページのような**図１**で説明しました。

りょう：まず，四人のうちの二人がたすきを持ってゴールラインまで走っていき，ゴールラインに着いたら，二人のうちの一人がたすきを持ってスタートラインまでもどるんだ。

みさき：最初に走る二人のうちの一人は，往復することになるのね。

りょう：そうだよ。その後はスタートラインにいる三人のうちの二人がたすきを持ってゴールラインに向かい，ゴールラインに着いたら，今度はそこにいる三人のうちの一人がたすきを持ってスタートラインにもどるんだ。最後にスタートラインにいる残りの一人と，もどってきた一人がいっしょにたすきを持ってゴールラインに着いたらゴールだよ。走るときには，必ずたすきを持っていないといけないんだ。

みさき：二人で走るときは，速さを合わせないといけないのね。

りょう：そうなんだ。例えば，スタートラインからゴールラインまでのきょりを，13秒で走る人と22秒で走る人がいっしょに走ると，かかる時間は22秒になるんだ。

みさき：この競技では，走る順番と走る人の組み方が重要になってくるのね。

りょう：だから，ぼくは自分のチームの走る順番と走る人の組み方をいろいろ考えているところなんだ。運動会では五人のチームで走るから，考えるのが大変なんだよ。

図１

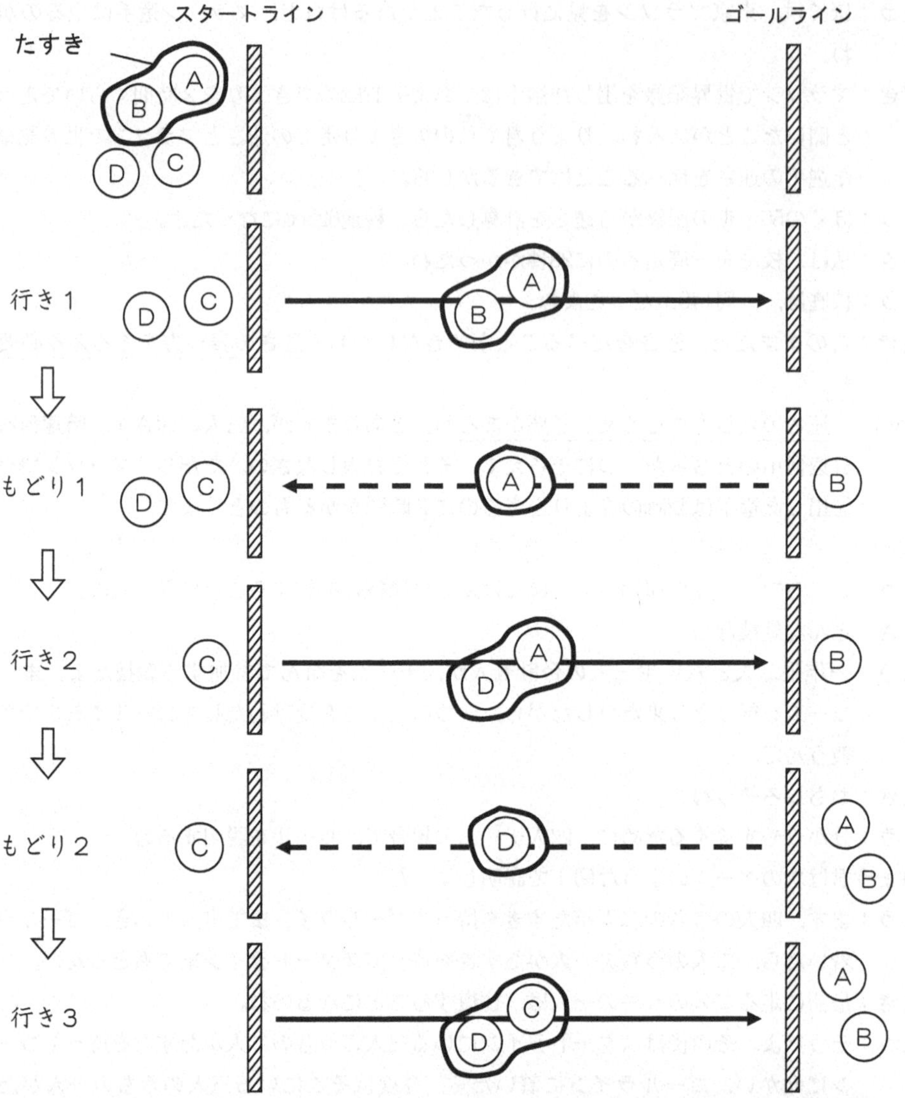

りょう君は，自分が考えた走る順番，走る人の組み方，かかる時間を**表１**にして，みさきさんに見せました。

表１　りょうくんの考えをまとめた表

走る順番	行き１	もどり１	行き２	もどり２	行き３	もどり３	行き４
走る人の組み方	りょう	りょう	りょう	りょう	りょう	りょう	りょう
	春夫		夏美		秋夫		冬美
かかる時間	１４秒	１２秒	１６秒	１２秒	２３秒	１２秒	２５秒

みさき：この**表１**のように走ると，チームがゴールするのにかかる時間は，１分54秒になるのね。

でも，りょう君が毎回走らなくても，これより短い時間でゴールできるような走る順番と走る人の組み方はないのかしら。

りょう：そうだね。あしたまでにそれぞれで考えてこよう。

次の日，二人はそれぞれが考えた走る順番，走る人の組み方，かかる時間を表にして見せ合いました。

みさき：どちらもかかる時間は１分47秒だけど，二人がまとめた表の内容にはちがいがあるね。

りょう：本当だ。１分47秒でゴールできるチーム内の走り方は，一つではないということだね。

〔問題２〕 １分47秒でゴールできるチーム内の走り方は，一つではないということだね。とありますが，１分47秒でゴールできるような走る順番と走る人の組み方を一つ考えて，解答らんに合うように書きなさい。ただし，チームの五人はそれぞれ何回走っても，いつも同じ速さで走れるものとします。

を幸せな気持ちにしてくれるという点です。ここが重要なのです。子どもたちが好奇心にかられて何かをしているのを見ると、微笑《ほほえ》ましくなるものです。そして思わず幸せな気持ちになります。もちろん子どもたちのほうも幸せな気持ちでやっているのでしょう。

（小川仁志《おがわひとし》「絶対幸せになれるたった10の条件」による）

〔注〕哲学《てつがく》――人生や世界などの根本的な原理についてはっきり知ろうとする学問。
アラン――フランスの哲学者。　虚仮《こけ》にする――ばかにする。
端《たん》を発する――それがきっかけになって物事が起こる。
出来合い――注文によって作ったのではなく、すでに出来上がっていること。
映写機《えいしゃき》――映画《えいが》を映《うつ》すための機械。
映写室《えいしゃしつ》――映画を映すための作業をする部屋。
映写技師《えいしゃぎし》――映写機を操作《そうさ》して映画を映す人。

〔問題1〕**文章1**に①「経験の自己《じこ》」とありますが、あなた自身の「経験の自己」がこれまでにとらえた幸せについて、具体的に一つ書きなさい。ただし、どんな出来事によってどのように感じたのかを明らかにして書くこと。

〔問題2〕**文章2**に②もちろん熱中できるものは、自分で見つけるに越《こ》したことはありません。とありますが、その理由と考えられることは**文章1**にも書かれています。**文章1**から理由と考えられることを読み取って書きなさい。

〔問題3〕**文章2**に③「おさるのジョージ」というアニメをご存《ぞん》じでしょうか？とありますが、筆者はどのようなことを伝えるためにこのアニメの例を使ったのでしょうか。**文章2**を読んであなたが考えたことを書きなさい。

〔問題4〕**文章1**と**文章2**は、どちらも「幸福」をテーマに書かれたものですが、それぞれの文章における幸福についての考えは、どのような点が共通していますか。解答らんに合うように、二十字以内で書きなさい。

〔問題5〕**文章1**と**文章2**を読んで、あなたの人生を幸福にするためには、どのようなことをしていきたいと考えましたか。次の二つの条件を満たしながら、三百五十字以上、四百字以内で書きなさい。

条　件

1. 「記憶《きおく》の自己《じこ》」・「好奇心《こうきしん》」というそれぞれの言葉が、本文で示している内容にふれること。
2. あなたがこれまでにやってきたことと、これからやりたいことをそれぞれ具体例として挙げること。

記入上の注意

○　題名、名前は書かずに一行目から書き始めること。
○　書き出しや段落《だんらく》をかえたときの空らんや、。や「なども、それぞれ一字に数えること。
○　段落の最初は、一字下げて書くこと。

あなたにも、夢があるはずです。

今このときも大切ですが、同時に夢のために努力することも大切なのです。

振り返ったときの満足度こそ、幸せの条件なのですから。

（茂木《もぎ》健一郎《けんいちろう》「茂木健一郎の脳がときめく言葉の魔法《まほう》」による）

〔注〕紆余曲折《うよきょくせつ》——事情がこみ入っていて、いろいろ変わること。

文章2

幸福に関係のある性格として、好奇心《こうきしん》を挙げることができます。好奇心は探究心《たんきゅうしん》と熱中に分けることができます。探究心は不安を忘《わす》れさせてくれるものです。冒険家《ぼうけんか》を見れば明らかなように。探究心は、いかなる困難《こんなん》も喜びに変えてしまいます。パズルのピースが喜びへのステップになるように。私《わたし》にとっては*哲学《てつがく》もそうです。自由とは何か、幸福とは何かということを考えるのは、喜びなのです。

そして熱中すると、もう不安は完全に消え去ってしまいます。これほど幸せなことはないでしょう。何かに熱中している人と、そうでない人とでは人生の充実度《じゅうじつど》が異《こと》なります。だから私もよく若《わか》い人に、熱中できるものを何か1つでも見つけるようにアドバイスするようにしています。時には面白《おもしろ》そうなこと、その人が興味を持ちそうなことを勧《すす》めてあげることもあります。それはより経験が豊富な大人の役目だと思っているからです。

②もちろん熱中できるものは、自分で見つけるに越《こ》したことはありません。*アランもこういっています。「人は、棚《たな》からぼた餅《もち》のように落ちてきた幸福はあまり好まない。自分でつくった幸福が欲《ほ》しいのだ。子どもはわれわれ大人の庭など*虚仮《こけ》にするだけだ。子どもは自分で、砂山《すなやま》と麦藁《むぎわら》とでりっぱな庭をつくっている。自分の手で収集《しゅうしゅう》したことのない収《しゅう》集家《しゅうか》など想像できるだろうか」と。

ここでは、幸福が自らの行動に*端《たん》を発するものである必要性を論《ろん》じているわけですが、つまるところそれは好奇心こそが行動に結びつき、それが幸福という結果につながることをいっているわけです。

好奇心によって幸福を見つけ出すことのできる人は、何事に対しても積極的です。反対に、何も見つからない人は、とにかく行動することです。アランはこうもいっています。「何もしない人間はなんだって好きになれないのだ。そういう人間に、まったく*出来合いの幸福を与《あた》えてごらん。彼《かれ》は顔をそむける。それにまた、音楽を自分で演奏《えんそう》するよりも聴《き》く方が好きな者がいるだろうか。困難なものがわれわれは好きなのだ。だから、行く道に何か障害《しょうがい》があるたびごとに、血が湧《わ》き、炎《ほのお》が燃えあがる」と。幸福は困難の先にあるものなのです。

③「おさるのジョージ」というアニメをご存《ぞん》じでしょうか？彼はいつも色んなものに興味を持ちます。そして失敗を通じて学ぶのです。それが子どもにとっては望ましい態度だということなのでしょう。

たとえば、こんな感じです。ある日ジョージははじめて映画館《えいがかん》に行きます。ところが、彼が*映写機《えいしゃき》に好奇心を抱《いだ》いて*映写室《えいしゃしつ》に入り込《こ》んだことで、*映写技師《えいしゃぎし》を驚《おどろ》かしてしまいます。その結果、映画《えいが》がストップしてしまうのです。ただ、その中断の間に映写機の仕組みを理解したジョージは、手で影絵《かげえ》をつくって観客を楽しませます。みんな幸せな気持ちになって、めでたしめでたしというわけです。

ここでのポイントは、単に本人が学ぶだけではなく、いつも周りの人

【適性検査Ⅰ】 （四五分） 〈満点：一〇〇点〉

1 次の **文章1** と **文章2** を読み、あとの問題に答えなさい。

（＊印の付いている言葉には、本文のあとに〔注〕があります。）

文章1

アメリカの心理学者でノーベル経済学賞《けいざいがくしょう》を受賞したダニエル・カーネマンが、幸福のとらえ方にはふたつの要素があると語っています。

①「経験の自己《じこ》」と「記憶《きおく》の自己」というものですが、これらは自分の中にふたつの自己が存在《そんざい》し、それぞれ幸福に対してとらえ方が異《こと》なるというのです。

簡単《かんたん》にいうと、幸せを感じるときにはふたりの自分がいるということです。

たとえば、今このときを楽しむというのが好きという人がいますね。

経験の自己というのは、今を楽しむことで幸せを感じることです。

そしてもうひとつは、＊紆余曲折《うよきょくせつ》や苦しいことを経験しながらも、振《ふ》り返ると「あれをやってよかった」「あれができたからこそ、今自分は幸せを感じることができる」という満足感が生み出す幸せというものもあります。

これが記憶の自己というものです。

では、どちらの幸せが重要かといえば、やはり人間にとって大事なのはふたつめの幸せ、記憶の自己がとらえる幸福感だといわれています。

人間の脳《のう》というのは、簡単に手に入れられた喜びはすぐに忘《わす》れてしまうようにできています。

日々の出来事は時間の流れに沿《そ》って進んでいきますが、人間の記憶というのは時間の流れに沿うものではなく、思い出や出来事単位で編集されていく性質を持っています。だから、印象に残らないことはすぐに忘れてしまうのです。

旅行で考えると、わかりやすくなります。

ひとつは、旅行中はすごく楽しくて、すべて予定どおりに終わる旅行。

もうひとつは、途中《とちゅう》でトラブルに巻《ま》き込《こ》まれたりして、予定どおりにいかない旅行です。

あとでこのふたつの旅行を振り返ったとき、楽しかった記憶として鮮《せん》明《めい》によみがえるのは、波乱《はらん》に満ちた旅行だといわれています。

穏《おだ》やかに暮《く》らすことに幸せを感じる人もいるでしょう。

ですが、時間が経《た》って振り返ったときに「あのときは大変だったけど、今考えるといい経験になった」と思えることのほうが、脳は幸福を感じるのです。

では、どうすればいいのか。

私《わたし》は、やはり夢を追いつづけることだと思います。

夢に向かって努力をしていれば、苦労したり、大きな壁《かべ》があったり、残念ながら叶《かな》わなかったとしても、脳にとっての満足度は高いのです。

脳が幸福を感じられるのは、夢を追いつづけて努力することで、さまざまなことを乗り越《こ》えたときに感じる充実感《じゅうじつかん》なのです。

平成26年度

都立両国高等学校附属中学校入試問題

【適性検査Ⅰ】　(45分)　　＜満点：100点＞

1　2013年６月に，富士山《ふじさん》が世界文化遺産《いさん》に登録されました。夏休みに，**りょうくん**は家族と富士山に登りました。**りょうくん**と**みさきさん**は教室で富士山について話しています。

りょう：去年の夏休みに，家族で富士山に登ったことを話したよね。

みさき：ええ聞いたわよ。富士山の高さは3776mだったわね。

りょう：途中《とうちゅう》までバスで行って，そこから歩いて登っていくのだけど，高く登っていくほど気温が下がるんだよ。だから，３年生の妹が「高く登ると，太陽に近づくのにどうしてすずしくなるの」と聞いてきたんだよ。

みさき：暖《だん》ぼうしている部屋の中では，暖《あたた》かい空気が部屋の上の方に，冷たい空気が下の方にあるのに，外では反対のことが起こっているのね。

りょう：空気の暖まり方と関係しているのかな。

みさき：調べてみたいわね。おたがいに何か資料を探《さが》してくるというのはどうかしら。

りょう：そうしよう。

次の日，**みさきさん**と**りょうくん**はそれぞれ，「時間による地面の温度と気温の変化」（**資料１**）と「高さと気温・気圧の変化」（**資料２**）を持ってきました。

資料１「時間による地面の温度と気温の変化」

時間	地面の温度（℃）	気温（℃）
８時	２２	１６
９時	２６	２０
１０時	２７	２１
１１時	３０	２３
１２時	３２	２４
１３時	２９	２５
１４時	２９	２６
１５時	２８	２４
１６時	２２	２１
１７時	２２	２０

資料２「高さと気温・気圧の変化」

高さ	気温（℃）	気圧（ｈＰａ）
０ｍ	１５．０	１０１３．３
８００ｍ	９．８	９２０．８
１６００ｍ	４．６	８３５．２
２４００ｍ	－０．６	７５６．３
３２００ｍ	－５．８	６８３．４
４０００ｍ	－１１．０	６１６．４

（理科年表などより作成）

みさき：わたしは時間による地面の温度と気温の変化の資料（**資料１**）を探してきたわ。気温は百葉箱で測定したものと書いてあるわ。

りょう：**資料１**を見ると，地面の近くの空気が暖まるしくみを考えられそうだね。

（問題１）　**資料１**を見ると，地面の近くの空気が暖まるしくみを考えられそうだね。とありますが，空気はどのようなしくみで暖まるのでしょうか。**資料１**をもとにしてあなたが考えたことを書きなさい。

りょう：ぼくは，高さと気温・気圧の変化の資料（**資料２**）を探してきたよ。資料の中の気圧という言葉の意味は，よくわからなかったけど天気予報で聞いたことがある言葉だね。ｈＰａは気圧の単位でヘクトパスカルと読むそうだよ。

みさき：**資料２**を見ると，やっぱり高さが高くなるにつれて気温が下がっているね。

りょう：2400mの高さでは零下《れいか》0.6℃になっているよ。それに気温の下がり方にきまりがありそうだよ。

みさき：そうだね。**資料２**では，富士山の高さくらいまでの気温しかわからないけれど，このきまりがあるとしたら，もっと高いところの気温が考えられそうよ。

りょう：そういえば，この前にぼくが乗った飛行機では，機内放送で11000mの高さのところを飛んでいるって言っていたよ。

みさき：アフリカ大陸で一番高いキリマンジャロという山は，山頂《さんちょう》の高さが約5900mとこの前読んだ本に書いてあったわ。

（問題２）　このきまりがあるとしたら，もっと高いところの気温が考えられそうよ。とありますが，①11000mの高さ，または②5900mの高さのどちらかの番号を選び，選んだ高さでの気温を求めなさい。ただし，気温の変化はきまりに従《したが》うこととし，結果は小数で表し四捨五入《ししゃごにゅう》しないこととします。

次の日，**みさきさんはりょうくん**の持ってきた**資料２**の内容をグラフ（**図１**）で表してきました。

みさき：**資料２**の高さと気温・気圧の変化をわかりやすくするために，グラフで表してみたわ。でも，急いで作ったからまだ完成していないの。

図１

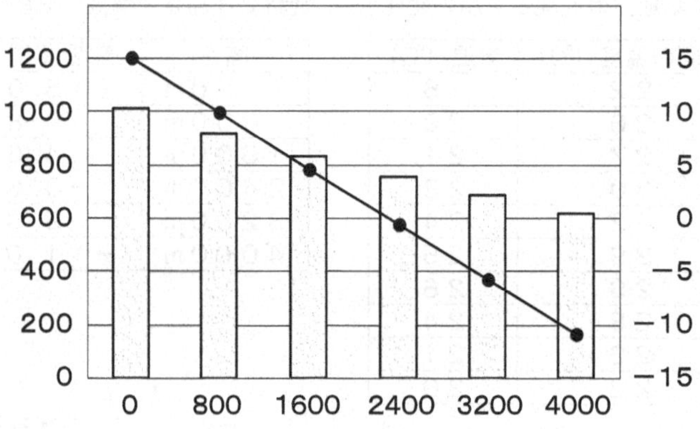

りょう：このままだと，ぼくたち以外の人には何を表しているグラフかわからないよね。

（問題３）　まだ完成していないの。とありますが，**図１**を完成させるために付け足すべきことを，解答用紙のわく内に書き加えなさい。ただし，書き加えるべきことは一つとは限りません。

2 **りょうくんとみさきさん**は，縦《たて》20cm，横32cmの長方形の紙に，同じ直径の円をかくことを考えています。ただし，紙は丸めたり，折ったり，切りはなしたり，裏《うら》を使ったりしてはいけません。また，円周率は3.14とします。

りょう：１枚《まい》の紙にできるだけたくさんの円をかくためには，**図１**のように縦と横にぴったりと円をくっつけるようにかいていけばいいと思うよ。

図１

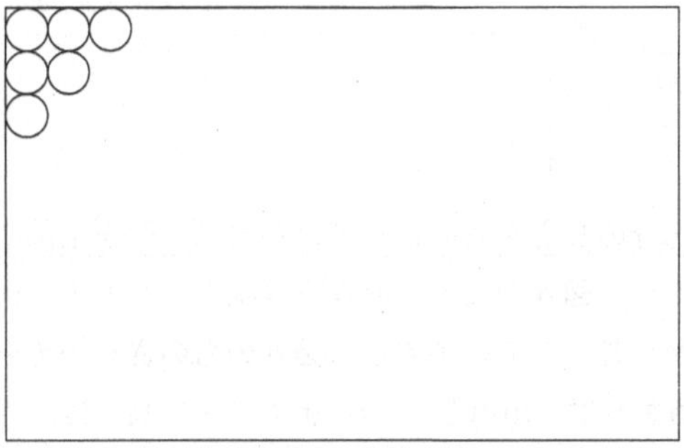

（問題１）　**図１**のように，同じ直径の円をかくとき，直径２cmの円，または，直径４cmの円を全部で何個かくことができますか。どちらかの直径を選び，かくことができる円の個数を求めなさい。

みさき：でも，**図１**のように円をかいていくと，すき間もたくさんできてしまうわね。

りょう：そうだね。このすき間の部分の面積は，円何個分になるのかな。

（問題２）　このすき間の部分の面積は，円何個分になるのかな。とありますが，**図１**のすき間の面積の合計は，直径２cmの円，または，直径４cmの円の何個分になりますか。どちらかの直径を選んで求めなさい。ただし，小数点以下を切り捨《す》てて整数で答えるものとします。

みさき：でも，このすき間の部分に，同じ直径の円をかくことはできないわね。なんだか，もったいない気がするわ。

りょう：そうだね。同じ直径の円をできるだけたくさんかくためには，なるべくすき間が小さくなるようにかいていけばいいんじゃないかな。

みさき：すき間を小さくするには，**図２**のようにかくと，**図３**のようにかくよりすき間が小さくなるわよ。

図２

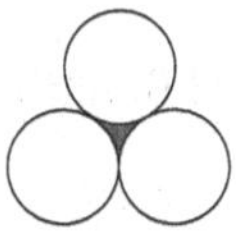

図３

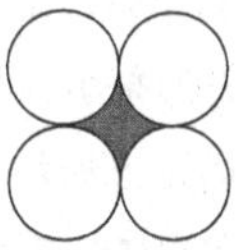

りょう：直径４cmの円を**図２**のようにかいていったら，次のページの**図４**のようになったよ。これなら，**図１**のようなかき方よりたくさん円をかけるんじゃないかな。

みさき：**図４**の矢印の部分の長さをものさしではかれば，円を全部で何個かくことができるか考えられるわ。

図4

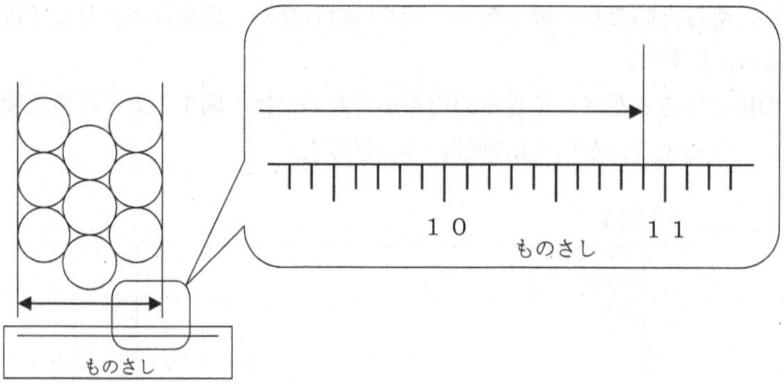

（問題３）　**図４**の矢印の部分の長さをものさしではかれば，円を全部で何個かくことができるか考えられるわ。とありますが，**図４**のように直径を４cmとしたとき，縦20cm，横32cmの長方形の紙に，全部で何個の円をかくことができますか。**図４**のものさしのめもりを利用して答えなさい。ただし，ものさしの１めもりは１mmとし，1mmより短い長さは読み取らないものとします。また，円の一つは，**図５**のようにかくこととします。

図５

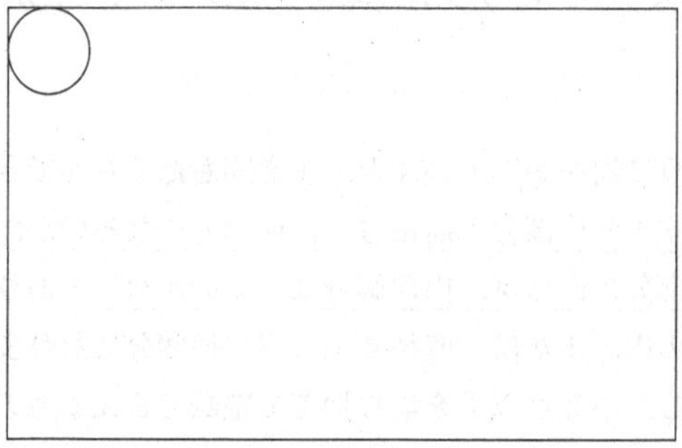

3　**みさきさん**は週末に家族と親せきの家に行きました。しかし先生から出された算数の宿題をうっかり学校に忘《わす》れてきてしまいました。親せきの家はインターネットなどが使えず，電話の会話だけで教えてもらわなければいけません。そこで**みさきさん**は，同じクラスの**りょうくん**に電話をし，宿題を教えてもらうことになりました。

りょう：算数の宿題は図形の問題だよ。メモの準備はいいかな。

みさき：いいわよ。お願いします。

りょう：まず，①正方形をかいてね。そのとき一辺の長さは６cmだよ。

みさき：一辺が６cmの正方形ね。向きはどちらかしら。

りょう：②ななめの向きにしてね。

みさき：それだけではよく分からないわ。

りょう：そうだなあ。では，トランプのダイヤと同じ向きといったら分かるかな。

みさき：それなら分かるわ。次はどうすればいいのかしら。

りょう：次は，その正方形にぴったりの円をかいてね。

みさき：ぴったりというのは，どういうことかしら。

りょう：うん，③正方形と円をちょうど四か所でぴったりくっつけてかいてね。

みさき：ぴったりくっつけるのね。できたわ。

りょう：最後に，いまかいた④円と正方形のすき間の部分をぬりつぶしてね。
そのぬりつぶした部分の面積を求めるのが宿題だよ。ただし円周率は3.14で計算してね。

みさき：わかったわ。どうもありがとう。休み明けの最初の授業の前に確認《かくにん》しましょう。

休み明けの日，**りょうくん**と**みさきさん**は授業の前に，おたがいの宿題の答えを確認しています。

みさき：**りょうくん**，電話ではどうもありがとう。おかげで助かったわ。ところで答えはいくつになったかしら。

りょう：実は，最初は難《むずか》しくて解けなかったんだ。それで，さっき先生にヒントをいただいて考えたら，答えは □ cm²になったよ。

みさき：あら，わたしの答えとちがうわね。わたしは7.74cm²だったわ。どこをまちがえていたのかしら。

そこで二人は宿題の図形を見せ合って，おどろきました。なぜなら二人の図形が同じではなかったからです。

（問題１）　宿題の図形は**図１**の**ア**でしたが，**みさきさん**は**イ**の図形をかいていました。それは，電話での**りょうくん**の言葉では情報が不十分だったために，**みさきさん**に誤《あやま》って伝わったからです。宿題の図形が正確に伝わるように，①～④の言葉のうちどれか一つを選んで書き直します。選んだ言葉の番号と，書き直した言葉を書きなさい。

（問題２）　二人の会話の中の □ にあてはまる数を求めなさい。ただし，**りょうくん**の出した答えは正解だったとします。

図１

ア　宿題の図形

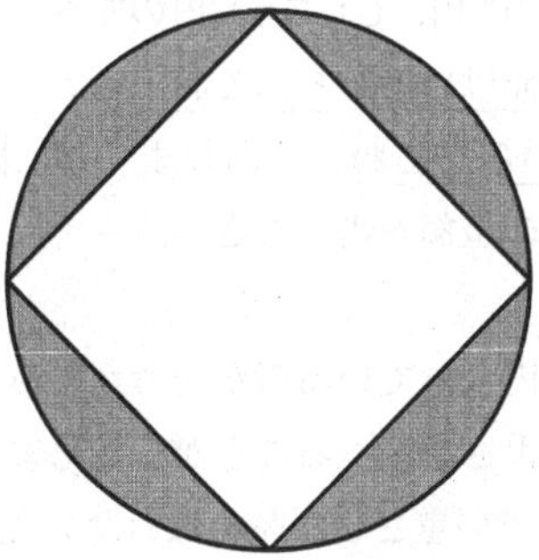

イ　みさきさんがかいた図形

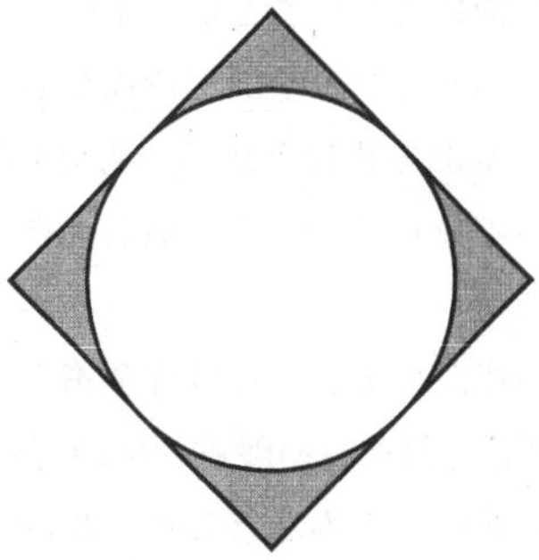

（問題３）　**図２**は，二つの合同な正方形と一つの二等辺三角形を組み合わせた図形です。ここで二等辺三角形の一つの角は直角です。この図形を，はなれたところにいる相手に言葉だけで説明して正確にかいてもらうためには，どのように説明すればよいでしょうか。**正方形**と**二等辺三角形**という言葉を用いて120字以内で書きなさい。なお，向きの表し方は**図３**に従《したが》うものとします。（、や。も一字に数えます。）（**図２**，**図３**は次のページにあります。）

図２

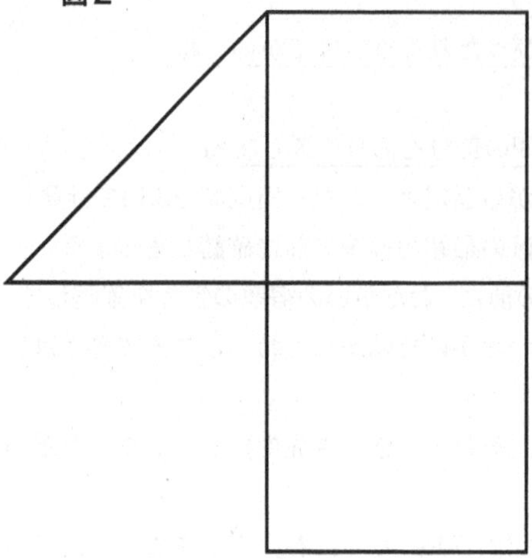

図３　向きの表し方

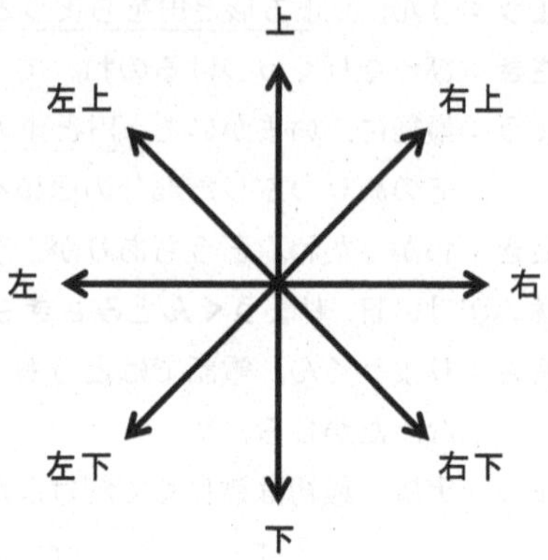

4　**りょうくん**の通う小学校では，児童会の取り組みで，毎年１月の終わりに募金《ぼきん》を行っています。そのことを家族に話したところ，**お父さん**から家にある貯金箱の中に入っているお金を募金してもよいといわれました。冬休み明けの登校日に，その貯金箱の中のお金について**みさきさん**と次のような話をしました。

りょう：その貯金箱の中には，全部で12枚《まい》の硬貨《こうか》が入っていると**お父さん**がいっていたよ。

みさき：自分で数えたわけではないの。

りょう：冬休みの間，**お父さん**が硬貨を毎日１枚ずつ入れていたみたい。貯金箱は金属でできていて中が見えないし，硬貨を入れる穴《あな》しか開いていなかったから，すぐには確認《かくにん》できないんだ。

みさき：でも，どれくらいの金額になるのか分からないかな。

りょう：そうだね。**お父さん**は，６種類の硬貨を入れたといっていたから，少なくとも何円入っているかは計算すれば分かるよ。

みさき：６種類ということは，１円，５円，10円，50円，100円，そして500円のすべての硬貨が入っているのね。全部で12枚だから，考えられる金額はいろいろあるわ。

（問題１）　全部で12枚だから，考えられる金額はいろいろあるわ。とありますが，貯金箱の中に入っている金額について，最も大きい場合を考え，その金額を書きなさい。

その日の夜，**りょうくん**は貯金箱を開けずに，中に何円入っているのかを考えてみようと思いました。まず，それぞれの硬貨の種類ごとに，1枚あたりの重さを調べることから始めました。台所にあるはかりを使ってみたところ，このはかりでは0.1ｇまでの重さしか読み取れないため，量った結果を正確な重さとしてよいのか分かりませんでした。そこで，**りょうくん**は，それぞれの硬貨の種類について，1枚の重さをより正確に求める方法を考えました。そして，**りょうくん**は自分の考えた方法で，それぞれの硬貨１枚の重さを求めました。**表１**はその結果をまとめたものです。

表１　硬貨の種類と１枚の重さ

硬貨の種類	１円硬貨	５円硬貨	１０円硬貨	５０円硬貨	１００円硬貨	５００円硬貨
重さ	１g	３．７５g	４．５g	４g	４．８g	７g

（問題２） それぞれの硬貨の種類について，１枚の重さをより正確に求める方法を考えました。とありますが，どのような方法で硬貨の重さを求めればよいですか。その具体的な方法を一つ考え，書きなさい。

母　　：どうして硬貨の重さを調べているの。

りょう：硬貨の重さから，この貯金箱に入っている金額が分かるかもしれないと思ったからだよ。

母　　：考えたわね。いくら入っているのかお母さんも知らないの。分かったら教えてね。

りょう：うん。でも，この貯金箱そのものの重さが分からないんだ。どうすればいいのかな。

母　　：それなら，まだ使っていない同じ貯金箱がもう一つあるわ。同じものだから，同じ重さと考えてもいいと思うわよ。

りょう：よかった。さっそく重さを量ってみてもいいかな。

母　　：机《つくえ》の引き出しの中に入っているから，調べてみなさい。

りょう：空の貯金箱の重さは，93ｇあったよ。それから，硬貨が入っているほうの貯金箱の重さは，135.8ｇだから，硬貨だけの重さを求められるね。これで貯金箱の中の金額が分かるかもしれないよ。

次の日，学校から帰ってきた**りょうくん**は，貯金箱と硬貨の重さから，それぞれの硬貨の枚数を考えてみました。そして，考えた金額を**お父さん**に伝えました。

父　　：中を見ないで金額を調べてみたのかい。よく考えたね。でも，その金額とは限らないんだよ。

りょう：どうしてなの。硬貨の重さから分かると思ったのだけど。

父　　：同じ重さでも，硬貨の枚数の組み合わせは何通りか考えられるからだよ。

（問題３） 同じ重さでも，硬貨の枚数の組み合わせは何通りか考えられるからだよ。とありますが，硬貨の入っている貯金箱の中の金額は，何円と考えられますか。考えられる金額を二つ書きなさい。

なことから付けられたと筆者は述べていますか。読み取ったことを書きなさい。

（問題２）Ⓐの文章に②みんなが共存《きょうぞん》して共栄していくための努力をしとありますが、筆者は具体的にクローバーのどのような様子をこのように表現したのですか。読み取ったことを二十五字以内で書きなさい。

（問題３）Ⓑの文章に③「気を合わせる」ということは、この「音合わせ」と同じようなものかもしれません。とありますが、どのようなところが「同じよう」なのですか。読み取ったことを三十五字以内で書きなさい。

（問題４）Ⓑの文章に④大野さんはこのことを話されるとき、オーケストラ団員と「気が通じ合った」といわれました。とありますが、なぜ大野さんが指揮をしたら気が通じ合ったのでしょうか。Ⓑの文章を参考にしてあなたの考えを書きなさい。

（問題５）ⒶとⒷの二つの文章を読んで、あなたは周りの人とよりよい関係を築いていくことについてどのように考えましたか。考えたことを次の二つの条件を満たしながら三百五十字以上、四百字以内で書きなさい。

条件１　周りの人とよりよい関係を築いていくために大切だと思った言葉をⒶとⒷの文章から合わせて三つぬき出し、それらの言葉をすべて使うこと。なお、ぬき出した言葉は次の例にならって形を変化させて使ってもよい。

例
「出す」→「出した」「出して」「出せば」など
「小さい」→「小さく」「小さかった」「小さければ」など

条件２　あなたがこれまでにしてきたことか、これからやっていきたいことを具体的に書くこと。

記入上の注意
○題名、名前は書かずに一行目から書き始めること。
○書き出しや段落《だんらく》をかえたときの空らんや、や。や「などもそれぞれ一字に数えること。
○段落の最初は、一字下げて書くこと。

た。④大野さんはこのことを話されるとき、オーケストラ団員と「気が通じ合った」といわれました。西洋の演奏者たちと日本の歌曲を歌うという難《むずか》しい場面で、「気が合う」という日本的な言葉が無意識に出てきたのです。

　この話は、「気が合う」ということは、日本人同士だけに限られたことではなく、外国人とのあいだでも「気が合う」ことは可能で、「気」は民族や国境を超《こ》えて＊普遍《ふへん》的に＊グローバルに存在《そんざい》していることを証《あか》してくれる実例ともいえます。

　自己《じこ》中心的に気が合いそうな人とばかり付き合うのではなく、気が合いそうでない人たちと付き合うことこそ、若《わか》い人にはとくに大事なことです。

　「気が合う」「気が合わない」ということは、さまざまな楽器を一緒《いっしょ》に演奏するのと同じように、常に自己と他者との相互《そうご》関係です。自己と他者とのコミュニケーションを成り立たせるいちばん基本的な手段《しゅだん》は、言葉による「対話」、あるいは「会話」です。「気が合う」ということは「話し合う」ことができるという関係です。対話が続けられる関係です。＊比喩《ひゆ》的にいえば、合奏や合唱は音による対話です。

　とはいえ、場合によっては、苦手と思う人、話しづらい相手と対話しなければならないときがあります。そんな場合、女優《じょゆう》の森光子《もりみつこ》さんが＊シンガーソングライターの松任谷由実《まつとうやゆみ》さんとの対談でいわれている次の言葉はたいへん＊示唆《しさ》的です。「ちょっと嫌《いや》だなと思う人と会話をすることが必要だなと思う時があります。自分の目が曇《くも》っていることもあります。逃《に》げないで声をかけると、その人と仲良くなれたり、『ごめんなさい』を言ったりできます」。このような心がけでいれば、嫌だなと思う人とも「気が合い」、対話することができるのです。

対話が継続《けいぞく》されているうちに「気が合っていく」のです。「気が合う」とおたがい「気が軽く」なり、「気が軽く」なると「気が楽に」なります。おたがいに楽しくなり、日常生活も仕事もうまくいきます。「気が合わない」と、おたがい「気は重く」なり、「気まずく」なり、日常生活も仕事もうまくいきません。

（立川昭二《たつかわしょうじ》『「気」の日本人』による）

〔注〕 波長…ここでは、話をする時などのおたがいの心の動きのこと。
性差…男女の性別によるちがい。
コンサートマスター…管弦楽団の中心的な演奏者。
A音…オーケストラで音合わせをするときに、その基準となる音。
声部…音楽で、声の高さや楽器などによって分けられたそれぞれが受け持つ部分。
ハーモニー…高さのちがう二つ以上の音が重なって調和したひびき。
弦楽四重奏…第一バイオリン・第二バイオリン・ビオラ・チェロの四つの楽器による演奏。
ピアノ三重奏…ピアノ・バイオリン・チェロの三つの楽器による演奏。
タクト…音楽で、指揮をする人が持つ棒《ぼう》。指揮棒。
普遍《ふへん》的…いろいろなものに広くあてはまる様子。
グローバル…世界的な規模《きぼ》である様子。
比喩《ひゆ》的にいえば…たとえていえば。
シンガーソングライター…自分で作詞《さくし》、作曲し、その歌を歌う歌手。
示唆《しさ》的…それとなく伝えている様子。

〔問題1〕 Ⓐの文章に①通常は、英語名で「クローバー」とよばれる植物があります。とありますが、この植物の日本でのよび名はどのよう

〔注〕 柄《え》…ここでは、葉と茎がつながる細長い部分のこと。
装飾《そうしょく》品…美しくかざるための品物。
花茎《かけい》…花をつける茎。
群落…同じなかまの植物の集まり。
繁殖《はんしょく》…動物や植物などが数を増やすこと。
要因…ものごとが起こる主な原因。
折り合う…対立していたものがゆずり合ってうまくまとまること。
熾烈《しれつ》…勢いが強く、激《はげ》しい様子。
切磋琢磨《せっさたくま》…同じものをめざす者同士が、競《きそ》い合って向上していくこと。
あっぱれ…みごとだとほめたたえる時に言う語。
感服…すっかり感心すること。

Ⓑ

この世の中は、自分といつも気が合い、フィーリングが合い、＊波長が合う人ばかりではありません。むしろ自分と気が合わない、フィーリングが合わない、波長が合わない人のほうが多いのです。またそれまでは波長が合っていると思っていた人でも、あるときから波長が合わなくなることがあります。そんなとき、どうすれば波長を合わせることができるのか。「気を合わせる」にはどうしたらいいのでしょうか。

人はみな性格も環境《かんきょう》も違《ちが》い、＊性差もあれば世代も違います。違う人同士がすぐに「気が合う」ことのほうが少ないのです。人と人との関係は、人はみな違うということを前提にして始めなければなりません。

音楽の話でいえば、オーケストラの楽器はみな違う。弦《げん》楽器もあれば管楽器もあれば打楽器もあります。性格の違う楽器を合わせてひとつの音楽をつくるわけです。それらまちまちの楽器で演奏《えんそう》を始めるには、それぞれの楽器の音程を合わせなければなりません。コンサート会場でいよいよ開演というとき、オーケストラの団員が＊コンサートマスターの合図によってオーボエの＊A音に合わせて一斉《いっせい》に各自の楽器の音程を微《び》調整する場面があります。チューニング（調弦）といいますが、このチューニングがうまくいくと演奏がうまくいくのです。

このチューニング、平たくいえば「音合わせ」は、人と人とが何かをしようとするとき、いちばん最初にやるべきことです。

③「気を合わせる」ということは、この「音合わせ」と同じようなものかもしれません。チューニングのように相手の音程や音色に合わせていくこと、あるいは自分の音程や音色に合うように相手の音程や音色をそれとなく微調整させていくことです。この微調整というところが大切なところです。ひとつの音楽にするために、各自の楽器をわずかずつ慎《しん》重《ちょう》に調整していくのです。あるいは合唱や重唱のように、違った＊声部をうまく重ね合わせてひとつの＊ハーモニーをつくっていくことです。

「気を合わせる」のは、＊弦楽四重奏の場合には同じ弦楽器同士なので合奏しやすいですが、弦楽器に鍵盤《けんばん》楽器のピアノが加わった＊ピアノ三重奏などでも名演奏は生まれます。人間関係も同じで、気質や環境の違った人同士でも「気を合わせる」ことができます。むしろ気質や環境の違った者同士のほうがうまく「気を合わせる」ことができます。

声楽家の大野一道《おおのかずみち》さんがラジオで話しておられたのですが、大野さんが外国のオーケストラで日本の歌曲を歌うとき、どうも気持《きもち》がしっくり合わない。そのとき外国人指揮《しき》者から指揮をしてみてくれといわれ、＊タクトを振《ふ》ったところオーケストラが願った通りの音を出してくれ

【適性検査Ⅱ】（四五分）〈満点：一〇〇点〉

次のⒶとⒷの文章を読み、あとの問題に答えなさい。（＊印の付いている言葉には、本文のあとに〔注〕があります。）

Ⓐ

①通常は、英語名で「クローバー」とよばれる植物があります。茎《くき》は、地面を這《は》うように伸《の》びます。節から芽を出しながら、長い＊柄《え》をもつ葉を立ち上げます。葉は、卵形《たまごがた》の三枚《まい》の小葉《しょうよう》からなります。稀《まれ》に見つかる四枚の小葉からなる葉っぱは「四つ葉のクローバー」とよばれ、幸運をもたらすものとされています。

江戸《えど》時代にオランダからガラスの器《うつわ》や＊装飾品《そうしょくひん》などの輸入品を運ぶとき、割《わ》れないように、乾燥《かんそう》させた、この草が詰《つ》めてありました。そのため、この草は「詰草（ツメクサ）」といわれました。春から夏にかけて、葉っぱよりも長い＊花茎《かけい》を出して、その先端《せんたん》に花を咲《さ》かせます。小さなチョウチョのような形の花が三〇～八〇個集まって、直径一～二センチメートルくらいの球状になります。花が白いとシロツメクサ、花が赤いとアカツメクサ、または、ムラサキツメクサです。

この植物は、野や空き地に＊群落をなして＊繁殖《はんしょく》します。このような場合には、仲間が寄り添《そ》って仲良く生活しているように見えます。仲間が助け合って生活しているような印象をもつ人も、少なくありません。

ところが、このような場合、異《こと》なる種類の植物が同じ場所で育っている場合よりもきびしい闘《たたか》いがおこっているはずです。なぜなら、同じ仲間の個体なので、欲《ほ》しがる条件がまったく同じだからです。快適な生活場所、最適な光の量、必要な栄養物、温度、水分など、その他の種々の＊要因について、個々の個体が同じものを同じように欲しがります。もし少しでも好みが違《ちが》えば、＊折り合うこともできます。たとえば、光の強さの好みが違えば、少し弱い光でよいものは、強い光が必要なものの陰《かげ》になって育つことができます。ところが好みがまったく同じ場合、折り合いをつけるのは困難《こんなん》です。

だから、群落の中でのそれらの奪《うば》い合いは、＊熾烈《しれつ》なものとならざるを得ません。でもそんな競争をしている中でも、クローバーは、②みんなが共存《きょうぞん》して共栄していくための努力をし、なんとか折り合いをつけようとします。

もっとも大切なのは、仲間のみんなが同じように光を受け取ることです。そのため、群落の真ん中の植物たちは、光がたくさん当たるように、背《せ》を高く伸ばします。「まわりの仲間に負けないように、背を高くして、光をたくさんもらおう」ということでしょう。

群落の端《はし》の植物は、光がよく当たるので、真ん中の仲間に光が当たるのを邪魔《じゃま》しないように、背丈《せたけ》を伸ばしません。その結果、群落の真ん中の方がぽっこりと背が高くなります。四つ葉のクローバーを探《さが》しているときに気づく人がいるかもしれません。

このようなしくみが、仲間との共存共栄を支えています。だからこそ、クローバーは群落をつくり、仲間と＊切磋琢磨《せっさたくま》しながらも、共存共栄ができるのです。植物たちの、仲間とともに生きるために〝譲《ゆず》る〟という知恵《ちえ》に〝＊あっぱれ！〟と＊感服せざるを得ません。

（田中修《たなかおさむ》「植物のあっぱれな生き方」による）

平成25年度

都立両国高等学校附属中学校入試問題

【適性検査Ⅰ】 （45分）　＜満点：100点＞

1　**りょうくん**と**みさきさん**の小学校では青組，赤組，黄組の３つの組に分かれて運動会が行われます。運動会前日，青組の**りょうくん**と赤組の**みさきさん**が組別リレーの選手について話しています。

みさき：青組ではだれがリレーの選手になったの。
りょう：**はるこさん**と**なつきくん**と**あきこさん**と**ふゆきくん**だよ。
みさき：４人の走る順番はどうなっているのかしら。
りょう：簡単《かんたん》には教えられないな。
みさき：２人の名前を言うから，どちらが先に走るか教えてくれる。
りょう：それならいいよ。
みさき：**はるこさん**と**なつきくん**はどちらが先に走るの。
りょう：**なつきくん**の方が先だよ。
みさき：**あきこさん**と**ふゆきくん**はどちらが先に走るの。
りょう：**あきこさん**のほうが先だよ。
みさき：**はるこさん**と**ふゆきくん**はどちらが先に走るの。
りょう：**ふゆきくん**の方が先だよ。

（問題１）２人の会話から４人の走る順番は何通りか考えられます。そのうちの１つを書きなさい。

みさき：①□と□はどちらが先に走るの。
りょう：②□の方が先だよ。

（問題２）**みさきさん**は，会話の①□と□はどちらが先に走るの。という質問と**りょうくん**の②□の方が先だよ。という答えとで４人の走る順番が分かりました。**みさきさん**はどの２人について聞き，**りょうくん**はどちらが先と答えましたか。考えられる場合を１つ書きなさい。

運動会当日，**りょうくん**と**みさきさん**が各組の得点について話しています。

みさき：運動会もあと２つの競技で終わりだね。赤組は748点で１位だから優勝《ゆうしょう》できそうよ。
りょう：青組は672点で現在３位なんだ。逆転優勝できるかな。
みさき：残りの競技は「玉入れ」と「組別リレー」だったわね。黄組は709点よ。

（問題３）玉入れで青組が１位でなかった場合，組別リレーで青組が逆転優勝するためには，玉入れと組別リレーがどのような順位になっていればよいですか。考えられる場合を１つ書きなさい。ただし，それぞれの得点は次のページのようになっています。また，どちらの競技も引き分けはないものとします。

玉入れの得点　　1位…30点　　2位…20点　　3位…10点

組別リレーの得点　　1位…60点　　2位…50点　　3位…40点
　　　　　　　　　　4位…25点　　5位…15点　　6位… 5点
＊組別リレーは各組2チームずつ選手が出ます。

りょう：青組は玉入れで1位だったから702点になったよ。
みさき：赤組は玉入れが2位で768点になったわ。黄組は玉入れが3位で719点ね。
りょう：優勝の可能性は赤組が高いね。赤組と青組の得点の差は66点だけど，最後の競技まであきらめないよ。

（問題4）青組は，組別リレーでどちらか1チームが1位にならないと優勝の可能性がなくなってしまいます。その理由を「得点の差」という言葉を用いて説明しなさい。

2　今日，2月3日は節分です。節分には，豆をまいておにを追いはらうなど，全国各地でわざわいをさけるための行事が行われます。**りょうくん**の家では，毎年，「福は内，おには外」と言いながら，豆まきをします。

りょう：今日は節分だね。家に帰ったら，豆まきをするんだ。
今年は11個の豆を食べなくちゃ。
みさき：**りょうくん**は12さいの誕生日《たんじょうび》がまだ来ていないのね。巳年《みどし》生まれなのね。わたしは，辰年《たつどし》生まれよ。
りょう：ぼくたち同じ6年生でも，辰年生まれの人と巳年生まれの人がいるんだね。
みさき：**りょうくん**は，**十二支**が全部言えるの。
りょう：自信ないなあ。そう言えば，**お父さん**もぼくと同じ巳年の生まれだよ。

十二支
十二支の順番は次の通り。ただし，（　）の中は**十二支**それぞれの読み方を示す。
子（ね）　→丑（うし）　→寅（とら）→卯（う）　→辰（たつ）→巳（み）
→午（うま）→未（ひつじ）→申（さる）→酉（とり）→戌（いぬ）→亥（い）

十二支は年を表すのに用いられるだけでなく，月日や方位，時刻《じこく》を表すのにも用いられてきました。**十干**《じっかん》と組み合わせて，さらにくわしく年や月日を表すこともあります。

十干《じっかん》
十二支と組み合わせて，年や月日を表すことに使った。**十干**の**干**と**十二支**の**支**を合わせて，「**干支**」と書いて「えと」と読む。**十干**の順番は次の通り。ただし，（　）の中は**十干**それぞれの読み方を示す。
甲（きのえ）　→乙（きのと）→丙（ひのえ）→丁（ひのと）　→戊（つちのえ）
→己（つちのと）→庚（かのえ）→辛（かのと）→壬（みずのえ）→癸（みずのと）

（問題1）**十干**と**十二支**を1つずつ組み合わせると，その組み合わせは何通りありますか。

実際に，**十干**と**十二支**を，それぞれ１つずつ順番に組み合わせていきます。

最初から順番に

十干 **十二支**	甲 子	乙 丑	丙 寅	丁 卯	戊 辰	己 巳	庚 午	辛 未	壬 申	癸 酉
よみ	きのえね	きのとうし	ひのえとら	ひのとう	つちのえたつ	つちのとみ	かのえうま	かのとひつじ	みずのえさる	みずのととり

十干が一回りしたので，次は

十干 **十二支**	甲 戌	乙 亥
よみ	きのえいぬ	きのとい

今度は，**十二支**が一回りしたので，

十干 **十二支**	丙 子	丁 丑	戊 寅	己 卯	…
よみ	ひのえね	ひのとうし	つちのえとら	つちのとう	

と続き，最後は

十干 **十二支**	…	壬 戌	癸 亥
よみ		みずのえいぬ	みずのとい

となり，もう１度，甲子から始まり，何度でもくり返していきます。このように組み合わせていくと，存在《そんざい》しない**十干**と**十二支**の組み合わせもあり，実際には「甲子」から「癸亥」までの60通りの組み合わせとなります。

（問題２）このように組み合わせていくと，存在《そんざい》しない**十干**と**十二支**の組み合わせもあり，とありますが，**十干**と**十二支**の組み合わせで，実際には存在しないものを２つ書きなさい。

今年（平成25年＝西れき2013年）の**干支**は，「癸巳」と書いて「みずのとみ」と読みます。去年は「壬辰」で「みずのえたつ」でした。プロ野球や高校野球で有名な，兵庫県《ひょうごけん》にある甲子園球場《こうしえんきゅうじょう》は，「甲子」の年に完成したので，これを音読みにして「こうしえんきゅうじょう」と名付けました。

（問題３）「甲子」の年は西れき何年ですか。考えられる年を１つ書きなさい。

（問題４）**りょうくん**の**お父さん**は４月25日生まれですが，生まれた年の**干支**は何ですか。考えられるものを１つだけ，**十干十二支**の組み合わせで書きなさい。また，あなたが考えた，**りょうくん**の**お父さん**の今日（２月３日）現在の年れいも書きなさい。

3　**りょうくん**と**みさきさん**が通う小学校では，夏休みの宿題の１つに理科の自由研究があります。夏休みのある日，**りょうくん**は**みさきさん**に資料やノートを見せて話しています。

みさき：**りょうくん**，これは何の幼虫の観察記録なの。

りょう：ガの幼虫だよ。庭の木に産み付けられた卵を観察してノートに記録していくことにしたんだ。卵からかえってしばらくは巣の中で行動していたんだけど，成長すると巣の中からいなくなって観察ができなくなってしまったんだ。

みさき：それは困《こま》ったわね。

りょう：でも，このガについて図書館でいろいろと調べたら，おもしろい資料（**資料1**）を見つけたんだよ。数回のだっ皮《び》をすると，単独で行動をはじめるということが分かったよ。

みさき：「だっ皮」ってなあに。

りょう：ヘビやこん虫などが育つにつれて古い皮をぬぐことだよ。

みさき：何回ぐらいだっ皮をするの。

りょう：６回だよ。卵からかえったばかりの幼虫を「初れい幼虫」といって，1回だっ皮をすると「２れい幼虫」，次が「３れい幼虫」というんだ。生物によってだっ皮の回数は決まっているんだよ。資料をみているとほかにも色々なことが分かったから，そのことをレポートにまとめて提出するつもりだよ。

りょうくんの記録ノート

8月　1日：サクラの木の葉の裏《うら》に大量の卵《たまご》を見つけた。色はうすい黄色であった。

8月　7日：卵がいっせいにかえって、非常に小さな幼虫《ようちゅう》になった。幼虫はみんなで糸を出して葉の表や裏に大きな巣を作り、その中にいた。

8月１２日：葉を食べながら集団で動いていた。体の長さが５mm程度になっていた。移動後には、８月７日の観察と同じように、糸を出して巣を作っていた。

8月１４日：１０mm 程度になっていた。糸を出して巣を作っていた。クモが幼虫をつかまえているところも観察できた。糸のうすいところがねらわれていた。

8月１６日：１２mm 程度になっていた。糸を出して巣を作っていた。ハチが幼虫をつかまえているところも観察できた。糸のうすいところがねらわれていた。

8月２１日：２０mm 程度になっていた。糸を出して巣を作っていた。クモが幼虫をつかまえているところも観察できた。

資料1

成長段階《だんかい》	発育日数	生存《せいぞん》個体数	行動の様子	生存個体数が減る主な原因
卵	１２	４２８７	葉の裏	病気
初れい幼虫	２３	３４０７	巣の中で集団行動	病気、クモの*ほ食
２れい幼虫		２２１０	巣の中で集団行動	クモのほ食
３れい幼虫		１８７７	巣の中で集団行動	クモのほ食
４れい幼虫	２４	１４１４	巣から出て単独行動	アシナガバチの*寄生、小鳥やカマキリのほ食
５～７れい幼虫		４１	巣から出て単独行動	
さなぎ	２３	9	巣から出て単独行動	ヤドリバエによるほ食や寄生
成虫	7	7	巣から出て単独行動	鳥のほ食、寿命《じゅみょう》

（農業環境《かんきょう》技術研究報告書より作成）

*ほ食…生きものが他の生きものをつかまえて食べること。

*寄生…生きものが他の生きものの体に住みついて、その体から養分などをとって生きていくこと。

（問題１）**りょうくんの記録ノート**を，理科の観察記録としてよりよいものにするために，あなたならどのようなアドバイスをしますか。２つ書きなさい。

りょう：資料をみていたら，成長段階とその段階で生きている数を表す生存個体数が書いてあったんだ。算数の授業で勉強した「割合《わりあい》」を使って，ある成長段階から，次の成長段階に生き残る割合を求め，**表１**にまとめてみたよ。

みさき：資料に工夫《くふう》をするなんてすごいね。

表１

成長段階	生存個体数	生き残る割合（％）
卵	４２８７	７９．４７
初れい幼虫	３４０７	６４．８７
２れい幼虫	２２１０	①
３れい幼虫	１８７７	②
４れい幼虫	１４１４	２．９０
５～７れい幼虫	４１	２１．９５
さなぎ	９	７７．７８
成虫	７	

（問題２）

⑴　**表１**の空らん①２れい幼虫，②３れい幼虫，のどちらかを選び，次の成長段階に生き残る割合を百分率で求めなさい。ただし，計算の結果は小数第三位を四捨五入《ししゃごにゅう》して，小数第二位まで求めなさい。

⑵　**りょうくんの記録ノート**と**資料１**と**表１**から生き残る割合が大きく変化する原因として，考えられることを書きなさい。

４　**りょうくん**と**みさきさん**は体育委員の代表として，「体力向上月間」の取り組みについて児童集会で発表することになりました。調べていくと次のような，小学生の**１週間の総運動量のちがいによる体力テスト合計点の分布**のグラフ（**資料１**）があることが分かりました。そこで，これをもとに発表資料を作ることにしました。（グラフは次のページ）

みさき：この**資料１**は，全国の小学生を対象に行われた体力テストの点数の合計をグラフにしたものだそうよ。

りょう：１週間の運動時間が420分未満の子供《こども》と，420分以上の子供の体力テストの点数の合計なんだ。運動時間には体育の授業は入ってないよ。

みさき：体力テストの点数はどうやって決まるのかしら。

りょう：男女とも８種目の記録で点数が決まるんだ。どの種目も10点満点になっているよ。例えばソフトボール投げの点数の決まり方は７ページの**資料２**のようになっているよ。

みさき：①１週間の運動時間が420分以上の男子では，体力テストの点数が55点以上59点以下の子供の割合《わりあい》が15.4％で最も多いのね。

資料１　１週間の総運動量のちがいによる体力テスト合計点の分布

男子

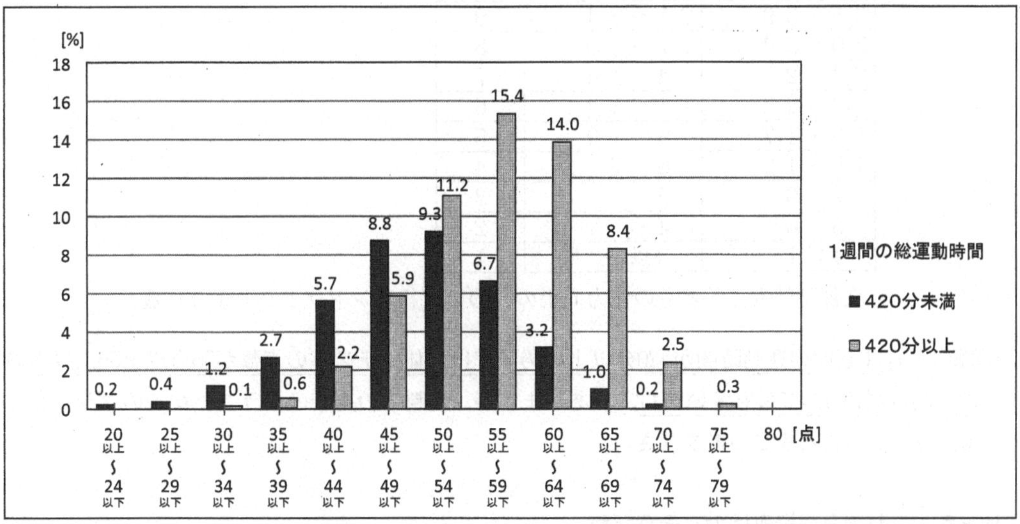

女子

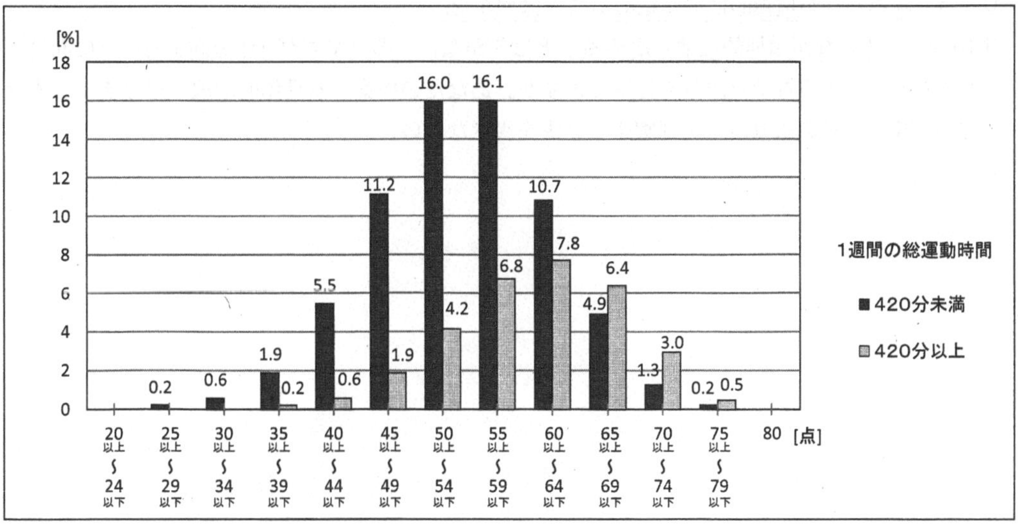

（文部科学省「子どもの体力向上のための取組《とりくみ》ハンドブック」より作成）

資料２　ソフトボール投げ得点表

男子の記録（m）	女子の記録（m）	得点
４０以上	２５以上	１０
３５～３９	２１～２４	９
３０～３４	１７～２０	８
２４～２９	１４～１６	７
１８～２３	１１～１３	６
１３～１７	８～１０	５
１０～１２	６～７	４
７～９	５	３
５～６	４	２
４以下	３以下	１

（文部科学省「子どもの体力向上のための取組《とりくみ》ハンドブック」より作成）

（問題１）①１週間の運動時間が420分以上の男子では，体力テストの点数が55点以上59点以下の子供の割合《わりあい》が15.4％で最も多いのね。とありますが，**資料１**の男子のグラフと女子のグラフを比べて読み取れることを２つ書きなさい。

りょう：これで発表資料はできそうだね。

みさき：発表のためには具体的な取り組みについても考えないとね。

りょう：②みんなが積極的に取り組めることは何かな。

（問題２）②みんなが積極的に取り組めることは何かな。とありますが「体力向上月間」に向けてあなたならどのような取り組みを提案しますか。あなたの提案する具体的な取り組みを１つ書きなさい。また，その取り組みを提案する理由を書きなさい。

どうしたらいいか人に聞けない人は、問題を前に一人で固まる。要領のいい人は言われたことだけさっとやって、あとは暇《ひま》をつぶすのみになる。でも、誰《だれ》かに何かを教えてもらう経験をしたら、今度は自分が誰かの役に立ちたい、必要とされたいと思うようになるはずです。

じゃあ、必要とされるためにはどうしたらいいかというと……得意技《わざ》を持てばいい。そのためには、これをやりなさいと言われた勉強、人に聞けばわかる勉強以外に、自分で考えたことを自分でやるしかない。そうやって、自分だけの得意技を獲得《かくとく》していくんです。

たぶんあと15年もしたら、僕らと関《かか》わった子どもたちが、ＪＡＸＡとか宇宙に関する場所でたくさん働いているはず。やりたがりと知りたがりが、宇宙開発の現場にあふれるようになったらいいなと思います。

こないだね、*チャック・ラワーとリーダーシップってなんだろうね、という話をしていて。命令を出すことではない。命令を出す人や*カリスマが出てくると、*指示待ち族が増えるから。指示されたことだけやるなら、ロボットでいいわけで。

僕らの結論《けつろん》としては、自ら動く人を育てるためには、リーダー自身がとにかく行動して、先に行くことが大事なんじゃないかと。夕陽《ゆうひ》に向かってひたすら走っていれば、そのうち誰かがついてくるでしょう。

もし誰もついてこなくても、走るのをやめてはいけません。いったん考えよう、と足を止めるなんてもったいない。走りながら考えることだってできるんです。泣きたくなったら……走りながら、泣けばいいんですから。」

（モーニング編集部＋門倉紫麻《かどくらしま》「We are 宇宙兄弟　宇宙を舞台《ぶたい》に活躍《かつやく》する人たち」による）

〔注〕チャック・ラワー……ロケットの共同開発者の名前。
カリスマ……人をひきつけるような資質・技能を持った人。
指示待ち族……誰かに指示されないと何もしない人たち。

〔問題１〕　Ⓐの文章の①“透明《とうめい》人間”のようなリーダーとはどういうリーダーのことですか。五十字以内で答えなさい。なお、、や。や「　などもそれぞれ一字に数えなさい。

〔問題２〕　Ⓑの文章の②『作り方は教えませんから、頑張《がんば》ってください』という言葉にこめられた植松さんの子供たちに対する思いを五十字以内で書きなさい。なお、、や。や「　などもそれぞれ一字に数えなさい。

〔問題３〕　ⒶとⒷの文章を読んで、「リーダーのあるべき姿《すがた》」についてあなたはどのように考えましたか。次の二つの条件を満たしながら、三百五十字以上四百字以内で書きなさい。

・文章は三つの段落《だんらく》に分けて書くこと。
・本文中に挙げられている「リーダー像」にふれること。

○　題名、名前は書かずに一行目から書き始めること。
○　書き出しや段落をかえたときの空らんや、、や。や「　などもそれぞれ一字に数えること。
○　段落の最初は、一字下げて書くこと。
○　段落をかえたときの残りのます目も字数に数えること。

もう一つ、「状況判断能力」について尊敬《そんけい》するリーダーが言っていたことがあります。「運用上の小さなミスは、あとで＊是正《ぜせい》できる。でも、状況判断能力自体は簡単《かんたん》には変えられない」。状況を瞬時《しゅんじ》に的確に把握《はあく》し、適切な行動に移していく能力を向上させるには、とにかく＊場数を踏《ふ》んで、ちょっとずつ能力を磨《みが》き上げていくしかないと思って、努力《どりょく》をしてきました。

（モーニング編集部＋門倉紫麻《かどくらしま》「We are 宇宙兄弟　宇宙飛行士の底力」による）

〔注〕老子《ろうし》…古代中国の思想家。
ノウハウ…やり方。　ミッション…任務。
ヒューストン…宇宙センターのあるアメリカの都市名。
ＮＡＳＤＡ（現ＪＡＸＡ）…日本の宇宙航空研究の機関。
寛容《かんよう》…心が広く、人の立場をよく理解すること。
パフォーマンス…発揮《はっき》される力。　ＮＡＳＡ…アメリカ航空宇宙局。
クルー…乗組員。　是正《ぜせい》…正しく直すこと。
場数を踏《ふ》んで…経験をつんで。

Ⓑ この文章は、北海道《ほっかいどう》でリサイクル用機器の製作販売《はんばい》会社を営んでいる植松努《うえまつつとむ》さんへのインタビューをもとに書かれたものです。植松さんは社員とともに、本業のかたわらロケットの開発に打《う》ち込《こ》み、子供《こども》たちを対象にモデルロケットの製作と打ち上げの体験教室を開いています。

「僕《ぼく》は、『小学生のうちからロケットくらい飛ばしておけ』っていう環《かん》境《きょう》になるのがいいなと思っていて。大学生でせっかく宇宙開発の勉強をしていても、ロケットどころかプラモデルさえも作ったことがなくて、特に成果の出せないまま卒業してしまう子も結構いる。もったいないです。

去年から今年にかけてうちの工場で使ったモデルロケットの数は2万発くらいになっています。それだけの子たちと、僕らはロケットを飛ばしてます。

幼稚園《ようちえん》、小学生くらいまでは、彼らはみんなやりたがり、知りたがりです。どうせ無理と思わない、諦《あきら》めない大人《おとな》になってもらうには、諦め方をまだ知らない子どもに、諦め方を教えないのが一番いいのかなあと。」

モデルロケットは、紙とプラスチックでできた、オリジナルのもの。エンジンを装着《そうちゃく》すれば打ち上げができる本格的な仕様だ。組み立て説明書を見ながら、プラモデルの要領で組み立てていくのだが、けっして子ども向けに書かれているわけではない。

「最初にね、②『作り方は教えませんから、頑張《がんば》ってください』って言うんです。たぶん、すぐには作り方がわからないと思います。でもね、わからなかったら、わかるまで調べればいいだけなんですよ。

調べる方法には、二つあって。まずわかっている人のしていることをこっそり見る。もう一つは、わかっている人と仲よくなって、教えてもらう。そうして自分ができるようになったら、人に教える。それだけのことなんですよね。

最初から何でも知っている必要なんてないんです。わからないことがあるのは恥《は》ずかしいことじゃない。わからなかったら、調べればいい。人に聞けばいい。

社会に出てからも、同じようなことが起きます。トラブルがあっても

【適性検査Ⅱ】（四五分）〈満点：一〇〇点〉

次のⒶとⒷの文章を読み、あとの問題に答えなさい。（＊印の付いている言葉には、本文のあとに〔注〕があります。）

Ⓐ　この文章は、日本人で初めて国際宇宙《うちゅう》ステーションのコマンダー（船長）に選ばれた宇宙飛行士の若田光一《わかたこういち》さんが、自身が目指す「リーダー像」について述べたものです。

中国の＊老子《ろうし》は「有能なリーダーが仕事を終えた時、人々にはその事《こと》柄《がら》が自然に起きたように見える」という言葉を残しましたが、それが私《わたくし》にとっての理想像です。

私の1回目と2回目のスペースシャトル飛行の時の船長で、アメリカ空軍のテストパイロット出身のブライアン・ダフィーさんは、まさにそんなリーダーでした。特に強いリーダーシップでみんなを率いているという感じは受けないんですけど、彼《かれ》と訓練をしていると、いつのまにか仕事をするための＊ノウハウが身についてしまっている。

彼はふだんのなにげない会話を通して、チーム一人《ひとり》ひとりの能力や特性をきちんと把握《はあく》してくれているんです。それで、それぞれの欠けているところ――たとえば人工衛星をロボットアームで捕《つか》まえる時の心構え――をさらっと、気づかないうちに教えてくれる。だから、次の機会に訓練をすると、教えてもらったことが自然に出てきて、課題だったことがいつのまにかクリアできている。それにタフィーさんはチーム一人ひとりの能力を信頼《しんらい》し、しっかり監督《かんとく》しながらも多くの仕事を任せてくれます。

私が目指すのも、そういうリーダーです。訓練中はもちろん、宇宙に行って、帰って気づいてみたら、自然に＊ミッションが成功していたなとメンバーに思ってもらえる①〝透明人間《とうめいにんげん》〟のようなリーダーになりたいですね。まだまだダフィーさんにはほど遠いですけれど。

彼に限らず、航空会社の技術者の仕事をしていた時の上司や、＊ヒューストンで宇宙飛行士訓練を開始した当時の＊NASDA（現JAXA）のヒューストン駐在《ちゅうざい》事務所の所長……この人だったらついていっていろんなことを学びたいな、と思うすばらしいリーダーの方々に恵《めぐ》まれたことに本当に感謝しています。自分がリーダーシップをとって困《こま》った時は、彼らがどうやって苦境を乗り切っていったかを思いだすようにしているんですよ。

たとえば「相手に逃《に》げ道を残す」。問題解決には、＊寛容《かんよう》さをもって、相手が逃げられるスペースを残しながら議論《ぎろん》する必要がある。最後まで自分の意見を押《お》し通してチームのハーモニーを維持《いじ》できなかったり、＊パフォーマンスが落ちたりしては意味がないですからね。

海軍のテストパイロット出身で＊NASA宇宙飛行士候補《こうほ》者クラスの同級生から聞いた言葉もよく覚えています。「心の中では危機《きき》を感じていても、態度は平静に保て」ということです。宇宙飛行士は、宇宙でどんなに危機的な状況《じょうきょう》が訪《おとず》れても、軌道《きどう》上の＊クルーと地上管制局を含《ふく》めた運用チーム全体が冷静に行動できるような言動をとる必要がある。もしクルーがパニックを起こしたら、地上で支援《しえん》してくれる仲間も落ち着いた状態で作業を行うことが難しくなるんだ、と教えてもらいました。宇宙飛行士になったばかりの年に聞いた言葉ですけれど、今も心に残っています。

平成24年度

都立両国高等学校附属中学校入試問題

【適性検査Ⅰ】（45分）　＜満点：100点＞

1　**りょうくんとみさきさんは，**夏休みの自由研究で，東京（かつての江戸《えど》）の水道の歴史を研究することにしました。

りょう：江戸幕府《ばくふ》を開いた徳川家康《とくがわいえやす》が，江戸に入ったのは，今からおよそ420年前のことだって。当時は**図１**，**図２**にあるように，日比谷入り江《ひびやいえ》という湾《わん》などをうめ立てて土地を広げたそうだよ。

みさき：江戸の町は海をうめ立ててつくられたのね。

図１　**１５９０年ごろの江戸**

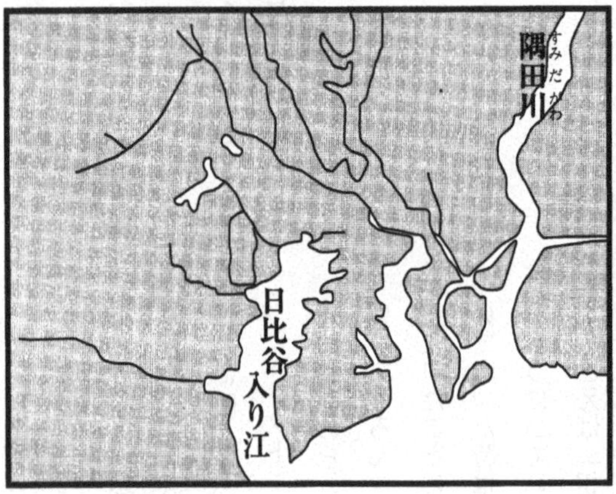

図２　**１６３０年ごろの江戸**

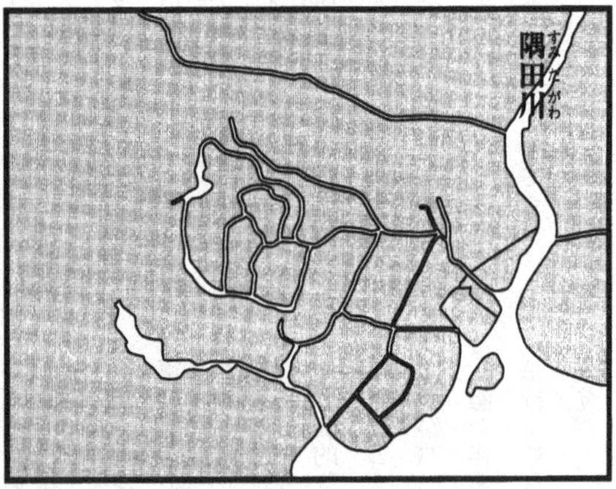

（鈴木理生《すずきまさお》「江戸の川、東京の川」より）

みさき：江戸って100万人の人が住んでいたって聞いたことがあるけれど，そんなに多くの人が住んでいたら，飲み水なんかはどうしたのかしら。やっぱり井戸《いど》をほって地下水にたよっていたのかな。

りょう：でも，調べてみると，①隅田川《すみだがわ》より西の江戸の町では地下水ではなく，多摩川《たまがわ》の水を台地から引き，次のページの**図３**にある四谷大木戸《よつやおおきど》からは地中に木管を通して給水したのだって。これを玉川《たまがわ》上水というそうだよ。だから，その地域《ちいき》では，次のページの**図４**のように上水井戸といって，地下水ではなく，玉川上水の水をためて井戸のように利用していたんだ。

（問題１）①隅田川《すみだがわ》より西の江戸の町では地下水ではなく，多摩川《たまがわ》の水を台地から引き，とありますが，その理由を二人の会話と**図１**から**図４**を参考にして，あなたの考えを書きなさい。

図３　玉川上水の位置（白わくの中は、図１・図２の場所を示す）

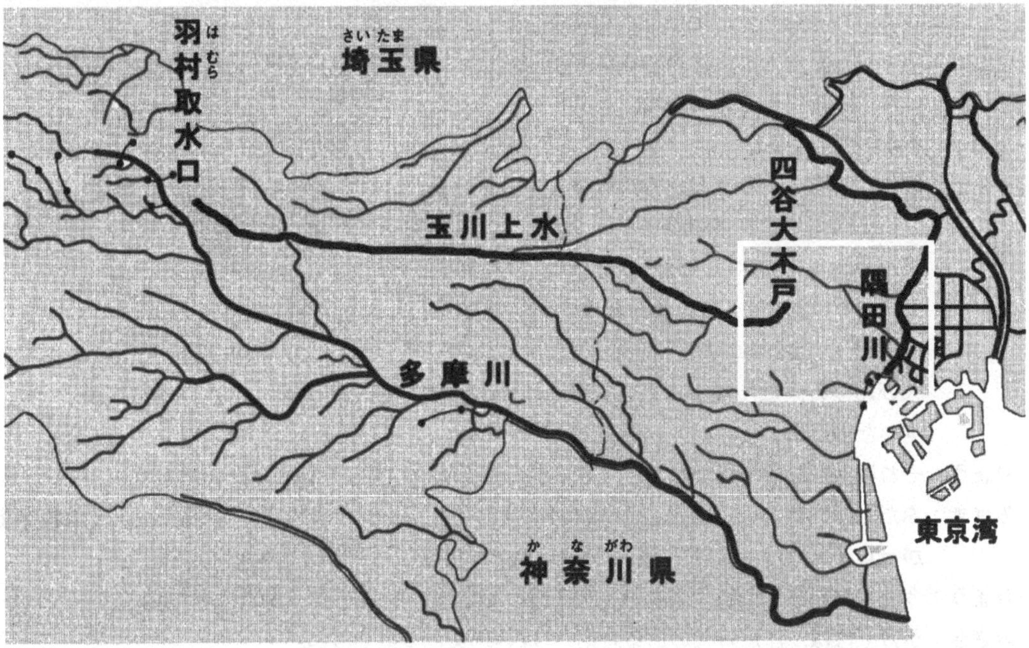

（東京都建設局ホームページより）

図４　上水井戸

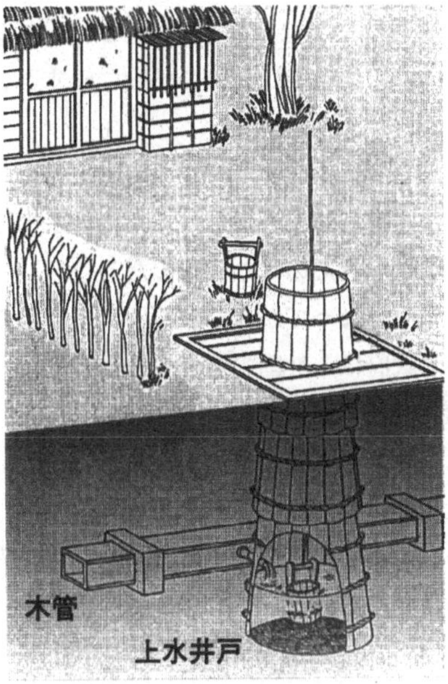

←玉川上水からの水

（小坂克信《こさかかつのぶ》「玉川上水と分水」より）

りょう：玉川上水のほかにもいくつも上水をつくったそうだよ。地中に水道管をめぐらしたなんて，江戸の人はすごいな。隅田川より東の地域は，井戸水だったのかな。

みさき：調べてみると，わたしたちが今住んでいる隅田川より東の地域では，飲み水や調理用の水は，**図５**のような「水売り」から買っていたんだって。「水売り」は２つのおけに水を入れ，天《てん》びん棒《ぼう》の両たんにぶら下げて売り歩いたようよ。

図５　「水売り」の様子

（高橋達郎《たかはしたつろう》　ホームページ「江戸散策《さんさく》」より）

りょう：それは大変な仕事だよね。ところで水の値段《ねだん》はいくらぐらいだったんだろう。

みさき：**ふだん**はおけ２はいの水（約60リットル）で４*文《もん》だったけれど，日照りなどで**値段が上がったとき**には，おけ２はいの水で100文になることもあったみたい。

りょう：今とちがって水の値段がずいぶん変わるんだね。

みさき：かけそばは，江戸時代のある時期，1ぱい16文だったそうね。

りょう：うちの近くのおそば屋さんでは，かけそば１ぱいが480円だから，②おけ１ぱいの水の値段は現在の値段に直すといくらになるかな。

＊文《もん》…文《もん》は昔のお金の単位

（問題２）②おけ１ぱいの水の値段は現在の値段に直すといくらになるかな。とありますが，**ふだん**または**値段が上がったとき**のどちらかを選んで，おけ１ぱいの水の値段は現在の値段に直すといくらになるか，計算しなさい。

りょう：東京都にある水道歴史館の資料によると，江戸が東京と変わっても，しばらくこの上水はそのまま使われていたらしいね。今のような上水道がしかれたのはなぜなのだろう。

みさき：江戸時代の終わりから伝染病《でんせんびょう》がしばしば流行して，明治になってからその原因の一つがこの上水の木管にあるって疑《うたが》われたみたい。そこで明治政府は，外国の学者や技術者を招いて，上水道の近代化をはかったのですって。淀橋浄水場《よどばしじょうすいじょう》から本郷《ほんごう》給水所を経て神田《かんだ》，日本橋《にほんばし》方面に初めて近代的な上水道が完成したのは明治31年（1898年）のことのようね。今では，次のページの**図６**のような上水道がしかれているのね。

（問題３）江戸時代の上水と現在の上水道とを比かくして，どのような点が改良されましたか。二人の会話や**図１**から**図６**を参考にして，あなたの考えを２つ書きなさい。

図6　上水道の仕組み

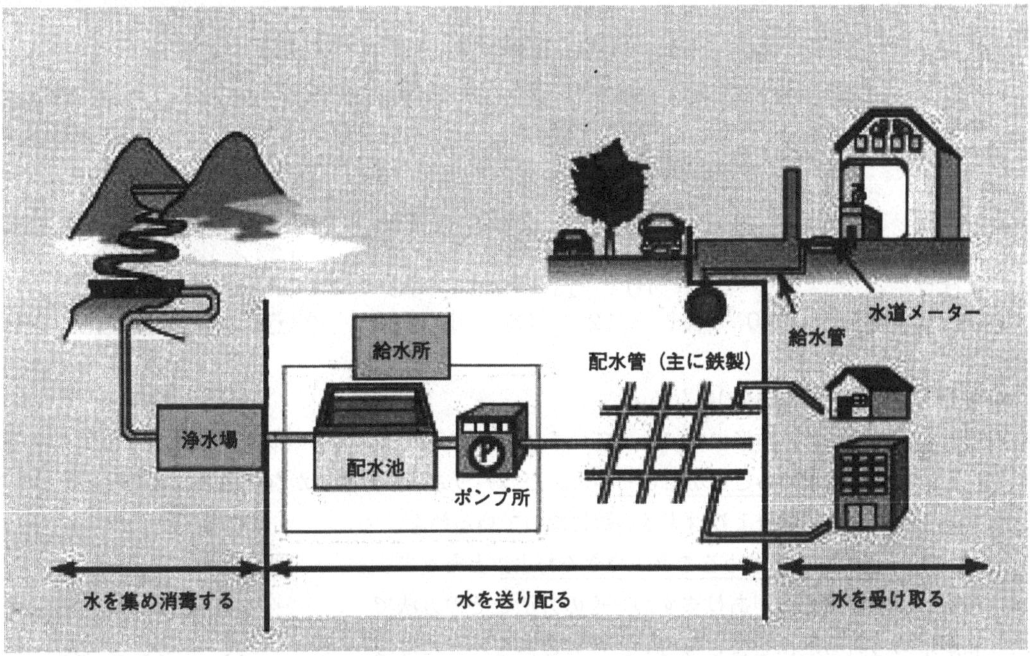

（東京都水道局ホームページより）

2　**りょうくん**が，**お母さん**とパズルをしています。

母　　：数を**図1**のように，1行目は1，2行目は２と3，3行目は３と４と5，というように次々と並《なら》べるよ。色をつけた三角形の中に入っている10個の数の和はいくつになるかな。

図1

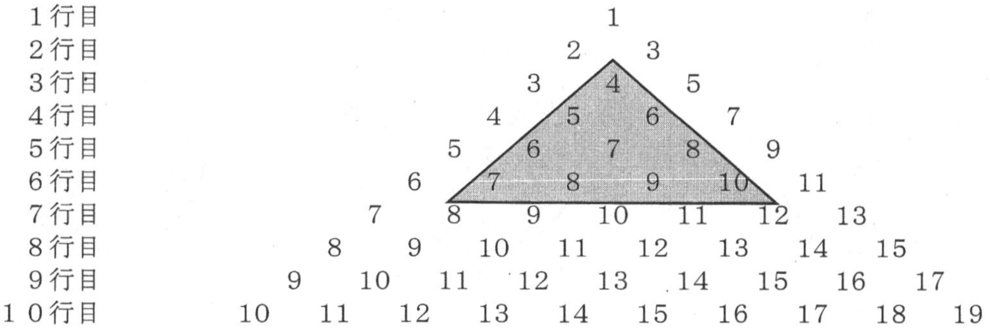

りょう：10個の数の和は　4＋5＋6＋6＋7＋8＋7＋8＋9＋10　だから70になるよ。

母　　：計算は大変だったかしら。では，色をつける三角形の位置を次のページの**図2**のようにすると，その三角形の中に入っている10個の数の和はいくつになるかな。

図2

1行目　1
2行目　2　3
3行目　3　4　5
4行目　4　5　6　7
5行目　5　6　7　8　9
6行目　6　7　8　9　10　11
7行目　7　8　9　10　11　12　13
8行目　8　9　10　11　12　13　14　15
9行目　9　10　11　12　13　14　15　16　17
10行目　10　11　12　13　14　15　16　17　18　19

りょう：10個の数の和は160になるよ。

母　　：色をつけた三角形の中に入っている10個の数の和は，10個の数を全部たさなくても，①別の方法で求めることができるわよ。どういう方法か分かるかな。色をつけた三角形の一番上の数の10個分よりは大きい数になっているわよ。

（問題1）①別の方法で求めることができるわよ。とありますが，どのような方法がありますか。その方法とその方法で和が求められる理由を書きなさい。数の位置を示すには**図3**のアからコの記号を使ってもかまいません。

図3

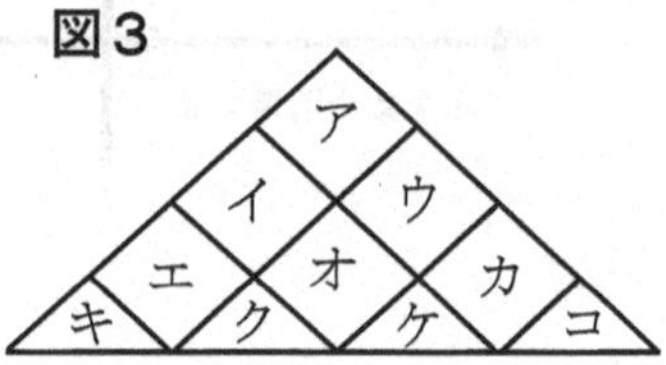

次に**お母さん**は，おはじきと棒《ぼう》を用意して**図4**のように円をAからEの棒で5つに区切りました。そして**図5**のように15個のおはじきを1個，2個，3個，4個，5個のかたまりに分けて，棒で区切られた場所に並べました。

図4

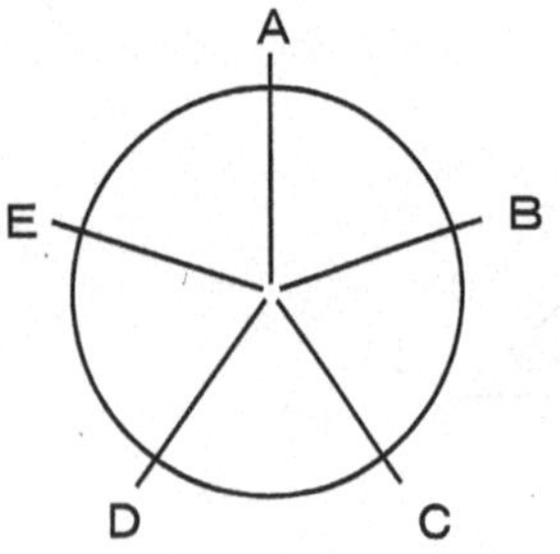

図5

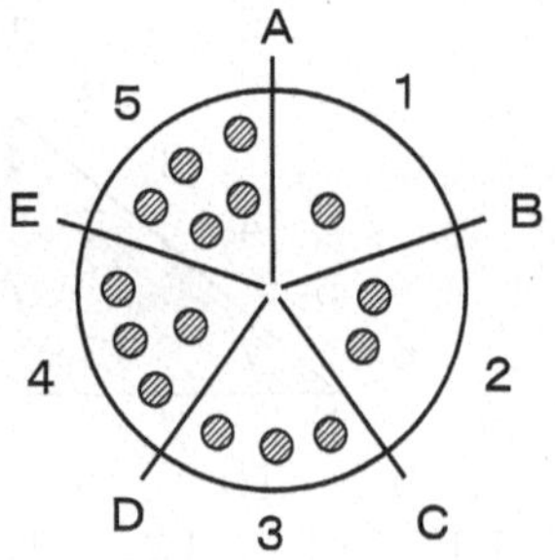

図6

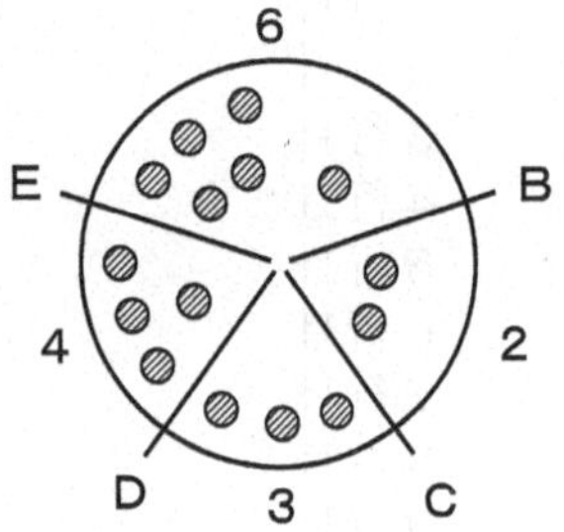

母　　：おはじきが1個，2個，3個，4個，5個のかたまりになっているね。どこかの棒を取り除《のぞ》くと，6個のかたまりを作ることができるわよ。どの棒を取り除けばよいか分かるかな。

りょう：**図5**でAの棒を取り除けば，**図6**のように6個のかたまりができるよ。

母　　：取り除く棒は1本でなくてもいいのよ。②**図5**でほかの棒を取り除いても，6個のかたまりができるわよ。6個のかたまりのほかにも，**図5**でどこかの棒を取り除くと，7個から15個までのどの個数のかたまりでも作ることができるのよ。

（問題２）②**図５**でほかの棒を取り除いても，6個のかたまりができるわよ。とありますが，どの棒を取り除けばよいか**Ａ**から**Ｅ**の記号で書きなさい。

母　：今度は16個のおはじきを**図４**に並べても，どこかの棒を取り除くと１個から16個までのどの個数のかたまりでも作ることができるのだけど，分かるかな。③16個のおはじきを１個，2個，3個，4個，6個のかたまりに分け，**図４**の**Ａ**から**Ｅ**の棒で区切られた場所のどこかに並べて，考えてごらん。

（問題３）③16個のおはじきを１個，2個，3個，4個，6個のかたまりに分け，**図４**の**Ａ**から**Ｅ**の棒で区切られた場所のどこかに並べて，考えてごらん。とありますが，どのように並べるとよいですか。**図５**のかき方にならって解答用紙に記入しなさい。ただし，1個のおはじきを置く場所は**Ａ**と**Ｂ**の棒の間とします。

3　**りょうくん**と**お父さん**は，公園を散歩しています。この公園には池がいくつもあって，池の中や池の周りに植物が生えています。

父　：ほら，この池（**写真１**）には植物がいっぱい生えているね。手前にはスイレン，向こうには底に根を張つてのびているアシが密集《みっしゅう》しているよ。

りょう：それぞれの植物は，かたまって生えているみたいだけど，①なぜ混じりあって生えないのだろう。

りょうくんは次のページの**資料**のスケッチを見て，その説明を読みながら考えました。

写真１　スイレンとアシが観察できる池

資料　スイレンとアシについて

スイレン　水底に根を生やし、水面にうく葉を広げる浮《ふ》葉植物《ようしょくぶつ》です。花期は７～９月で、白、紅《べに》など品種により多くの色の花があります。花の大きさは直径５～１０ｃｍ、葉は円形で直径２０ｃｍ程度です。

アシ　水辺に根を生やし、くきや葉は水面上に出ている植物で、水辺に生える多年草です。葉はササに似た形をしています。水中のよごれをすい取り、水をきれいにしてくれる植物として知られています。

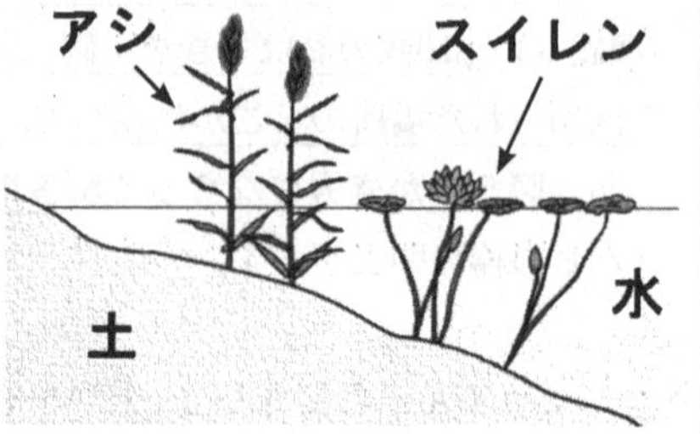

（問題１）①なぜ混じりあって生えないのだろう。とありますが，スイレンとアシはどうして池のそれぞれの場所で別々に集まって生えているのでしょうか。**写真１**や**資料**を参考にあなたの考えを書きなさい。

二人は，別の池に近づいてその様子をながめています。

りょう：こっちの池にもスイレンがたくさん集まって生えているよ。この様子をカメラでとっておこう。（**写真２**）

父　　：もっと密集している植物を写真にとったよ。（**写真３**）

りょう：こんなに植物が生えている池はあったっけ。

父　　：これはほら，**りょう**の足元に生えているゼニゴケの写真なんだ。この葉っぱのようなものは葉状体《ようじょうたい》というのだけれど，1枚の直径は１㎝ぐらいだろう。でも写真に写すと大きさが分からないね。

写真２　スイレンの葉

写真３　ゼニゴケ

（問題２）ゼニゴケが，スイレンよりずっと小さな植物だということが分かる写真にするためには，**写真２**や**写真３**のような写真をとるときにどのようなくふうを加えれば良いですか。あなたの考えを書きなさい。

家に帰ってから**りょうくん**は，スイレンの花がどのようにさくのかを調べて**写真４**を見つけました。また，公園にある２つの池にさくスイレンの花一つ一つの位置が示された**図１**も見つけました。

写真４　スイレンの花がさく様子

りょう：お父さん，この写真のようにスイレンはきれいな花をいっぱいさかせるんだね。

父　　：**図１**には，**Ａ池**と**Ｂ池**のスイレンの花がどこにどれだけさいているかが示されているね。**図１**の池の中の白い部分はスイレンの葉がういているはん囲で，そこはスイレンが生えている場所と考えていいね。黒い点の一つ一つが花の位置というわけだね。

りょう：この**図１**で**Ａ池**と**Ｂ池**を比べると，花のさいている様子がちがうように見えるなあ。それぞれの池全体にどのくらいの花がさいているかは，この黒い点を数えれば分かるね。でも，集まってさいているところと，葉っぱはあるけれど，あまりさいていないところがあるなあ。

りょうくんは**図１**の中の黒い点を数えて，**Ａ池**には116個，**Ｂ池**には285個の花がさいていることが分かりました。

父　　：たしかに，**Ａ池**と**Ｂ池**のスイレンが生えている場所によって，花が集まってさいているところとそうではないところがあるようだね。**図１**では１辺２ｍの正方形で池全体が区切られているけど，②スイレンの花のこみ具合を比べられないかな。

（問題３）②スイレンの花のこみ具合を比べられないかな。とありますが，次のページの**図１**の**Ａ池**と**Ｂ池**のスイレンの花のこみ具合をあなたはどのように比べますか。あなたの考えを書きなさい。

図1

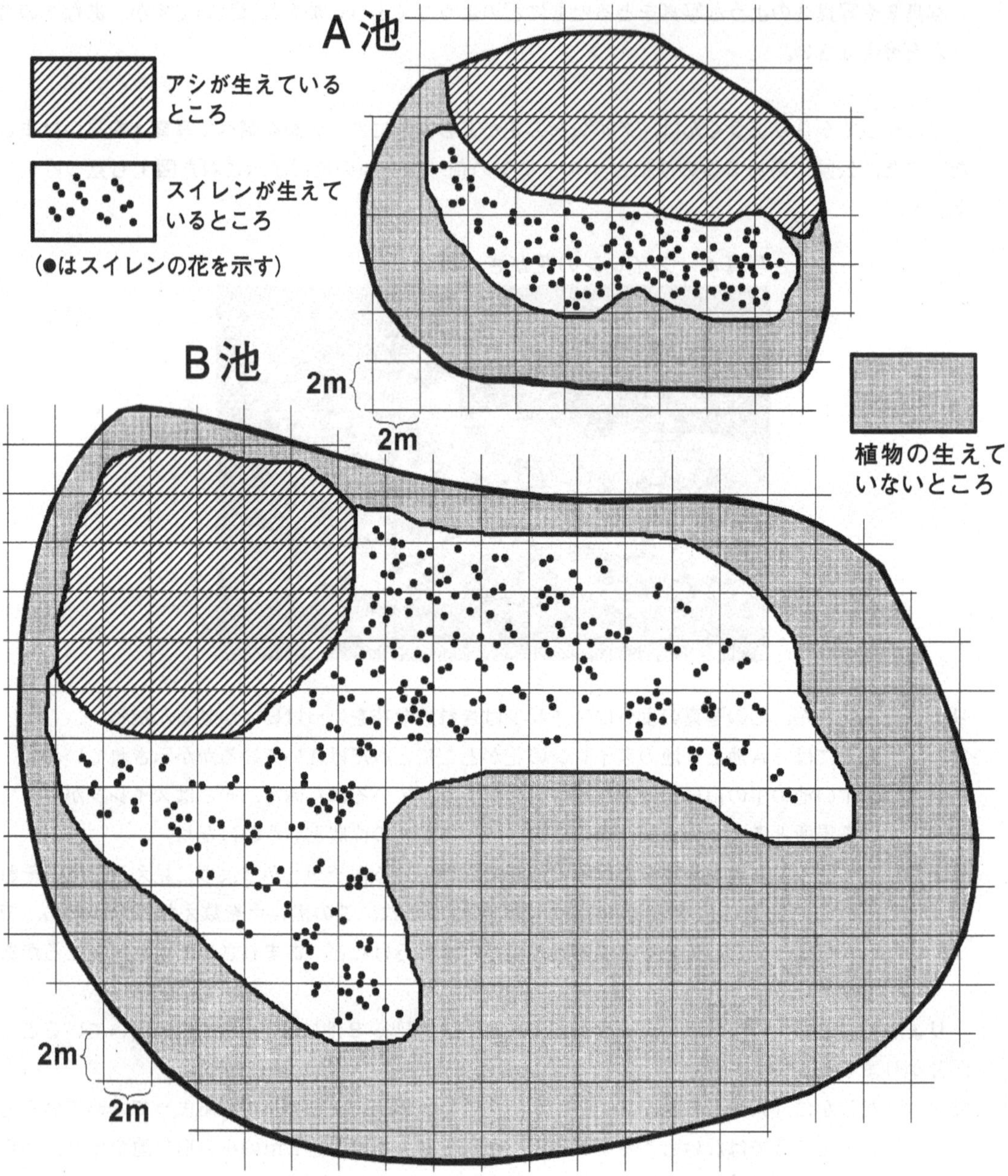

4　りょうくんは家庭科の授業で一日の生活について学習し，規則正しい生活の大切さを学びました。その後，自分の一日の生活を見直すことにして先生と話しました。

りょう：毎日の生活リズムを整えるために寝《ね》る時刻《じこく》と起きる時刻を日記に書きこんでみました。ぼくの場合，だいたい寝る時刻が23時ごろで，起きる時刻は6時30分ごろであることが分かりました。小学生や中学生の寝る時刻や起きる時刻はどうなっていますか。

先生　：**小学5・6年生，中学1年生から3年生の寝る時刻（資料1）と起きる時刻（資料2）**の実態調査の結果をグラフにしたものがあります(11ページ)。子供《こども》たちの寝る時刻と起きる時刻の実態を調べてみましょう。

りょう：**資料１**と**資料２**から，寝る時刻は学年によって差がありますが，起きる時刻は，各学年とも７時から７時29分までに起きる人が多く，そんなに変わらない様子が分かりますね。寝る時刻は，小学５・６年生は，22時59分までには半分以上の60.7％の人が寝ていますが，①中学生の場合，50％より多くの人が寝ている時刻は，学年によってちがっていますね。寝る時刻は学年が上がると遅《おそ》くなってきているようです。

ところで，早寝《はやね》早起きといいますが，何時に寝て，何時に起きるのが早寝早起きなのですか。

先生　：小学生では，早寝は22時より早く寝ること，早起きは７時より早く起きることと考えましょう。

りょう：そうすると小学生の**早寝早起き**は22時より早く寝て，7時より早く起きることですね。

先生　：そうです。ほかに，22時より早く寝て７時以降に起きる**早寝遅起《おそお》き**，22時以降に寝て７時より早く起きる**遅寝《おそね》早起き**，22時以降に寝て７時以降に起きる**遅寝遅起き**の４つのタイプに分けられます。この実態調査の別の資料では，②小学５・６年生の**早寝早起き**の児童の割合《わりあい》は6.3％となっています。

（問題１）①中学生の場合，50％より多くの人が寝ている時刻は，学年によってちがっていますね。とありますが，中学１年生から３年生の学年を１つ選んで，**寝ている生徒の割合が50％より多くなる時刻**と**そのとき寝ている生徒の割合**を**資料１**より求めなさい。

時刻は（ア）22時59分まで（イ）23時29分まで（ウ）23時59分まで（エ）０時29分まで（オ）０時59分まで（カ）１時以降　の中から記号で答え，割合は計算して百分率で答えなさい。

（問題２）②小学５・６年生の**早寝早起き**の児童の割合《わりあい》は6.3％となっています。とありますが，小学５・６年生の**早寝遅起き**，**遅寝早起き**，**遅寝遅起き**のいずれかのタイプを１つ選び，そのタイプの児童の割合を計算して百分率で答えなさい。計算には，早寝早起きの児童の割合の6.3％や**資料1**，**資料２**の数値《すうち》を使いなさい。

資料１　小学５・６年生、中学１年生から３年生の寝る時刻

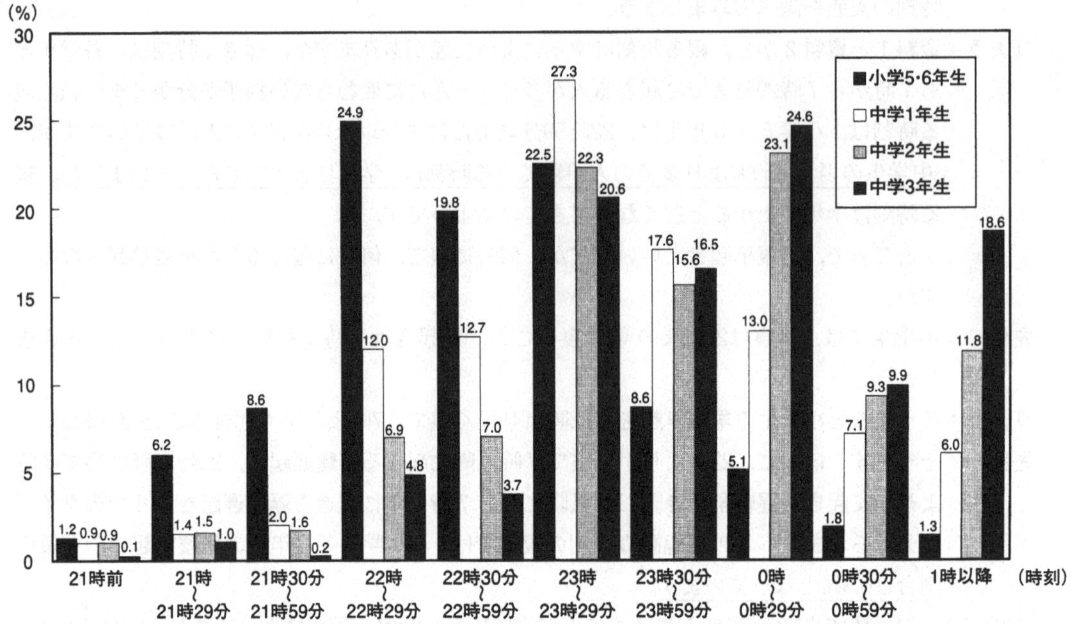

資料２　小学５・６年生、中学１年生から３年生の起きる時刻

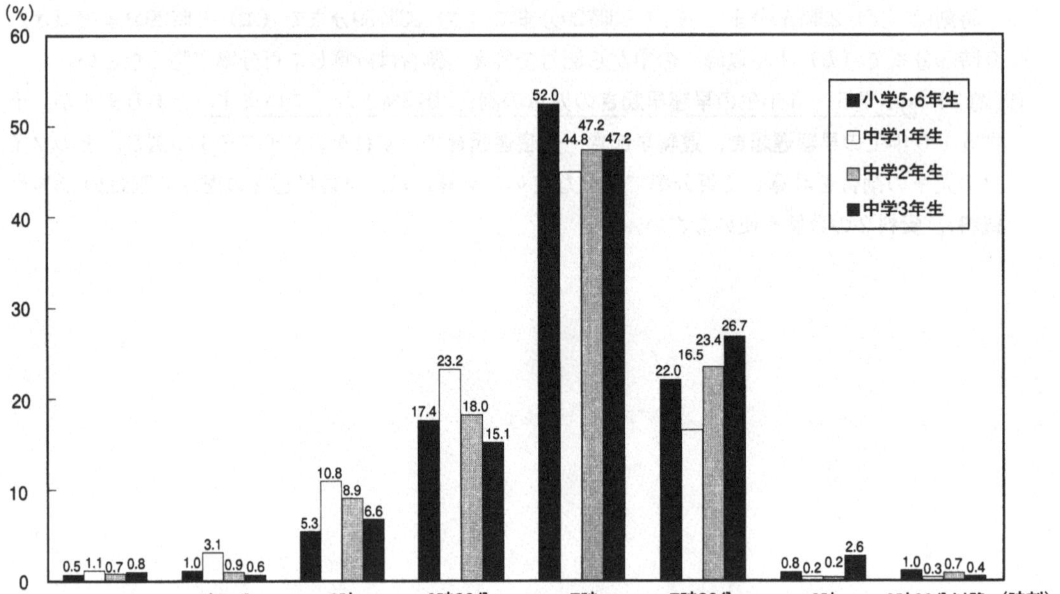

（荒川区「家庭における親の教育意識と青少年」意識調査より）

Ⓑ

※問題に使用された作品の著作権者が二次使用の許可を出していないため、問題を掲載しておりません。

(問題1) Ⓐの文章――部①「自分が主人公でいるためには、エネルギーがいるものですが、この三〇秒は、その力を蓄《たくわ》えてくれます。」とありますが、ここで筆者が言う「エネルギー」とはどのようなもののことですか。二十字以内で書きなさい。

(問題2) Ⓑの文章――部②「(削除)」とありますが、筆者の言う「(削除)」とは、どういう考えにもとづいたやり方と言えますか。Ⓑの文章中の十五字以内の部分をぬき出して書きなさい。

(問題3) あなたは、ⒶとⒷの文章を読んで自分の時間をどのように使おうと思いますか。次の二つの条件を満たしながら、三百五十字以上四百字以内で書きなさい。

・「人生の主人公」「ゆっくりの時間」「速い時間」という三つの言葉を用いること。

・「ゆっくりの時間」をどのように使うのかを具体的に書くこと。

○題名、名前は書かずに一行目から書き始めなさい。

○書き出しや段落《だんらく》をかえたときの空らんや、や。や「 などもそれぞれ一字に数えます。

たってやっと、町並《まちな》みが見えてきて、「ああ、これは熊本《くまもと》だったのか」とわかったりします。そのころには魔法のボックスに飲みこまれて、そのコーナーや番組がおわっても、ついだらだらと観《み》つづけてしまう、というようなことがあります。インターネットもおなじで、パソコンや携《けい》帯《たい》電話で一旦《いったん》ネットをつなげると、なかなかおわらせることができません。ネット上では＊バナーなどが次々と表示されたりして、気がつくと、はじめに調べていたこととは全然関係ないページを、ああ、目が疲《つか》れた、なにをしていたんだろう、と＊後悔《こうかい》しながら見ていることもしばしばです。

でも、テレビもネットも、決して悪いものではありません。おもしろい、価値《かち》のあるテレビ番組はいくらでもあります。インターネットも、気軽にニュースを調べたり、自分の関心のあるテーマについてほかの人のブログの意見をみたり、映像をチェックすることができるのも、とても便利だし興味深いものです。

＊メディアの問題を考えるとき重要なのは、その善《よ》し悪《あ》しよりもまず、メディアとは僕たちが使うものである、ということを＊肝《きも》に銘《めい》じることです。お金を払ってまで、自分が使われるものではありません。それをきちんと意識しなければ、簡単《かんたん》にメディアに使われてしまいます。それは、自分で主人公の座を投げ出すことです。

たとえばニュース番組は、チャンネルごとに、夜九時から、一〇時から、一一時から、というように時間帯をずらして放送されるので、ニュースが好きな人は、次から次へとおなじニュースをちがう解説で＊はしごすることもあるでしょう。

ニュースを知ることは、もちろんなにも悪いことではありません。しかし、自分の人生にとって本当にプラスになる時間の使い方とはどういうものか、よく考えてほしいと思います。もちろん、誰《だれ》でも疲れているときには、テレビを半分見ながらそのまま寝《ね》てしまうということもあるでしょう。そういう日があるのは仕方ないことだと思います。しかし、とくに若《わか》く活力があるうちには、やはりそのエネルギーや時間を、自分の将来《しょうらい》のために役に立つことに生かしてほしいと思います。

（ピーター・フランクル「ピーター流生き方のすすめ」による）

〔注〕ネット…インターネット。

選択肢《せんたくし》…何かをするときに、選ぶことができるいくつかの物事。

ストレッチ…体をほぐすための体操《たいそう》。

ハードルが高くて…乗り越《こ》えなければならない困難《こんなん》が大きくて。

ジャグリング…複数の棒《ぼう》やボールを空中に投げては受ける曲芸。（筆者は数学者で、ジャグリングなどを人前で見せる大道芸人でもある。）

多チャンネル化…見ることができるテレビのチャンネル数が増えること。

ケーブルテレビ…アンテナを用いずに、有線で映像《えいぞう》などを送る放送の仕組み。

バナー…インターネットのホームページなどに表示される見出し画像。

後悔《こうかい》…しなければよかったと思うこと。

メディア…テレビやインターネットなど、情報を伝達するもの。

肝《きも》に銘《めい》じる…深く心にきざみつける。

はしごすること…（この文章では）次々にチャンネルを変えて番組を見ること。

【適性検査Ⅱ】（四五分）〈満点：一〇〇点〉

次のⒶとⒷの文章を読み、あとの問題に答えなさい。なお、答えに字数の指定がある場合には、、や。や「 などもそれぞれ一字に数えなさい。（＊印の付いている言葉には、本文のあとに〔注〕があります。）

Ⓐ

最近僕《ぼく》は、自分の生活に関して、三〇秒ルールというものをつくりました。これは、「自分が自分の人生の主人公である」ためのひとつの方策《ほうさく》です。まずはそのルールからお話しましょう。

僕が三〇秒ルールと呼《よ》んでいるのは、こういうことです。家に帰って上着を脱《ぬ》いだらすぐ、テレビのリモコンを探《さが》してテレビをつけたり、パソコンの電源《でんげん》をつけて＊ネットにつないだりする、その前にまずは三〇秒間考えてみる。いまの自分にとって、もっとほかにやるべきことはないのか、真剣《しんけん》に三〇秒考えるのです。

真剣に三〇秒間考えてみれば、きっといくつかの＊選択肢《せんたくし》が頭に浮《う》かぶはずです。たとえば、近所に住んでいるおばさんは近ごろ体調が悪いから、ちょっと電話して、なにかスーパーで買うか、家のみそ汁《しる》でも温めるかして、持って行ってあげよう、とか、友だちで最近あまり元気がない人がいるから、外に呼《よ》び出《だ》して一緒《いっしょ》にお茶でも飲みながら話を聞いてみよう、とか、このあいだ買った本があるけれど全然読んでいない、せっかくお金も払《はら》ったし、読む気もあったのだから、やっぱりそれを読むべきじゃないか、とか、いやいや、数学の成績が最近好ましくないから、自分の部屋でひとり数学の問題と向き合ってみるべきじゃないだろうか、とか、それとも、運動不足だからまず軽く＊ストレッチでもしてみようか、などなど、きっとほかにも、いろいろな可能性があるでしょう。

人間にはとても弱いところがあって、なにか物事をやりはじめようと思っても、動き出すまではとても＊ハードルが高くて、なかなかとりかかれないものです。僕も、頭では＊ジャグリングの練習をしなければいけないと思っていても、練習場所の寒さを考えたりすると、つい腰《こし》が重くなります。でも、実際そこに行って、エアコンをつけて練習をはじめると、はじめは冷たかった棒《ぼう》の柄《え》もだんだん温かくなってきて、今度は楽しくていつまでもつづけていたいと思う。みなさんもそういうことは多いと思います。とりかかりのハードルを下げるためにも、まずやるべきことを真剣に考える、この「三〇秒ルール」を習慣にするとよいと思います。①自分が主人公でいるためには、エネルギーがいるものですが、この三〇秒は、その力を蓄《たくわ》えてくれます。

三〇秒ルールを実践《じっせん》しないで、いきなりテレビをつけてしまう。そのときが、自分の人生で、主人公の座《ざ》から滑《すべ》り落ちる瞬間《しゅんかん》です。テレビは一度つけてしまうと、まるで魔法《まほう》のボックスのようで、なかなか消すことができません。いまは＊多チャンネル化がすすんでいて、衛星放送もあって、さらには＊ケーブルテレビでも入れているのなら、すべてのチャンネルを回してみるだけでも数分間かかってしまいます。なにをやっているかちょっとだけ見るつもりでも、チャンネルを回すあいだに、必ずどこかの映像《えいぞう》が目に留《と》まることになります。

たとえば、テレビに映《うつ》るきれいな景色に、「これ、どこだろう」と目を奪《うば》われてリモコンを置き、カメラと一緒に風景を追いかける。五分

MEMO

大切なことはメモしておこうネ！

解答用紙集

○月×日　△曜日　天気（合格日和）

◆ご利用のみなさまへ

＊解答用紙の公表を行っていない学校につきましては、弊社の責任において、解答用紙を制作いたしました。

＊編集上の理由により一部縮小掲載した解答用紙がございます。

＊編集上の理由により一部実物と異なる形式の解答用紙がございます。

人間の最も偉大な力とは、その一番の弱点を克服したところから生まれてくるものである。 ——カール・ヒルティ——

東京学参株式会社

2024年度

都立両国高等学校附属中学校

※164%に拡大していただくと、解答欄は実物大になります。

◇適性検査Ⅰ◇

1

〔問題1〕

文章1 　という効果。

文章2 　という効果。

〔問題2〕

～

〔問題3〕

（6 両国）

都立両国高等学校附属中学校　2024年度

◇適性検査Ⅱ◇

※ 122％に拡大していただくと，解答欄は実物大になります。

1

〔問題１〕

〔太郎《たろう》さんの作業〕

〔花子さんの作業〕

〔６枚《まい》のマグネットシートを切り終えるのにかかる時間〕　(　　　)分

〔問題２〕

〔得点板の数字を4 5 6から9 8 7にするのにかかる最短の時間〕(　　　)秒

〔　　　〕→〔　　　〕

〔　　　〕→〔　　　〕

〔　　　〕→〔　　　〕

〔　　　〕→〔　　　〕

〔　　　〕→〔　　　〕

2

〔問題１〕

（選んだ一つを○で囲みなさい。）

ＡからＣ　　　　　　ＡからＤ

〔問題２〕

〔「ふれあいタクシー」の取り組みが必要になった理由〕

〔「ふれあいタクシー」導入の効果〕

3

〔問題１〕

〔問題２〕

〔組み合わせ〕

〔理由〕

※ 119%に拡大していただくと，解答欄は実物大になります。

1

〔問題１〕

およそ		時間		分		秒

〔問題２〕

小盛《もり》	並《なみ》盛	大盛
人	人	人

〔問題３〕

１万円札	５千円札	千円札	
枚《まい》	枚	枚	
５００円玉	１００円玉	５０円玉	１０円玉
枚	枚	枚	枚

2

〔問題１〕

月　　日	月　　日

〔問題２〕

りょうさんの１セット目	黒　・　白　・　赤　・　赤
みさきさんの１セット目	・　・　・
りょうさんの２セット目	・　・　・

〔問題３〕

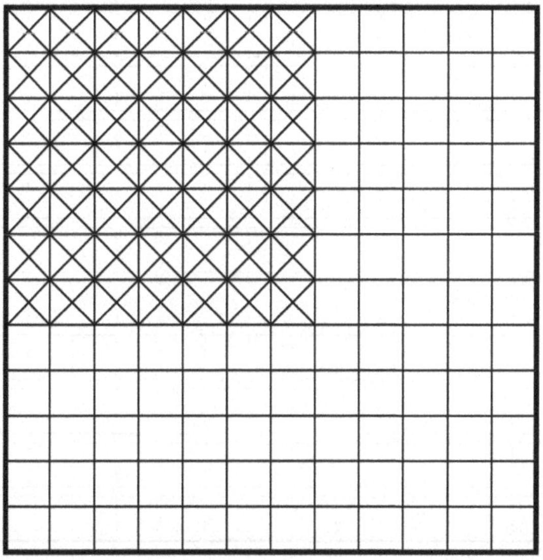

※１６４％に拡大していただくと、解答欄は実物大になります。

◇適性検査Ⅰ◇

1

〔問題１〕

ことを思わせる隙《すき》間《ま》や傷《きず》のある家具などが、

新しい命を感じさせるから。

〔問題２〕

〔問題３〕

※ 125%に拡大していただくと，解答欄は実物大になります。

1

〔問題１〕

〔道順〕

スタート　　　　　　　　　　　　　　　　　　　　倉庫

(　　　　) →　　　　　　　　　　　　　　　　　→ ケ

〔式と文章〕

〔問題２〕

ヒント（え）：全ての電球の明かりが消えている状態で、

□ と □ と □ のスイッチをおしたあと、

明かりがついていたのは①と②の電球であった。

表５　太《た》郎《ろう》さんと**花子**さんがさらに書きこんだ表

	①の電球	②の電球	③の電球	④の電球
Aのスイッチ	×	○	○	×
Bのスイッチ				
Cのスイッチ				
Dのスイッチ	×			
Eのスイッチ	○			

2

〔問題１〕

（選んだ一つを○で囲みなさい。）
第２次産業　　　第３次産業

〔問題２〕

（**図２**と**図３**から一つずつ選んで○で囲みなさい。）
図２：　①　②　③　　**図３**：　④　⑤　⑥
〔農家の人たちの立場〕
〔農家以外の人たちの立場〕

3

〔問題１〕

（1）

（2）

〔問題２〕

（1）

（2）

※ 125％に拡大していただくと，解答欄は実物大になります。

1

〔問題１〕

A	円	B	円	C	%

〔問題２〕

〔問題３〕

ア		イ		ウ	
エ		オ		カ	

〔問題４〕

トラ	トラ	キジ	バク	キジ
ゾウ	クマ	トラ	トラ	バク
トラ	ゾウ	クマ	ゾウ	クマ
トラ	ゾウ	キジ	ゾウ	バク

2

〔問題１〕

cm

〔問題２〕

クレープ生地《きじ》の中心と中心の間隔《かんかく》	cm
機械Aと機械Bとの回転の軸《じく》の間隔	cm

理由

〔問題３〕

（1）**<3秒後までの状態を表す図>**

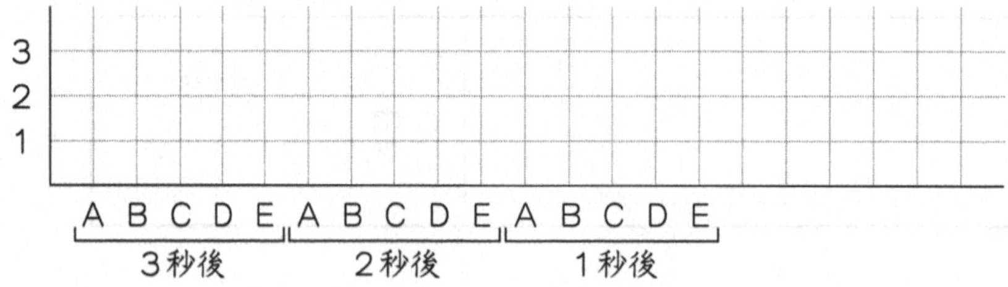

（2）

機械A		**機械B**		**機械C**	
機械D		**機械E**			

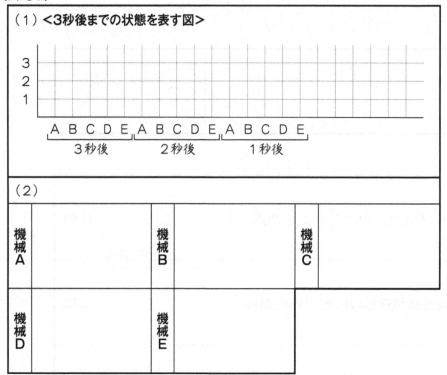

◇適性検査Ⅰ◇

都立両国高等学校附属中学校　２０２２年度

※１６４％に拡大していただくと、解答欄は実物大になります。

1

〔問題１〕

〔問題２〕

〔問題３〕

20
100
200
300
400
440

（4　両国）

※ 125％に拡大していただくと，解答欄は実物大になります。

1

〔問題１〕

（１）	ｃｍ		
（２）	〔直角三角形〕　個	〔正三角形〕　個	〔円〕　個
	〔説明〕		

〔問題２〕

（１）	イ 1	→	→	→	→	→	→	● （空欄）
（２）								

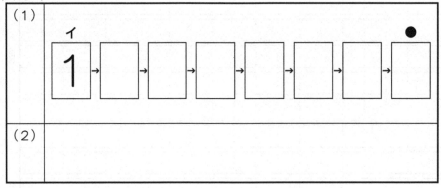

2

〔問題1〕

〔サケのルイベ〕
〔マアジのひもの〕
〔ブリのかぶらずし〕

〔問題2〕

(選んだ二つを○で囲みなさい。) 米　・　小麦　・　そば

3

〔問題1〕

（1）〔選んだもの〕

〔理由〕

（2）

〔問題2〕

（1）

（2）〔サラダ油が見えなくなるもの〕

〔洗剤《せんざい》〕　滴《てき》

※ 116%に拡大していただくと，解答欄は実物大になります。

1

〔問題１〕

【　　　】。

〔問題２〕

【　　　】ｃｍ、【　　　】ｃｍ、【　　　】ｃｍ

〔問題３〕

目《め》盛《も》りの数字

０【　　　】【　　　】【　　　】【　　　】17

はかれない長さ

【　　　】ｃｍ、【　　　】ｃｍ

2

〔問題１〕

西れき ［　　　　］ 年

〔理由〕

〔問題２〕

２月

日	月	火	水	木	金	土
1	2	3	4	5	6	7
8	9	10	11	12	13	14
15	16	17	18	19	20	21
22	23	24	25	26	27	28

〔問題３〕

$$\frac{\text{ア}}{\text{イ}\ 14}+\frac{\text{ウ}}{\text{エ}}+\frac{\text{オ}}{\text{カ}}=\frac{\text{キ}}{\text{ク}}$$

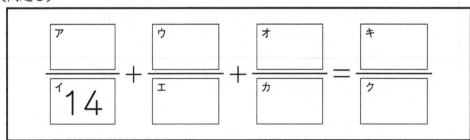

◇適性検査Ⅰ◇

都立両国高等学校附属中学校　２０２１年度

※１６１％に拡大していただくと，解答欄は実物大になります。

1

〔問題１〕

5　10

〔問題２〕

15　20

〔問題３〕

20　100　200　300　400　440

（３　両国）

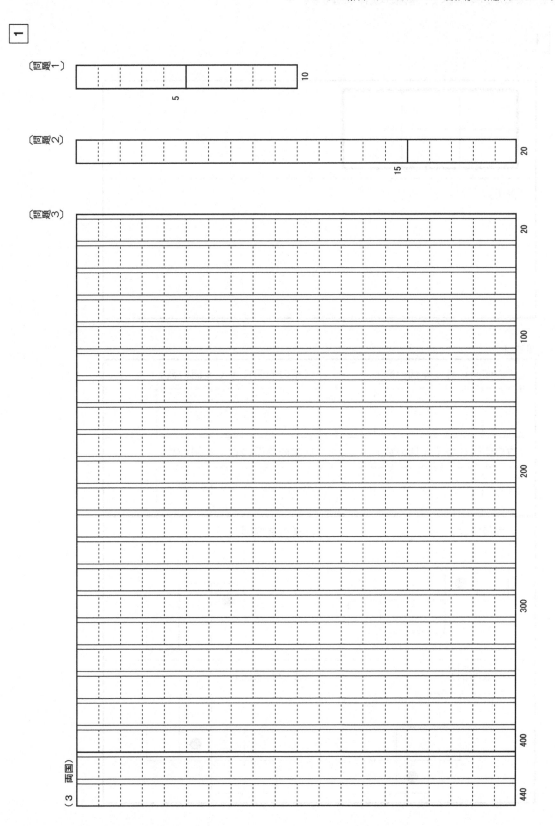

都立両国高等学校附属中学校　2021年度

◇適性検査Ⅱ◇

※ 125％に拡大していただくと，解答欄は実物大になります。

1

〔問題1〕

〔説明〕

〔問題2〕

〔アの側面に書く４個の数〕

〔イの側面に書く４個の数〕

〔ウの側面に書く４個の数〕

〔エの側面に書く４個の数〕

〔アの展《てん》開《かい》図《ず》〕

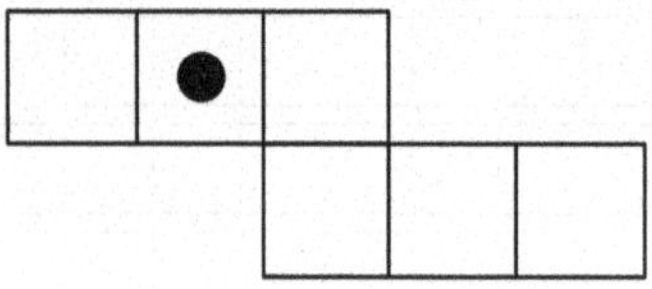

〔イの展開図〕

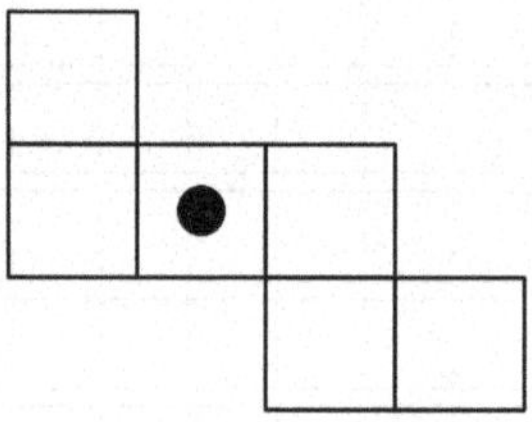

〔ウの展開図〕

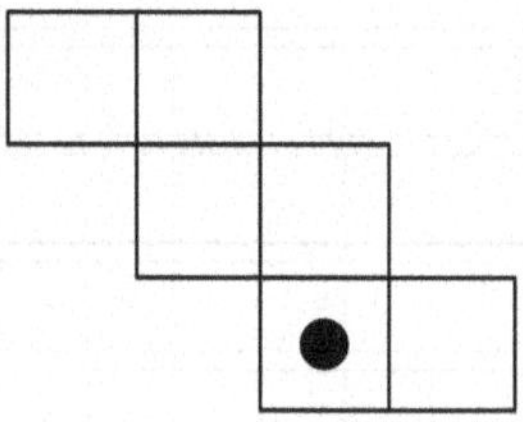

〔エの展開図〕

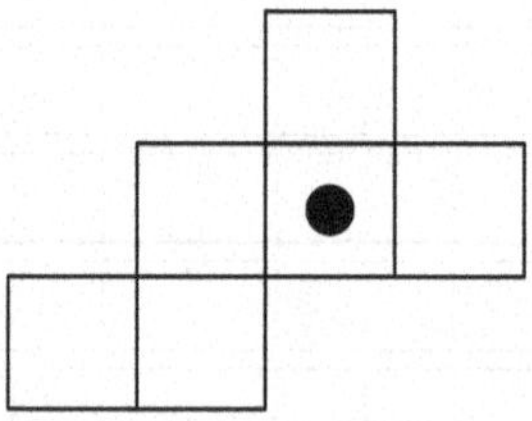

2

〔問題１〕

〔問題２〕

（選んだ二つを○で囲みなさい。）

図3	図4	図5

3

〔問題１〕

（1）

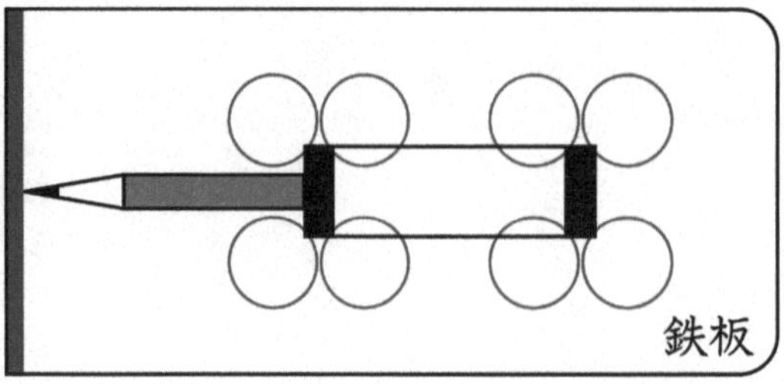

（2）

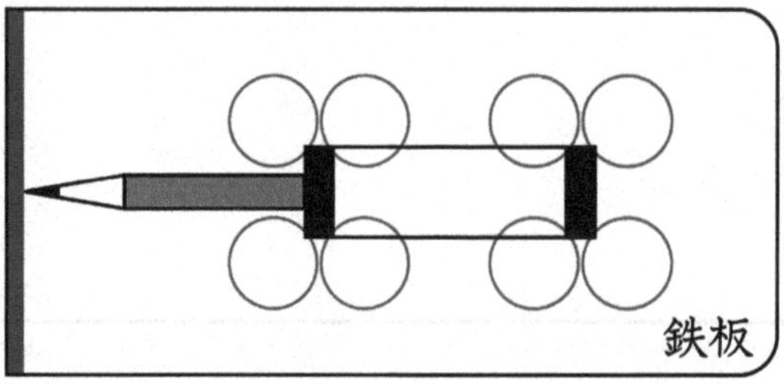

〔理由〕

〔問題２〕

（1）　　　　　　　　　　個

（2）〔大きい場合〕

〔理由〕

※ 108％に拡大していただくと，解答欄は実物大になります。

1

〔問題１〕

どちらかを◯で囲む　　数字を記入

図２ ・ 図３　の方が　[　　]　ｃｍだけ長い。

〔問題２〕

１０個　　１２個

〔問題３〕

[　　] ｃｍ、[　　] ｃｍ、[　　] ｃｍ

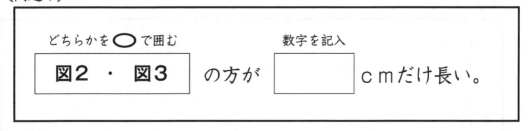

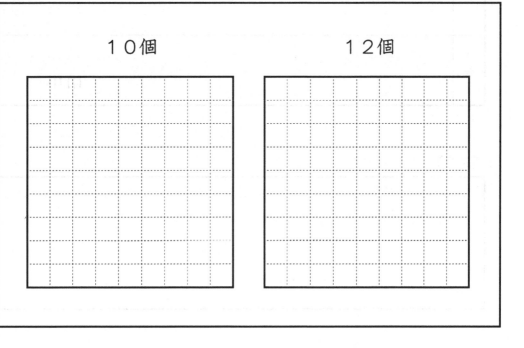

2

〔問題１〕

式	
答	mm^3

〔問題２〕

2020年度

都立両国高等学校附属中学校

◇適性検査Ⅰ◇

1

〔問題1〕

〔問題2〕

ものの見方。

〔問題3〕

(2 両国)

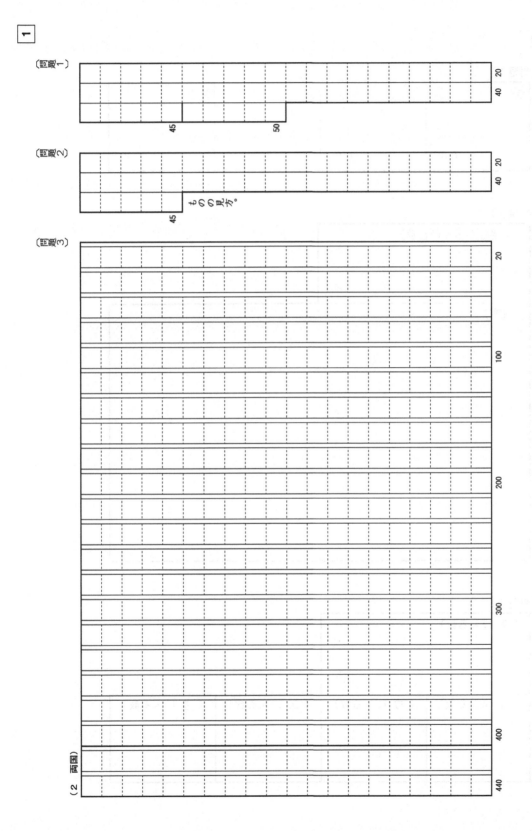

1

〔問題１〕

①	②	③	④
ｃｍ	ｃｍ	ｃｍ	ｃｍ

〔問題２〕

〔必要なパネルの台数〕
台
〔説明〕

〔問題３〕

〔 **ア** に入る数〕
点

〔 **イ** に入る数〕	〔 **ウ** に入る数〕	〔 **エ** に入る数〕	〔 **オ** に入る数〕

2

〔問題１〕

〔選んだ図〕

〔あなたの考え〕

〔問題２〕

〔設計の工夫《くふう》〕（選んだ二つをそれぞれ◯で囲みなさい。）

出入口の高さ　　手すりの素材　　ゆかの素材　　降車《こうしゃ》ボタンの位置

車いすスペースの設置　　フリースペースの設置　　固定ベルトの設置

優先席《ゆうせんせき》の配置

〔期待されている役割《やくわり》〕

〔問題３〕

〔課題〕

〔あなたの考え〕

3

〔問題１〕

〔選んだプロペラ〕	
〔示す値《あたい》のちがい〕	g

〔問題２〕

（１）〔モーター〕	〔プロペラ〕	
（２）〔選んだ予想〕	の予想	
〔予想が正しくなる場合〕	あります ・ ありません	
〔理由〕		

〔問題３〕

（１）
（２）

1

〔問題1〕

式	
光が届《とど》くまでの時間の差	秒

〔問題2〕

選んだ方を ◯ で囲む	男子の平均　・　女子の平均	
□ ヤード	□ フィート	□ インチ

〔問題3〕

という情報が不足している。

2

〔問題１〕

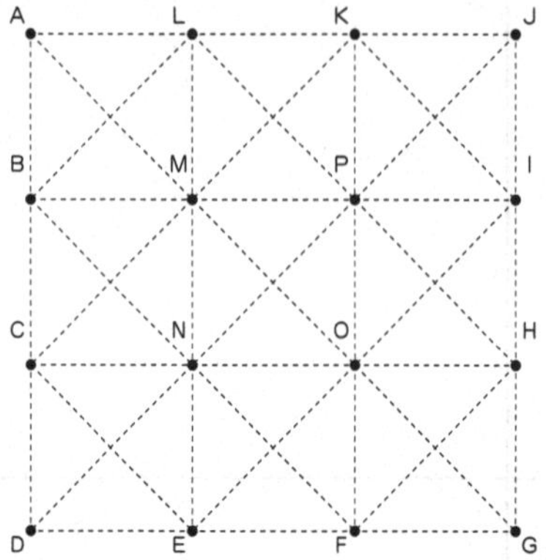

〔問題２〕

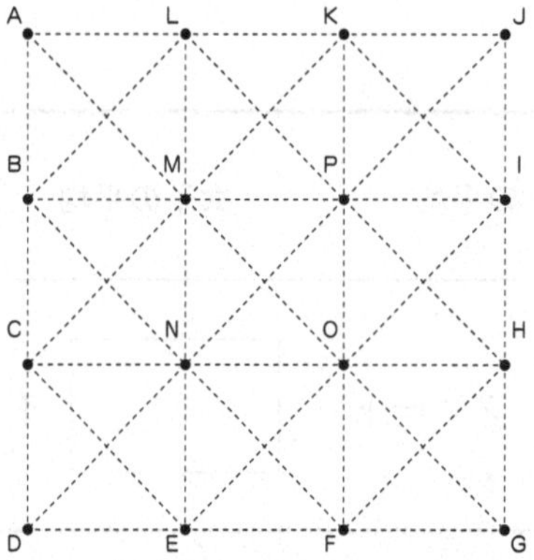

８点となる移動の仕方

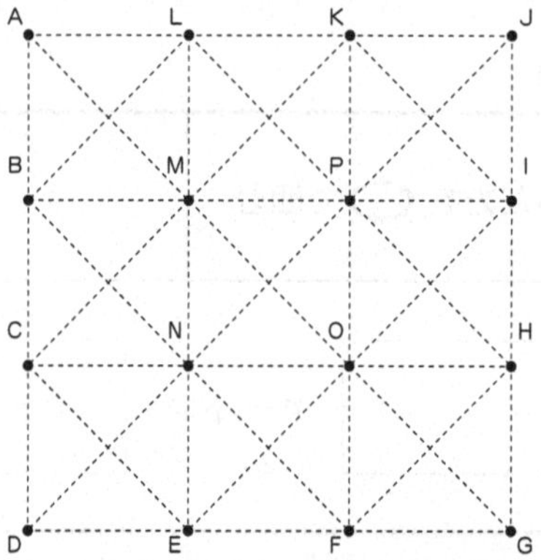

１０点となる移動の仕方

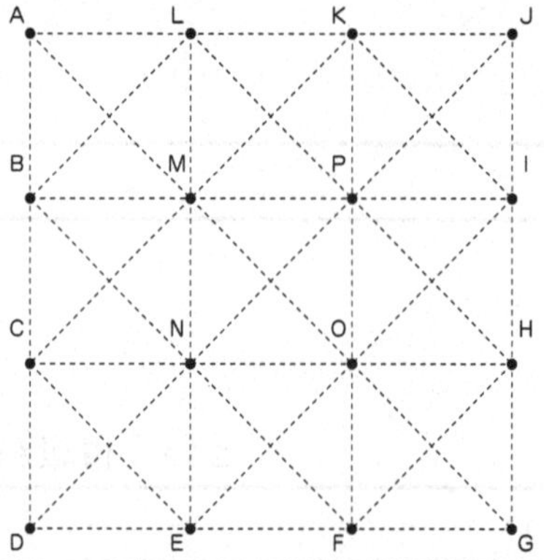

１２点となる移動の仕方

◇適性検査Ⅰ◇　　都立両国高等学校附属中学校　　2019年度

1

〔問題1〕

ようになる。

〔問題2〕

という態度。

〔問題3〕

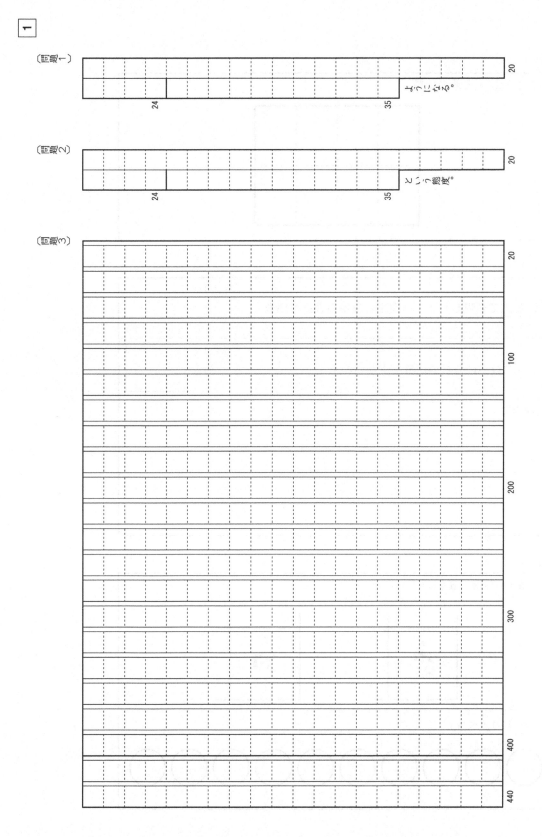

1

〔問題1〕

〔しおりにする前の状態〕

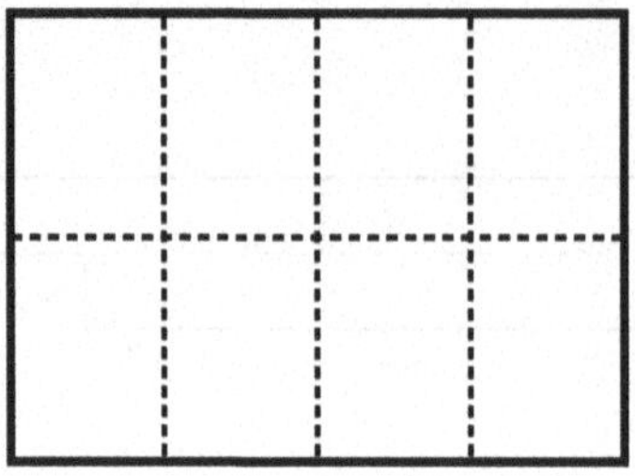

〔問題2〕

約束2で表現したときの漢字と数字の合計の個数	〔答え〕 個
漢字と数字の合計の個数が少ない約束	〔答え〕 約束
〔理由〕	

〔問題3〕

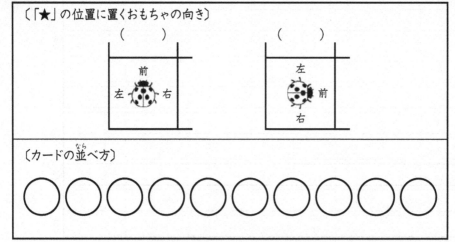

〔「★」の位置に置くおもちゃの向き〕

（　　）

（　　）

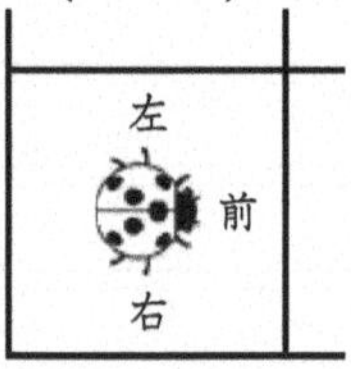

〔カードの並《なら》べ方〕

○○○○○○○○○○

2

〔問題１〕

（あ）

（い）　倍

（う）

（え）　倍

〔問題２〕

〔選んだ地域《ちいき》〕

〔あなたの考え〕

〔問題３〕

〔役割《やくわり》１〕

〔役割２〕

3

〔問題１〕

〔比べたい紙〕
〔基準にするもの〕
〔和紙は水を何倍吸《す》うか〕　倍

〔問題２〕

〔選んだ紙〕
〔せんいの向き〕　方向
〔理由〕

〔問題３〕

（１）
（２）

1

〔問題１〕

〔問題２〕

という点。

〔問題３〕

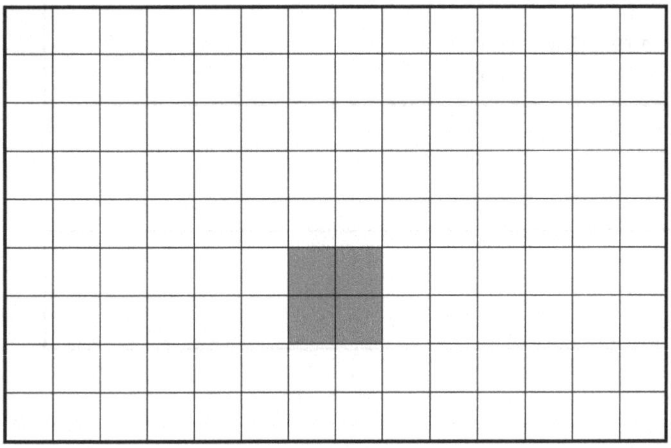

2

〔問題１〕

理由	
式	
正しいもとの４けたの暗証番号	

〔問題２〕

◇適性検査Ⅰ◇

都立両国高等学校附属中学校　平成30年度

※この解答用紙は178％に拡大していただくと、実物大になります。

1

〔問題1〕

20　40　50

〔問題2〕

20　40　30

〔問題3〕

20　30

〔問題4〕

100　200　300　350　400

／100

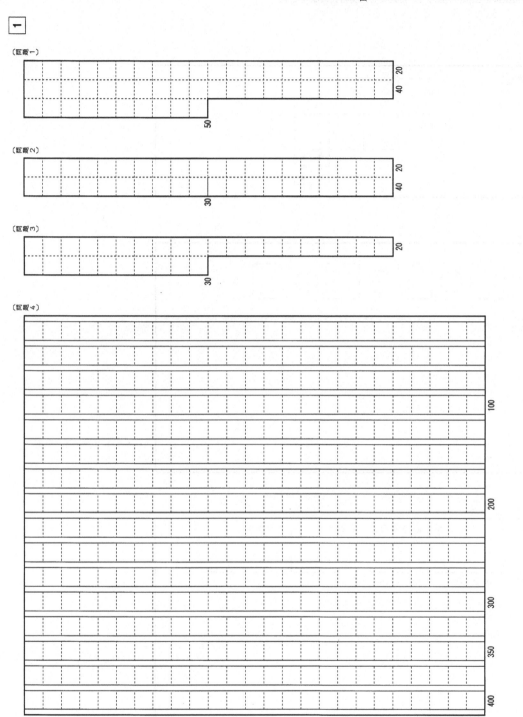

都立両国高等学校附属中学校　平成30年度　　◇適性検査Ⅱ◇

※この解答用紙は135％に拡大していただくと，実物大になります。

1

〔問題1〕

〔展《てん》開《かい》図《ず》〕

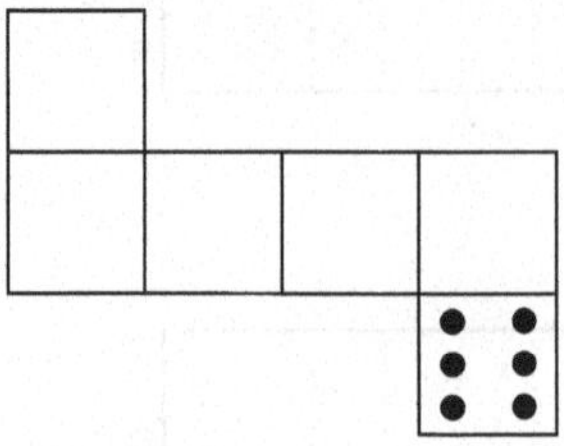

〔問題2〕

〔式〕

□ ○ □ ⊕ □ ○ □ ＝ 7

〔説明〕

〔問題3〕

〔手前に見える二つの面の目の数の組み合わせ〕	〔合計〕
と	

〔太郎さんが気づいたおもしろいこと〕

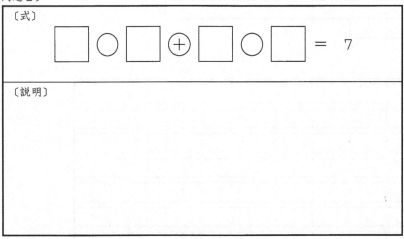

2

〔問題１〕

〔問題２〕

〔選んだ表〕

〔説明〕

〔問題３〕

図３

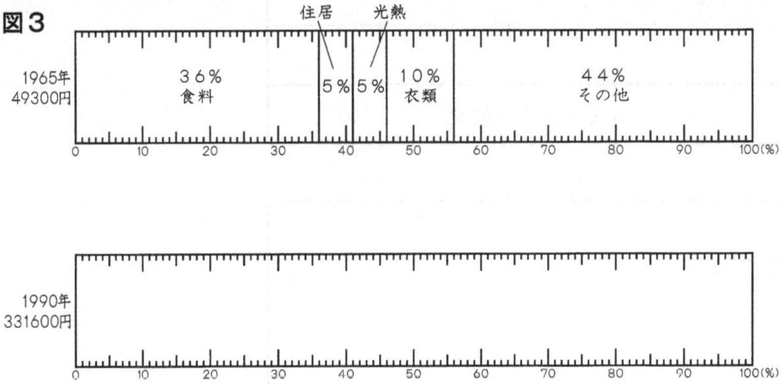

〔説明〕

3

〔問題１〕

〔選んだ観察〕	さんの観察
〔選んだ花粉〕	の花粉
〔１ｃｍ^{2}あたりの花粉の数〕	個
〔説明〕	

〔問題２〕

（１）　（あ）	
（い）	
（２）〔選んだ図の番号〕	〔グラフの記号〕

〔問題３〕

〔選んだ図〕
〔説明〕
〔選んだ図〕
〔説明〕

／100

都立両国高等学校附属中学校　平成30年度

◇適性検査Ⅲ◇

※この解答用紙は135％に拡大していただくと，実物大になります。

1

〔問題１〕

式	
ア に当てはまる数	

〔問題２〕

式	
イ に当てはまる数	

〔問題３〕

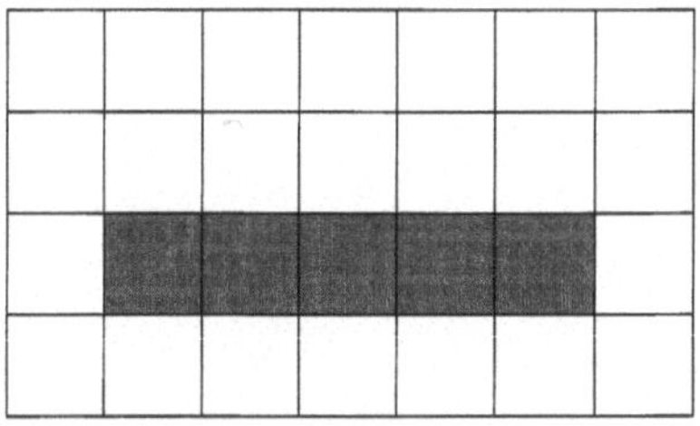

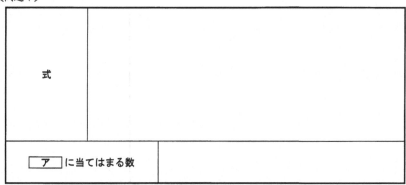

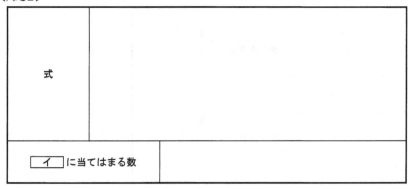

2

〔問題１〕

式	
必要な水の量	L

〔問題２〕

調味料名	を、大さじ	量

と

調味料名	を、大さじ	量

／100

◇適性検査Ⅰ◇

都立両国高等学校附属中学校　平成29年度

※この解答用紙は185%に拡大していただくと、実物大になります。

1

〔問題1〕

〔問題2〕

ということ

〔問題3〕

〔問題4〕

〔問題5〕

100

200

300

350

400

/100

※ この解答用紙は 135％に拡大していただくと，実物大になります。

1

〔問題１〕

三角形　　　　　　　　　　　　と、三角形

〔問題２〕

〔説明〕

〔問題３〕

〔説明〕

〔式〕

１０段《だん》目まで並《なら》べたときの「見かけ上の辺の数」

本

2

〔問題１〕

〔説明〕

〔問題２〕

〔選んだ作物〕

〔①〕 %

〔②〕 %

〔③〕 %

〔④〕 %

〔⑤〕 %

〔⑥〕

〔問題３〕

〔選んだ表〕

〔説明〕

3

〔問題１〕

〔選んだもの〕
〔理由〕

〔問題２〕

〔記号〕
〔説明〕

〔問題３〕

<table>
<tr><td rowspan="2">えいきょうする条件</td><td>〔条件〕</td><td>〔比べた実験〕　　　と</td></tr>
<tr><td colspan="2">〔理由〕</td></tr>
<tr><td rowspan="2">えいきょうしない条件</td><td>〔条件〕</td><td>〔比べた実験〕　　　と</td></tr>
<tr><td colspan="2">〔理由〕</td></tr>
</table>

／100

1

〔問題１〕

総得票数４８０００票

	Ｐ党	Ｑ党	Ｒ党	Ｓ党
Ｐ党《とう》が４議席をかく得する場合	３２４００ 票	票	票	票
Ｐ党が５議席をかく得する場合	３２４００ 票	票	票	票

〔問題２〕

選んだ問題（どちらかを〇で囲む）	たろう君の問題　・　みさきさんの問題
式	
［ア］に当てはまる数 ［イ］に当てはまる数のうち、一番小さい数	

〔問題３〕

月	火	水	木	金	土

A	りょう	たろう	みさき	はなこ
B	りょう	たろう	みさき	はなこ
C	りょう	たろう	みさき	はなこ
D	りょう	たろう	みさき	はなこ
E	りょう	たろう	みさき	はなこ
F	りょう	たろう	みさき	はなこ

2

〔問題１〕

式	
道のりのちがい	m

〔問題２〕

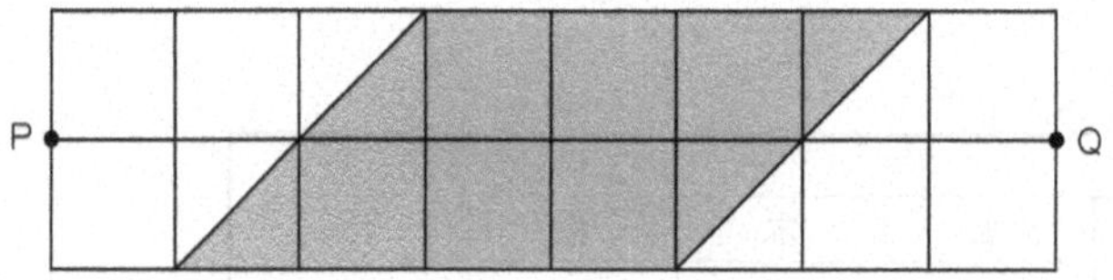

100

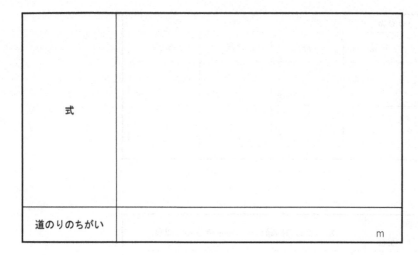

MEMO

大切なことはメモしておこうネ！

MEMO

大切なことはメモしておこうネ！

公立中高一貫校適性検査対策シリーズ

攻略！ 公立中高一貫校適性検査対策問題集

総合編 ※年度版商品

- 実際の出題から良問を精選
- 思考の道筋に重点をおいた詳しい解説（一部動画つき）
- 基礎を学ぶ6つのステップで作文を攻略
- 仕上げテストで実力を確認

※毎年春に最新年度版を発行

公立中高一貫校適性検査対策問題集

資料問題編

- 公立中高一貫校適性検査必須の出題形式「資料を使って解く問題」を完全攻略
- 実際の出題から良問を精選し、10パターンに分類
- 例題で考え方・解法を身につけ、豊富な練習問題で実戦力を養う
- 複合問題にも対応できる力を養う

定価：1,320円（本体1,200円＋税10%）／ISBN：978-4-8080-8600-8　C6037

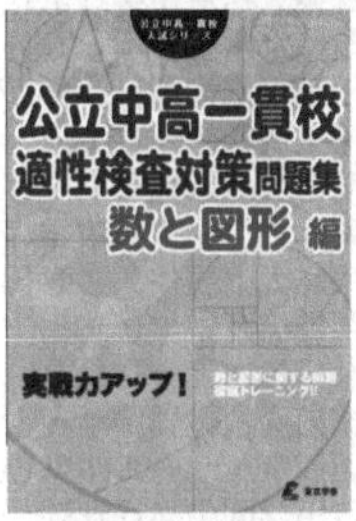

公立中高一貫校適性検査対策問題集

数と図形編

- 公立中高一貫校適性検査対策に欠かせない数や図形に関する問題を徹底練習
- 実際の出題から良問を精選、10パターンに分類
- 例題で考え方・解法を身につけ、豊富な練習問題で実戦力を養う
- 他教科を含む複合問題にも対応できる力を養う

定価：1,320円（本体1,200円＋税10%）／ISBN：978-4-8080-4656-9　C6037

公立中高一貫校適性検査対策問題集

生活と科学編

- 理科分野に関する問題を徹底トレーニング！！
- 実際の問題から、多く出題される生活と科学に関する問題を選び、13パターンに分類
- 例題で考え方・解法を身につけ、豊富な練習問題で実戦力を養う
- 理科の基礎知識を確認し、適性検査の問題形式に慣れることができる

定価：1,320円（本体1,200円＋税10%）／ISBN：978-4-8141-1249-4　C6037

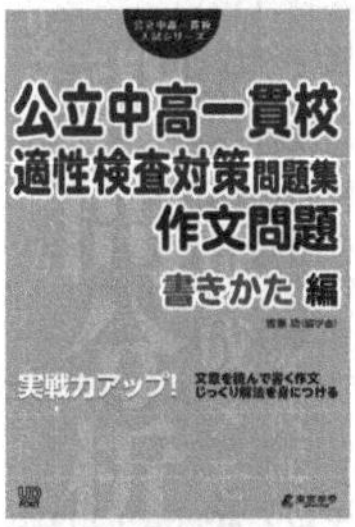

公立中高一貫校適性検査対策問題集

作文問題（書きかた編）

- 出題者、作問者が求めている作文とは！？　採点者目線での書きかたを指導
- 作文の書きかたをまず知り、文章を書くのに慣れるためのトレーニングをする
- 問題文の読み解きかたを身につけ、実際に書く際の手順をマスター
- 保護者の方向けに「サポートのポイント」つき

定価：1,320円（本体1,200円＋税10%）／ISBN：978-4-8141-2078-9　C6037

公立中高一貫校適性検査対策問題集

作文問題（トレーニング編）

- 公立中高一貫校適性検査に頻出の「文章を読んで書く作文」攻略に向けた問題集
- 6つのテーマ、56の良問…バラエティー豊かな題材と手応えのある問題量で力をつける
- 大問1題あたり小問3～4問。チャレンジしやすい問題構成
- 解答欄、解答例ともに実戦的な仕様

定価：1,320円（本体1,200円＋税10%）／ISBN：978-4-8141-2079-6　C6037

〈ダウンロードコンテンツについて〉

本問題集のダウンロードコンテンツ、弊社ホームページで配信しております。現在ご利用いただけるのは「2025年度受験用」に対応したもので、**2025年3月末日**までダウンロード可能です。弊社ホームページにアクセスの上、ご利用ください。

※配信期間が終了いたしますと、ご利用いただけませんのでご了承ください。

中学別入試過去問題シリーズ

都立両国高等学校附属中学校　2025年度

ISBN978-4-8141-3103-7

[発行所] 東京学参株式会社

〒153-0043　東京都目黒区東山2-6-4

書籍の内容についてのお問い合わせは右のQRコードから ⇒

※書籍の内容についてのお電話でのお問い合わせ、本書の内容を超えたご質問には対応できませんのでご了承ください。

2024年6月28日　初版